제2판

노인복지론

박창제 · 최희경

창지사

머리말

모든 생명체는 생애주기의 과정에 따라 일생을 산다. 인간도 예외가 아니다. 태어난 다음, 성장과 노화의 과정을 거쳐서 일생을 마친다. 최근 100년 동안 보건위생의 발달로 인간의 기대수명은 획기적으로 늘어났다. 고령화와 기대수명의 증가는 많은 사람들이 직장에서 은퇴하고 지내는 노후기간이 길어지게 만들었다. 기대하거나 예측한 것 이상으로 수명이 늘어나면 기존의 생애주기에 맞춘 적절한 인생계획을 수립하기 어렵다.

이에 따라 사회복지 분야에서 노인복지의 범위가 넓어지고 중요성이 커지면서 역할이 크게 확장되고 있다. 더욱이 우리나라는 고령화 속도가 세계적으로 가장 빠를 뿐만 아니라 약 740만 명에 이르는 베이비부머들이 이미 노년기에 진입하고 있다. 따라서 노인복지를 위하여 새로운 정책과 제도를 적절히 마련하지 않으면 큰 사회적 위험에 봉착할 수도 있다. 우리는 아직 상상도 하지 못하는 도전에 직면하고 있는지도 모른다. 노인복지에 종사하는 사회복지사에게는 끊임없이 공부하고 혁신할 무한한 기회와 가능성이기도 하다.

노인복지는 사회복지의 한 분야로서 노인의 생활안정과 복리(well-being)를 증진하기 위한 사회적 노력이다. 노인복지의 기본적인 목적은 노인의 인간다운 생활 유지, 기본적 욕구 충족과 생활문제의 예방과 해결, 사회 적응과 통합이라 할 수 있을 것이다. 최근에는 노인복지가 노인의 기본적 욕구 충족이나 문제 해결의 소극적 차원에 머물지 않고 노인이 존엄하고 인간다운 삶을 누릴 권리를 향유하고, 노년기에도 성장과 역량을 이룰 수 있는 기회를 갖도록 보다 적극적으로 접근하는 경향을 보인다.

이 책은 이러한 새로운 경향을 반영하여 노인복지학 입문서로서 주요한 노인복지 전반을 다루고자 하였다. 총 3부 13장으로 구성하였으며, 제1부는 노인과 노화, 제2부는 노인복지정책과 실천, 제3부는 노인복지의 주요 이슈로 편성하였다. 노인복지의 주요 주제를 이론적으로 접근함과 동시에 현안을 반영할 수 있는 기사, 사례, 정보 등을 제공하였으며, QR 코드 삽입을 통해 다양한 정보에 대한 접근성을 높인 것도 특징이다. 책의 주요 내용은 다음과 같다.

제1부 노인과 노화는 2개의 장으로 구성하였다. 제1장 노인과 노인복지는 노인의 개념, 인구 고령화와 노인문제, 노인복지의 개념과 내용을 중심으로 다루었다. 제2장 노화와 노년학 이론에서는 노화에 대한 이해에 이어서 노화에 대한 생물학적, 심리적, 사회적 차원을 다루었다.

제2부 노인복지정책과 실천은 5개의 장으로 구성하여 주요한 정책과 실천방안을 살펴보았다. 제3장 노인의 경제적 실태와 소득보장정책에서는 경제적 실태, 노후소득보장, 노인일자리사업 및 사회활동 지원사업, 노후소득보장정책의 개선방안을 서술하였다. 제4장 노인의 건강 실태와 건강보장정책에서는 건강 실태, 노인건강보장정책, 노인요양보장정책, 노인건강보장정책의 개선방안을 서술하였다. 제5장 노인의 주거와 주거보장정책에서는 주거보장의 이해, 노인주거보장정책, 노인주거 현황, 노인주거보장정책의 개선방안을 서술하였다. 제6장 노인복지실천은 노인복지실천의 개념과 원칙, 노인복지실천의 과정, 노인복지실천의 기술, 노인 사례관리를 다루었다. 제7장 노인복지서비스에서는 노인복지서비스의 개념, 노인복지서비스 제공기관, 노인복지서비스의 내용, 우리나라 노인복지서비스의 과제를 서술하였다.

제3부 노인복지의 주요 이슈는 현재 우리가 당면하고 있는 주요 노인복지 현안을 다루기 위하여 6개의 장으로 구성하였다. 제8장 노인학대와 노인인권 보장에서는 노인학대, 노인인권 보장을 다루었다. 제9장 노인정신건강 문제와 자살에서는 노인의 정신건강, 노인 우울증, 치매, 노인의 자살을 서술하였다. 제10장 노후준비와 노인의 사회활동에서는 노인의 외로움과 역할 상실, 노후준비 현황, 노후

준비 관련 정책 검토를 서술하였다. 제11장 노인과 가족에서는 노인가족과 가족관계, 노인과 가족돌봄을 살펴보았다. 제12장 죽음과 호스피스에서는 죽음의 개념과 의미, 사별과 애도, 존엄사와 호스피스완화의료를 서술하였다. 제13장 고령친화산업에서는 고령친화산업의 정의, 고령친화산업의 등장배경, 고령친화산업의 유형, 고령친화산업 현황, 고령친화산업 제품·서비스 요구 현황, 고령친화산업의 전망과 과제를 서술하였다.

각 장은 두 명의 집필자가 나누어서 작성하였다. 1장, 2장, 6장, 7장, 8장, 11장, 12장은 최희경 교수가 집필하였고, 3장, 4장, 5장, 9장, 10장, 13장은 박창제 교수가 집필하였다.

이 책은 사회복지를 공부하는 학생들뿐만 아니라 노인복지 실무를 담당하고 있는 사회복지사, 정책개발자에게도 도움이 될 수 있도록 집필하려고 노력하였다. 이 책이 거대한 도전과 기회에 직면한 노인복지 발전에 도움이 되기 바란다.

마지막으로, 이 책의 원고를 잘 다듬어 준 창지사 편집부에 깊은 사의를 표한다. 이 책이 출판되도록 각별한 관심과 지지를 보내 주신 김기섭 사장님과 양승수 부장님에게도 감사드린다.

2021년 2월

저자 일동

차 례

2부 노인복지정책과 실천 • 67

P·A·R·T I

노인과 노화

C·H·A·P·T·E·R 01

노인과 노인복지

요약

노인의 개념은 역연령, 발달단계, 사회적 역할, 주관적 자각 등을 기준으로 정의할 수 있으며 신체적, 심리적, 사회적 차원을 고려하여 정의한다. 인구 고령화는 평균수명 증가와 노인인구 비율의 증가, 노령화지수와 부양비 차원에서 살펴볼 수 있다. 인구 고령화에 대한 부정적 인식보다 변화에 효과적으로 대응하는 것이 중요함을 전제로 경제적 변화, 생애주기의 변화, 새로운 노인의 등장 등을 살펴보았다. 인구 고령화에 대한 사회적 대응으로 노인과 여성의 노동 참여 증대와 산업적 대응, 복지 재원 증대, 새로운 생애주기에 따른 사회의 재조직화를 제시하였다. 사회문제로서의 노인문제의 주요 영역은 빈곤, 건강문제, 소외, 역할 상실이며, 노인복지는 노인의 존엄하고 인간다운 생활과 권리보장, 역량 강화를 위해 필요한 자원과 서비스를 제공하는 공공 정책 및 프로그램과 조직적이고 전문적인 제반 실천활동으로 정의한다. 노인복지의 기본 원칙은 국제연합(UN)이 제시한 독립, 참여, 돌봄, 자아실현, 존엄성이다. 우리나라 노인복지의 법적 기반은 「노인복지법」과 「저출산·고령사회기본법」이며, 노인복지의 전달체계는 중앙정부와 지방정부의 행정체계를 포함하여 공공기관과 민간기관이 포함된다. 노인복지 예산은 기초연금과 노인장기요양보험 지원, 노인일자리 지원 등을 중심으로 집행된다. 우리나라의 노인복지정책과 프로그램은 노인의 기본 욕구에 기반하여 소득보장, 주거, 건강, 돌봄과 요양, 소외노인 지원, 사회활동과 여가 지원 등을 주요 내용으로 한다.

1. 노인의 개념

1) 노인 개념 정의의 차원

노인의 사전적 의미는 “나이가 들어 늙은 사람”이다. 이때 나이는 시간의 경과라는 개념이 포함된 것이므로 노인은 나이가 들어감(aging)에 따라 제반 기능이 변화된 사람을 의미한다. 그러나 노인을 어떻게 정의할 것인가에 대해서는 여러 가지 기준이 존재한다. 노인의 개념을 정의하는 다양한 차원을 살펴보면 다음과 같다.

(1) 역연령에 의한 정의

역연령(chronological age)이란 세는 나이, 즉 출생 이후로부터 살아온 햇수(the number of year)를 의미한다. 역연령상의 노인은 출생 이후부터 달력상 나이로 계산하여 만 나이가 65세 이상인 사람이다. 역연령상 65세라는 기준은 누구에게나 똑같이 적용되므로 행정적 절차나 사회적 관습상 일반적으로 노인을 정의하는 기준으로 활용된다. 우리나라에서도 노인복지와 관련된 법적, 정책적, 행정적 차원에서 일반적으로 근거기준이 된다.

그러나 세계 각국의 문화적, 사회적 차이와 평균수명의 차이, 그리고 개인 차이 때문에 연령만을 기준으로 노인을 정의하는 것은 한계가 있다. 예를 들어 같은 85세 노인이라 할지라도 어떤 노인은 신체적으로나 정신적으로 건강하여 60대의 기능을 가지고 있을 수도 있고, 어떤 노인은 신체적, 정신적 기능이 저하되어 독립적 생활조차 불가능할 수도 있다.

노인을 정의하는 역연령상 기준도 다양하다. 우리나라에서는 전통적으로 회갑인 만 60세를 역연령상 노인으로 인정하였다. 「노인복지법」과 「기초연금법」에서는 65세 이상을 노인으로 규정하고 있으나, 「국민연금법」에서는 노령연금 수급기준을 60세로 규정하며, 노인복지관 이용 대상은 55세 이상부터 65세 이상으로 다양하다.

노인의 넓은 연령 범위를 고려하여 노인을 보다 세부적인 연령집단으로 구분하기도 한다. 일반적으로 노년학계에서는 사회복지제도의 수급자격 기준을 근거로

65~74세를 연소노인(young-old), 75~84세를 중고령노인(middle-old), 85세 이상을 고령노인(old-old)으로 분류한다(최성재, 장인협, 2010). 2015년 국제연합(UN)에서는 인간수명 증가에 따라 노인은 80~99세로 규정하고 100세 이상을 장수노인으로 제시하기도 하였다.

(2) 발달단계에 따른 정의

발달단계에 따른 정의는 인간의 생애주기를 유아기, 아동기, 청소년기, 초기성인기, 중년기, 장년기, 노년기 등으로 구분하고 노년기를 기준으로 노인을 정의하는 것이다. 생애주기는 생물학적, 심리적, 사회적 특성을 고려하여 구분하므로 노년기는 신체적 노화, 심리적 위축, 사회적 역할 상실을 특징으로 하는 시기라고 할 수 있다. 그러나 인구 고령화와 사회 변화에 따라 생애주기도 변화하기 때문에 발달단계가 절대적인 기준이 되기 어렵다.

(3) 사회적 역할에 의한 정의

사회적 역할에 의한 정의는 직업이나 결혼, 퇴직과 연금제도 등을 중심으로 하는 정의로서, 사회가 부여한 지위와 역할을 상실한 사람을 노인으로 정의할 수 있다. 직장에서 퇴직한 사람이나 손자녀가 생겨 조부모의 역할을 하게 된 경우가 이에 해당한다. 그러나 사회적 역할을 기준으로 노인을 정의할 경우 사회적 지위와 역할이 분명하지 않은 경우나 결혼이나 직업 등 규범적인 역할을 수행하지 않는 사람에게는 적용하기 어렵다. 또한 사회적 변화와 문화적 다양성 등에 의해 사회적 역할도 변화하고 있다.

(4) 주관적 자각에 의한 정의

주관적 자각에 의한 정의는 노인이 주관적 판단에 따라 스스로를 노인이라고 규정하는 것이다. “마음은 아직 청춘인데…….”, “나이는 숫자에 불과하다.” 등의 표현과 같이 실제 연령과 상관없이 스스로 자신이 어느 정도 나이가 들었는지에 대한 자각에 따라 노인을 정의하는 것이다. 노인의 신체적 기능이 점차 향상됨에 따라 중년기 이후 실제 자기 나이보다 연령을 낮게 자각하는 경향이 있다. 주관적으로 노인이라고 느끼는 주된 요소는 활동수준과 건강이다. 질병이나 수술, 신체활동의 제한 등이 노인임을 자각하게 하는 중요한 경험이다. 우리나라의 경우 노인의 86.2%가 노인의 연령기준을 70세 이상으로 생각하였으며, 노인이 되는 시점은 평균 72세 전후라고 인식하였다(정경희 외, 2017). 이처럼 노인의 주관적 연령기준은 점차 높아지고 있으며 일반적인 노인의 연령기준인 65세와는 상당한 차이를 보여준다. 개인의 자각에 따른 노인의 정의는 주관적이고 추상적이어서 사회적 기준으로는 부적합하다.

2) 노인의 개념

(1) 노인을 지칭하는 용어

일반적으로 노인을 지칭하는 용어는 매우 다양하다. 우리나라에서는 '노인'이 가장 일반적인 호칭으로 사용되지만, 고령자, 어르신 등도 유사한 의미로 사용되고, 친근한 호칭인 할아버지나 할머니로 불리기도 하며, 대중매체와 사회복지실천 현장에서는 실버(silver), 선배 시민(senior citizen) 등도 자주 등장한다.

고령자라는 용어는 노인을 포함하여 장년층에서 노년층까지 폭넓은 인구집단을 가리킨다. 예를 들어 우리나라의 「고용상 연령차별금지 및 고령자고용촉진에 관한 법률」에서 고령자는 55세 이상을 의미한다. 어르신은 노인의 사회적 지위를 높여 웃어른으로 존중하고자 하는 의미를 내포하고 있으며, 일상적으로 노인을 높여 부르거나 노인복지실천 현장에서 노인 대신 자주 사용되는 명칭이다. 할아버지나 할머니 명칭은 가족관계에서 부르는 명칭을 활용하여 노인을 친근하게 부르는 용어이나, 공식적으로는 사용하지 않는 것이 좋다(권중돈, 2019). 실버는 노인의 흰머리를 형상화한 명칭으로 대중매체에서 자주 사용된다. 선배 시민은 사회의 어른으로서의 노인의 사회적 역할과 지위를 표현한 호칭이다.

(2) 노인의 개념 정의

노인에 관한 가장 고전적인 정의로 브린(Breen, 1960)은 다음과 같은 노화현상의 복합적 결과를 중심으로 ① 생리적, 생물학적 측면에서 쇠퇴기에 있는 사람, ② 심리적 측면에서 정신 기능과 성격이 변화하고 있는 사람, ③ 사회적 측면에서 지위와 역할이 상실되어가는 사람 등으로 노인을 정의하였다.

이와 유사하게 최성재, 장인협(2010)도 노화의 복합적 차원을 고려하여 노인을 "생리적, 신체적 기능의 쇠퇴와 함께 심리적 변화로 개인의 자기유지 기능과 사회적 역할 기능이 약화되고 있는 사람"으로 정의하였다. 권중돈(2019)은 "노화의 과정 또는 그 결과로서 생물, 심리, 사회적 기능이 약화되어 자립적 생활 능력과 환경에 대한 적응 능력이 약화되고 있는 사람"이라고 규정하였다.

노인에 대한 여러 가지 개념 정의를 종합하여 이 책에서는 노인을 "노화의 과정과 결과로 신체적, 심리적, 사회적 기능이 약화되어 자립적 생활 능력과 환경적 적응 능력이 감소하고 사회적 관심과 지원을 필요로 하는 사람"이라고 정의한다.

2. 인구 고령화와 노인문제

1) 인구 고령화

(1) 인구 고령화 현황

① 평균수명 증가와 노인인구 비율의 증가

인류의 근대화 과정에서 보건의료기술이 발달하고 전반적으로 위생과 영양이 개선됨에 따라 전 세계적으로 영유아 사망률과 고령자의 사망률이 감소하게 되었다. 그 결과 평균수명이 연장되어 노인의 절대 수가 늘어나게 되었다. 또한 노동력이 중요하던 전통사회에서 벗어나 산업사회로 변화하면서 출생율도 점차 낮아짐으로써 노인의 상대적 비율도 증가하게 되었다. 인구 고령화는 노인의 절대 수와, 전체 인구에서 노인이 차지하는 상대적 비율이 높아지는 것을 의미한다.

평균수명은 0세의 출생아가 앞으로 생존할 것으로 기대되는 평균 생존연수인 기대수명으로 나타낸다. 우리나라의 평균 기대수명은 86.5세(여자 88.7세, 남자 84.3세)로, OECD 평균(84.5세)보다 2.0세 높으며, OECD 국가 중 일본(87.3세)에 이어 두번째로 높다. 일반적으로 노인인구가 전체 인구의 7% 이상인 경우 고령화 사회(aging society), 14% 이상인 경우 고령 사회(aged society), 20%를 넘어서면 초고령 사회(super aged society)로 분류하는데, 우리나라는 2000년에 고령화 사회에, 2017년에 고령 사회에 진입하였으며, 2025년에 초고령 사회에 진입할 예정이다(통계청, 2023a).

2023년 65세 이상 고령인구는 우리나라 인구의 18.4%로, 향후 계속 증가하여 2025년에는 20.6%, 2060년에는 43.9%가 될 것으로 전망된다([그림 1-1] 참조). 남자보다 여자의 수명이 6년 정도 길기 때문에 65세 이상 노인 중 여자 56.1%, 남자 43.9%로, 여자의 고령인구 비중이 남자보다 12.2%p 높다(통계청, 2023).

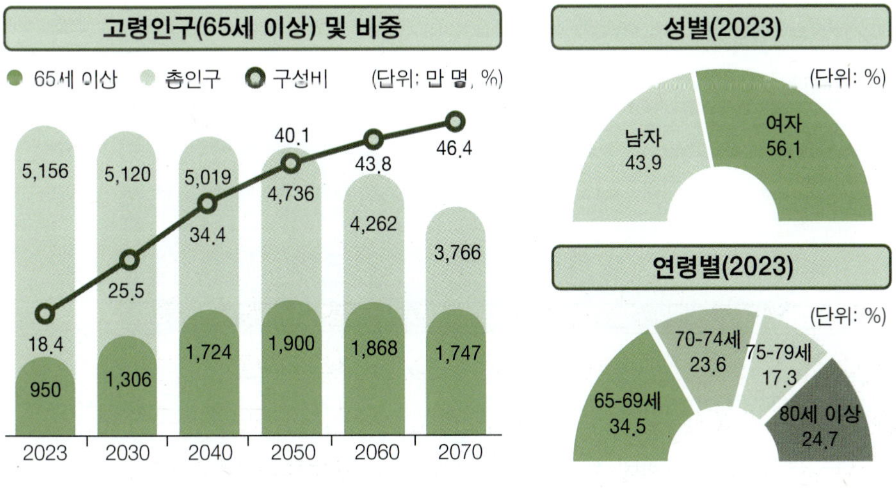

출처: 통계청(2023). 2023 고령자통계

[그림 1-1] 고령인구의 성별, 연령별 비중

② 노령화지수

노령화지수는 유소년인구(0~14세 인구) 100명당 65세 이상 노인인구를 나타낸다. 우리나라는 빠른 고령화와 더불어 출생율 감소가 동시에 나타나서, 노령화지수가 급격하게 높아지고 있다. 우리나라의 노령화지수는 2016년 100.1명으로 처음 노인인구가 0~14세 인구를 넘어선 이후 2023년 현재 167.1명이며, 2056년부터는 노인인구가 유소년 인구의 5배를 넘을 전망이다(통계청, 2023).

③ 노년부양비

노년부양비는 생산연령인구(15~64세 인구) 100명당 65세 이상 인구를 나타낸다. 이것은 해당 사회의 생산가능한 인구가 부양해야 할 노인인구의 크기를 나타내는 지표이다. 노년부양비는 2023년 현재 26.1명이며(생산연령인구가 노인 26.1명을 부양), 2035년에는 48.6명, 2050년에는 78.6명에 이를 것으로 전망된다(통계청, 2023).

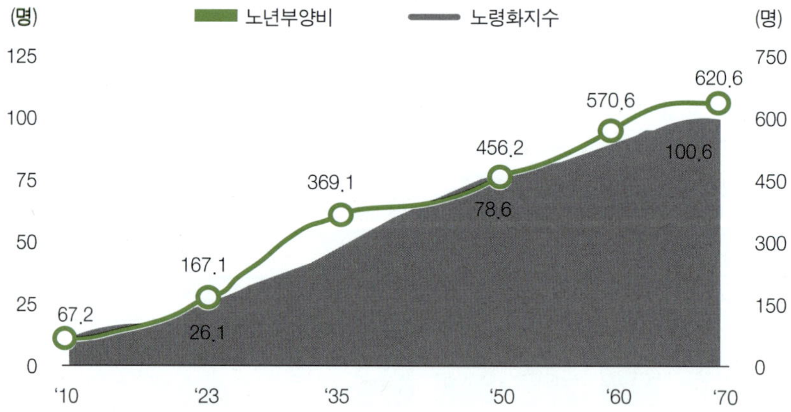

출처: 통계청(2023). 2023 고령자통계

[그림 1-2] 노년부양비와 노령화지수 추이

(2) 인구 고령화와 사회적 변화

인구 고령화는 장수를 기원하는 인류의 소망이 실현된 결과이다. 그러나 급격한 인구 고령화는 긍정적인 변화만을 가져온 것은 아니며, 100세 시대의 도래가 인간사회에 재앙을 가져올 것이라는 암울한 시각도 있다. 인구 고령화로 인한 사회적 변화는 이전에 인류가 경험하거나 상상하지 못한 것이다. 그러나 그 변화들은 부정적인 것만은 아니며 인간사회의 모든 변화와 마찬가지로 복합적인 결과를 가져올 것이다. 중요한 것은 변화에 대한 정확한 이해와 합리적 대응이다. 인구 고령화가 초래할 사회적 변화를 구체적으로 살펴보면 다음과 같다.

① 경제적 변화

인구 고령화의 가장 직접적인 영향은 경제적 변화와 관련된다. 첫째, 노동력 부족과 노동생산성 저하, 그 결과로 경제성장의 둔화가 나타날 수 있다. 둘째, 노인 인구의 증가에 따라 연금, 의료 및 복지 등 사회보장 비용이 급격히 증가하고 국가의 재정 불균형을 초래할 가능성이 크다. 국가재정 문제를 해결하기 위해서는 조세 인상을 추진하거나 다른 부문의 예산을 삭감해야 한다. 셋째, 연금제도가 정착됨에 따라 구매력이 있는 노인의 수도 증가하여 노인과 관련된 보건의료, 건강, 여가산업 등이 성장할 것이다. 넷째, 사회적 자원 배분을 둘러싼 세대 간 갈등이 발생할 수 있다. 노인의 증가와 영향력 확대로 노인에 대한 사회적 자원 배분이 커지면 상대적으로 아동과 청소년에 대한 복지가 축소될 위험이 커진다. 또한 연금을 받아야 할 노인의 증가는 연금재정을 압박하고, 다음 세대는 많은 연금 보험료를 내고도 적은 보험 급여액을 받을 것이다. 그러나 인구 고령화로 야기되는 미래의 경제적 변화를 정확히 파악하고 적절히 대응한다면 새로운 사회로의 긍정적 변화의 계기가 될 수 있다.

② 생애주기의 변화

산업사회에서 인간의 생애주기는 시간의 흐름에 따라 교육과 노동, 여가라는 세 가지 형태로 분화되어 있었다. 교육은 청년기에 완료되고 중·장년기에 노동에 종사하다가 노년기에는 여가를 즐기는 식으로, 각각의 영역은 시간의 흐름에 따라 분절되어 존재하였다. 그 결과 노년기에는 교육이나 노동의 기회가 배제되고 여가가 부여되었다. 따라서 현대사회에서 노인의 역할은 '역할 없는 역할'로 불리고 노인의 여가는 '강제된 여가'로 여겨진다. 그러나 평균수명이 연장되면서 연령에 따른 교육과 노동, 여가의 배분은 시간의 흐름이 아니라 인간의 생애 전체에 걸쳐 동시적으로 존재하게 되었다. 이것은 연령분절적 생애 구조에서 연령통합적 생애 구조로의 변화를 의미한다. 연령통합적 생애 구조로의 변화는 노동과 교육 등에서 연령의 장벽이 무너지고 그러한 역할을 수행할 기회가 모든 연령의 사람들에게 개방됨을 의미한다(Riley & Riley, 2000). 앞으로는 노년기에도 새로운 지식을 배우고, 직업을 가지거나 시간제로 일하며 여가를 즐기는 생활방식이 보편화될 것이다.

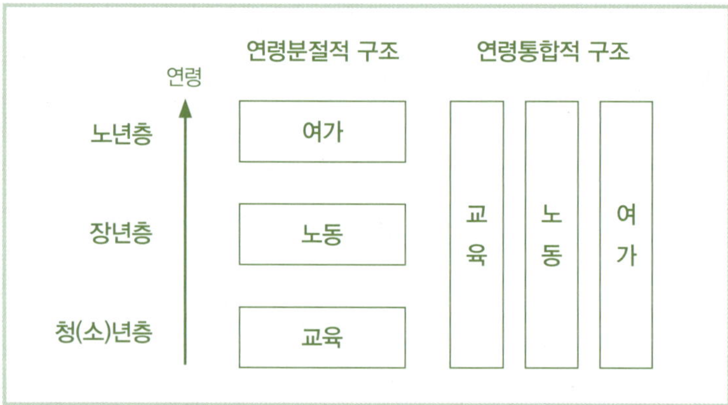

출처: Riley & Riley(2000).

[그림 1-3] 연령분절적 생애 구조와 연령통합적 생애 구조

③ 새로운 노인의 등장

노인인구가 증가하면서 노인집단 내부의 차이와 다양성도 증가하고 있다. 노인인구의 변화 추이를 보면 농촌지역 거주 노인, 여성노인, 80세 이상 노인, 독거노인 등 사회적 보호 욕구가 큰 노인집단과 더불어 건강하고 교육수준과 구매력이 높으며 자기성취에 관심이 큰 노인들도 증가할 것으로 예상된다. 따라서 취약한 노인에 대한 기본적인 생활보장과 젊고 건강한 노인의 삶의 질을 모두 향상시켜야 하는 이중 과제가 제기된다(최해경, 2016). 특히 1955년에서 1963년 사이에 출생한 우리나라의 베이비부머는 700만 명 이상으로, 전체 인구의 15%를 차지할 정도로 수가 많고, 그 이전 세대보다 교육수준이 높고 경제적으로도 소비수준이 높으며 훨씬 건강하다(정경희 외, 2013). 이들이 노인인구로 진입하면서 노인 관련 정책과 서비스에 큰 변화가 예상된다. 구매력과 정치적 권한이 증대된 선진국의 베이비부머 세대 노인들이 사회적으로 큰 영향력을 행사하고 있음을 고려할 때, 우리나라에서도 노인의 사회적 위상과 역할이 크게 변화할 것이다.

(3) 인구 고령화에 대한 사회적 대응

인구 고령화와 저출산이 동시에 진행됨으로써 '인구 절벽'이라는 위기를 겪고 있는 우리나라에서는 생산가능한 인구가 감소하고 부양을 받아야 할 노인인구가 증가하여 사회복지와 의료비용이 커지고, 그 결과 사회적으로 소비 위축과 노동임금 상승으로 이어져 저성장을 초래하고 다시 세금 수입 감소로 이어진다고 보는 '고령화위기론'이 대두되었다. 그러나 고령화위기론은 실제보다 과장되어 있으며 적절한 사회적 적응과 정책적 대응을 통해 고령화의 부정적 효과를 상당 부분 감소시킬 수 있다(김정석, 조연현, 2017). 고령화위기론은 인구 고령화를 적절하게 대처하지 않은 문제를 노인에게 전가시킴으로써 노인을 사회적 부담으로 여기게 하여 차별과 편견을 초래할 수 있다. 현재의 상태를 근거로 미래사회를 판단하여 인구 고령화의 부정적인 측면을 강조하기보다는 적절한 사회적 대처를 통해 미래의 문제에 대응하는 것이 더 중요하다. 우리나라는 빠른 시간 안에 압축적 고령화를 경험하고 있기에 사회보장제도의 확충을 비롯한 사회, 경제적 제도 전반에 걸친 대응이 요구된다. 인구 고령화에 대한 사회적 대응의 주요 내용은 다음과 같다.

① 노인과 여성의 노동 참여 증대와 산업적 대응

인구 고령화와 출산율 저하로 인한 노동력 부족과 부양부담 증가는 가장 시급히 해결해야 할 문제이다. 이에 따라 각국에서는 정년을 연장하거나 폐지함으로써 고령노동자들이 더 오래 일하도록 추진하고 있으며, 퇴직 후에도 노인들이 지속적으로 생산적 역할을 할 수 있도록 노인 일자리 사업을 확대하고 있다. 또한 적극적인 공공보육제도를 통해 육아와 돌봄 역할 때문에 노동시장에서 배제되었던 여성들이 더 많이 일할 수 있도록 함으로써 노동력 부족을 상쇄할 수 있다. 인구 고령화로 인한 노동생산력 하락에도 불구하고 적극적인 고령친화산업 육성과, 노인의 소득 증대를 통한 소비 능력 확대로 시장경제를 활성화할 수 있다. 특히 노인 관련 서비스의 수요가 크다는 점을 고려할 때 양질의 의료와 돌봄 관련 일자리 창출이 필요하다.

② 복지 재원 증대

인구 고령화로 초고령 노인집단이 크게 증가하고 아동과 장애인 등 돌봄을 필요로 하는 사회구성원이 증가함에 따라 복지 재원의 증대가 필요하다. 복지 재원 증대는 조세 인상 또는 국방이나 교육 등 다른 부문의 예산을 조정함으로써 가능하다. 그러나 생산가능인구의 감소에 따라 조세 수입 규모가 줄어드는 상황에서 증세는 불가피하며, 고소득층에 대한 과세 증대를 통해 부의 재분배를 강화하여 복지 재원을 최대화해야 할 것이다. 사회구성원 전체의 연대와 책임 분담을 통해 '많이 내고 많이 받는' 강화된 복지제도의 발전이 이루어져야 한다.

③ 새로운 생애주기에 따른 사회의 재조직화

고령화로 생애주기가 전반적으로 연장되고 생애주기별로 분절되었던 교육과 노동과 여가가 통합됨으로써 모든 연령의 사람들이 함께 일하고 교육받고 여가를 즐길 수 있도록 사회가 재조직화되어야 한다. 유소년인구에 집중된 교육제도는 성인을 포함하는 평생교육 방식으로 재편되어야 하며, 청년기와 중·장년기 노동자를 중심으로 조직화된 노동방식은 고령 노동자와 함께 일할 수 있도록 변화하여야 한다. 또한 생산력 증대로 전 생애주기에 걸쳐 여가시간이 늘어남에 따라 모든 연령대의 인구집단이 함께 즐기고 참여할 수 있는 여가시설과 문화가 확대되어야 할 것이다.

2) 노인문제

(1) 노인문제의 개념

사회복지에서는 기본적 삶을 유지하는 데 필수적인 욕구(need)가 충족되지 못하고 사회적으로 적절히 해결하지 못한 경우 이를 사회문제라고 한다. 따라서 사회문제는 개인이나 일부 집단이 아니라 사회의 대다수 구성원이 문제를 경험하고, 문제의 해결을 위해 사회적 대응을 필요로 한다(박지영 외, 2014).

사회문제로서의 노인문제는 노인의 생활과 기본 욕구가 개인이나 가족의 노력으로 해결, 충족되지 못하여 삶의 불만족스러운 상태가 지속되는 현상이라고 규정할 수 있다(권중돈, 2019). 노인문제는 사회구성원 전체의 문제로서 노인 개인이나 집단 자체가 원인이 아니라 인구 고령화라는 사회적 변화가 원인이며, 노인문제의 해결을 위해서는 사회적 차원의 다양한 대책과 노력이 필요하다.

예를 들어 돌봄을 필요로 하는 초고령 노인의 수가 급격히 늘어나고 노인을 돌보는 비용이 급격히 증가하는 경우, 노인돌봄의 책임을 개인과 가족에게 돌리기보다 사회적 돌봄체계를 마련하여 해결하는 것이 적절하다. 우리나라를 비롯한 많은 나라에서 장기요양보험제도를 수립하여 운영하는 것은 노인문제를 사회문제로 접근하여 해결하는 대표적인 예이다.

(2) 노인문제의 영역

노인문제는 전 세계적으로 거의 모든 나라가 해결해야 할 사회문제이나, 노인문제의 내용은 각기 다를 수 있다. 일반적으로 우리나라에서는 노인문제를 네 가지 어려움(四苦), 즉, 빈곤, 건강문제, 소외, 역할 상실이라고 정의한다. 이것은 노년기의 일반적 특성에 따른 노인의 기본적인 욕구를 나타낸다.

노인들 스스로 생각하는 노인문제도 이와 유사하다. 우리나라 노인들이 경험하는 가장 큰 어려움은 건강문제와 경제적 어려움이며 외로움과 소외감, 소일거리 없음 순으로 나타났다. 65세 이상 노인들이 생각하는 노후를 위한 사회의 역할은 노후 소득지원(41.1%)이 가장 높았고, 의료·요양보호 서비스(34.0%), 노후 취업지원(14.4%), 문화여가지원(7.0%) 순으로 나타났다(통계청, 2021).(〈표 1-1〉 참조). 좋은 노후를 위한 사회의 지원 역할에 대한 노인들의 인식은 우리나라 노인들의 욕구를 반영한다. 사회문제로서의 노인문제 해결을 위해서는 노후소득 지원과 의료 및 요양보호서비스가 우선적으로 중요하며, 취업지원과 문화 및 여가 관련 서비스가 필요함을 알 수 있다.

〈표 1-1〉 노인의 노후를 위한 사회의 역할

(단위: %)

		취업 여부	노후 소득 지원	노후 취업 지원	의료 및 요양 보호 서비스	문화·여가 복지 서비스	세대 간 이해 증진 교육 및 홍보	교통 및 주거 환경 조성	기타
65세 이상		전체	41.1	14.4	34.0	7.0	1.7	1.6	0.2
		취업자	41.3	20.4	27.8	6.3	2.1	1.9	0.2
		비취업자	41.0	11.6	36.9	7.4	1.5	1.4	0.1
	65~74세	취업자	39.7	22.2	27.1	6.5	2.4	2.0	0.1
		비취업자	40.5	14.4	32.0	9.9	1.9	1.1	0.2
	75세 이상	취업자	46.1	15.0	29.9	5.9	1.0	1.7	0.4
		비취업자	41.5	8.8	41.9	4.8	1.2	1.7	0.1

출처: 통계청(2021), 2021년 사회조사

3. 노인복지의 개념과 내용

1) 노인복지의 개념과 원칙

(1) 노인복지의 개념

일반적으로 정의할 때 노인복지는 사회복지의 한 분야로서 노인의 생활안정과 복리(well-being)를 증진하기 위한 사회적 노력이다. 노인복지의 대상과 주체, 목적과 수단, 방법을 중심으로 좀 더 자세하게 살펴보면 다음과 같다.

노인복지의 대상은 사회적 보호가 필요한 취약 노인뿐만 아니라 기준 연령 이상의 모든 노인이다. 노인 자신과 가족, 정부가 모두 노인복지의 주체가 될 수 있으나 제도적 차원에서 중앙정부와 지방정부의 역할이 중요하다. 노인복지의 목적은 노인의 인간다운 생활 유지, 기본적 욕구 충족과 생활문제의 예방과 해결, 사회 적응과 통합이다(권중돈, 2019). 최근에는 노인복지를 노인의 기본적 욕구 충족이나 문제해결의 소극적 차원에 머물지 않고 노인이 존엄하고 인간다운 삶을 누릴 권리를 향유하고, 노년기에도 성장과 역량을 이룰 수 있는 기회를 갖도록 하는 데 초점을 누어야 함을 상조한다(최혜지 외, 2020). 노인복지이 수단은 현금이나 현물 등 물질적 급여와 비물질적 서비스이다. 노인복지의 방법은 전문적이고 조직적인 활동이며, 이는 거시적 접근인 복지정책과 미시적 접근인 대인적 실천을 포함한다.

이상과 같은 내용을 종합하여 노인복지를 정의하면 노인의 존엄하고 인간다운 생활과 권리보장, 역량 강화를 위해 필요한 자원과 서비스를 제공하는 공공정책 및 프로그램과 조직적이고 전문적인 제반 실천활동이라고 할 수 있다.

(2) 노인복지의 원칙

노인복지의 원칙은 대부분의 나라에서 국제연합(UN)이 1991년 총회에서 채택한 노인을 위한 유엔원칙(United Nations Principles for Older Persons)을 중심으로 한다(United Nations, 1991). 노인을 위한 유엔원칙에 따르면 국가는 노인의 독립과 참여, 돌봄, 자아실현, 존엄성을 보장하여야 하며, 이는 각국의 노인복지 정책과 사업에 반영되어야 한다. 이러한 원칙들은 노인이 적절한 돌봄과 보호뿐만 아니라 독립적 사회구성원으로서 참여와 자아실현의 권리를 보장받아야 함을 보여준다. 각 원칙의 내용은 다음과 같다.

① 독립

- 노인은 소득, 가족과 지역사회의 지원 및 자조를 통하여 적절한 음식, 주거, 의복 및 건강 보호를 받을 수 있어야 한다.
- 일할 수 있는 기회와 소득을 얻을 수 있는 기회를 가져야 한다.
- 퇴직의 시기와 방법에 대한 결정에 참여할 수 있어야 한다.
- 적절한 교육과 훈련 프로그램에 접근할 수 있어야 한다.
- 개인의 선호와 기능 상태 변화에 맞는 안전하고 적응 가능한 주거환경에서 살 수 있어야 한다.
- 가능한 오래 자신의 집에서 생활할 수 있어야 한다.

② 참여

- 노인은 사회에 통합되어야 하며 그들의 복지에 영향을 미치는 정책의 형성과 실행에 적극적으로 참여하고, 그들의 지식과 기술을 젊은 세대와 공유하여야 한다.
- 지역사회 봉사를 위한 기회를 찾고 개발하여야 하며, 그들의 관심과 능력에 맞게 자원봉사자로서 활동할 수 있어야 한다.
- 노인들을 위한 사회운동과 단체를 구성할 수 있어야 한다.

③ 돌봄

- 노인은 각 사회의 문화적 가치체계에 따라 가족과 지역사회의 돌봄과 보호를 받아야 한다.

- 신체적, 정신적, 정서적 안녕의 최적 수준을 유지하고 회복하도록 도와야 하며 질병을 예방하고 지연시킬 보건서비스에 접근할 수 있어야 한다.
- 노인의 독립과 돌봄을 보장하는 사회적, 법적 서비스에 접근할 수 있어야 한다.
- 인간적이고 안전한 시설에서 적절한 돌봄, 재활, 사회적, 정신적 지지를 제공받을 수 있어야 한다.
- 노인들이 시설에 거주할 때 존엄과 신념, 욕구와 사생활을 존중받으며, 자신의 건강과 삶의 질에 관한 사항을 스스로 결정할 수 있는 권리와 자유를 향유할 수 있어야 한다.

④ 자아실현

- 노인들은 자신의 잠재력을 완전히 실현시킬 수 있는 기회를 가져야 한다.
- 지역사회에서 제공하는 교육, 문화, 종교, 여가 프로그램을 이용할 수 있어야 한다.

⑤ 존엄성

- 노인은 존엄과 안전 속에서 생활해야 하며 착취와 육체적, 정신적 학대로부터 자유로워야 한다.
- 노인은 연령과 성별, 인종과 민족적 배경, 장애 등에 따른 지위에 상관없이 공정하게 대우받아야 한다.

2) 노인복지의 체계

(1) 노인복지의 법적 기반

노인복지와 관련된 법은 「노인복지법」을 비롯해 「저출산·고령사회기본법」, 각종 연금법, 「기초연금법」, 「국민기초생활보장법」, 「긴급복지지원법」, 「근로자퇴직급여보장법」, 「고용상 연령차별금지 및 고령자고용촉진에 관한 법률」, 「국민건강보험법」, 「노인장기요양보험법」, 「의료급여법」, 「치매관리법」, 주택 관련 법, 「고령친화산업진흥법」 등이다. 이 중 노인복지의 기본법인 「노인복지법」과 「저출산·고령사회기본법」 및 저출산·고령사회기본계획을 살펴보면 다음과 같다.

① 노인복지법

「노인복지법」은 노인복지와 관련된 모든 법의 모법(母法)으로서 노인복지정책이나 사업의 내용과 형태를 규정하는 법이다. 1981년에 제정된 「노인복지법」은 노인의 건강 유지, 노후생활 안정을 통하여 노인보건복지 증진에 기여할 목적(제1조)으로 제정된 법률이다. 사회복지전문가들이 노인을 대상으로 서비스를 제공하는 대인적 개입에 대한 법으로서, 시설 및 재가노인서비스, 노인일자리 관련 법, 노인학대 관련 법, 경로우대, 요양보호사 자격에 관한 규정 등 다양한 내용을 담고 있다. 「노인복지법」의 주요 내용은 총칙, 보건복지 조치, 노인복지시설의 설치와 운영, 비용, 보칙, 벌칙 등이다(국가법령정보센터 「노인복지법」).

국가법령정보센터
「노인복지법」

「노인복지법」의 제정을 통해 비로소 노인이 독자적인 서비스 대상으로 부각되었으며, 이를 기반으로 노인복지정책이 체계화되기 시작하였다. 「노인복지법」은 제정 이후 사회 변화와 제도의 발전 등으로 20여 차례에 걸쳐 개정되었다. 법 개정을 통해 노인복지의 기본 방향은 소수의 취약한 빈곤 노인에 대한 시설 중심 보호에서 지역사회 보호와 재가노인복지 중심으로 전환되었으며 노인복지의 대상도 전체 노인으로 확대되면서 노인의 삶의 질을 높이고 권리를 보장하는 방향으로 변화하였다.

그러나 「노인복지법」의 조문은 임의규정과 선언적인 형태를 띠고 있어서 강제성이 없으며, 노인복지서비스의 책임과 관련된 중앙정부와 지방정부의 역할과 책임에 대한 규정이 정확하게 명시되어 있지 않다는 문제를 가지고 있다. 또한 여전히 가족제도의 유지, 발전(제3조)을 명시하여 가족의 유지를 통한 노인부양 책임을 강조한다는 문제를 가지고 있다(김기태 외, 2011).

② 저출산·고령사회기본법 및 저출산·고령사회기본계획

2000년대 들어 인구 고령화에 대한 대응이 사회적 아젠다가 되어 2005년 「저출산·고령사회기본법」이 제정되었다. 「저출산·고령사회기본법」은 저출산 대책과 고령사회정책을 위한 국가 및 지방자치단체의 시책을 담고 있다.

「저출산·고령사회기본법」에 기초하여 저출산·고령사회위원회가 구성되었고 5년마다 저출산·고령사회기본계획이 마련되어 현재까지 세 번의 저출산·고령사회기본계획이 수립되었다. 1차와 2차에서는 정책 대상자 확대 및 정책 범위 확대를 강조하였으며, 3차(2016~2020)에서는 노인인구의 양적 증대 및 질적 수준의 변화에 대응하기 위하여 사각지대 해소 및 급여수준 제고를 통한 실질적인 소득보장, 사전 예방 및 관리 강화를 통한 건강 수명 제고, 문화·여가 지원 범주 확대와 질적 수준 제고, 교통안전과 이용시설 안전 강화 등을 제시하였다(정경희 외, 2016).

(2) 노인복지 전달체계

노인복지의 전달은 정책과 프로그램의 성격, 재원 등 여러 가지 요인에 따라 다양한 전달체계 구조를 갖는다. 노인복지 관련 정책과 프로그램은 중앙정부 행정체계와 광역 및 지자체 행정체계를 통해 전달되며 최일선 전달체계에는 공공기관과 민간기관이 모두 포함된다. 우리나라의 주요 노인복지 영역별 전달체계는 〈표 1-2〉와 같다.

〈표 1-2〉 노인복지의 전달체계

영역	노인복지정책과 프로그램	전달체계
소득 보장	기초연금 등 현금 급여	보건복지부 주관 → 지역 읍, 면, 동 행정복지센터 신청 → 시, 군, 구 사업과 조사 후 결정
	국민연금, 공무원연금, 군인연금	국민연금공단, 공무원연금공단, 국방부군인연금과 → 지역본부 및 지부총괄본부 → 지사
건강 보장	건강보험	국민건강보험공단 → 지역본부 → 지사
	질병의 치료관리, 예방과 건강증진	보건소, 병의원
	치매노인 관리	중앙치매센터 → 치매상담센터
돌봄 및 요양 보장	노인장기요양보험	국민건강보험공단 → 노인요양시설, 노인요양공동생활가정, 노인재가요양기관
	노인맞춤돌봄서비스	읍, 면, 동 행정복지센터 신청 → 권역별 수행기관
사회 활동 지원	노인일자리 및 사회활동 지원	보건복지부 산하 한국노인인력개발원 주관 → 시군구 사업과에 신청 → 노인(종합)복지관, 시니어클럽, 노인취업센터 등 일자리사업 위탁기관 실행
소외 노인 보호	노인인권 보호: 노인학대	중앙노인보호전문기관 → 지역노인보호전문기관
	독거노인 지원	독거노인종합지원센터 → 지회 → 노인(종합)복지관

출처: 정경희 외(2016). p. 271.

(3) 예산

지난 20년간 노인인구의 증가와 더불어 새로운 정책이 도입되어 노인복지 예산은 지속적으로 증가하였다. 특히 2004년에 시작된 노인일자리사업은 노인복지 예산이 증가한 계기가 되었으며, 2008년 기초노령연금제도와 노인장기요양보험제도가 도입되고, 2014년 기초연금제도가 시행되면서 다시 대폭 증가하였다. 노인복지 예산 구성의 변화를 보면, 2008년을 기점으로 노인복지정책의 관심이 여가·문화 영역에서 소득보장과 의료보장으로 집중되는 경향이 나타나며, 특히 예산 규모 및 증가 폭 면에서 노인소득보장 영역이 두드러진다. 2007년부터 2015년 사이에 노인소득보장 영역은 33배, 노인일자리 영역은 4배, 노인의료보장 영역은 3배 증가하였다([그림 1-4] 참조).

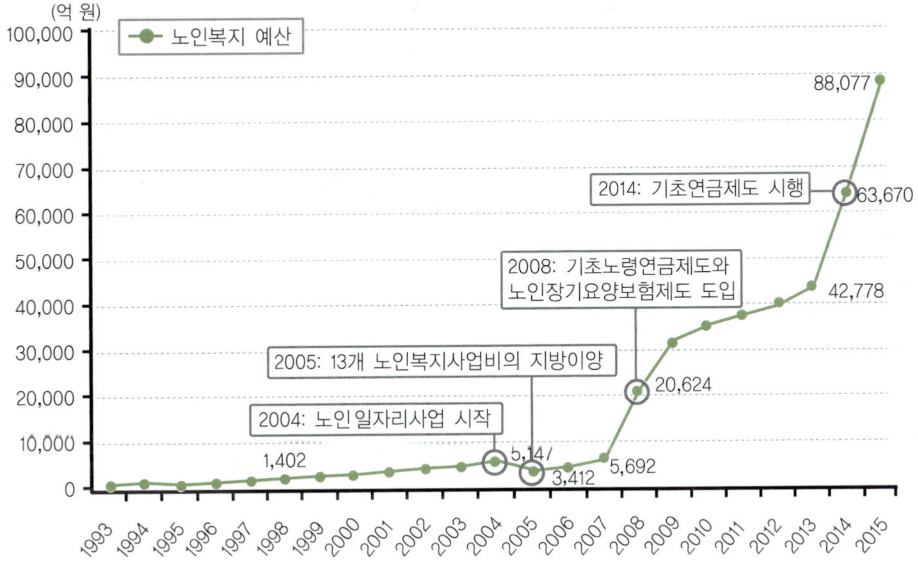

출처: 정경희 외(2016). p. 36.

[그림 1-4] 보건복지부의 노인복지 예산 규모 추이 (1993~2015년)

2024년 노인복지 총예산은 25조 6,330억 원으로 2023년 23조 2,289억 원 대비 10.3%가 증가했다. 노인복지 예산은 보건복지 총예산의 20.9%, 사회복지 총예산의 24.5%를 차지하였다. 총 노인복지예산 중 기초연금이 78.8%를 차지한다. 노인 1인당 총예산은 254만 여원이며, 기초연금을 제외히면 53만 8,840원이다(기획재정부, 2024).

노인복지 예산이 너무 많다?

노인복지 예산의 증가로 복지비 부담이 과중하다는 의견이 팽배해 있다. 그러나 국제수준에서 볼 때 GDP 대비 우리나라의 노인복지 예산 수준은 매우 낮다. 한국의 공공사회복지지출 규모는 최근 10년 동안 꾸준히 증가하여 2009년 8.4%였던 공공사회복지지출 비율은 2013년 9.3%, 2015년 10.2%, 2018년 11.1%로 상승했다. 그러나 이는 OECD 평균인 19.0%에 훨씬 못미치며, 전체 36개국 중 35위에 해당하는 최저 수준이다. 노인 관련 지출에 해당하는 노령 부문은 OECD 평균이 GDP 대비 7.0%인데 비해 우리나라는 2.7%로 3분의 1 수준에 불과하다. 노령 부문은 우리나라 전체 복지 지출에서 26.5%로 큰 비중을 차지하지만, 여전히 국제사회 평균에 한참 못 미치는 수준임을 알 수 있다(보건복지부, 2019b).

공공사회복지지출 현황 – GDP 대비 비중(%)

구분	한국	OECD 평균	스웨덴	프랑스	독일	영국	미국	일본
전체	10.2 (100)	19.0 (100)	26.3 (100)	32 (100)	24.9 (100)	21.6 (100)	18.8 (100)	21.9 (100)
노령	2.7 (26.5)	7.0 (36.8)	9.1 (34.6)	12.7 (39.7)	8.3 (33.3)	6.5 (30.1)	6.4 (34.0)	9.9 (45.2)

출처: 보건복지부(2019b). 한국의 사회복지지출 통계정보보고서.

3) 노인복지정책과 프로그램

노인복지정책과 프로그램은 각종 노인문제의 발생이 사회구조적 변화임을 전제로, 사회적 차원에서 정부가 주체가 되어 수행하는 노인 관련 사회복지정책과 프로그램을 의미한다. 우리나라의 노인 관련 법과 계획들은 노인의 기본 욕구에 기반하여 소득보장, 주거, 건강, 돌봄과 요양, 소외노인 지원, 사회활동과 여가 지원 등을 주요 내용으로 한다. 우리나라의 주요 노인복지정책과 프로그램을 영역별로 정리하면 〈표 1-3〉과 같다.

〈표 1-3〉 노인복지의 영역과 노인복지정책 및 프로그램

노인의 기본 욕구	노인복지 영역	노인복지정책 및 프로그램
경제적 안정	소득보장	공적연금(국민연금, 군인연금, 공무원연금), 기초연금, 퇴직연금, 주택연금, 국민기초생활보장제도
안전한 주거	주거보장	노인양로시설, 노인복지주택, 노인공동생활가정
건강	의료보장	국민건강보험, 의료급여, 지역사회통합건강증진사업, 치매노인관리
돌봄	요양보장	노인장기요양보험제도, 노인맞춤돌봄서비스
통합과 존중	소외노인 보호	노인인권 보호, 독거노인 지원
경제활동과 사회참여	직업 및 일자리 보장	고령자고용촉진, 노인일자리 및 사회활동 지원
여가와 문화	여가, 문화, 교육 지원	노인사회활동 및 여가 지원

생각해보기

1. 인구 고령화가 초래한 긍정적 변화와 부정적 변화를 생각해 보자.

2. 현재의 학생들이 노인이 될 미래의 노인의 모습과 생활을 상상해 보고, 지금의 노인과 미래의 노인은 어떤 점에서 같고 다른지 비교해 보자.

3. 인구 고령화로 인한 사회 변화에 효과적으로 대응할 수 있는 방법을 생각해 보자.

4. 노인문제의 영역과 우리나라의 노인복지정책을 연결시켜 생각해 보자.

참고 문헌

고수현, 윤선오(2018). **노인복지론(제5판)**. 파주: 양서원.

권중돈(2019). **노인복지론(제7판)**. 서울: 학지사.

기획재정부(2024). **열린 재정–세출/지출 세부사업 예산편성현황**. 기획재정부.

김기태, 성명옥, 박봉길, 이은희, 최송식, 최희경, 박미진(2011). **노인복지론**. 서울: 공동체.

김수영, 모선희, 원영희, 최희경(2017). **노년사회학(제2판)**. 서울: 학지사.

김정석, 조연현(2017). 인구고령화시대, '생산적 노화' 담론에 대한 비판적 검토. **사회과학연구**. 24(2), 7–28.

박지영, 배화숙, 엄태완, 이인숙, 최희경(2014). **함께하는 사회복지의 이해(제2판)**. 서울: 학지사.

보건복지부(2019a). **OECD 보건통계 2019년**. 보건복지부.

보건복지부(2019b). **한국의 사회복지지출 통계정보보고서**. 보건복지부.

보건복지부, 한국보건사회연구원(2018). **통계로 보는 사회보장 2018**. 보건복지부.

저출산·고령사회위원회, 보건복지부(2019). **제3차(2016~2020) 저출산·고령사회 기본계획(수정)**. 보건복지부.

정경희, 강은나, 이윤경, 황남희, 양찬미(2016). **노인복지정책 진단과 발전 전략 모색**. 한국보건사회연구원.

정경희, 오영희, 이윤경, 오미애, 강은나, 김경래, 황남희, 김세진, 이선희, 이석구, 홍송이(2017). **2017년도 노인실태조사**. 서울: 한국보건사회연구원.

정경희, 오영희, 황남희, 신현구, 남효정(2013). **미래 고령사회 대응 베이비붐 세대 및 전후 세대 실태 분석**. 한국보건사회연구원.

최성재, 장인협(2010). **고령사회의 노인복지학**. 서울: 서울대학교 출판문화원.

최해경(2016). **노인복지론**. 서울: 학지사.

최혜지, 이미진, 전용호, 이민홍, 이은주(2020). **노인복지론**. 서울: 사회평론 아카데미.

통계청(2021). **2021 사회조사**. 통계청.

통계청(2023). **2023 고령자통계**. 통계청.

Breen, L. B. (1960). The aging individual. In C. Tibbitts(Ed.) *Handbook of social gerontology*(pp.145-162). Chicago: Univ. of Chicago Press.

Riley, M. W., & Riley, J. Jr. (2000). Age integration: Conceptual and historical background. *The Gerontologist, 40*(3), 266-272.

C·H·A·P·T·E·R 02

노화와 노년학 이론

요 약

이 장에서는 노화의 세 가지 주요 차원인 생물학적 차원, 심리적 차원, 사회적 차원을 살펴본다. 생물학적 노화는 외모, 내장 기능, 신경계와 감각 기능의 변화를 포함하며 신체적 노화 결과 만성질환의 위험이 커진다. 노년기의 신체질환은 근골격계, 심혈관계, 호흡기계, 내분비계, 비뇨기계, 안과질환 등으로 분류되며, 심리적, 사회적 차원과도 밀접한 관련이 있다. 심리적 노화는 감각 및 인지 변화, 정서 및 성격 변화를 동반한다. 노년기의 변화에 대한 대응 방식은 개인의 성격에 따라 다양하며, 효과적인 대처와 적응을 통해 노년기의 부정적 변화를 극복할 수 있다. 노년기의 정신질환 및 장애는 기질적 원인에 의한 치매, 파킨슨병, 섬망 등이며, 기능적 원인에 의한 우울, 불안, 수면장애, 신체형 장애를 들 수 있다. 사회적 노화는 사회적 지위와 역할, 사회적 관계의 변화를 의미한다. 현대사회에서 노인은 역할의 축소와 사회적 지위의 하락을 경험하지만, 사회적 지지를 통해 관계망의 축소를 보완하고 역할의 재구조화를 통해 새로운 사회적 역할을 수행할 수 있다. 성공적 노화는 신체적 건강, 심리적 만족, 사회적 참여를 포함하는 개념으로, 개인의 노력과 사회적 지원을 통해 달성된다.

1. 노화에 대한 이해

1) 노화의 세 가지 차원

노화란 인간의 정상적인 발달 과정에서 시간의 흐름에 따라 나타나는 신체적, 심리적, 사회적 차원의 점진적 변화를 의미한다. 노화와 관련된 변화는 '퇴행'이나 '쇠퇴'의 의미를 내포하고 있지만, 모든 인간에게 보편적으로 일어나는 현상이며 탄생에서 죽음에 이르는 인간의 총체적 발달 과정의 일부이다.

생물학적 차원에서 보면 인간은 출생 이후 일정 시기까지 신체적으로 성장하다가 정점을 지나면서 노화가 시작되고 노화에 따른 기능 저하나 질병 때문에 사망한다. 감각을 비롯한 인지기능도 성숙단계를 거쳐 노화 과정에서 점차 감퇴한다. 사회적 차원에서 보면 인간은 출생 이후 사회화 과정을 거쳐 인격체로서 성숙해짐에 따라 사회적인 책임과 역할을 수행하고 경제활동을 통해 소득수준이 향상된다. 정점을 지나면 사회적인 지위와 역할이 점차 줄어들고 소득도 없어진다.

노화는 신체적, 심리적 사회적 차원으로 구분된다. 노화의 세 차원은 서로 연결되어 있으며, 노화 과정에서 노화의 각 차원은 상호작용한다([그림 2-1] 참조). 예를 들어 낙상은 노인의 신체적 특성 때문에 발생하기 쉽고 골절 등 신체적 결과로 나타난다. 그러나 낙상은 노인의 일상생활을 제약하여 활동을 어렵게 하고 사회관계를 위축시킴으로써 우울과 같은 심리적 문제를 초래한다. 반면, 활력 있는 생활을 유지하며 심리적으로 젊게 생활하면 신체 나이와 근력도 그에 따라 활성화된다. 따라서 노화를 인식할 때 신체적, 심리학적, 사회적 차원을 종합적으로 파악하여야 한다.

[그림 2-1] 노화의 세 가지 차원

노화는 인간의 성장발달 과정 중에

나타나는 정상적이고 보편적인 현상이지만, 주로 쇠퇴 또는 상실을 의미한다. 따라서 대다수의 사람들은 노화를 부정적인 의미로 인식하고, 심지어 노화를 부정하거나 막으려는 모습으로 나타나기도 한다. 현대사회에서 노화에 맞서 싸우는 항노화(anti-aging)는 이미 대세가 되었다. 노화를 방지하거나 지연시키기 위한 정보와 기술 개발이 급속히 발달하여 항산화제를 비롯한 약제, 외형과 신체기능을 유지하고 회복하기 위한 각종 치료기술, 인간의 수명을 극단적으로 연장시키는 의학의 발달에 이르기까지, 항노화는 자본과 기술이 집약된 가장 첨단 분야이다.

현대사회에서 노화의 정상적이고 보편적 측면보다 부정적인 측면이 부각되고, 필사적으로 노화를 늦추려고 노력하는 이유는 무엇일까? 그것은 노화가 진행되면 생산성이 떨어져 사회적인 경쟁력이 약화되고, 독립성을 상실하여 의존적인 존재가 되기 때문이다. 생산성과 효율성에 가치를 두는 현대사회에서는 인간의 기준을 경쟁력이 있는 젊은이에게 두고 있기 때문에 노화는 경쟁력을 잃고 쇠퇴해 가는 부정적인 과정으로 여겨지게 되었다. 의존적이고 무가치한 존재가 되어 쓸쓸히 퇴장하는 시기를 조금이라도 늦추어 보려는 노력이 오늘날 '노화와의 전쟁'으로 나타난 것이다.

2) 노화에 대한 다양한 관점

노화를 쇠퇴와 상실의 관점에서만 보면 늙음과 젊음을 이분법적으로 인식하기 때문에 발달의 맥락에서 이해할 수 없다. 노화를 인간의 생애발달 전체에서 바라보지 못하면 노인에 대한 오해와 편견이 생긴다. 노화와 노인에 대한 부정적 인식을 극복하기 위해서는 노화를 인간발달의 한 과정으로서 이해해야 한다.

전지구적인 고령화 추세와 노인인구의 증가에 따라 노년기에 대한 관심이 점차 확대되고 노화를 바라보는 관점도 다양해지기 시작하였다. 의학과 생물학, 심리학, 사회학 등 각 분야의 노년학 연구를 통해 제시된 노화의 특성에 대한 다양한 관점을 소개하면 다음과 같다.

첫째, 노화는 변화와 함께 안정과 지속의 측면을 가지고 있다. 노화는 부정적 변화, 특히 흰머리, 굽은 등, 주름살 등 외모의 변화와 관련되지만 이러한 변화에도 불구하고 개인의 기질, 심리적 특성, 가치관 등은 노년기까지 유지되는 경우가 많다. 즉, 한 개인을 이루는 가장 핵심적 특징과 개성은 노년기에도 안정적으로 지속된다. 한편으로 노년기에는 변화보다는 안정을 추구하고 새로운 것을 시작하기 어렵다고 생각되지만, 사실 노년기만큼 급격한 변화를 경험하는 시기도 드물다. 노년기에 경험하는 조부모 역할, 퇴직, 배우자 사별, 시설 입소 등은 성인기 동안 지속되어 온 삶 대신 새로운 환경과 역할에 적응해야 하는 삶의 도전과 변화들이다.

둘째, 사람에 따라 노화의 속도와 양상은 다양하며, 주관적으로 경험하는 노화는 개인에 따라 모두 다르다. 동일한 연령의 사람이라 하더라도 유전적 특성과 개인의 생활 방식, 환경에 따라 노화의 결과는 다르게 나타날 수 있다. 전통적으로 우리나라에서 환갑은 노인이 시작되는 시기로 여겨졌지만, 현재 환갑은 노년기의 시작으로 여겨지지 않는다. 치매에 걸린 노인과 그렇지 않은 노인의 노화는 전혀 다른 방식으로 진행된다. 나이 들면 다 똑같아진다고 흔히 말하지만, 평생 좋은 환경에서 편안하게 살아온 사람과 하루하루 힘겨운 삶을 살면서 노후대비를 제대로 하지 못한 사람의 노후가 같을 수는 없다.

셋째, 노화는 상실과 쇠퇴인 동시에 회복과 탄력성(resilience)도 포함하고 있다. 생물학적 노화가 진행된 후에는 원래 상태로 회복되기 어렵다. 그러나 신체기능의 상실이나 쇠퇴에도 불구하고 재활 등을 통해 일부 회복이 가능하고 부분적인 기능을 최대한 발휘하여 큰 어려움 없이 생활할 수 있다. 또한 심리적, 사회적 지지를 통해 적절한 수준의 기능과 활기를 유지할 수 있다. 배우자를 사별하였더라도 자녀들과 이웃들의 지원 속에서 독신의 삶에 적응하여 살아가는 노인이 그 예이다.

넷째, 정상적 노화와 병리적 노화는 다르다. 즉, 노화와 질병은 동일하지 않으며, 노화 과정이 곧 질환을 의미하는 것은 아니다. 정상적인 노화 과정만으로는 질병이 유발되지 않으며 노화되면서 신체기능이 저하되고 이 과정에서 위험요인이 가세하면 각종 질병에 취약해져서 발병 가능성이 높아지는 것이다. 병리적 노화를 촉진할 수 있는 위험요인으로는 음주나 흡연, 수면 등 생활습관, 스트레스, 대기나 수질오염 등을 들 수 있다.

근래에는 인구 고령화가 본격화하면서 노화를 긍정적으로 보고자 하는 관점이 대두되었다. 각종 정책과 미디어, 광고 등에는 활기찬 노화(active aging), 성공적 노화(successful aging), 건강한 노화(healthy aging), 생산적 노화(productive aging) 등 노화의 긍정성을 부각시키려는 노력이 가시화되고 있다. 노화를 긍정적인 관점에서 이해하려는 것은 노화의 진행 속도를 늦추고 건강한 상태를 유지함으로써 자신의 의지에 따라 생활할 수 있는 기간을 연장하여 궁극적으로는 노인의 삶의 질 향상을 위한 것이다. 이처럼 노화를 바라보는 관점이 유연해진 이유는 사회참여를 통해 사회발전에 기여할 수 있는 건강하고 생산적인 노인이 많아지고 있기 때문이다(김수영 외, 2017). 노화를 죽음을 향해 가는 쇠퇴와 상실의 과정으로 이해하기보다는, 전 생애 차원에서 바라보고 다양한 관점에서 인식함으로써 노인을 잘 이해하고 노년기 문제에 더 잘 대처할 수 있다.

2. 생물학적 노화

1) 생물학적 노화의 개념과 이론

생물학적 노화(Biological Aging)는 생물의 퇴화가 생물의 재생산을 능가하여 유기체 내에 퇴행적 변화가 나타나는 현상으로, 시간이 지남에 따라 신체구조 및 세포, 조직, 장기 등 유기체 전반에 걸쳐 일어나는 퇴행적 발달 현상을 의미한다(Atchley & Barusch, 2003). 생물학적 노화에 따른 신체적 변화에는 신체구조의 외적인 변화와 신체기능의 내적 변화가 포함된다. 신체구조의 변화는 세포분열이 활발하지 못하여 기관이나 조직이 노화되고 신체조직을 구성하는 물질이 활발하게 교체되지 못하여 피부와 근육, 뼈, 각종 장기가 약해지는 것이다. 신체구조의 변화 결과 신체의 기능 상태가 저하되고 면역력이 떨어져서 취약한 상태가 되기 쉽다.

생물학적 노화의 원인으로는 크게 유전적 계획이론과 오류이론, 면역체계저하 이론 등이 제시되었다. 그러나 노화의 원인에 대한 정설은 없다. 각 이론이 주장하는 생물학적 노화의 원인은 다음과 같다(Yates, 1996).

(1) 유전적 계획이론

유전적 계획이론은 노화가 이미 계획된 유전자에 의해 예정된 순서대로 진행되는 것을 의미한다. 인간의 체세포 분열 횟수가 유한하기 때문에 세포분열이 정지되어 사망한다는 것이다. 체세포의 분열 횟수를 결정하는 '텔로미어'라는 일종의 세포시계가 점차 짧아져서 세포가 더 이상 분열할 수 없게 되면 죽는다고 본다. 신경내분비이론에서는 호르몬 분비를 통해 신체기능을 조절하는 내분비계 기능이 노화 과정에서 감소하다가 어느 시점이 되면 멈추는 것으로 본다. 나이가 들면 성장호르몬, 성호르몬, 생식 호르몬의 분비와 농도가 감소하고 신진대사나 생리적 통제 기능 저하도 노화를 촉진한다고 한다.

(2) 오류이론

오류이론은 체내 세포의 물리적, 화학적 기능 변화로 오류나 손상이 생기고, 그 결과 노화가 진행된다고 보는 것으로, 마모이론과 자유기이론이 해당된다. 마모(wear and tear)이론은 신체기관을 장기간 반복적으로 사용하면 기능과 구조가 낡고 손상되어 노화가 진행된다고 한다. 자유기(free radical)이론은 산소가 에너지를 만드는 과정에서 산소화합물인 자유기가 발생하는데 불안정하고 반응성이 큰 자유기가 다른 물질과 반응하게 되면 정상 세포 형성에 손상을 가하거나 세포에 악영향을 주며, 자유기에 의한 손상이 각종 질병의 원인이 된다고 본다.

(3) 면역체계저하이론

인체의 면역체계는 질병에 저항하고 바이러스나 박테리아 등 신체 외부 물질을 식별하여 공격한다. 그러나 연령이 증가하면서 면역체계의 기능이 감소하여 이상 세포를 식별하지 못하게 되면 만성적인 질병상태가 초래된다. 자동면역이론은 면역성을 지닌 세포가 바이러스나 세균과 자신을 구별하지 못하여 자기에게 저항하는 항체를 생성하여 자체 세포를 공격함으로써 노화나 암과 같은 질병을 유발시킨다고 본다.

2) 생물학적 노화에 따른 변화

(1) 외모의 변화

체중이 60세부터 점차 줄어들기 시작하고 골밀도 저하와 연골조직 퇴화로 신장이 줄어든다. 피부는 수분을 잃기 시작하여 점점 건조해지며 탄력성을 잃고 주름이 생긴다. 피부가 얇아지고 혈액순환이 잘되지 않아 안색이 나빠진다. 노인성 반점과 기미가 얼굴과 손등에 나타난다. 모발의 양과 굵기가 감소하고 멜라닌 색소 감소로 흰 머리카락이 더 많이 생긴다. 치아의 색이 탁해지고 상아질 생성이 감소하여 약해지고 잇몸이 수축되어 이가 쉽게 빠진다.

노화가 진행되면 신체조직의 구성성분 중 지방분은 증가하고 고형분과 수분이 줄어든다. 뼛속 칼슘이 고갈되어 뼈의 질량과 밀도가 감소하기 때문에 전체적으로 체형이 구부러지고 신장이 감소한다. 특히 여성은 폐경기 이후 여성호르몬 분비 중단으로 골다공증에 걸릴 위험이 커진다. 신체근육의 강도가 저하되고 운동능력이 저하된다. 등뼈가 휘고 근육 강도가 저하되면서 노인은 신체의 균형을 유지하는 데 어려움을 겪는다(Hayflick, 1994). 노인의 낙상사고가 자주 일어나는 것은 이 때문이다.

(2) 내장기능의 변화

신체 내부의 장기는 40세부터 중량이 감소하는데 25세 청년을 100으로 할 때 신장은 81%, 간은 67%, 비장은 45% 줄어들지만 심장은 140% 정도 증가한다(최성재, 장인협, 2010). 장기의 중량 변화와 함께 조직 변화가 일어나서 내장기능에 변화가 생긴다. 내장기능별 변화는 다음과 같다.

- 심혈관계

연령이 증가함에 따라 심장 조직이 굳어지고 탄력성이 감소하여 심박력과 혈액량이 감소한다. 30세의 심장 기능을 기준으로 할 때 80세의 심장기능은 70% 정도이다. 심장근육의 힘이 감소하고 동맥 벽이 딱딱해지고 혈관 벽에 노폐물이 쌓여 좁아지면 혈액이 체내에서 자유롭게 흐르기 어렵다. 혈액순환이 원활하지 못하면 뇌졸중, 동맥경화, 고혈압 등 심혈관계 질환 가능성이 커진다(Eversole & Hess, 1998).

- 호흡기계

연령이 증가하면 호흡량, 폐 용량, 산소 소모량 등이 모두 감소한다. 폐의 탄력성이 감소하고 기관지는 확장되고 기관지 점액선이 증가하여 기침과 가래가 증가한다. 호흡기 기능 감소로 기관지 질환으로 이어질 가능성이 크기 때문에 대기오염에 노출되지 않도록 해야 한다.

- 소화기계

나이가 들면서 치아가 약해지고 턱 근육이 약해져서 씹는 능력이 저하되며, 위와 장의 근육이 약화되어 소화기능이 전반적으로 감퇴한다. 소장의 융모 크기가 축소되어 점막 흡수 면적이 줄어들고 대장조직이 변형되어 변비나 각종 장질환에 걸리기 쉽다. 소화불량은 식욕 감퇴를 불러오고, 영양상의 불균형이 겹치면 영양실조와 체중 감소의 위험이 커지므로 규칙적이고 영양적으로 균형잡힌 식사가 필수적이다(Eversole & Hess, 1998).

● 비뇨기계

비뇨기계는 신장과 방광, 요도 등으로 구성된다. 신장에 혈액을 공급하는 동맥의 노화 현상으로 신장의 혈류가 감소하면서 노폐물을 제거하는 신장 기능이 저하된다. 노인의 방광은 탄력성이 줄어들어 용량이 일반 성인의 절반밖에 되지 않는다.

● 내분비, 생식계

성기능과 생식기능도 노화에 따라 변화한다. 여성은 여성 호르몬 감소로 월경이 중단되고 이후 성욕 감소, 골밀도 저하, 우울한 기분, 어지러움과 홍조 현상 등을 경험하며 노화가 촉진된다. 남성은 활동성 있는 정자의 수가 급격히 감소하여 생식기능이 저하되며 발기 능력이 감소하고 음경 크기가 감소하는 등 성적 능력이 저하된다. 그러나 남성의 성적 능력 저하는 여성보다 정도가 덜하며 70대 이상도 생식 능력을 유지할 수 있다(Matthias et al., 1997).

(3) 신경계와 감각기능의 변화

뇌의 크기와 무게는 성인기 동안 지속적으로 감소하지만 60세 이후부터는 손실이 커지며, 신경계와 신경세포의 크기와 밀도가 감소한다. 신경세포의 자극전달 속도가 느려져서 자극에 대한 반응시간이 길어지고 감각이 둔해진다. 그러나 전반적으로 부정적인 사건에 덜 민감해져서 감정 조절이 쉽고 격렬한 감정 변화를 덜 겪게 된다. 감각기능별 변화는 다음과 같다.

● 촉각

촉각 둔화로 온도 식별기능이 저하되어 화상을 입기 쉽고 체온 조절기능 저하로 저체온증과 고체온증 위험이 커진다. 통증 감각이 둔화되어 가벼운 상처는 쉽게 느끼지 못한다. 촉각의 쇠퇴는 손가락이나 발가락 끝, 손바닥 등이 더 심하다.

- 시각

수정체의 탄력성이 떨어져서 멀리 있는 물체의 초점은 맞지만 가까운 물체의 초점이 맞지 않는 원시성 시각(노안)이 나타난다. 빛의 양을 조절하는 홍채 기능이 떨어져 빛의 변화에 민감하지 못하며 물체를 분별하는 데 빛이 더 필요해진다. 수정체의 색체가 누렇게 변하면서 색채 식별 능력이 저하된다.

- 청각

노년기에는 청각기능이 50%까지 저하되는데, 남자가 여자보다 두 배 빠르게 진행되고 65~75세 사이 노인의 30% 정도, 75~79세 사이 노인 중 절반 가량이 청력 감소를 경험한다(Spirduso, 1995). 노인성 난청이 진행되어 의사소통에 어려움을 겪게 될 경우 사회적 고립과 우울을 초래할 수 있다.

- 후각 및 미각

나이가 들면 미각이 둔화하는데, 이것은 혀에서 맛을 느끼는 미뢰 속 세포가 감소 및 퇴화하기 때문이다. 음식의 맛은 후각의 영향이 절대적인데, 나이가 들면 후각구가 위축되어 더욱 맛을 느끼기 어렵다. 미각과 후각의 쇠퇴로 음식의 간이 너무 강해지거나, 상한 음식을 식별하지 못하는 경우 건강상 문제가 생기기 쉽다.

3) 노년기 신체질환

노화가 진행됨에 따라 급성질환에 걸리면 치료하는 데 더 많은 시간이 걸리며 질환 경과에서 쇠약화 정도가 더욱 심각하게 나타난다. 예를 들어, 노인이 감기에 걸리면 면역성과 회복 능력이 저하되어 폐렴이나 천식으로 발전할 가능성이 커진다. 노화와 함께 만성질환에 걸릴 가능성은 커진다. 만성질환이란 3개월 이상 지속되거나 때로는 영구적으로 지속되며 치료보다 장기간의 관리가 필요한 질환을 가리킨다(Hooyman & Kiyak, 2010).

노년기 만성질환의 특징은 다음과 같다. 첫째, 오랜 기간을 두고 서서히 발병하여 진행하면서 퇴행적인 경과를 보인다. 둘째, 증상이 거의 없거나 모호하여 진단이 어렵고 지나치는 경우가 많다. 셋째, 약물 부작용이 많은 편이다. 넷째, 심리적 요인과 신체적 질환이 밀접하게 관련된다. 다섯째, 합병증으로 진행되기 쉽기 때문에 노인은 두 가지 이상의 질병을 함께 가지고 있는 경우가 많다. 여섯째, 만성질환의 치료에서는 의료적 처치뿐만 아니라 심리사회적 개입, 재활 등 여러 전문가가 팀워크를 이루어 치료하는 것이 효과적이다(Williams, 1995). 노년기의 만성질환은 대부분 통증과 생활상의 스트레스를 동반하기 때문에 건강과 일상생활에서 불편을 경험한다.

생물학적 노화는 노화, 질병, 장애라는 세 가지 영역을 포함한다. 노화는 질병은 아니지만, 노화가 진행될수록 질병에 걸리기 쉽고 적절한 치료와 재활이 이루어지지 않으면 장애로 연결된다. 그러나 장애가 발생하더라도 적절한 개입과 서비스 제공을 통해 독립적 일상생활이 가능하다. 질병과 장애를 예방하고 이로 인한 문제를 최소화함으로써 노년기의 삶의 질을 높일 수 있다.

노년기의 주요 신체질환의 개념과 증상, 예방 및 치료는 〈표 2-1〉과 같다.

〈표 2-1〉 노년기 주요 신체질환의 증상과 예방 및 치료

계통	질환	증상	예방 및 치료
근골격계	골다공증	골밀도가 낮아져 뼈에 구멍이 생기면서 작은 충격에도 쉽게 부서지거나 골절상을 입음	칼슘 및 비타민 D 섭취, 금연 및 금주, 에스트로겐 요법
	관절염	관절을 둘러싼 조직의 퇴화로 연결이 계속되는 마찰로 얇아지면서 뼈가 자극을 받아 통증을 느낌	꾸준한 운동, 자세교환, 지팡이 및 보행기 등 보조기 착용, 인공관절 수술
심혈관계	고혈압	수축기 혈압 140, 확장기 혈압 90 이상으로 뒷목이 뻐근하고 두통을 동반하며 피로와 가슴이 답답함을 느낌	운동, 식이요법, 체중관리, 스트레스 경감, 정기적 혈압체크, 항고혈압제 복용
	동맥경화	혈관 내벽에 지방질이 축적되어 혈관벽이 좁아지거나 막힘으로써 관상동맥 질환, 운동 능력 저하를 유발하나 자각증상이 없음	혈관확장제 투여, 혈관 노폐물 제거, 혈관확장 수술

계통	질환	증상	예방 및 치료
심혈관계	뇌졸중	흔히 중풍이라 불리며 뇌에 혈액을 공급하는 뇌혈관이 동맥경화나 혈전으로 막혀 신체의 일부에 마비를 일으키거나 운동 및 언어기능장애를 가져옴	혈압관리, 적정 운동과 비만 예방, 식이요법, 금연 및 금주, 약물치료와 수술, 재활치료
	심부전	심장기능 저하로 심장박동이 약해져 혈액을 보내지 못하여 실신이나 발작, 호흡곤란, 청색증 등이 나타남	강심제, 이뇨제 등 약물치료, 금연 및 금주, 심장보조장치, 인공심장, 심장이식 수술
호흡기계	폐쇄성 폐질환	폐쇄성 기관지염, 천식성 기관지염, 폐기종 등으로 기도 폐쇄가 발생하여 호흡이 어려워짐	금연, 공해 피하기, 거담제, 항생제나 기관지 확장제 복용, 산소요법, 호흡재활 치료
	폐렴	세균이나 바이러스 등으로 폐에 염증이 발생하여 발열, 기침, 가래, 호흡곤란, 전신권태감, 가슴 통증 등이 나타남	감기 예방과 조기치료, 항생제 복용
내분비계	당뇨병	췌장에서 분비되는 인슐린 부족으로 혈액 속 당이 축적되어 소변으로 배설되면서 눈, 신장, 혈관에 여러 합병증을 유발함	유산소 운동, 단순 당질 섭취 제한, 식이요법과 인슐린 주사
비뇨기계	신부전	신장의 배설, 조절, 대사 등 기능이 저하됨	단백질 섭취 제한, 내과질환의 치료, 신장 투석, 외과 수술
	요실금	방광과 요도의 탄력성이 저하되어 배뇨장애가 일어남	골반근육 운동, 카페인 및 수분 제한, 약물치료
	전립선 비대증	남성의 전립선이 비대해져서 요도를 압박하여 배뇨장애가 일어남	약물치료, 전립선절제술, 온열요법 등
안과질환	백내장	수정체의 혼탁으로 시력 감퇴, 복시, 근시가 증가함	약물치료, 백내장 수술
	녹내장	안구의 압력이 높아져 시신경이 눌리거나 혈류가 공급되지 않아서 시력기능이 저하됨	약물치료, 수술치료, 방치할 경우 실명에 이름

출처: 대한임상노인의학회(2018). 나무위키백과를 토대로 재구성.

노인의 건강상태는 생활만족도와 삶의 질에 가장 큰 영향력을 미치는 요인 중 하나이다. 만성질환으로 여러 가지 약을 복용하고 일상생활의 제약과 재정적 부담이 커지면 삶의 질과 삶에 대한 만족도가 낮아진다. 따라서 노인의 사회적 활동에 있어 신체적 건강상태를 반드시 고려해야 한다. 또한 노인은 신체적 불편, 거동 불능, 통증 등을 노화 과정에 따른 불가피한 경험으로 생각하여 적극적으로 치료를 받기보다는 불편한 상태를 방치하고 고통을 견디는 경우가 많다. 따라서 노인의 정기 건강검진, 건강 및 질병 관련 정보 제공, 노인에 대한 의료진의 관심과 배려 등이 실행되어야 한다(김수영 외, 2017).

3. 심리적 노화

1) 심리적 노화의 개념과 이론

심리적 노화(Psychological Aging)는 인간의 인지, 정서, 성격 등의 차원에서 노화에 따라 기능 저하와 변화를 수반하는 과정이다. 심리적 노화는 심리 내적 차원의 변화로 쇠퇴나 하락을 의미할 뿐만 아니라 사회적 환경과의 상호작용 속에서 퇴행, 유지, 성숙을 동시에 포함하는 심리적 조절 과정이다(권중돈, 2019).

심리적 노화는 생물학적 노화와 관련을 가지고 있으며, 사회 환경과도 밀접한 관련을 가지고 있다. 개인의 심리적 노화는 개인의 성격뿐 아니라 사회적 역할과 계층, 연령, 사회문화적 동질성 등의 효과 속에서 복합적으로 작용한다(Atchley & Barusch, 2003). 심리적 노화와 관련된 심리학 이론은 발달이론과 자아정체성 이론, 성격특성이론 등으로 제시되었다.

시계 거꾸로 돌리기 실험

1979년 하버드대학교의 엘렌 랭어(Ellen Langer) 교수는 8명의 70대 후반~80대 초반 남성노인들을 대상으로 실험을 진행하였다. 지원자들 중에서 선발된 노인들은 6박 7일 동안 한적한 시골집에서 함께 생활하며, 두 가지 규칙을 지켜야 했다. 20년 전인 1959년의 정치, 사회, 스포츠 등을 반드시 현재형으로 이야기하고, 그해에 개봉한 영화와 텔레비전 프로그램을 매일 밤 시청했다. 그리고 20년 전과 마찬가지로 청소와 설거지 등을 직접 해야 했다. 노인들은 처음에는 집안일 하기를 어려워했지만, 대화와 영화, 텔레비전 시청을 하며 20년 전의 상태로 현재를 사는 것에 점차 익숙해지자 자발적으로 청소도 하고 운동도 시작했다. 일주일 후 실험을 마쳤을 때 노인들의 시력, 청력, 기억력, 지능, 악력 등은 50대 수준으로 향상되어 있었다. 이른바 '시계 거꾸로 돌리기' 실험으로 불리는 이 연구는 노인들의 심리, 사회적 상태와 신체적 기능이 밀접히 연결되어 있으며, '나이는 숫자에 불과하다'는 말이 현실에서 가능함을 보여주었다.

출처: 교육방송(EBS) 지식채널 E, '7일간의 기적'.

(1) 발달이론

발달이론에서는 인간을 전 생애에 걸쳐 지속적으로 발달하고 성장하며, 노년기는 일생 동안 살면서 배워 온 것을 이해하고 자신의 삶의 가치를 발견하는 발달단계라고 정의한다. 발달이론에서는 노년기의 적응을 위해 필요한 심리적 과업이 제시되었으며, 노년기의 쇠퇴와 위축에도 불구하고 생애 발달과업을 성공적으로 수행할 필요성과 가능성이 제시되었다. 대표적인 발달이론은 다음과 같다.

• 에릭슨(Erikson)의 심리사회적 발달이론

에릭슨(Erikson)은 인간의 발달이 전 생애에 걸쳐 인간과 환경 간의 상호작용을 통해 역동적으로 이루어진다는 점을 전제로, 개인은 발달시기마다 과업을 성공적으로 해결함으로써 긍정적 발달을 이루어간다는 점을 강조하였다. 노년기는 그의 심리사회적 발달 8단계 중 마지막 단계로, 이 시기에 발달시켜야 할 긍정적 성격으로 자아통합(ego integrity)을 제시하고 자아통합이 실현되지 못하면 절망에 빠진다고 하였다. 자아통합이란 자신의 과거 및 현재의 인생을 있는 그대로 받아들이고 만족스럽고 의미 있게 생각하며, 다가올 죽음을 수용하고 기다리는 태도를 의미한다(Erikson, 1968, 1982, Hooyman & Kiyak, 2010에서 재인용).

- 융(Jung)의 심리분석이론

융(Jung)은 노년기로 갈수록 자신의 내적 세계에 집중하는 내향성으로 나아간다고 보았다. 융도 인간이 생의 마지막 단계에서 죽음에 직면한다는 점을 지적하였으며, 죽음에 직면한 노인은 내적 탐색과 사후세계에 대한 의미를 추구한다고 보았다(Jung, 1959, Hooyman & Kiyak, 2010에서 재인용).

- 펙(Peck)의 발달과업이론

펙(Peck)은 생애발달을 7단계로 나누고 노년기에 심리적으로 건강하게 기능하기 위해 해결해야 하는 세 가지 중요한 위기로 직업 상실, 건강 상실, 죽음을 제시하였다. 이 위기들을 성공적으로 해결하여야만 자신과 인생의 목적을 더욱 폭넓게 이해할 수 있다고 보았다(Peck, 1968, Schroots, 1996에서 재인용).

(2) 자아정체성이론

밀러(Miller)의 자아정체성위기이론에 의하면 개인이 정체성을 유지하고 지지하는 기반으로 직업이 중요한데, 노년기의 퇴직은 직업적 역할의 상실을 초래하여 자아 지지 기반이 무너지고 그동안 유지되던 정체성이 위기에 처하게 한다. 노년기의 정체성을 유지하기 위해서 다른 활동을 통하여 대체만족을 추구하거나 사회적 인정을 받을 수 있는 여가활동에 참여하여야 한다고 하였다. 반면 애칠리(Atchley)는 자아정체성유지이론을 통해 사람은 여러 가지 역할을 통하여 자신의 정체성을 이끌어내기 때문에 퇴직 후에도 노인이 여러 가지 역할에 참여하여 정체성을 유지할 수 있다고 주장하였다(Troll & Scaff, 1997).

(3) 성격특성이론

성격특성이론은 정신적, 정서적, 기질적 특성 또는 속성에 초점을 맞추고, 노년기 성격의 안정성을 주장한다. 성격특성(trait)은 개인에게 내재된 상대적으로 안정된 성격배열로서, 타인과 구분되도록 하는 일련의 특성이다. 여러 연구에서 성년기, 중년기, 노년기 성인을 조사한 결과 성격특성은 노년기를 포함하여 성인기 내내 안정적인 것으로 나타났다(Troll & Scaff, 1997).

2) 심리적 노화에 따른 변화

(1) 감각 및 인지 변화

- 지각 능력

일반적으로 노년기에는 뇌조직과 신경조직의 쇠퇴로 자극에 대한 반응 속도가 저하된다. 또한 복잡한 자극 속에서 새로운 형태를 발견하고 통합하는 시공간 통합 능력이 감퇴하여 주의집중력과 경계 능력이 감퇴한다. 예를 들면 노인들은 복잡한 노로에서 빠른 속도로 움직이는 차량에 즉각적으로 대처할 수 없기 때문에 교통사고 위험이 커진다.

- 지능과 기억력

지능에는 여러 가지 차원이 있으므로 노화에 따라 지능이 완전히 감퇴한다고 말하기 어렵다. 인간의 지능은 학교교육과 학습경험에 의존하는 훈련된 능력으로서의 결정성 지능과, 새로운 정보를 처리하는 타고난 지능인 유동성 지능으로 구분된다. 연령이 증가하면서 선천적으로 갖고 태어난 유동성 지능(수에 대한 감각, 정확성, 기억력, 반응 속도) 등은 70대 이후부터 급격히 감퇴하는 반면, 후천적으로 획득된 추론 능력, 어휘력, 일반상식 등의 결정성 지능은 60세까지 꾸준히 증가한다(Schaie, 1996).

노년기에는 퇴화한 뇌세포가 재생되지 못하여 최근의 정보처리 과정에서 문제를 일으키기 때문에 기억력이 감퇴한다. 특히 장기기억보다 단기기억(5~10초 후에 기억하기)과 최근기억(1시간~수일 후에 기억하기) 능력이 약화된다. 노인은 보는 것보다 들은 것에 대한 기억력이 좋아지는 경향이 있으므로 청각을 활용한 교육 방법이 효과적이다(유경 외, 2014).

● 학습 능력

학습 능력은 연습이나 경험을 통하여 정보, 기술을 습득하는 능력을 의미한다. 노인의 학습 능력 저하는 학습 능력을 활용하지 않기 때문이지 학습 능력 자체의 감퇴라고 보기는 어렵다. 학습 기간과 반응시간이 충분히 주어지고 학습 과제와 동기가 분명한 경우, 그리고 학습 결과에 대해 즉각적인 피드백을 제공할 경우 노인의 학습 효과는 매우 크다(Schaie, 2005). 노인의 학습 능력 저하를 당연시하기보다 평생교육과 노년기 학습을 촉진하려는 노력이 필요하다.

● 창의성과 지혜

창의성은 개인의 자기실현을 위한 독특한 정신작용으로서, 독창적인 문제해결 능력으로 나타난다. 예술이나 과학 분야는 50대부터 창의적인 업적이 감소하는 경향이 있으나, 인문학 분야는 60대에도 여전히 창의적인 것으로 나타났다. 창의성은 일생 동안 지속되며 성인기에 절정에 달하지만 환경 자극과 학습 등 노력을 통해 노년기에도 지속될 수 있다.

지혜는 지식과 경험을 결합하여 인생에 대해 더 큰 이해를 갖게 되는 개인적 지식의 통합체로서, 인생에 대한 깊은 통찰력과 어려운 인생문제에 대한 대처 능력을 의미한다. 노년기의 인지기능 저하는 오랜 인생경험을 통해 획득한 지혜를 사용하여 보완할 수 있다(Vailant, 2002). 지혜는 지식과 경험의 총량이라기보다는 주어진 상황의 모든 측면을 고려하고 종합할 수 있는 능력을 의미하기에, 생애 전 과정을 통해 발달해 간다.

(2) 정서 및 성격 변화

정서는 생리적 변화를 포함하여 표현되는 정신적 상태로서, 생리적 상태, 사회 물리적 환경, 지식, 사고와 같은 인지 과정에 의하여 지배되는 역동적 체계이다. 연령이 증가하면서 정서조절 기능이 발달함에 따라 정서 표현이 절제되고 외부로 드러나는 정서 표현은 줄어드는 경향이 있다(Hooyman & Kiyak, 2010).

노년기의 성격 변화를 부정적으로 바라보는 입장에서는 내향성과 수동성 경향, 익숙한 방식에 대한 고수, 우울 성향, 좋았던 과거와 친근한 사물에 대한 집착, 경제적, 신체적 악화에 따른 의존성 증가, 주위 사람의 죽음으로 인한 불안과 소외 등을 제시한다(유경 외, 2014). 노년기의 긍정적 성격 변화는 관용적 경향과 다른 사람을 더 배려하는 경향, 성별 차이 감소에 따른 성역할 고정관념 약화, 수용성과 순응성 증가 등이다(Vailant, 2002). 캔자스 시 노화 연구(Kansas City Studies of Aging) 결과에 의하면 노년기의 성격 변화는 개인차가 크고, 초월성의 경향이 커지며, 조심성이 증가하고 덜 충동적으로 된다(Hooyman & Kiyak, 2010).

(3) 노화에 대한 대처와 적응

노화 과정은 많은 도전과 변화를 포함하고 있으며 노인은 새로운 상황에 대응해야 한다. 건강의 상실이나 퇴직, 배우자 사별 등은 노년기의 대표적인 스트레스 사건이며 이에 대해 효과적으로 대처해야 한다.

대처(coping)는 인간이 내적, 외적 사건에 직면하여 행하는 지적, 정서적, 행동적 반응 방식이며, 대처전략은 스트레스 상황에 대한 계획적인 행동이다. 노년기로 갈수록 스스로 통제할 수 없는 사건을 받아들여야 할 필요성이 크기 때문에 수용이 가장 적절한 대처 방식이 된다(Hooyman & Kiyak, 2010).

적응(adaptation)은 환경적 스트레스에 대한 대처, 목표 설정, 문제해결, 기타 심리사회적 평형 상태를 유지하고자 하는 시도 등 일련의 행동을 포함한다. 노인은 많은 환경적 변화와 생애 사건에 대해 상대적으로 쉽게 적응하는 모습을 보여준다. 노인은 이전에 효과적이었던 대처기술을 활용함으로써 노년기의 여러 가지 변화에 잘 적응할 수 있다(Ruth & Coleman, 1996).

노인들은 노화에 따른 변화에 적응하는 과정에서 선택, 적절화, 보상전략을 활용한다. 선택은 목표나 영역을 선택적으로 제한하거나 조정하는 것이고, 적정화는 능력과 자원을 재정비하는 것이며, 보상은 감소나 상실에 대한 보완기제를 작동시키는 것이다. 예를 들어 피아니스트 루빈스타인은 노년기에 연주 능력이 저하되자 연습하는 곡의 범위를 제한하고(선택), 선택한 곡을 더 집중적으로 연습하였으며(적정화), 천천히 연주하는 부분을 더 천천히 연주하여 다른 부분과 대비효과를 극대화하였다(보상). 이러한 방식은 획득보다 상실이 더 많은 노년기에 특히 효과적이다(Baltes, 1997, 유경 외, 2014에서 재인용).

노화에 따른 대처 및 적응 방식은 개인의 성격특성과 관련이 있으며 전 생애에 걸친 삶의 경험과도 관련이 있다. 라이카드 등(Reichard, Livson, & Peterson, 1962)은 노화에 대한 성격 적응 유형을 성숙형, 은둔형, 무장형, 분노형, 자학형으로 분류하였다(신명희 외, 2017). 각 유형은 일생을 통해 형성된 성격의 결과로 나타내며 유형별 특성은 〈표 2-2〉와 같다.

〈표 2-2〉 노화에 대한 성격 유형별 적응

성격 유형	특성	적응도
성숙형 (the matured)	나이 들어가는 자신과 현실을 인정하고 삶에 대해 실패와 불운보다는 성공과 행운에 감사하며 과거에 대한 후회나 미래에 대한 불안 없이 살아간다.	적응
은둔형 (the rocking-chair man)	여러 가지 책임과 복잡한 대인관계, 사회적 책임에서 해방된 것을 다행으로 여기고 조용한 생활에 만족하며 수동적 삶을 추구한다.	적응
무장형 (the armored)	나이 듦에 대한 불안을 방어하기 위해 활발한 사회적 활동과 기능을 유지하고자 노력한다.	적응
분노형 (the angry man)	자신이 세운 인생 목표를 이루지 못하고 늙은 것에 대해 비통해하며 남의 탓으로 돌리고 자신의 늙음을 받아들이지 않는다.	부적응
자학형 (the self-haters)	인생을 실패로 보고 후회하며 실패의 원인이 자신에게 있다고 여겨 자기비난과 심리적 박탈감, 우울감을 느낀다.	부적응

출처: 신명희 외(2017). 발달심리학.

3) 노년기 정신질환과 장애

대부분의 노인은 정신건강상의 문제 없이 노화를 경험한다. 그러나 일부 노인(15%~20%)들은 정신적 기능이나 정서 및 행동상의 심각한 문제를 경험한다. 정신장애는 노인에게만 발생하는 것은 아니지만, 노인에게 정신장애가 발생할 경우 다른 신체적 질병이나 감각기능 상실 때문에 정신장애를 진단하고 치료하기 어렵다(김수영 외, 2017).

정신장애의 원인은 생물학적, 신체적 원인에 의한 기질적 장애(organic disorder)와 정서적 원인에 의해 나타나는 기능적 장애(functional disorder)로 나눌 수 있다.

(1) 기질적 정신장애

생물학적, 신체적 원인에 의해 노년기에 자주 나타나는 주요 기질적 정신장애는 치매, 파킨슨병, 섬망, 알코올 및 약물 남용 등이다. 원인과 주요 증상은 〈표 2-3〉과 같다.

〈표 2-3〉 노년기 주요 기질적 장애의 증상과 원인

<table>
<tr><th>질환명</th><th colspan="2">원인</th><th>증상</th></tr>
<tr><td rowspan="2">치매</td><td>알츠하이머</td><td>뇌세포 감퇴와 사멸</td><td rowspan="2">• 인지장애: 기억력, 지남력, 판단력 저하
• 정서장애: 망상, 불안, 우울, 환각, 조울
• 언어장애: 동어반복, 작화증, 실어증, 혼잣말
• 행동장애: 배회, 불면, 폭력, 수집벽, 반복, 거부</td></tr>
<tr><td>혈관성</td><td>뇌혈관 폐쇄, 뇌출혈</td></tr>
<tr><td>파킨슨병</td><td colspan="2">뇌 흑질 내 도파민 분비 감소</td><td>• 언어장애, 인지장애, 근육의 위축과 경색, 머리와 손 등 신체 떨림, 불안정하고 느린 걸음걸이</td></tr>
<tr><td>섬망</td><td colspan="2">투약 독성 반응, 탈수 및 영양실조, 만성 심장질환, 내분비질환(당뇨병 및 갑상선 질환), 수술 후 쇼크</td><td>• 지남력장애, 혼란, 주의력 감퇴, 비논리적 사고와 기억력 손상, 환각과 망상
• 치매와 달리 급성 원인에 의한 일시적 상태이나 즉각적인 치료 필요</td></tr>
<tr><td>알코올 및 약물 남용</td><td colspan="2">알코올 및 약물 분해기능 저하, 약물과 알코올의 중복, 혼용, 과용</td><td>• 영양실조, 위장장애, 수전증, 기억장애, 섬망</td></tr>
</table>

(2) 기능적 정신장애

기능적 정신장애는 물리적 원인보다는 심리정서적 원인에 의해 나타나는 정신적 문제로 정신장애진단및통계편람(DSM-V) 분류상 우울장애, 수면장애, 신체형 장애 등을 들 수 있다. 주요 원인과 증상은 〈표 2-4〉와 같다.

〈표 2-4〉 노년기 주요 기능적 장애의 증상과 원인

질환명	원인	증상
우울장애	스트레스를 주는 생활사건, 상실, 신체질환, 빈곤과 소외 등	6~8주 이상 일상생활에 장애를 주는 지속적 침울, 불면, 식욕 및 체중 감소, 피로, 자신에 대한 부정적 생각, 자살 사고
수면장애	수면주기 변화와 수면 효율성 저하	불면, 불규칙한 수면, 수면각성 주기 불안정, 만성피로
신체형 장애	심리적 원인에 의한 신체 관련 증상	신체적 원인이 없는 통증 및 복합적 증상 호소, 건강염려증, 갑작스러운 근육 마비나 감각기능 상실

노년기의 정신질환과 장애는 정상적인 노화 과정에 따른 변화가 아니다. 노인의 정신질환이나 장애는 가시적인 신체 증상을 동반하지 않는 경우가 많기 때문에 무시되거나 방치되기 쉽다. 그러나 정신질환과 장애를 방치하면 회복이 지연될 뿐 아니라 조기 시설 입소, 사망 위험성 증가, 자살 등 중요한 문제의 원인이 된다. 노인들의 정신기능과 심리적 상태는 사회적 관계와 지지에 의해 큰 영향을 받기 때문에 치매나 우울 등 정신질환이나 장애를 가진 노인이 사회적 관계로부터 고립되지 않도록 하는 것이 중요하다(McInnis-Dittrich, 2020).

4. 사회적 노화

1) 사회적 노화의 개념과 이론

자신이 소속된 사회적 관계 속에서 타인과 상호작용하며 살아가는 사회적 존재로서의 인간이 노년기에 이르러 사회적 관계와 지위, 역할의 변화를 겪게 되는 것이 사회적 노화이다(Hooyman & Kiyak, 2010). 사회적 노화는 신체적 노화와 달리 자연적 과정이라기보다는 제도와 사회구조 차원과 관련된다.

그러나 사회적 노화 과정은 사회적 차원에만 국한되지 않으며, 신체적 노화 및 심리적 노화와도 밀접하게 연결되어 있다. 예를 들어 퇴직과 같은 사회적 역할 변화는 사회적 관계의 축소로 이어지고 심리적 위축과 우울을 동반하며, 신체활동의 감소로 신체기능의 저하를 초래할 수 있다.

사회적 노화는 매우 광범위한 영역을 포함하며 사회나 문화에 따라 다르기 때문에 개념을 규정하기 쉽지 않으며, 한 가지 이론만으로 사회적 노화를 설명할 수도 없다. 사회적 노년학(Social Gerontlogy)은 사회적 노화의 과정과 결과, 개인과 집단, 사회구조적 측면의 노화에 초점을 둔 다양한 이론들을 포함한다(김수영 외, 2017). 노인복지학에서 많이 활용되는 주요 노년사회학 이론은 분리이론, 활동이론, 연속이론, 현대화이론, 연령계층이론 등이다.

(1) 분리이론

분리이론(disengagement theory)에 의하면 분리란 노년기에 사람들과의 사회적 교류 및 활동 범위가 축소되는 것을 의미하며 개인의 의사에 의한 '개인적 분리'와 퇴직과 같은 사회적 제도에 의한 '사회적 분리'로 구분된다. 즉, 노인은 사회로부터 분리되려고 하고, 사회는 퇴직제도나 연금제도 등을 통해 노인을 사회에서 분리시키려고 한다는 것이다. 노년기의 분리는 노인 개인에게 심리적 안정과 휴식을 제공하고, 사회적으로는 젊은 사람에게 일자리를 제공하여 개인과 사회 모두에게 기능적인 역할을 한다고 본다. 그러나 분리이론이 등장한 1960년대와 달리 현재는 노년기가 매우 길어졌고, 노년기에 사회에서 분리되기보다는 사회적 활동을 유지하고 퇴직 후에도 노인의 취업을 권장하는 추세에 있다.

(2) 활동이론

활동이론(activity theory)은 분리이론에 대한 대립적인 이론으로 제시되었다. 생물학적 노화와 건강의 하락에도 불구하고 노인들은 중년기와 동일한 심리사회적 욕구를 가지고 있으며, 중년기와 비슷한 활동과 사회참여를 지속함으로써 생활의 만족도를 높일 수 있다고 본다. 이에 따라 노인들은 가능한 많은 활동을 하고, 역할의 상실을 보상해 줄 수 있는 대안적 활동을 찾아서 실행해야 한다고 본다. 활동이론은 활력과 생산성을 강조하는 현대 자본주의 사회의 가치체계와 부합하며, 젊음을 지향하는 현대사회의 특성과 맞물려 각종 사회정책과 프로그램의 지향점으로 제시되고 있다. 그러나 노년기의 활동 참여는 개인의 특성, 인생경험, 사회경제적 상황에 따라 다를 수 있기 때문에 모든 사람에게 활동이론을 적용하기는 어렵다. 또한 노년기는 중년기의 연장이 아니므로 노년기 고유의 특성과 욕구에 맞는 활동이 중요하다.

(3) 연속이론

연속이론(continuity theory)은 노인들이 노년기의 변화에도 불구하고 대부분 이전의 사고방식과 활동수준, 사회적 관계 등에서 일관성을 나타낸다고 보고, 개인의 생활양식의 안정성과 지속성을 강조한다. 예를 들어 활동적이던 사람이 은퇴를 한다고 해서 갑자기 비활동적이 되기는 어렵다. 반대로 비활동적이던 사람이 은퇴 후 시간이 많아진다고 해서 갑자기 사회활동에 적극적으로 참여하기는 어렵다는 것이다. 연속이론은 개인의 인격적 특성에 따른 다양한 적응방식을 강조하지만, 지나치게 개인에게만 초점을 맞추기 때문에 노화에 따른 사회적 요인을 간과하고 있으며 개인에게 모든 책임을 전가하는 논리로 이어질 수 있다.

(4) 현대화이론

현대화이론(modernization theory)은 사회문화적 배경에 따라 노인들의 사회적 지위와 역할이 다양하게 나타난다고 본다. 농경사회에서 산업사회로 변화함에 따라 노인의 사회적 지위와 역할이 변화하였으며, 현대화가 진행될수록 노인은 가정과 사회에서 영향력을 상실하고 사회적 역할이 감소하여 지위가 낮아진다는 것이다. 그러나 현대화이론은 사회 내에서 나타나는 노인들 간의 다양한 차이를 간과하였다는 비판을 받는다.

(5) 연령계층이론

연령계층이론(age stratification theory)은 청년, 중년, 노년으로 연령에 따라 계층이 나뉘어 서열화되며, 계층화된 연령구조에 따라 사회적 역할과 자원이 배분된다고 본다. 동년배집단(cohort)은 비슷한 시기에 출생하여 비슷한 생애주기를 지내며 동일한 역사적 경험을 하였기 때문에 다른 집단과는 구별되는 태도와 가치관을 갖게 된다고 한다. 이에 따라 한 동년배집단은 과거나 미래의 노년층과 구분되며, 사회적 자원의 배분을 둘러싸고 다른 연령층과 갈등관계를 형성한다고 본다. 그러나 연령 자체가 고정된 범주가 아니고 일생 동안 변화하기 때문에 연령에 의한 계층화가 과연 가능한가에 대한 비판이 존재한다.

2) 사회적 노화에 따른 변화

(1) 사회적 지위와 역할의 변화

노년기에 경험하는 사회적 역할 변화의 구체적인 예는 한평생 근무한 직장에서의 퇴직, 손자녀 출생에 따른 조부모 역할, 배우자 사별에 따른 독신생활, 경제력 상실에 따른 자녀에 대한 의존, 배우자의 건강 상실에 따른 돌봄 역할 등이다.

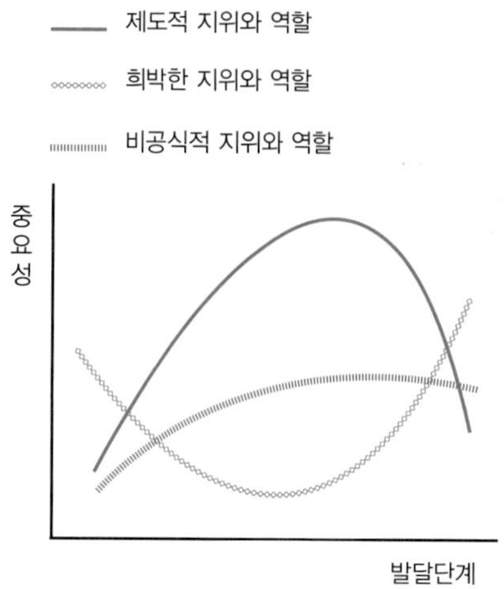

[그림 2-2] 발달에 따른 역할 변화

헤빅허스트(Havighurst, 1978)에 의하면 노인은 “사회적 역할에 적합한 시기에 있는 사람”이다. 여기서 사회적 역할이란 일상적이고 유동적인, 사회적 차원의 의미 있는 활동이다. 노인에게 기대되는 사회적 역할은 전통문화 전달자의 역할, 사회원로의 역할, 친족 중심자의 역할, 조부모의 역할, 지역사회 지킴이의 역할 등을 들 수 있다. 로스코우(Rosow, 1985)는 노년기에는 제도적인 지위와 역할이 감소하는 반면 희박한 지위와 역할, 비공식적 지위와 역할은 오히려 늘어난다고 하였다([그림 2-2] 참조). 희박한 지위와 역할은 자녀들이 모두 성장하여 독립한 부모들처럼, 역할이 없거나 있어도 아주 적은 경우를 말하며, 비공식적 지위와 역할은 비공식적 지도자와 같이 공식적 지위는 없으나 역할은 있는 경우를 말한다(김수영 외, 2017).

이처럼 노년기의 지위와 역할의 변화는 주로 상실이나 하락과 관련되기 때문에 급격한 역할 상실과 역할의 변화가 일어날 때 자존감의 저하와 통제감의 상실을 경험하며 상당한 스트레스를 경험한다. 또한 사회적으로도 노인을 무가치한 존재로 보게 하여 낮은 대우, 사회적 분리와 소외를 초래한다(Atchley & Barusch, 2003).

그러나 노년기가 되면서 여가시간이 늘어나고 가족관계의 변화에 따른 역할과 지위의 변화는 기쁨과 보람을 주기도 한다. 손자녀와의 친밀한 관계나 양육 도움, 지역사회 봉사활동 등은 노인들의 삶에 활력을 줄 수 있다. 이러한 역할을 수행함으로써 노인들은 여전히 타인을 위해 기여할 수 있으며, 스스로 쓸모 있는 사람이라는 느낌을 갖게 된다.

(2) 사회적 지지와 역할의 재구조화

노년기에는 퇴직과 상실, 사별 등의 생애사건을 겪게 되어 불가피하게 사회적 관계망이 축소된다. 직장을 중심으로 하는 공식적 유대관계나 사회적 참여가 줄어들고 가족이나 친척, 친구 등 사적 유대관계가 노년기 생활의 중심이 된다(권중돈, 2019). 핵가족화와 개인주의 경향으로 사적 유대관계의 질과 범위도 점차 축소되면서 노인의 소외와 고립도 증가한다.

노인에 대한 사회적 지지(social support)를 통해 축소된 사회적 관계망을 보완, 회복할 수 있다. 사회적 지지는 사회적 관계망이 축소되거나 결여된 노인에게 비공식적, 사회적 지원을 제공하는 원조제공 체계를 의미한다(김기태 외, 2011). 가족과 친구, 지역사회의 공식적, 비공식적 도움은 노년기에 당면하는 많은 종류의 상실을 완충해 주는 효과가 있다. 사회적 지지의 구체적인 예로 우리나라에서 실행되고 있는 '노노(老老) 케어' 프로그램을 들 수 있다. '노노케어' 프로그램은 지역사회 내 연소노인과 연로한 독거노인이 일대일 관계를 맺고 교류와 돌봄을 제공하는 노인 간 상호돌봄 프로그램이다.

노년기의 역할 상실과 사회적 지위의 하락 문제는 역할의 재구조화(role restructuring)를 통해 효과적으로 극복할 수 있다. 역할의 재구조화는 특정한 역할을 잃는 대신에 기존의 역할을 가능한 오래 유지하거나, 노인만이 할 수 있는 역할과 기여를 새롭게 수행하는 것이다. 노년기가 길어지면서 은퇴 연령이 높아지고 고령자의 지속적 취업이 권장되는 추세에 있으며, 은퇴한 노인의 재취업과 노인일자리 프로그램이 활성화되는 것은 노인 역할의 재구조화로 볼 수 있다. 노인이 다른 노인에게 정서적인 지원을 제공하거나, 자원봉사 활동 등을 통해 지역사회에 기여할 수 있다(Hooyman & Kiyak, 2010).

노년기의 역할과 지위의 변화는 대체로 예측 가능하고 장기간에 걸쳐 점진적으로 진행되므로, 역할 변화와 상실에 대비하여 미리 준비함으로써 충격을 최소화하고 효과적으로 적응할 수 있다. 예를 들면 정년퇴직 이전에 퇴직 이후 삶을 계획하고 준비할 수 있도록 은퇴준비 교육을 제공하고, 배우자 돌봄 역할과 관련하여 정보 제공 및 적응 교육을 실시하며, 사별 후 독신생활을 위해 일상생활 교육과 지원 서비스를 제공할 수 있다.

3) 성공적 노화

길어진 평균수명과 향상된 건강, 높은 교육수준과 소비수준 등 이전 세대의 노인과 다른 노인세대가 대거 등장하였다. 새로운 노년세대의 등장과 더불어 시작된 '신노년' 연구는 노년의 긍정적인 측면에 주목하고 노년의 잠재력 개발과 문제 예방을 강조한다. 신노년 연구는 '성공적 노화'에 대한 관심으로 연결되었다. '성공적 노화' 연구는 노인의 건강과 체력, 교육수준이 높아짐에 따라 생산성 향상과 경제 발전에 기여할 수 있다는 점을 강조하며, 길어진 노년기를 어떻게 보낼 것인가에 대한 역할 모델과 지침을 제공한다(Estes, Biggs, & Phillipson, 2003).

성공적 노화 연구는 신체적 건강에 대한 의학적 관심에서 시작하여 심리적, 사회경제적 요인을 성공적 노화의 구성요소에 포함시키게 되었다. 따라서 성공적 노화는 신체적이고 기능적 건강, 높은 인지적 기능, 심리적 적응과 만족, 적극적인 사회참여와 생산적 역할 등을 포괄하는 개념이다.

성공적 노화에 대한 미국의 연구 결과는 자율성, 개인의 성장, 자아수용, 타인과의 상호작용, 사회적 참여와 활력, 긍정적 감정, 건강에 대한 만족, 목적의식, 창의적 활동, 사회적 기여 등을 주요 요소로 꼽는다. 우리나라 노인의 성공적 노화 관련 연구에서는 자녀의 성공과 가족관계에 많은 의미를 부여하는 것을 볼 수 있으며, 주어진 노후의 삶을 분수에 맞게 살면서 보람을 느끼고 그 결과를 하늘이 내려 주는 큰 행운으로 겸손히 받아들이고자 하는 개념으로서 인식한다(김미혜, 신경림, 강미선, 강인, 2004).

성공적 노화 연구는 활동적 노화이론을 기반으로 기존의 의존적이고 부정적인 노년 이미지에 대항하여 노인의 잠재력 개발과 문제 예방을 강조함으로써 새로운 노년의 삶을 제시하였다. 그러나 성공적 노화의 내용은 서구적 문화규범을 일반화하고, 교육받은 중산층, 신체적으로 건강한 사람을 기준으로 성공과 실패를 구분함으로써, 건강하지 않거나 빈곤한 노인을 실패자로 간주할 위험이 있다. 그리고 성공적 노화가 개인의 선택과 노력에 달린 것으로 보고 개인적 책임을 지나치게 강조함으로써, 노후보장에 대한 사회와 국가의 책임을 간과하고 있다(최희경, 2010).

성공적 노화 개념의 편향성을 극복하기 위한 대안적 개념으로 노년기의 고유한 의미를 발견하고 그 의미를 실천하는 삶을 강조하는 '의식적 노화(conscious aging)'(정경희 외, 2006), 노년기의 생애사건이나 환경 변화에 잘 대처하고 적응하면서 만족스러운 삶을 살아가는 '적응적 노화(adaptive aging)'(권중돈, 2019) 개념이 제시되었다.

행복한 노화의 열쇠

하버드 의과대학의 베일런트(G. E. Vailant)교수가 1967년부터 똑똑하고 건강하며 적응력이 뛰어난 하버드생 268명의 신체적, 정신적, 건강을 추적 조사하여 2009년에 발표한 연구 결과에 따르면, 행복한 노후의 열쇠는 지성이나 계층이 아닌, 사회적 적성, 즉 인간관계로 나타났다. 65세 이후에 잘 살고 있는 사람의 93%가 원만한 인간관계를 맺고 있었으며, 47세 무렵까지 형성된 인간관계가 이후 생애의 행복도를 결정하는 가장 중요한 변수로 나타났다. 이 연구에서는 행복하게 늙어가기 위한 요소 일곱 가지를 제시하였다. 긍정성이나 유머와 같이 고통에 대처하는 성숙한 자세, 안정된 결혼, 교육, 금연, 금주, 운동, 적당한 몸무게다. 이 일곱 가지 중 50대에 5~6개를 갖춘 사람은 80세에도 행복하고 건강한 삶을 살지만 3개 이하를 갖춘 사람은 80세 때 행복하지도 건강하지도 않을 확률이 높았다.

출처: 신명희 외(2017). 발달심리학.

생각해보기

1. 노화의 생물학적, 심리적, 사회적 차원이 상호작용하는 사례를 생각해 보자.

2. '시계 거꾸로 돌리기' 실험의 결과가 노화에 대해 의미하는 바를 생각해 보자.

3. 급변하는 현대사회에서 노인의 새로운 역할은 무엇인지 생각해 보자.

4. '성공적 노화' 개념의 문제를 생각해 보고, 스스로 생각하는 바람직한 노후의 모습을 제시해 보자.

참고 문헌

권중돈(2019). **노인복지론**(제7판). 서울: 학지사.

김기태, 성명옥, 박봉길, 이은희, 최송식, 최희경, 박미진(2011). **노인복지론**. 서울: 공동체.

김미혜, 신경림, 최혜경, 강미선(2005). 한국노인의 성공적 노후 삶의 유형에 영향을 미치는 요인. **한국노년학**, 26(1), 91–104.

김수영, 모선희, 원영희, 최희경(2017). **노년사회학**(제2판). 서울: 학지사.

대한임상노인의학회(2018). **노인의학**. 서울: 닥터스북.

신명희, 서은희, 송수지, 김은경, 원영실, 노원경, 김정민, 강소연, 임호용(2017). **발달심리학**(제2판). 서울: 학지사.

유경, 유경호, 강연욱, 이주일, 김지현(2014). **노화와 심리**. 서울: 학지사.

정경희, 한경혜, 김정석, 임정기(2006). **노인문화의 현황과 정책적 함의: '성공적 노화' 담론에 대한 비판적 검토를 중심으로**. 한국보건사회연구원.

최성재, 장인협(2010). **고령사회의 노인복지학**. 서울: 서울대학교 출판문화원.

최희경(2010). '신노년' 정책 담론에 대한 비판적 재검토 –활동적 노화, 성공적 노화, 생산적 노화를 중심으로–. **한국사회정책**, 17(3), 41–65.

Atchley, R. C., & Barusch, A. (2003). *Social Forces and Aging: An Introduction to Social Gerontology*(10th. ed.). Belmont, CA: Wordsworth.

Estes, C. L., Biggs, S., & Phillipson, C. (2003). Social Theory, Social Policy and Ageing. London: Open University Press.

Eversole, P., & Hess, P. (1998). *Toward Healthy Aging: Human Needs and Nursing Response* (5th ed.). St. Lousis: Mosby.

Hayflick, L. (1994). *How and Why We Age*. NY: Ballatine Books.

Hooyman, N. R., & Kiyak, H. A. (2010). *Social Gerontology: A Multidisciplinary Perspective* (9th ed.). Boston: Allyn and Bacon.

Matthias, R. E. et al. (1997). Sexual activity and satisfaction among very old adults. *The Gerontologist, 37*(1), 6-14.

McInnis-Dittrich, K. (2020). *Social Work with Older Adults: A Biopsychosocial Approach to Assessment and Intervention* (5th Edition). Boston: A pearson Education Company.

Ruth, J. E., & Coleman, P. (1996). Personality and aging: Coping and management of the self in later life. In J. E. Birren & K. W. Schaie (Eds.), Handbook of the Psychology of Aging (4th ed., pp. 308-322). CA: Academic Press.

Schaie, K. W. (2005). *Developmental influence on adult intelligence: The Seattle Longitudinal Study*. New York: Oxford University Press.

Schroots, J. F. (1996). Theories of aging: Psychological. In J. E. Birren et al. (Eds.), *Encyclopedia of Gerontology, 2,* 557-567. NY: Academic Press.

Spirduso, W. W. (1995). *Physical Dimensions of Aging.* Champaign, IL: Human Kinetics.

Troll, L. E., & Scaff, M. M. (1997). Perceived continuity of self in very old age. *Psychology and Aging, 12,* 162-169.

Vailant, G. E. (2002). Aging Well. Boston: Little Brown.

Williams, M. E. (1995). *The American Geriatrics Society's Complete Guide to Aging & Health.* New York: Harmony Books.

Yates, F. E. (1996). Theories of aging: Biological. In J. E. Birren et al. (eds.) *Encyclopedia of Gerontolgogy*(vol. 2). 545-555. New York: Academic Press.

P·A·R·T Ⅱ

노인복지정책과 실천

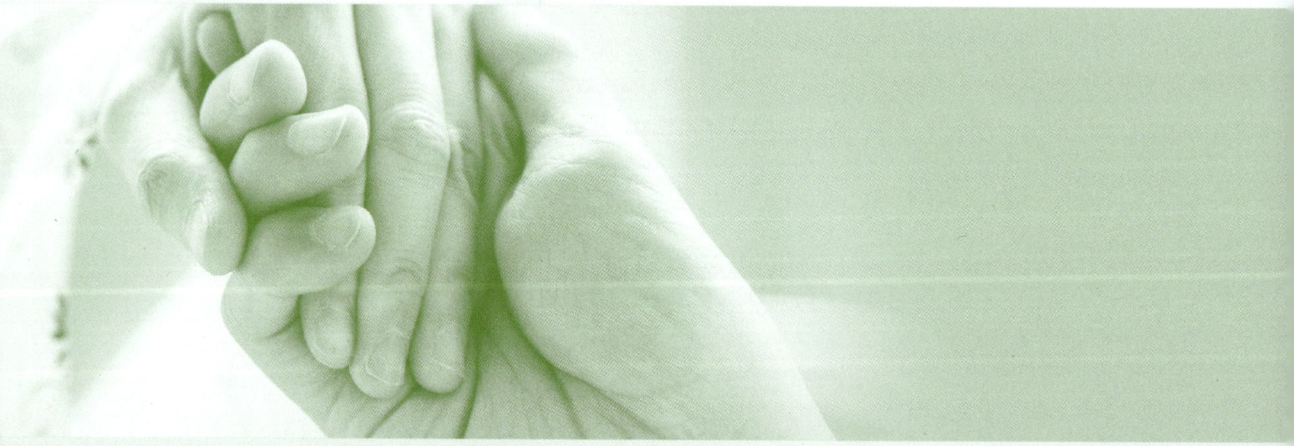

C·H·A·P·T·E·R 03

노인의 경제적 실태와 소득보장정책

요 약

우리나라는 해방 이후 경제 발전과 더불어 경제적 안녕(economic well-being)의 수준이 크게 향상되었다. 또한 노후 소득보장을 위한 다양한 정책이 도입되고 발전하였다. 그러나 아직도 우리나라 노인들은 상대적 빈곤율이 높고 재무적 노후준비가 아주 부족한 상황이다. 특히 빠르게 고령화되어 가고 있는 지금 베이비부머 세대가 퇴직함에 따라 장래 고령자의 경제적 상태와 노후생활에 대한 우려가 커지고 있다. 따라서 노인의 경제적 실태와 소득보장정책, 노인일자리 사업 등을 알아보고 이러한 정책의 개선방안을 검토할 필요가 있다. 우리나라 노후소득보장제도는 운용주체(정부, 민간기관)와 부담주체(정부, 사용자, 개인)에 따라서 1층 공적연금과 2층 퇴직연금, 3층 개인연금, 주택연금, 농지연금으로 구분할 수 있다. 노후소득보장을 강화하려면, 국민연금의 소득대체율 제고와 사각지대 해소, 기초연금의 급여수준 조정, 국민기초생활보장제도의 부양의무자 기준 완화, 주택연금과 농지연금, 개인연금 활성화 등이 필요하다. 또한 노인의 고용보장과 일자리 개선방안으로는 적정한 정년 연장이나 철폐, 연령차별 금지, 적정한 임금피크제와 노동유연성 제고, 노인 일자리 개발 보급, 인생 이모작 전직 지원서비스 강화 등을 고려할 필요가 있다.

1. 경제적 실태

1) 노년기 경제생활

생애주기를 가장 단순하면서도 적절하게 나타낸 모형이라면 안도와 모딜리아니(Ando & Modigliani, 1963)가 제시한 생애주기모형이라고 할 수 있다. 이 모형에서는 개인이 다른 사람으로부터 물려받은 유산(가령, 부모나 조부모로부터 물려받은 돈) 없이 경제적 생활을 시작하고 다른 사람에게 유산(가령, 자녀나 여타 가족에게 물려주는 돈)을 물려주지 않고 경제생활을 끝낸다고 가정한다. 이러한 가정 아래 개인이 자신의 생애를 완벽하게 예측할 수 있다면 어린 시기에는 돈을 빌려 쓰고 근로연령기에는 충분히 벌어서 빌린 돈을 갚고 은퇴를 대비하여 저축할 것이다. 그리고 직장을 그만둘 때는 은퇴기간에 지출하고 돈이 떨어지는 동시에 정확히 죽을 때까지 쓸 만큼만 저축한다는 것이다.

이러한 경제적 생애주기 단계를 [그림 3-1]로 묘사하였다. 여기서 전체 생애에서 이루어지는 소비는 상승과 하락의 폭이 큰 소득에 비하여 완만한 편이다. 연령이 낮은 시기와 고령기인 경우엔 소비가 소득을 초과한다(면적 Ⅰ과 Ⅲ). 중년기에는 소득이 소비를 초과한다(면적 Ⅱ). 이 단순 모형에서 전체 생애소비는 전체 생애소득과 동일하다. 따라서 면적 Ⅰ+Ⅲ=Ⅱ이다.

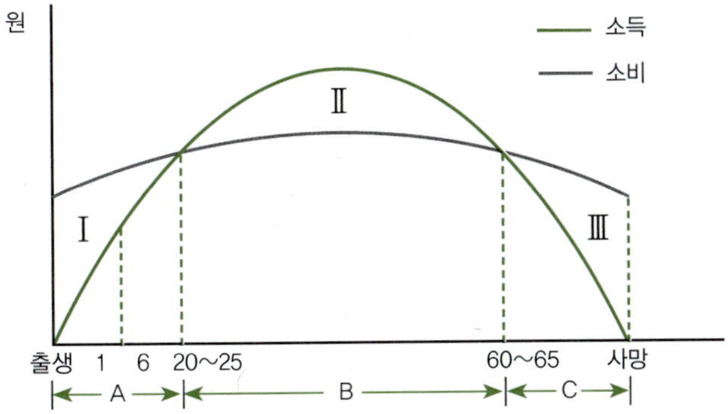

출처: Clark et al.(2004). p. 100.

[그림 3-1] 경제적 생애주기 단계

더 현실성이 있으려면 수많은 여타 요인들을 추가하여 모형을 설명할 필요가 있다. 예를 들어 대부분의 사람들은 어릴 때는 부모의 돌봄을 받는다. 따라서 A 기간 행하는 소비의 많은 부분은 부모로부터 금전적 지원을 받은 부분일 것이다. 우리나라의 경우엔 이 기간 소비지출의 소득원은 부모나 가족으로부터, 나아가 정부로부터 지원받은 이전소득일 것이다.

사람들 대부분은 결혼을 하고 자녀를 낳아서 양육하는 선택을 한다. 결혼한 부부는 노동시장에서 모두가 근로활동을 할 것인지, 결혼유지 비용과 이혼의 가능성, 자신을 비롯한 자녀 또는 배우자 등 가족구성원이 병에 걸릴 가능성 등에 대하여 합리적이고 적절한 선택을 해야 할 것이다.

그러나 현실적으로 인간이 생애를 정확하게 예측하는 것은 거의 불가능하다. 사람들이 행하는 선택의 대부분은 노년기 이전에 이루어지고, 직장 퇴직과 노후생활 채비 등 경제적 결정이라든지 건강문제나 기능장애, 기대수명 등의 변화가 생애기간과 행태에 영향을 미치게 된다. 각자는 자신의 생애주기에 따라 다양한 선택을 하지만 이러한 선택은 다양한 제약을 받는다. 인생 초기에 이루어진 대부분의 선택은 인생 후기에 이루어지는 선택에 대하여 기회와 제약조건이 된다. 예상치 못했던 행운적인 사건(가령, 좋은 직장 취업, 건강 및 지속적인 고소득) 또는 불운(예컨대, 실업, 장애, 그리고 낮고 일정치 않은 소득)은 개인이 행할 수 있는 선택에 크게 영향을 줄 수 있다(Clark et al., 2004).

특히 고령화와 기대수명의 증가는 고령자가 직장에서 은퇴하고 지내는 노후기간을 길어지게 만든다. 개인이 기대하거나 예측한 것 이상으로 수명이 늘어나는 경우 합리적인 사람도 적정한 노후준비를 하기 어려워질 수 있다.

2) 노인의 소득

우리나라의 2023년도 4/4분기 2인 이상 가구의 가구주 연령별 월평균 가계수지(통계청, 2023)를 분석한 결과는 위에서 설명한 Ando와 Modigliani(1963)의 생애주기모형을 경험적으로 뒷받침한다. 〈표 3-1〉을 보면 연령대별 경상소득을 보면 30대, 40대 가구로 연령대가 올라갈수록 월평균 경상소득이 증가하다가 50대에 약간 감소하고, 60세 이상은 크게 감소하는 현상을 보인다. 비경상소득을 포함해도 동일하다. 즉, 39세 이하는 약 460만원, 40~49세 약 617만원으로 증가하다가, 50~59세 597만원, 60세 이상은 378만원으로 감소한다.

근로소득을 기준으로는 보면 더 극명하게 그러한 양상을 보인다. 근로소득이 39세 이상은 약 355만원, 40대는 471만원, 50대는 410만원, 60세 이상은 149만원으로 근로소득이 연령에 따라 역 U자형을 나타낸다. 이는 Ando와 Modigliani(1963)의 생애주기모형과 유사한 양대를 나타낸다. 다만 자산소득, 이전소득은 나이가 들어가면 갈수록 증가하는 경향을 보인다.

〈표 3-1〉 가구주 연령별 가구당 월평균 소득 (전국, 1인 이상, 2023년 4/4분기)

(단위: 원, %)

구분	경상소득					비경상 소득	합계
	근로소득	사업소득	재산소득	이전소득	소계		
39세 이하	3,545,942 (76.1)	654,535 (14.0)	7,186 (0.2)	386,881 (8.3)	4,594,544 (98.6)	67,194 (1.4)	4,661,739 (100)
40~49세	4,712,109 (74.8)	1,039,034 (16.5)	14,260 (0.2)	401,859 (6.4)	6,167,262 (97.8)	135,859 (2.2)	6,303,087 (100)
50~59세	4,104,995 (67.7)	1,380,511 (22.8)	22,928 (0.4)	465,348 (7.7)	5,973,782 (98.5)	92,517 (1.5)	6,066,299 (100)
60세 이상	1,458,220 (37.6)	1,058,534 (27.3)	121,018 (3.1)	1,138,980 (29.4)	3,776,752 (97.3)	103,798 (2.7)	3,880,550 (100)
전체 평균	3,166,616 (63.0)	1,034,578 (20.6)	52,049 (1.0)	671,354 (13.4)	4,924,597 (98.0)	99,122 (2.0)	5,023,719 (100)

출처: 통계청(2023), "가구주연령별 가구당 월평균 가계수지"
주: 괄호 안은 연령대별 각 항목의 비율을 나타냄

〈표 3-2〉 노인(65세 이상)의 연간 총소득, 소득 항목별 금액 및 구성(가구소득)

(단위: 만 원, %)

연령 \ 항목	근로 소득	사업 소득	재산 소득	사적 이전소득	공적 이전소득	사적 연금소득	기타 소득	연간 총소득
전체	1,077.8 (35.6)	465.5 (15.4)	294.5 (9.7)	353.7 (11.7)	675.6 (22.3)	158.0 (5.2)	1.4 (0.0)	3,026.5 (100)
65~69세	1,635.1 (42.1)	819.0 (21.1)	335.6 (8.6)	316.1 (8.1)	619.1 (15.9)	157.2 (4.0)	4.1 (0.1)	3,886.3 (100)
70~74세	839.6 (28.3)	372.6 (12.6)	435.4 (14.7)	338.5 (11.4)	758.1 (25.5)	223.1 (7.5)	0.0 (0.0)	2,967.4 (100)
75~79세	769.1 (29.9)	272.9 (10.6)	254.6 (9.9)	370.7 (14.4)	725.7 (28.3)	175.4 (6.8)	0.1 (0.0)	2,568.5 (100)
80~84세	709.9 (33.6)	181.2 (8.6)	106.6 (5.0)	410.1 (19.4)	628.1 (29.7)	78.4 (3.7)	0.0 (0.0)	2,114.4 (100)
85세이상	990.2 (39.7)	304.1 (12.2)	141.9 (5.7)	414.3 (16.6)	599.3 (24.0)	46.4 (1.9)	0.0 (0.0)	2,496.3 (100)

출처: 보건사회연구원(2020). 2020년 노인실태조사

〈표 3-2〉의 2020년 노인실태조사결과에 따르면 노인가구의 소득원천별 금액과 구성에서, 조사대상 가구의 연 총소득은 3,026.5만원이고, 소득원천별 구성 비율은 근로소득이 1,077.8만원(35.6%)으로 가장 많고, 공적이전소득 675.6만원(22.5%), 사업소득 465.5만원(15.4%), 재산소득 294.5만원(9.7%), 그리고 사적이전소득 158.0만원(5.2%)의 순으로 나타났다(보건사회연구원, 2020). 여기서 보면 65세 이상의 고령자인데도 불구하고 근로소득이 노인의 소득에서 가장 많은 비율을 차지하고, 공적이전 소득은 30%도 이르지 않다는 것을 알 수 있다. 이는 아직도 우리나라의 노후소득보장제도의 기반이 취약하다는 것을 잘 시사하고 있다.

연령대별로 보면 노인가구의 소득원천별 구성에서 경제활동비율이 높은 65~69세의 근로소득은 금액도 많고 비율도 높고, 연령대가 높아질수록 근로소득의 비중이 조금씩 떨어진다. 그런데 특이 한 것은 85세 이상이 되면 근로소득의 비중이 오히려 크게 증가한다는 사실이다. 이는 우리나라 노인이 연령이 높아

질수록 노후소득보장에 취약하다는 것을 시사한다고 할 수 있다.

3) 노인의 소비

〈표 3-3〉의 가구주 연령별 가구당 월평균 비소비지출과 소비지출현황을 보면 소비지출에서도 생애주기가설을 뒷받침한다. 50세 미만까지는 연령대가 높아질수록 소비지출이 높아진다. 그러나 이 연령대의 가계가 벌어들이는 소득에 비하여 적게 지출하고 있기 때문에 노후를 위하여 나머지 금액은 저축을 하는 것으로 추정된다. 50세 이상 가계엔 그 전의 연령대에 비하여 소득수준과 소비지출수준이 동시에 급격히 떨어진다. 이는 우리나라 노인들이 노후를 위한 재무적 준비를 하지 못하여 소득감소와 동시에 소비도 줄일 수밖에 없는 경제적 상황을 보여주는 것일 수 있다. 각 세부 항목별로 보면 이러한 추세를 더 구체적으로 확인할 수 있다. 소비지출에서 의료비는 40대 이하 가구는 5% 이하로 큰 비중을 차지하고 있지 않지만, 50대 6.3%, 60세 이상 가계는 10.3%로 이를 정도로 상당히 큰 비중을 차지하고 있다. 교육비는 평균적으로 초등학교 이하의 자녀를 양육하고 있을 것으로 예측되는 30대 가구의 교육비 비중은 3.4%이다. 특히 중학생에서 고등학생, 대학생 자녀를 양육하고 있을 것으로 예측되는 40대는 교육비 비중이 아주 높아서 월평균지출에서 10.2%나 되는 금액을 교육비로 사용하고 있다. 그러나 60대 이상가구는 자녀가 성장하여 자녀에 대한 교육지출이 거의 없는 가구가 많아 교육비지출이 0.6%에 지나지 않은 것으로 나타났다. 비소비지출 항목에서는 경제활동이 활발한 시기인 40대, 50대 가구의 지출비중이 높지만 60세 이상은 급격히 떨어지는 것으로 나타났다.

따라서 우리나라의 2023년도 가구주연령별 가구당 월평균 가계수지를 분석한 결과 소득과 지출이 Ando와 Modigliani(1963)의 생애주기모형과 완벽하게 동일하지는 않지만 상당히 유사하다는 것을 알 수 있다.

〈표 3-3〉 가구주 연령별 가구당 월평균 비소비지출과 소비지출 (1인 이상, 2023년)

(단위: 만 원, %)

구분	소비지출									비소비지출*	합계
	식료품·비주류음료	주거·수도·광열	보건의료비	교통비	오락·문화	교육비	음식·숙박	기타	소계		
39세 이하	272,302 (7.7)	329,676 (9.4)	157,535 (4.5)	315,239 (8.9)	225,287 (6.4)	121,079 (3.4)	507,584 (14.4)	720,376 (20.4)	2,649,078 (75.2)	875,249 (24.8)	3,524,328 (100.0)
40~49세	466,182 (8.9)	387,776 (7.4)	259,299 (4.9)	477,620 (9.1)	279,513 (5.3)	532,497 (10.2)	565,269 (10.8)	785,045 (16.5)	3,834,352 (73.2)	1,404,729 (26.8)	5,239,081 (100.0)
50~59세	453,780 (10.0)	341,351 (7.5)	286,411 (6.3)	460,110 (10.1)	209,757 (4.6)	175,946 (3.9)	509,495 (11.2)	811,831 (17.9)	3,248,681 (71.5)	1,296,080 (28.5)	4,544,761 (100.0)
60세 이상	436,608 (15.9)	273,926 (10.0)	282,557 (10.3)	249,507 (9.1)	115,309 (4.2)	15,271 (0.6)	260,787 (9.5)	496,967 (18.1)	2,130,932 (77.8)	609,633 (22.2)	2,740,564 (100.0)
평균	408,593 (10.7)	324,074 (8.5)	252,532 (6.6)	356,434 (9.3)	193,783 (5.1)	176,553 (4.6)	432,669 (11.3)	688,709 (18.1)	2,833,347 (74.3)	979,987 (25.7)	3,813,333 (100.0)

출처: 통계청(2023), "가구주연령별 가구당 월평균 가계수지"
주) 괄호 안은 연령대별 각 항목의 비율을 나타냄
* 비소비지출은 조세, 공적연금, 사회보험을 합산한 금액임

2. 노후소득보장

1) 체계

우리나라 노후소득보장제도는 운용주체(정부, 민간기관)와 부담주체(정부, 사용자, 개인)에 따라서 1층 공적연금과 2층 퇴직연금, 3층 개인연금, 주택연금, 농지연금으로 구분할 수 있다. 공적연금인 국민연금제도가 1988년 도입되었고, 퇴직연금제도는 2005년, 기초노령연금제도(현재 기초연금제도)이 2008년에 도입되었다. 또한 개인연금제도는 1994년에 도입되었으며 이후 개인연금 활성화를 위해 수차례의 제도개선이 이루어졌다. 주택연금제도와 농지연금제도는 비교적 최근에 도입

되었다. 주택연금은 2007년, 농지연금은 2011년에 실시되었다. 따라서 형식 면에서 국가차원의 노후소득보장제도가 갖추어졌다고 볼 수 있다.

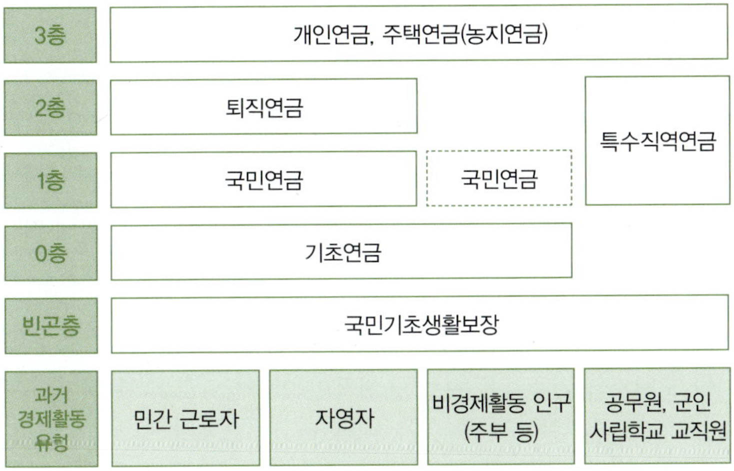

출처: 정경희 외(2016). 노인복지정책 진단과 발전전략 모색.

[그림 3-2] 노후소득보장 체계도

우리나라 노후소득보장 체계도를 나타내면 [그림 3-2]와 같다. 우선 노후소득보장의 핵심적인 기반인 1층은 공적연금제도이다. 다만 과거의 경제활동 유형과 직업에 따라서 적용 받는 공적연금이 다를 것이다. 공적연금은 국민연금제도와 특수직역연금제도(공무원연금, 사립학교 교직원연금, 군인연금)로 구성된다. 2층은 퇴직연금제도이다. 퇴직연금제도는 개인 스스로 노후의 경제적 준비를 할 수 있도록 지원하기 위해 마련된 제도이다. 개인연금, 주택연금, 농지연금 등은 3층을 구성한다. 이 역시 개인 스스로 노후의 경제적 준비를 할 수 있도록 지원하기 위해 마련된 제도이다.

가장 기본적인 노후소득보장제도의 1층을 구성하는 공적연금 가입 기회조차 갖지 못하여 사각지대에 놓인 노인들이 있다. 이들 노인세대에게는 기초연금제도(기초노령연금)이 국민연금이 성숙될 때까지 국가적, 사회적 소득보장의 책임을 제공하고자 한다. 또한 노인빈곤층도 다른 연령대와 마찬가지로 빈곤의 위험으로부터 국민을 보호하는 핵심적인 사회보장제도인 국민기초생활보장의 적용을 받는다.

2) 공적연금

공적연금 중 공무원연금이 1961년 최초로 도입되었으며 이후 1963년 군인연금이 공무원연금으로부터 분리되었다. 특수직역연금 중 마지막으로 사립학교교직원연금이 1975년 도입되었으며, 1978년 사립학교 사무직원에게로 확대·적용되어 현재의 사립학교교원연금으로 변경·운영되고 있다. 국민연금은 1988년 직장 가입자를 대상으로 도입되었으며, 이후 대상자가 점차 확대되어 1995년 7월 농어민, 1999년 4월 도시지역 거주자를 포함한 전국민 연금제도로의 틀을 갖추게 되었다. 2003년부터 2006년에 걸쳐 근로자 1인 이상 사업장으로 적용을 확대하였으나, 10인 미만 영세 사업장의 국민연금 가입률이 낮아서 2012년 저소득 근로자에게 국민연금 보험료를 지원하는 두루누리사업이 시행되었다. 2008년은 국민연금 도입 20년이 되는 해로 완전노령연금(가입기간이 20년 이상)의 지급이 시작되었다.

2022년 말 현재, 경제활동인구 대비 전체 공적연금 가입자 비율은 83.4%로, 국민연금 가입자 비율은 약 77.8%, 공무원연금은 약 4.4%, 사립학교교직원연금은 약 1.2%를 차지한다(국민연금공단, 2023: 60). 인원은 공적 연금 가입자 전체인원 24,112천명이고 국민연금 22,498천명, 공무원연금 1,281천명, 사립학교교직원연금 333천명이었다.

2022년 말 현재 연금수령자가 6,674천이고 연금수급 비율은 가입자 대비 32.1%이다. 2022년 국민연금, 공무원연금 및 사립학교교직원연금 각 제도의 가입자 수 대비 수급 비율은 각각 29.7%, 49.1%와 32.1%로 나타났다(국민연금공단, 2023). 2022년 12월 말 기준, 국민연금의 노령연금의 평균급여액은 약 58만 6천원이며, 장애연금과 유족연금은 각각 약 47만 4천원, 약 31만 8천원 수준으로 나타났다(국민연금공단, 2023). 여기서 월 연금급여액 20만원~40만원인 수급자 비중이 43.2%로 가장 높았고, 월 연금급여액이 20만원 미만의 연금 수급자 비중은 14.0%로 나타나서 월 40만원 이하의 비중이 무려 57.2%를 차지한다.

반면에 특수직역 연금 수령금은 국민연금에 비하여 훨씬 높았다. 2023년 기준으로 공무원연금의 월평균 수령액이 264만원이었고(공무원연금공단, 2024), 사학연금은 월평균 수령액이 약 313만원이었다(사학연금, 2024). 따라서 우리나라에서 공적연금 유형 중 국민연금 수령자와 특수직역연금 수령자간 수령금액의 큰 차이가 노후소득 불평등을 악화시키는 데 크게 기여하고 있다.

다행인 것은 국민연금수령자도 해가 갈수록 평균수령금액이 더디지만 조금씩 높아지고 있고, 특히 50만원 이상의 수령자가 많이 늘어나고 있다는 것이다.

3) 기초연금

공적연금이 모든 국민을 위한 노후소득보장제도로서의 역할을 충분히 수행하지 못하고 있어서 이를 보완할 목적으로 기초노령연금이 도입되었다. 국회의 여야는 2007년 4월에 65세 이상 저소득층 노인을 대상으로 매월 일정액을 지급하던 과거의 노령수당 및 경로연금을 폐지하고 기초노령연금으로 대체하는 것에 합의하였다.

2008년 1월 1일을 기해 70세 이상 노인 중 소득인정액의 하위 60%에 해당하는 노인을 대상으로 시행하고, 그해 7월부터는 65세 이상으로 하향 조정하였다. 2009년 1월부터는 65세 이상 노인 중 소득인정액의 하위 70%로 지급대상을 확대하였다. 2014년 7월부터는 기초연금제도로 변경하여 지급액을 대폭 올렸다. 2018년 4월부터 기초연금 최대 20만 9,960원을 지급하였고, 9월부터는 최대 25만 원을 지급하였다. 2019년 4월부터는 저소득 기초연금수급자(소득하위 20%)의 기준 연금액을 30만 원으로 인상하였다(보건복지부, 2019). 65세 이상인 사람 중 소득·재산 수준이 하위 20%에 속하는 대상자를 선별하기 위한 기준(저소득자 선정기준액)을 신설하고, 이를 결정하기 위한 구체적인 방법은 소득하위 70%의 예를 따르도록 하였다. 65세 이상인 사람 및 그 배우자의 소득·재산 수준, 생활실태, 물가상승률 등을 고려하여 저소득자 선정기준액을 정하고, 배우자가 있는 노인가구의 저소득자 선정기준액은 배우자가 없는 노인가구의 저소득자 선정기준액의 160%로 설정하였다.

2022년 말 기초연금 수급자는 약 623만 9천명으로 65세 이상 인구의 약 67.4%이며, 기초연금과 국민연금을 동시에 수급하는 자는 기초연금 수급자의 약 46.6%를 차지하고 있다(국민연금공단, 2023). 국민연금과 기초연금 동시 수령자도 해가 갈수록 증가하여 2022년 말 현재 31.4%가 된다(국민연금공단, 2023).

4) 국민기초생활보장제도

우리나라 공적 부조는 1962년 생활보호제도에서 출발하였으며, 1990년대 말까지 확대·발전하며 지속되었다. 1997년에 외환위기가 발생하면서 대량실업과 그로 인하여 빈곤문제가 심각해졌다. 이러한 문제를 완화시키고, 최소한의 인간다운 최저생활을 보장하기 위해 1999년 「국민기초생활보장법」을 제정하고 2000년 10월 시행하였다.

그리고 기존의 통합급여가 2015년 7월부터 맞춤형 급여체계로 큰 개편이 이루어졌다. 통합급여가 생계급여와 의료급여, 주거급여, 교육급여로 구분되는 맞춤형 개별급여로 개편되어 통합급여 아래 획일적이던 선정·급여 기준을 가구 특성에 따라 다양화하였다.

국민기초생활보장제도는 빈곤상태에 있는 모든 국민을 대상으로 하는 공적부조제도이지만, 노인인구의 수혜비율이 높다는 점에서 노후소득보장에 상당한 역할을 하고 있다. 2022년 국민기초생활보장 전체 일반수급자 235만 9,228명이었고, 이 중 65세 이상 고령자는 93만 6,065명으로 39.7%를 차지하고 있다(통계청, 2023a). 당해 연도의 노인인구비율이 17.6%가 되지 않는다는 점을 고려하면 고령자의 기초생활보장수급 비율은 아주 높은 편이다. 2022년 노인인구가 약 8,981천명이기 때문에 노인인구의 약 10.4%가 기초생활수급대상자이다.

5) 퇴직연금

우리나라는 2004년 말 기업단위로 퇴직연금제도를 도입하는 것을 목적으로 「근로자퇴직급여보장법」이 통과되었고 퇴직연금제도가 2005년 12월부터 도입되었다.

1인 이상 사업장의 사용자(사업주 등)는 퇴직급여제도인 퇴직금제도와 퇴직연금제도 중 하나 이상의 제도를 설정하여야 한다. 그러나 퇴직연금제도는 법정 퇴직금 제도와 달리 노사합의에 의해 자율적으로 도입하는 제도로서 강제성이 없다. 따라서 기존의 퇴직금제도를 반드시 퇴직연금제도로 전환해야 하는 것은 아니며, 그대로 유지하는 것도 가능하다.

근로자가 재직 중에는 확정급여형(DB: Defined Benefit), 확정기여형(DC: Defined Contribution), 개인형 퇴직연금(IRP: Individual Retirement Pension) 중 자신에게 알맞은 유형의 퇴직연금을 선택할 수 있고, 퇴직 후에는 연금과 일시금 형태 중 선택하여 수령할 수 있다.

2022년 말 현재 적립금은 335조원이고, 확정급여형 퇴직연금제도(DB)는 191.8조원, 확정기여형(DC)·기업형IRP는 83.4조원, IRP특례 1.2조 개인형 퇴직연금 58.4조원이다(통계청, 2023b). 구성비는 확정급여형이 57.3%, 확정기여형이 24.9%, 개인형 퇴직연금0.4%, IRP특례 17.4%로 구성되었다. 금융권별 구성은 은행(50.7%)이 가장 높고, 증권(22.0%), 생명보험(21.8%), 손해보험(4.3) 근로복지공단(1.2%) 순으로 나타났다(통계청, 2023b).

2022년 기준으로 퇴직연금 수령은 계좌수가 32,566개, 연금액은 50,639억원은 41.9%, 일시수령계좌는 424,902개 금액은 70,198억원, 합계는 계좌수 457,468개 120,837억원이다.

〈표 3-4〉 유형별 퇴직급여 수령 현황

(단위: 계좌, 억 원, %)

연금수령		일시금수령		합계	
계좌 수(비중)	금액(비중)	계좌 수(비중)	금액(비중)	계좌 수(비중)	금액(비중)
32,566(7.1)	50,639(41.9)	424,902(92.9)	70,198(58.1)	457,468(100.0)	120,837(100.0)

출처: 금융감독원 연금금융실(2023). 2022년도 퇴직연금 적립 및 운용현황 분석.

6) 개인연금

개인연금이란 국민연금, 공무원연금, 기업의 퇴직금제도 등 공적연금제도의 미비점을 보완하여 실질적인 노후생활을 보장할 수 있도록 마련된 노후소득보장제도이다. 개인연금 취급기관으로는 은행과 생명보험회사 또는 손해보험회사, 투자신탁회사 등이 있다. 개인연금은 개인이 스스로 가입 여부를 결정하는 금융상품으로 신탁형, 펀드형, 보험형으로 구분할 수 있다. 신탁형은 은행에서 판매하며 확정 기간형으로 원금 보장형이다. 펀드형은 은행 및 증권회사 등에서 판매하는 상품으로 실적 배당형이며, 보험형은 보험회사와 공제 등에서 판매된다.

2016년 말 기준 우리나라 국민 중 약 884만 명이 개인연금보험에 가입되어 있으며, 총 인구 대비 가입률은 17.1%이다(보험개발원, 2017). 여기서 생명보험사 및 손해보험사가 판매하는 연금저축보험, 일반연금보험 및 변액연금보험 중 하나라도 가입된 사람을 개인연금보험 가입자로 계상하였다. 성별로는 여성 가입자 수가 445만 명으로 남성(439만 명)보다 많았다. 최근 5년간 개인연금보험 가입률은 점차 증가해 왔으나 2016년 가입률에서 하락세를 보였으며, 동 수치는 지난 3년간 개인연금보험 가입률 중 가장 낮은 수치이다. 더욱이 개인연금은 저소득층의 가입 비율이 너무 낮아서 재무적 노후준비의 기능이 아주 약하다. 보험개발원(2015)에 따르면 2013년 기준으로 전체 소득자의 47.5% 비중을 차지하고 있는 2,000만 원 이하 소득자의 개인연금 가입 비율은 3.8%에 지나지 않고 2,000~3,000만 원 소득자도 7.3%에 지나지 않는다.

통계청의 2017년 사회통계조사에 대한 분석 결과, 주된 재무적 노후준비 유형으로 개인연금을 선택한 비율은 60대가 8.3%, 70세 이상은 7.9%로 나타났다. 고령자가 개인연금을 주된 재무적 노후준비 유형으로 선택한 비율이 높진 않았지만 어느 정도 역할을 하고 있음을 알 수 있다.

그러나 우리나라는 다른 OECD 국가들에 비하여 개인연금자산 비중이 낮은 편이다. 2014년 기준으로 GDP의 7.3%에 지나지 않지만 호주는 110%나 되고 영국은 96%, 미국은 83%나 된다. OECD 평균도 37.2%로서 우리보다는 훨씬

높다(〈표 3-5〉 참조)

〈표 3-5〉 국가별 GDP 대비 사적연금자산 비중추이

(단위: % of GDP)

구분/국가	2004	2006	2008	2010	2012	2014
호주	69.9	87.1	93.3	89.4	91.2	110.0
독일	3.8	4.2	4.7	5.4	6.1	6.7
일본	24.9	26.2	23.1	25.3	26.4	30.2
스웨덴	6.9	8.7	6.9	9.0	10.1	9.3
영국	64.8	79.7	63.8	82.7	96.9	96.0
미국	73.3	76.5	59.1	73.8	73.8	83.0
한국	1.5	2.6	2.8	3.7	4.9	7.3
OECD(34개국)[1)]	28.4	31.1	27.3	32.3	33.4	37.2

출처: OECD(2015). Pension Markets in Focus, p. 30, 강성호, 류건식(2016)에서 재인용.
주: 1) OECD(34개국) 평균은 국가별 비중을 단순 평균함

7) 주택연금

주택연금은 만 60세 이상(주택소유자 또는 배우자)의 고령자가 소유주택을 담보로 맡기고 평생 혹은 일정한 기간 동안 매월 연금방식으로 노후생활 자금을 지급받는 국가 보증의 금융상품(역모기지론)이다. 주택연금제도는 2006년에 도입되었다. 주택소유자 또는 배우자가 만 55세 이상(근저당권 설정일 기준)이어야 하고, 확정기간 방식은 연소자가 만 55~74세, 우대방식은 주택소유자 또는 배우자가 만 65세 이상(기초연금수급자)이다. 대상자는 부부기준 9억 원 이하 주택소유자이다. 9억 원 초과 2주택자는 3년 이내 1주택을 팔면 가능하고, 다주택자라도 합산 가격이 9억 원 이하면 가능하다. 우대방식의 경우 1.5억 원 미만 1주택자만 가입 가능하다(한국주택금융공사, 2020).

2023년 하반기 기준 주택연금의 월지급금액(정액형)은 다음과 같다.

〈표 3-6〉 주택연금의 월지급금액 (2023년 하반기)

주택가격	월지급금액	주택가격	월지급금액
시세 2억원	655천원	시세 9억원	2,949천원
시세 4억원	1,311천원	시세 10억원	3,276천원
시세 6억원	1,966천원	시세 11억원	3,407천원
시세 8억원	2,621천원	시세 12억원	3,407천원

주의: 주택연금 평균 가입연령 72세 기준 일반주택, 종신·정액형
출처: 주택금융공사(2023). 2023 하반기 주택연금 소식지

2024년 4월말 기준 주택연금 수혜자의 평균연령은 72세이고 평균주택가격은 3852백만원이며, 평균 월 지급금은 121만원이다. 수령금액만 본다면 주택연금의 평균 수령금액이 국민연금 평균수령금액의 2배가 넘는다(한국주택금융공사, 2024).

주택연금 실시 첫해엔 관심이 아주 저조했지만 해가 갈수록 가입자의 수가 빠르게 증가하고 있다. 즉, 2007년 515명, 2012년 12,299명, 2017년 49,815명, 2022년 106,591명, 2024년 1월 121,476명으로 약 17년 동안에 235배로 증가하였다. 이는 주택연금에 대한 인식이 개선되고 유용성이 증가하고 있음을 알려준다(한국주택금융공사, 2024).

8) 농지연금

농지연금은 농지자산을 유동화하여 노후생활자금이 부족한 고령농업인의 노후 생활안정을 지원하는 것으로 농촌사회의 사회 안정망을 확충하고 유지하는데 목적이 있다. 가입연령은 신청연도 말일 기준으로 농지소유자 본인이 만 65세 이상이어야 한다. 영농경력은 농지연금 신청일 기준으로부터 과거 5년 이상 영농경력 조건을 갖추어야 한다. 대상농지는 지목이 전, 답, 과수원으로서 실제 영농에 이용 중인 농지이다.

2011년 농지연금 출시 이후 2014년 1,036명, 2015년 1,243명, 2016년 1,577명, 2017년 1,848명, 2018년 2,652명, 2019년 6월 말 기준 1,893명으로 나타나 연평균 약 20% 수준으로 가입자가 지속적으로 증가하고 있다(한국농어촌공사, 2019). 2019년 말 기준 누적 가입자 수는 1만 3,176명이다. 아직 가입자 수가 많지 않지만 증가 속도가 빨라서 앞으로 크게 증가할 것으로 보인다.

3. 노인일자리사업 및 사회활동 지원사업

노인 일자리 및 사회활동 지원사업은 '어르신이 활기차고 건강한 노후생활을 영위할 수 있도록 다양한 일자리·사회활동을 지원하여 노인복지 향상에 기여함'을 목적으로 한다. 이 사업은 2004년부터 10년 넘게 수행되어 오면서 장기요양서비스와 함께 우리나라 노인복지서비스의 핵심적인 기능을 담당해 오고 있다(강은나 외, 2017). 노인일자리 및 사회활동 지원사업은 「노인복지법」 제23조(노인사회참여사업지원)와 「저출산·고령사회기본법」 제11조(고용과 소득보장) 및 제14조(여가·문화 및 사회활동의 장려)에 의한 법적 근거를 갖추고 있으며, 노인에게 적합한 직종의 개발과 보급, 일할 기회의 우선적 제공, 자원봉사활동 등 노인의 사회참여활동 촉진을 위한 국가 및 지방자체단체의 책임을 명시하고 있다. 사업내용은 〈표 3-7〉과 같다.

〈표 3-7〉 노인일자리 및 사회활동 지원사업 내용

구분		유형		주요내용	예산 지원	활동 성격
노인 일자리 및 사회 활동 지원 사업	노인 사회 활동	공익활동		• 노인이 자기만족과 성취감 향상 및 지역사회 공익증진을 위해 자발적으로 참여하는 봉사활동	자치단체 경상보조	봉사
		재능나눔활동		• 재능을 보유한 노인이 자기만족과 성취감 향상, 지역사회 공익증진을 위해 자발적으로 참여하는 봉사 성격의 각종 활동	민간 경상보조	
	노인 일자리	시장형 (취·창업)	시장형 사업단	• 참여자 인건비 일부를 보충 지원하고 추가 사업수익으로 연중 운영하는 노인일자리	자치단체 경상보조	근로
			인력 파견형 사업단	• 수요처의 요구에 의해서 일정 교육을 수료하거나 관련된 업무 능력이 있는 자를 해당 수요처로 연계하여 근무기간에 대한 일정 임금을 지급받을 수 있는 일자리	자치단체 경상보조	
			시니어 인턴십	• 만 60세 이상의 노인에게 일할 기회를 제공함으로써 노인의 직업 능력 강화 및 재취업 기회를 촉진	민간 경상보조	
			고령자 친화기업	• 고령자가 경쟁력을 가질 수 있는 적합한 직종에서 다수의 고령자를 고용하는 기업 설립 지원	민간 경상보조	
			기업 연계형	• 기업이 적합한 노인일자리를 지출하고 유지하는 데 필요한 직무모델 개발, 설비 구입 및 설치, 4대 보험료 등 간접비용을 지원	민간 경상보조	

출처: 보건복지부(2018). 2018 노인보건복지 사업안내.

지금까지 노인일자리 사업은 해가 갈수록 증가하여 왔다. 연도별 주요 실적은 다음과 같다. 2004년 노인일자리사업의 예산이 약 212억 원이었지만 2017년엔 5,232억 원으로 20배 이상 증가하였다. 노인일자리 창출실적도 3만 5,127개에서 42만 9,200개로 크게 증가하였다. 그리고 사업 유형도 2011년부터 시니어인턴십, 고령친화기업, 시니어직능클럽이 신설되었고 2015년엔 재능나눔이, 2017년엔 기업 연계형이라는 사업 유형이 신설되었다.

노인연령 상향 논란

「노인복지법」상 노인연령인 65세부터는 많은 혜택이 부여된다. 기초연금, 지하철 무임승차, KTX 30% 할인, 고궁·박물관 무료, 틀니·임플란트 의료비 50% 할인, 건강보험피부양자 자격 등이 부여된다. 65세 이상 인구 비율이 빠르게 늘어나면서 노동인력 부족과 각종 지원에 대한 정부의 부담이 커지게 되자 정년연장을 추진하게 되었다. 노인연령을 70세로 연장하면 2040년 기준 생산가능인구는 424만 명 증가하고 노인부양비는 59.2명에서 38.9명으로 낮아진다고 보고 있다. 그러나 노인빈곤율이 상대적으로 높은 우리나라에서 획일적으로 경로우대 적용 연령을 올렸다간 노인 빈곤문제가 커질 수 있다. 따라서 연령이 아니라 소득을 기준으로 경로우대 대상을 정하는 것도 검토할 필요가 있다. 사실, 우리나라 65세 이상 노인들은 경제활동을 하는 비율이 아주 높고, 퇴직자들 중에도 충분한 연금소득, 근로소득과 자산소득이 아주 높은 사람도 많다.

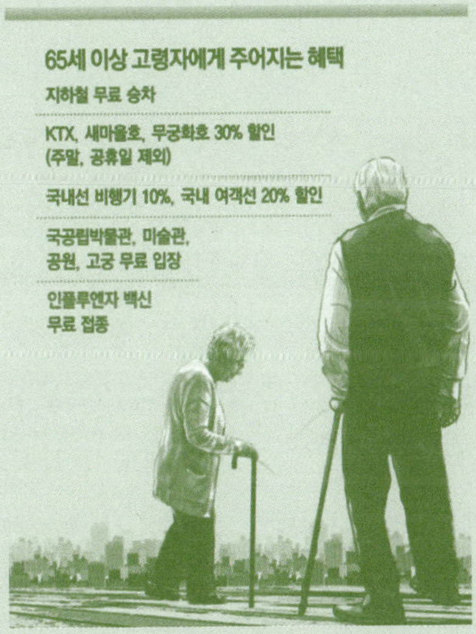

출처: 동아 A.com 비즈 N(2020. 08. 28.).

4. 노후소득보장정책의 개선방안

우리나라는 형식 면에서 국가 차원의 노후소득보장제도가 갖추어졌다고 볼 수 있다. 공적연금, 퇴직연금, 개인연금, 주택연금, 농지연금, 기초연금, 국민기초생활보장제도가 모두 실시되고 있다. 그러나 노인빈곤율이 아직도 여전히 45%를 초과할 정도로 노후소득보장제도가 충분한 역할을 수행하고 있지 못하다. 따라서 노후소득보장을 강화하려면 다음과 같은 정책적 개선 노력이 필요하다.

첫째, 국민연금의 소득대체율 제고와 사각지대 해소가 필요하다. 국민연금은 소득대체율을 1차 개혁(1999)에서 60%, 2차 개혁(2007년)에서 2028년까지 40%까지 낮추기로 조정하였다. 이는 OECD가 권고하는 노후연금의 소득대체율 60~70% 수준에 한 참 떨어진다. 우리나라는 2015년 기준으로 연금수급률이 전체 노인인구 중 41.4%에 불과할 정도로 아직도 수급률이 낮고, 국민연금수급자의 월평균 급여액은 36만 8,570원에 지나지 않는다. 사실, 노후소득보장 체계를 공·사적연금의 혼합 정도와 급여수준(소득대체율)으로 유형화하면 우리나라는 상대적으로 소득대체율이 낮은 '영미형'에 속한다(정경희 외, 2011). 소득대체율에 상관없이 공적연금 중심의 노후소득보장 체계를 가지고 있는 국가에서 주로 급여축소와 같은 재정 안정화와 제도 합리화를 위한 제도 개혁이 일어나고 있다. 따라서 현재의 연금보험료를 상당히 높여서라도 소득대체율을 높이고, 공적연금의 사각지대를 해소하여 노후소득보장을 강화하여야 한다.

둘째, 기초연금의 급여수준의 조정이 필요하다. 국민연금제도가 시행이 되었지만 아직까지 국민연금에 가입하지 못한 고령자들이 많이 있고, 가입을 하였더라도 그 기간이 짧아 수령 연금액이 지나치게 작은 노인들이 많다. 따라서 국민연금 급여가 노후소득에 적정수준을 보장할 때까지 기초연금급여액을 더 높일 필요가 있다.

셋째, 국민기초생활보장제도의 부양의무자 기준을 완화시킬 필요가 있다. 2015년 7월 맞춤형 급여개편과 부양의무자 기준을 완화하여 교육급여만 부양의무자

조건을 폐지하였다. 부양의무자 기준은 OECD 회원국에서는 그 예를 찾기 힘들다. 우리나라도 노후 부양부담에서 국가의 역할을 보다 강화하고 가족의 부양부담을 낮추는 방향으로 추진할 필요가 있다.

넷째, 주택연금과 농지연금을 보다 더 활성화할 필요가 있다. 우리나라는 다른 OECD 국가들에 비하여 공적연금이나 개인연금 가입 비율이나 적정성은 낮지만, 주택보유율과 농지보유율은 상당히 높은 편이다. 따라서 재무적 노후준비가 부족하지만 주택과 농지를 보유한 고령자들은 주택연금과 농지연금에 가입함으로써 부족한 노후소득 보장을 제고할 수 있다.

다섯째, 개인연금을 활성화할 필요가 있다. 우리나라는 1994년 개인연금을 도입하였고, 계속해서 정부에서 사적연금의 활성화를 추진해 왔다. 그러나 OECD 보고서에 따르면 2014년 현재 국가별 GDP 대비 사적연금자산 비중이 7.3%에 지나지 않을 정도로 아주 낮은 편이다. 적어도 OECD(34개국) 평균인 GDP 대비 사적연금자산 비중이 37.2%, 사적연금 소득대체율이 16.3% 수준에 이를 수 있도록 사적연금 활성화 방안을 마련하여야 할 것이다.

앞에서 살펴보았듯이, 우리 사회는 기대수명이 길어지고 삶의 양식이 크게 변화하면서 연령분리적 사회에서 연령통합적 사회로 전환되고 있다. 또한 기대수명이 길어지고 있음에도 불구하고 고령자의 노후준비는 부족한 형편이다. 경제활동은 경제적 기능뿐만 아니라 사회적 기능, 건강 유지, 정서적 기능을 하고 있어서 노인의 고용보장정책과 일자리사업의 개선은 고령 사회에서 주요한 노후소득보장 정책의 일환이 되고 있다.

이러한 관점에서 노인의 고용보장과 일자리 개선방안을 정리해 보면 다음과 같이 열거할 수 있다.

첫째, 적정한 정년 연장이나 정년 철폐가 필요하다. 전 세계적으로 저출산·고령화가 진행되면서 노동 정년에 대한 개념과 제도가 변화하고 있다. 영국과 미국은 정년을 이미 폐지하였다. 일본은 공무원 정년을 2021년부터 해마다 1년씩 연장하여 60세에서 65세로 연장할 계획을 하고 있고 독일은 1964년 이후 출생자는 정년이 67세로 정해졌다.

둘째, 연령차별을 금지해야 한다. 연령차별이란 일정한 연령에 해당하는 사람을 동일한 상황 또는 실질적으로 다르지 않은 상황에서 다른 연령에 해당하는 사람보다 불리하게 대우하는 것을 의미한다. 미국의 연령차별금지법은 차별의 주체를 ① 사용자, ② 고용알선기간, ③ 노동단체로 구분하여 규정한다. 첫째, 사용자가 연령을 이유로 특정인을 채용하지 않거나 특정인의 채용을 거부하는 행위, 특정인을 해고하는 행위, 그 밖에 고용에 관한 보수, 조건(terms and conditions), 혜택에 대해서 특정인을 불리하게 차별하는 행위는 불법이다(ADEA 제4조, 이준일, 2008에서 재인용). 사회·경제적 차원에서도 연령차별 금지가 필요하다(조용만, 2003). 그 이유는 첫째, 연령차별은 청년과 고령자 모두에게 고용기회를 줄이고, 인적 자원의 충분한 활용을 통한 경제적 부의 창출을 저해한다. 둘째, 연령차별은 고령자를 노동시장에서 조기에 퇴출케 함으로써 사회보장제도의 안정적 운영을 저해하고, 사회적 비용을 증대시킨다. 셋째, 연령차별은 능력에 기초한 합리적인 기업인사관리와 기업문화의 형성을 저해하고, 체감 정년의 하락을 초래하며, 결과적으로는 근로자의 기업 애착도를 떨어뜨려 장기적인 기업 발전을 저해할 수 있다.

셋째, 적정한 임금피크제를 적용하고 노동유연성을 높일 필요가 있다. 임금피크제는 일정 연령을 기준으로 임금을 감액해 나간다. 유형으로는 정년을 보장해주는 것을 전제로 임금을 조정하는 정년보장형, 정년을 연장하는 것을 전제로 임금을 조정하는 정년연장형, 정년퇴직 이후 계약직 등으로 고용하는 대신 임금을 조정하는 고용연장형 등이 있다. 이러한 제도는 기업들이 고령자들을 고용하는데 도움이 될 수 있다. 민간에서 수용 가능한 유연근무제를 도입하는 것도 고령자의 고용을 촉진하는 데 도움이 될 수 있다.

넷째, 고령자의 사회활동과 경제여건에 맞는 일자리를 개발하여 보급한다. 고령자들은 사회활동과 경제여건이 각양각색이다. 따라서 노인친화형 일자리 발굴, 시니어 인턴 파견지원 강화, 고령자 친화기업 관리·지원 내실화가 필요하다.

다섯째, 인생 이모작을 위한 전직지원서비스 강화가 필요하다. 우리나라 노동자가 주된 일자리에서 그만두는 연령이 약 49.1세에 지나지 않는다. 따라서 50세 이상의 중고령자들에게 인생 이모작을 위한 전직지원서비스가 강화될 필요가 있다. 가령 정부가 추진 중인 맞춤 재취업 컨설팅 제공 및 구인구직 알선서비스 제공이라든지 다양한 재취업·창업의 기회를 제공할 필요가 있다(보건복지부, 2016).

여섯째, 고령근로자 친화형 작업환경을 개선하고 지원한다. 고령근로자 다수고용 사업장의 직종별 고령친화적 작업환경 가이드라인을 개발하고 보급할 필요가 있다. 이를 통해 고령자의 작업장 환경을 개선하도록 지원한다.

일곱째, 노인일자리사업 정책목표의 명확화와 사업설계의 유연화가 필요하다. 정책목표로 빈곤감소, 사회참여확대, 건강증진, 지역사회기여 등 복합적 정체성을 사회적 성과로서 우선적인 목표로 설정할 필요가 있다(보건복지부, 2016).

여덟째, 지역 간 특성을 고려한 정책설계가 필요하다. 수도권과 비수도권, 도시와 농촌 등에 따라 거주노인이나 노인일자리사업 참여노인의 특성이 상이하다. 또한 수요처의 특성과 규모, 지역주민의 인식 등에서 지역 간 격차가 클 수 있다. 이러한 특성을 고려하여야 고령자의 고용을 효과적으로 보장할 수 있다.

생각해보기

1. 우리나라 노인들이 다른 나라 노인에 비하여 경제활동을 많이 하는 이유가 무엇인지 생각해 보자.

2. 연령대별 소비지출이 다른 이유가 무엇일까?

3. 우리나라 노인들이 노후준비를 충분히 하지 않는 이유에 대하여 생각해 보자.

4. 개인연금, 농지연금, 주택연금이 필요한 이유를 생각해 보자.

참고 문헌

강성호, 류건식(2016). 고령화에 따른 연금정책 변화와 특징. 포커스 KiRi고령화리뷰 Monthly 제4호 pp. 1-9.

공무원연금공단(2024). "공무원연금공단_공무원 평균기준소득월액 및 평균연금수령액". 공공데이타. https://www.geps.or.kr/openInfo_openData_systemGuide

국민연금공단(2023). 2022 국민연금 생생통계. 서울: 국민연금공단

금융감독원(2023). 2022년도 퇴직연금 적립 및 운용현황 분석.

동아 A.com 비즈 N(2020). 노인연령 상향논란. 2020. 08. 28.

보건복지부(2016). 2016-2020 제3차 저출산·고령사회기본계획. 보건복지부.

보건복지부(2018). 2018 노인보건복지사업안내.

보건복지부(2019). 「기초연금법 시행령」 개정안 입법예고. 보도자료 2019. 01. 16.

보험개발원(2015). 우리나라 개인연금 가입 현황 분석. 보도자료 2015. 04. 16.

보험개발원(2017). 대한민국 30대, 개인연금보험 관심은 많지만 가입은 글쎄. 보험개발원 뉴스 2017. 09. 14.

사학연금(2024). 2023 사학연금통계연보.

이투데이(2016). 사학연금평균액 3354만 원, 상위 30% 연봉자 실수령액과 동일. 이투데이 2016. 12. 26. http://www.etoday.co.kr/news /section/newsview.php

정경희, 강은나, 이윤경, 황남희, 양찬미(2016). 노인복지정책 진단과 발전전략 모색. 한국보건사회연구원.

정경희, 오영희, 이윤경, 오미애, 강은나, 김경래, 황남희, 김세진, 이선희, 이석구, 홍송이(2017). 2017년도 노인실태조사. 한국보건사회연구원.

정경희, 이금룡, 홍백의, 이수연, 김소영, 권중돈(2011). 베이비붐 세대 은퇴 및 고령화에 따른 정책수립 방향 연구. 한국보건사회연구원.

조용만(2003). 고용에서의 연령차별금지의 법적 현황과 과제. 노동법 연구, 15: 121-176.

통계청(2018). 2018년 5월 고령층부가조사. 통계청 보도자료 2018. 07. 24. http://kostat.go.kr/portal/korea/kor_nw /2/1/index.board

통계청(2023b), 2022년 퇴직연금통계 결과

통계청(2023a). 2022년 국민기초생활보장 수급자 현황

한국농어촌공사(2019). 농지연금 가입자 지속적인 증가세 보여. 보도자료 2019. 07. 01.

한국주택금융공사(2020). 주택연금 소개. https://www.hf.go.kr/hf/sub03/sub01_05.do

한국주택금융공사(2023). 2023 하반기 주택연금 소식지.

한국주택금융공사(2024). 주택연금이용현황. https://www.hf.go.kr/ko/sub03/sub03_01_04.do

Ando, Albert, & Modigliani, Franco (1963). The Life Cycle Hypothesis of Saving. American Economics Review, 53(1), 55-84.

Clark, R. L., Burkhauser, R. V., Moon M., Quinn, J.F., & Smeeding, T. M. (2004). The Economics of an Aging Society. Oxford: Blackwell Publishing.

C·H·A·P·T·E·R 04

노인의 건강 실태와 건강보장정책

요 약

인구의 고령화는 보건의료정책을 수립하는 데 있어서 가장 핵심적인 이슈가 된다. 인구 고령화는 고령자를 위한 보건의료와 장기요양서비스 수요를 증가시키고 관련 소요비용도 증가시킨다. 따라서 노인 건강의 실태를 파악하고, 노인건강보장정책과 노인요양보장정책을 이해할 필요가 있다. 우리나라 노인건강보장정책은 국민건강보험, 의료급여제도, 치매관리, 심뇌혈관질환 예방관리사업, 노인실명예방사업, 노인무릎인공관절 수술 지원사업, 노인건강진단, 노인 자살예방 체계 구축 등을 포함한 건강지원정책 등이 있다. 노인요양보장정책으로는 노인장기요양보험제도, 노인돌봄서비스 등의 정책이 있다. 노인건강보장정책의 개선방안으로는 노인 친화적 보건의료서비스 제공, 지역사회 늙어가기와 통합돌봄(커뮤니티케어)의 강화, 지역 간 인력 및 인프라의 격차 해소를 통한 형평성 제고 등을 제시할 수 있다.

1. 건강 실태

1) 건강의 개념

전통적으로 건강(또는 보건)이란 '질병에 의한 증상이 없는 상태'라고 정의되어 왔다. 옥스퍼드 사전에 따르면 "건강이란 한 개인이 필요에 따라 효율적으로 기능을 이행하는 상태인 신체의 건전한 상태"라고 정의되어 있다. 이 의미를 풀어보면 건강한 상태란 변동 범위가 넓은 환경조건에 직면하여 신체기능을 효율적으로 발휘할 수 있는 능력, 즉 환경에 대한 적응 능력이라고 할 수 있다. 이러한 관점에서 본 건강은 적응 능력의 표현이며 질병이란 이 적응의 실패라고 정의할 수 있다.

현재 가장 널리 인지되고 또 기준이 되는 건강 개념은 세계보건기구(WHO)가 심신 개념에서 생활 개념으로 전환시킨 개념이다. WHO는 그 헌장에서 "건강이란 단순히 질병이 없거나 허약하지 않다는 것을 말하는 것이 아니라 신체적·정신적 및 사회적 안녕의 완전한 상태"라고 하였다. 여기서 인간을 '문화를 가진 유기체'로 규정하고 인간의 건강을 생활 개념에서 파악하고 있다는 것을 알 수 있다. 여기서 사회적 안녕(social well-being)은 개개인이 각 나름의 역할과 사회생활을 안정적으로 영위할 수 있는 상태라고 해석하면 무난하다.

2) 주관적 건강

주관적 건강 평가는 인구집단의 건강을 평가하는 지표로 광범위하게 사용되고 있다. 정경희 등(2017)의 2017년 노인실태조사에 따르면, 65세 이상 노인이 스스로 평가하는 자신의 평소 건강상태의 분포를 보면, 매우 건강하다고 응답한 노인은 2.2%, 건강한 편이다 34.8%, 그저 그렇다 23.3%, 건강이 나쁜 편이다 34.9%, 건강이 매우 나쁘다 4.8%로 나타났다. 즉, 평소 자신의 건강상태가 좋은 것으로 평가하고 있는 노인의 비율은 37.0%이고, 건강이 나쁜 것으로 평가하는 노인은 39.7%로 주관적 건강상태를 부정적으로 평가하는 노인의 비율이 더 높은 것으로 나타났다.

3) 만성질환

고령자의 건강문제는 매우 복합적이고 다양할 뿐만 아니라 장기적인 관리를 필요로 한다. 노인들은 여러 질병을 동시에 보유하고 있는 경우가 많고, 특히 치료가 어려운 만성병과 난치병에 이환되고, 기능장애가 동반되어 사회적으로 큰 부담이 되고 있다. 노인이 되면 누구나 노화의 일환으로 신체적 기관이 전반적으로 퇴화하게 되며 신경통, 관절염, 호흡기질환, 소화기질환 등이 나타나고 정신질환으로 치매, 우울증, 파킨슨, 알코올중독, 조현병 등도 증가하게 된다(박창제 외, 2008).

정경희 등(2017)의 '2017년도 노인실태조사결과보고서'는 고령자들의 만성질환 상태를 다음과 같이 보고하고 있다. 전체 노인의 89.5%가 만성질병을 갖고 있다고 응답하였고, 이 중 만성질병 1개를 지니고 있다는 노인이 16.5%, 만성질병 2개는 22.0%, 만성질병이 3개 이상인 노인은 51.0% 등으로 결과적으로 만성질병을 2개 이상 지니고 있는 복합이환자가 73.0%에 달하며, 전체 노인이 평균 2.7개의 만성질병을 갖고 있다. 남성노인은 고혈압(55.3%), 당뇨병(22.7%), 고지혈증(21.9%), 전립선비대증(20.8%), 골관절염 및 류머티즘 관절염(17.1%) 등의 순이고, 여성노인은 고혈압(61.7%), 골관절염 및 류머티즘 관절염(45.0%), 고지혈증(35.1%), 요통 및 좌골신경통(30.5%), 당뇨병(23.6%) 등의 순으로 성별 차이를 보인다.

4) 정신건강

정경희 등(2017)에 따르면 단축형 노인우울척도(SGDS: Short Form of Geriatric Depression Scale)를 사용하여 0~15점으로 측정한 결과에서 8~15점에 해당하는 경우 우울 증상으로 정의했을 때, 전체 노인의 21.1%는 우울 증상을 지니고 있고, 15개 문항의 평균 점수는 4.1점으로 나왔다. 성별로는 여성노인(24.0%)이 남성노인(17.2%)에 비해 우울 증상 비율이 6.8% 더 높게 나타났다.

5) 일상생활동작능력

노년기의 신체적 기능상태와 인지기능 상태는 생활의 수행과 삶의 질에 직접적 상관성을 갖는다. 신체적 일상생활동작능력(ADL)은 노인이 자립적 생활을 수행하는 데 가장 기본적인 항목이다. 카츠와 아크폼(Katz & Akpom, 1976)은 기초적인 ADL을 목욕하기, 화장실 이용, 식사하기, 옷 갈아입기, 걸어다니기 등으로 정의하였다. 도구적 일상생활동작능력(IADL)은 전화 사용, 교통수단 이용, 약품 복용, 식사준비, 금전관리, 집 청소, 세탁 등을 말한다.

정경희 등(2017)은 신체적 일상생활동작능력을 옷 입기, 세수·양치질·머리 감기, 목욕 또는 샤워하기, 차려 놓은 음식 먹기, 누웠다 일어나 방 밖으로 나가기, 화장실 출입과 대소변 후 닦고 옷 입기, 대소변 조절하기 등 7개 항목으로 측정하였다. 7개 항목은 개별적으로 완전히 자립적으로 수행(1점), 부분적인 도움이 필요(2점), 전체적으로 완전한 도움이 필요(3점)의 3점 척도로 측정하였다. 이들의 조사 결과에 따르면 옷 입기(96.8%), 세수·양치질·머리 감기(96.9%), 목욕 또는 샤워하기(93.1%), 차려 놓은 음식 먹기(98.5%), 누웠다 일어나 방 밖으로 나가기(98.8%), 화장실 출입과 대소변 후 닦고 옷 입기(98.0%), 대소변 조절하기(96.5%)로 나타났다. 방 밖으로 이동, 음식 먹기, 화장실 출입은 7개 항목 중 상대적으로 자립 비율이 높으며, 그다음으로는 세수, 옷 입기, 대소변 조절하기로 나타났다. 목욕은 7개 항목 중 가장 자립도가 낮은 항목으로 나타났다.

신체적 일상생활동작능력의 7개 항목 중 도움이 필요한 항목의 수를 살펴보면, 도움이 전혀 필요 없는 완전 자립의 비율은 전체 노인의 91.3%로 나타났다. 1개 도움 필요는 4.5%, 2개는 1.3%, 3개 0.8%, 4개는 0.5%, 5개는 0.4%, 6개는 0.3%, 7개 모두 도움이 필요한 비율은 0.8%로 나타났다.

6) 사망원인

사망원인은 연령대별, 성별로 상당히 다르게 나타나는 것을 확인할 수 있다. 2018년 60세 이상 고령자의 사망원인을 살펴보면 1위는 암(악성신생물)이다. 연령대별, 성별 사망원인은 다르지만, 암은 부동의 사망원인 순위 1위다. 심장질환은 60대와 70대에서 남녀 모두 사망순위 2위였으며, 80세 이상 남성에서는 사망순위 3위를 차지하였고 폐렴이 사망순위 2위를 차지하였다.

〈표 4-1〉 고령자 연령별 사망원인 순위

(단위: 인구 10만 명당 명)

순위	60대				70대				80세 이상			
	남성		여성		남성		여성		남성		여성	
1	악성신생물	400.9	악성신생물	5,163	악성신생물	1,047.1	악성신생물	412.9	악성신생물	2,287.9	악성신생물	973.9
2	심장질환	88.6	심장질환	828	심장질환	260.6	심장질환	146.3	폐렴	1,268.8	심장질환	967.2
3	뇌혈관질환	57.3	뇌혈관질환	747	폐렴	207.1	뇌혈관질환	113.5	심장질환	982.5	폐렴	748.9
4	고의적자해	54.2	고의적자해	433	뇌혈관질환	200.8	폐렴	81.2	뇌혈관질환	702.8	뇌혈관질환	603.7
5	간질환	39.8	당뇨병	309	당뇨병	81.8	당뇨병	49.3	만성하기도질환	397.8	알츠하이머병	366.4
6	폐렴	35.0	폐렴	298	만성하기도질환	79.5	패혈증	27.0	알츠하이머병	241.5	고혈압성질환	274.1
7	당뇨병	26.3	간질환	242	고의적자해	74.6	고혈압성질환	24.1	당뇨병	236.0	당뇨병	212.3
8	운수사고	22.1	운수사고	200	간질환	43.5	고의적자해	23.5	고혈압성질환	181.2	패혈증	179.3
9	추락	14.7	패혈증	125	운수사고	40.3	알츠하이머병	19.2	패혈증	168.2	만성하기도질환	140.8
10	만성하기도질환	13.4	만성하기도질환	89	패혈증	37.1	간질환	18.2	고의적자해	133.4	간질환	46.8

출처: 통계청(2020). 2019년 사망원인통계.

고의적 자해(자살)는 60대엔 남녀 공히 사망원인 4순위에 해당하지만 70대엔 남성은 7순위, 여성은 8순위, 80세 이상에서 남성은 사망원인 10순위에 있고 여성은 사망원인 10위권에 들지 않는다. 그 외 간질환, 폐렴, 당뇨병, 운수사고, 추락, 만성하기도 질환 등도 성별과 연령에 따라 사망원인 순위가 달라진다. 이러한 현상이 나타나는 것은 생물학적 노화의 특성의 차이뿐만 아니라 사회경제, 문화적 특성이 반영된 사회학적 특성의 차이에 기인한다.

노화는 질병인가?

노화는 신체 능력을 쇠퇴시킨다. 삶의 질을 떨어뜨린다. 그리고 특정한 병리 증상을 지닌다. 노화는 이 모든 일을 하며, 그럼으로써 우리가 질병이라고 부르는 것의 모든 범주를 충족시킨다. 『머크노인의학편람(*the Merch Manual of Geriatrics*)』에 따르면 병이란 인구의 절반 미만에 영향을 미치는 질환을 말한다. 그러나 노화는 당연히 모든 이에게 영향을 미친다. 그래서 그 편람은 노화를 "부상, 질병, 환경위험이나 안 좋은 생활습관이 없어도 시간이 흐르면서 일어나는 신체기능의 불가피하면서 돌이킬 수 없는 쇠퇴"라고 정의하였다. 싱클래어와 러플랜트는 달리 정의하였다. 즉 노화는 질병이며 치료할 수 있다는 것이다. 그것도 우리 생애 내에 치료할 수 있으며, 인간의 건강에 관해 우리가 알고 있는 모든 내용이 근본적으로 바뀔 것이라고 믿었다. 그들은 지금까지 노화의 원인을 많이 밝혔고, 앞으로 더 많은 연구가 이루어지면 노화도 질병처럼 치료를 할 수 있을 것이라고 보았다. 멀지 않은 과거에 대다수 사람들이 암은 치료가 불가능하다고 생각되었지만 지금은 치료가능한 질병이 되었듯이. 노화가 질병처럼 치료할 수 있어서 수명이 200~300년 더 늘어난다면 어떻게 될까? 사회보장문제, 부와 수명의 양극화는 심각해지고, 누가 늙었는지 구별하기 어려워질까? 세상은 더 좋아지게 될까 나빠지게 될까?

출처: 싱클레어와 러플랜트(2020)(이한음 옮김). 하버드 의대 수명 혁명프로젝트: 노화의 종말. https://www.youtube.com/watch?v=ZiLFwc5OgQM

2. 노인건강보장정책

노인건강보장정책은 다양한 요소들이 모여서 이루어지는 합성물이라고 할 수 있다. 이들 요인들에는 사회적 구조, 정치제도, 법적 제도, 대중매체, 보건의료 부문, 보험구조, 이해집단, 대중의 기대와 수요 등이 있다. 각 국가의 고령자 보건의료 정책결정기관은 다양한 수준에서 고도로 중앙 집중화되거나 폭넓게 분산되어 있다(Blank & Burau, 2004: 29-31). 일부 국가에서는 노조나 회사가 사회정책을 결정하는 데 강력한 요소가 되어 사실상 정부가 제시한 정책 변화에 대한 거부권을 행사할 수도 있고, 어떤 국가에서는 보험제공자가 보건정책을 형성하는 힘이 있어서 보건산업과 보건의료기관에 영향력을 행사하는 등 국가들마다 건강보장정책을 결정하는 데 영향력이 다르다(박창제 외, 2008).

보건의료를 형성하는 제도적 맥락의 차이를 살펴보면 국가들마다 차이가 있다. 의회와 행정부의 관계, 정당의 구조, 행정부 내부의 구조에 따라 보건의료정책의 이익중재가 영국은 조합주의방식, 일본은 사용자와 정부가 우위인 조합주의방식, 독일은 노조와 정부가 우위인 조합주의방식, 미국은 다원주의적, 개별화된 이익을 존중하는 방식으로 이루어진다(박창제 외, 2008). 한국 역시 일본과 유사하게 사용자와 정부가 우위인 조합주의방식으로 이익 중재가 이루어진다.

노인건강보장정책은 질환이나 쇠약의 예방 및 관리와 함께 건강한 삶을 유지하고 증진할 수 있도록 기반을 지원해 주는 방향으로 설정되어야 할 것이다(정경희 외, 2016). 지금까지 노인건강보장정책이 개선되어 왔지만 아직까지 우리나라는 질병 위주의 완치 및 관리가 중심이 되어 있다. 그러다 보니 기능이 약화된 중간단계에서의 회복 및 재활이 제대로 이루어지지 못한 채 기능장애의 고착화로 장기요양 상태 전환에 영향을 주어 장기요양 비용지출의 확대를 초래할 가능성이 높다. 따라서 향후 노인건강보장정책에서는 기능의 회복 및 재활, 기능장애의 예방적 측면과 같은 노력이 강조될 필요가 있다.

지금까지 우리나라에서 추진된 주요 정책의 현황은 [그림 4-1]과 같이 나타낼 수 있다. 여기서 노인건강보장정책의 범위는 노인의 건강수준을 기준으로 했을 때, 장기요양의 보호 지원 영역을 제외하고 건강보험 및 보건복지서비스의 두 축을 중심으로 하였다.

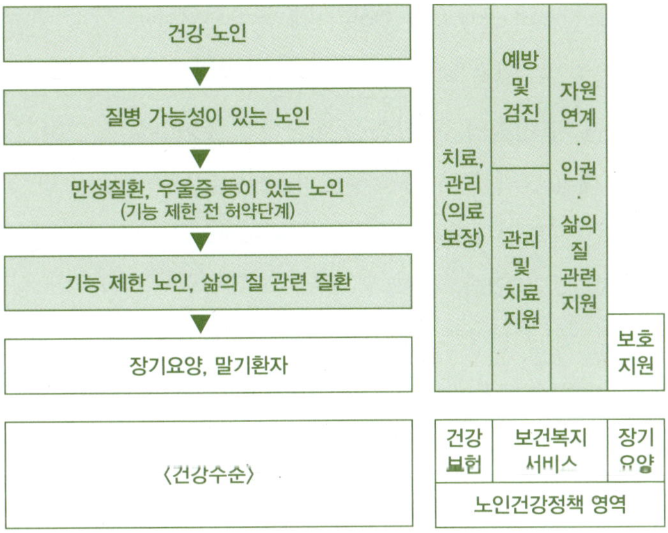

출처: 정경희 외(2016). 노인복지정책 진단과 발전전략 모색.

[그림 4-1] 노인 건강수준 기준에 따른 정책의 범위

1) 국민건강보험

「국민건강보험법」의 목적을 보면 "국민의 질병·부상에 대한 예방·진단·치료·재활과 출산·사망 및 건강증진에 대하여 보험급여를 실시함으로써 국민보건을 향상시키고 사회보장을 증진함을 목적으로 한다"고 명시하고 있다. 국민건강보험제도는 이러한 법적 기반 위에서 국민보건을 향상시키고 사회보장을 증진함으로써 국민생활의 안정을 도모하기 위한 사회보험제도이다.

사실 우리나라 노인의 가장 주요한 건강보장정책은 건강보험제도와 노인장기요양보험제도의 도입이라고 할 수 있다. 먼저, 1980년 의료보험제도의 도입 이후 그동안 직장 근로자, 공무원 등 특수직역근로자, 지역 자영업자로 구분하여 실시되어 오던 것을 2000년에 관리운영 체계를 통합하고, 2003년에는 재정통합을 이루

어 누구나 동일한 보험급여를 제공받게 되었다. 이를 계기로 의료보험통합 이전의 노인이 대부분 지역 가입자로서 직장 가입자와 차별적인 서비스를 받던 것과 비교하여 치료에 대한 접근성이 대폭 향상되었다(정경희 외, 2016). 또한 암과 같은 중증질환에 대한 진료비 본인부담금이 크게 경감됨으로써 고도 기술에 대한 치료도 손쉽게 이용할 수 있게 되었다. 이러한 요인은 인구 고령화와 맞물려 건강보험에서 노인의 진료비 지출의 큰 상승을 이끌었다. 1996년부터 2017년까지 약 20년간 전체 지출 대비 65세 이상 노인진료비 비율은 12.9%에서 39%로 거의 3배가량 증가하였고, 이로 인하여 고령화에 따른 노인의 의료대책 마련이 사회적 현안으로 떠오를 정도가 되었다.

국민건강보험은 어느 연령계층보다 노인계층의 건강보장에 큰 기여를 하고 있다. 2017년 건강보험 통계상 전체 진료비는 69조 6,271억 원이며, 이 중 65세 이상 고령자의 진료비는 전체의 39.0%인 27조 1,357억 원이나 된다(〈표 4-2〉 참조). 해가 갈수록 전체 노인의료비가 크게 증가하고 있으며 비중도 크게 높아지고 있음을 알 수 있다. 노인 1인당 연평균진료비는 전체 1인당 연평균진료비의 약 3배 내외로 지속되고 있음을 확인할 있다.

〈표 4-2〉 노인진료비 추이

구분	2010년	2012년	2014년	2016년	2018년	2020년	2022년
전체 인구(천 명)	48,907	49,662	50,316	50,763	51,072	50,345	50,410
65세 이상 인구 (천 명)(비율, %)	4,979 (10.2)	5,468 (11.0)	6,005 (11.9)	6,445 (12.7)	7,366 (14.3)	8,152 (15.7)	8,981 (17.4)
65세 이상 진료비 (억 원)(연평균가율, %)	141,350 (13.8)	164,494 (8.2)	199,687 (10.7)	252,692 (13.3)	316,583 (12.6)	374,737 (9.2)	441,187 (8.9)
노인 1인당 연평균 진료비(천 원)	2,839	3,076	3,394	3,983	4,543	4,851	5,155
전체 1인당 연평균 진료비(천 원)	895	967	1,085	1,275	1,525	1,691	2,003

출처: 건강보험심사평가원(2023). 2022년도 건강보험 주요통계

다른 연령층에 비해 질병, 사고 등 각종 건강 위험에 취약한 노인의 건강보험 보장성을 확대하기 위하여 노인진료비 본인 부담을 경감하는 정책이 추진되었다(정경희 외, 2016: 89–90). 1995년부터 70세 이상 노인에 대한 외래진료비 본인 부담 정액제를 실시했고, 2000년에 외래본인부담금 인하 대상을 70세에서 65세로 확대하였다. 2007년에는 65세 미만 환자의 의원급, 약국 진료비를 30% 정률제로 전환하였는데, 노인의 외래진료비는 1만 5,000원 이하는 1,500원 정액제를 유지하여 2021년 현재까지 시행 중이다. 건강보험 보장성 확대가 가장 두드러진 분야는 구강건강이다. 2012년부터 가장 큰 경제적 부담을 느끼는 틀니와 임플란트부터 건강보험 적용을 단계적으로 확대하였다. 75세 이상을 대상으로 하여 2012년에는 완전 틀니, 2013년에는 부분 틀니, 2014년에는 임플란트로 적용 범위를 확대하였다. 또한 2015년부터는 연령 기준을 기존의 75세 이상에서 70세 이상으로 조정하여 대상자가 확대되었다. 2016년에는 틀니와 임플란트 비용 경감 정책을 추진하여, 비용 및 대상자에 있어 의료 이용 접근성이 꾸준히 확대되었다.

2) 의료급여제도

생활이 어려운 자에게 의료급여를 실시함으로써 국민보건의 향상과 사회복지의 증진에 이바지함을 목적으로 「의료급여법」이 제정되어 있다. 의료급여는 의료수급권자의 질병·부상·출산 등에 대한 진찰·검사, 약제·치료재료의 지급, 처치·수술과 그 밖의 치료, 예방·재활, 입원, 간호, 이송과 그 밖의 의료 목적의 달성을 위한 조치를 그 내용으로 한다.

2017년 의료급여 수급권자는 총 148만 5,740명이고, 1종 수급권자는 106만 5,398명으로 전체 수급권자의 71.7%이며, 2종 수급권자는 42만 342명이다. 여기서 65세 이상 의료급여 수급권자 급여(지급) 현황을 보면, 의료급여 수급권자 중 노인 수급권자 비율은 34.0% 수준으로 엄청나게 높다. 그에 비하여 건강보험의 수급권자 중 노인 수급권자의 비율은 13.4%에 지나지 않는다. 그만큼 의료급여가 고령자에 기여하는 바가 크다는 것이다. 실제로 2017년 65세 이상 입·내원 일수는

5,326만 8,234일(건강보험은 3억 4,086만 원)이다. 2017년 65세 이상 의료급여비는 3조 3,354억 원이다.

3) 건강지원정책

노인 의료비의 많은 부분은 노인 본인의 노력, 가족과 지역사회의 지원 및 노력을 통하여 절감이 가능하다는 관점 아래 사후 치료적 서비스 제공에서 사전 예방적 기제를 강화하였고, 지역사회를 중심으로 한 노인건강지원정책이 2003년 참여정부에 들어서면서 본격적으로 검토되었다(정경희 외, 2016). 그 이전까지 추진된 노인보건복지정책으로는 노인의료비 경감, 치매노인대책 강화(노인복지중장기발전계획, 1999) 등 질병관리를 목적으로 한 정책이 주를 이루었다.

정부(2003~2007년)는 보건의료발전계획을 마련하여 국가 보건의료서비스의 기틀을 다지고자 하였다. 보건의료발전계획(2004~2008)은 평생국민건강관리체계 구축, 보건의료서비스의 보장성 강화, 보건의료체계의 효율화, 보건산업의 경쟁력 제고 등을 골자로 한다. 이 시기의 보건의료정책을 노인의 건강 지원이라는 관점에서 살펴보면 다음과 같다. 우선 평생건강관리체계의 구축, 노인 안검사 및 수술비 지원 실시, 노인 건강 프로그램 확대, 만성질환 관리체계 구축, 방문보건사업 확대 등이 마련되었고(노인질환관리종합대책, 2002), 2006년 제1차 저출산·고령사회기본계획을 통해 사전 예방적 보건의료체계 구축과 노후 의료보장 강화 및 노인운동 활성화가 강조되었다. 기타 정책 전략 및 대책을 통하여 노인운동, 노인영양 지원 프로그램 강화(건강투자전략, 2007), 노령기 기초 건강증진 강화, 중증질환 조기 발견(노인건강증진종합대책, 2008)이 제시되었다.

즉, 이 시기에는 예방적 관점에서 질병의 조기 발견, 건강생활의 실천, 예방 중심의 질병관리를 위한 지원 노력 등이 강조되었다. 2011년 제2차 저출산·고령사회기본계획에서도 사전 예방적 건강관리체계 구축이 강조되었으며, 보건소를 중심으로 하여 통합 건강관리체계를 구축하도록 하였다. 2013년 「지역보건법」 등에 의해 보건소를 중심으로 한 지역사회통합건강증진사업이 도입되어 지역공동체를 기반으로 건강생활 실천 및 만성질환 예방, 취약계층 건강관리 등 지역 수요를 반영한 건강증진사업을 추진할 수 있는 기반을 갖추게 되었다.

한편, 인구 고령화에 따른 치매 환자의 급증과 그로 인한 사회경제적 비용과 치매 환자와 가족의 삶의 질 향상 및 노년기 불안감 해소를 위하여 2008년부터 국가치매관리종합계획을 수립하게 되었다. 제1차 국가치매관리종합계획(2008~2012), 제2차 국가치매관리종합계획(2013~2015)이 수립·진행되었으며, 현재 제4차 국가치매관리종합계획(2021~2025)이 수립되어 추진 중이다.

현 정부는 치매문제를 개별 가정 차원이 아닌 국가 돌봄 차원으로 해결하겠다는 전제에서 치매 국가책임제를 목표하고 있다. 자세한 내용은 9장에서 살펴볼 것이다.

(1) 치매관리

우리나라 치매관리사업은 크게 일반 회계 차원에서 노인장기요양보험지원사업과 국민건강증진기금 차원에서 이뤄지는 치매관리체계구축사업, 노인건강관리사업, 지역사회통합건강증진사업, 만성병관리기술 개발연구사업 등으로 분류할 수 있다. 이 중 보건소 지역사회 통합건강증진사업에서의 치매관리사업은 치매검진사업과 치매노인사례관리사업으로 구성된다. 치매관리사업은 2006년 한국치매협회 민간단체 보조사업으로 시작되어 2007년 지방자치단체 보조사업으로 전환하였으며, 2010년 전국 모든 보건소로 확대 실시, 2013년부터 통합건강증진사업에 포함되었다. 2017년 12월부터 전국 보건소에 치매안심센터를 설치하고, 상담·검진·사례관리 등의 서비스를 제공하고 있다. 2024년 5월 현재 전국 256개 보건소에 치매안심센터를 개소하여 운영 중이다.

(2) 심뇌혈관질환 예방관리사업(고혈압·당뇨병 등록·관리)

노인들에게 주로 발생하는 주요 만성질환의 등록 및 관리를 통하여 지속적인 건강관리 체계화가 필요하게 되었다. 2002년 노인질환관리 종합대책에서는

5대 만성질환(당뇨, 고혈압, 심혈관, 뇌혈관, 관절염)의 등록관리 및 국가관리 체계 구축을 주장한 바 있다(정경희 외, 2016). 정부는 이와 관련한 종합계획으로 2006년 제1차 심뇌혈관질환종합대책을 발표(2006~2010)하였다. 2010년엔 제2차 심뇌혈관질환종합대책(2011~2015)을 발표하였고, 2016년 제3차 심뇌혈관질환종합대책을 세웠다. 심뇌혈관질환 예방관리 사업은 ① 지역사회 교육, 홍보사업을 통해 고혈압, 당뇨병, 이상 지혈증의 예방 및 관리의 필요성과 방법에 대한 인지도를 높이고, ② 환자 조기 발견 및 조기 치료와 함께 ③ 환자 등록 관리사업을 통해 고혈압, 당뇨병 환자의 지속 치료율, 자가 관리율을 높이는 것을 목적으로 하고 있다.

2018년엔 보건복지부가 '제1차 심뇌혈관질환관리 종합계획(2018~2022)'을 발표하였다(보건복지부, 2018b). 이 계획은 심뇌혈관질환에 대해 '예방-치료-관리'의 전 주기적인 관점에서 "심뇌혈관질환 걱정 없는 건강한 사회"를 비전으로, 5개 추진전략 14개 중점과제를 추진하고 있다. 5개 추진전략은 대국민 인식개선과 건강생활 실천, 고위험군 및 선행질환 관리강화, 지역사회 응급대응 및 치료역량 강화, 환자 지속관리 체계 구축, 관리 인프라와 조사·R&D 강화 등이다.

(3) 노인실명 예방사업

노인실명 예방사업은 2003년부터 실시되어 왔다. 이 사업의 목적은 저소득층 노인 등에 대한 정밀 안검진의 실시로 안질환을 조기 발견해 적기 치료함으로써 노인들의 실명을 예방하고 일상생활이 가능한 시력을 유지하게 하고, 노인 개안 수술비 지원을 통한 노인 및 가족의 의료비 부담을 경감시키며, 안검진 및 수술 대상의 단계적 확대로 노인건강을 체계적으로 보장하는 것이다.

(4) 노인무릎인공관절 수술 지원사업

노인무릎인공관절 수술 지원사업은 2008년부터 실시되어 왔다. 이 사업은 무릎관절증으로 지속적인 통증에 시달리나, 경제적 이유로 수술을 받지 못하는 노인들의 고통을 경감시켜 주고 삶의 질을 개선하며 무릎관절수술 지원을 통하여 노인의 건강을 보장하고 의료비 부담을 경감시키는 데 목적이 있다(보건복지부, 2018a).

(5) 노인건강진단사업

노인 건강검진은 질환을 조기 발견하고, 질환 상태에 따라 적절한 치료 및 요양을 함으로써 사전 예방적 측면에서 중요성이 강조되어 왔다. 이러한 맥락에서 노인건강진단사업은 질병의 조기 발견 및 치료로 건강의 유지·증진을 도모하고 노인의 건강수준 향상으로 건강하고 활기찬 노후생활을 보장하는 데 목적이 있다.

1983년부터 2년에 1회씩 65세 이상의 저소득 노인을 대상으로 무료 건강검진을 시행하였고, 1985년부터는 일반 노인에게까지 대상자를 확대하였고, 1992년부터는 당뇨, 백내상 등의 노인성 질환을 검진 항목에 추가하였으며, 1996년부터는 혈액 검사, X-ray 검사, 암 검사 등 노인이 희망하는 검사를 선택할 수 있게 하였다.

건강보험 가입자나 의료급여 수급권자는 지역 보건소에 신청을 통해 2년에 1회 일반검진, 암종별 대상 연령에 따라 암검진을 받을 수 있다. 또한 생애 전환기(40세, 66세) 건강검진이 2007년부터 시행되었다. 최근 '제2차(2016~2020년) 국가 건강검진 종합계획 수립'에서는 건강검진 항목 확대 검토, 건강상담제도 확대 및 ICT 기반 등을 꾸준히 확대해 가고 있다. 이로써 국가 건강검진 체계를 통해 질병의 조기 발견과 치료, 건강증진에 필요한 정보 제공 등의 건강관리를 받을 수 있도록 하고 있다.

3. 노인요양보장정책

노인돌봄은 65세 이상의 사람들 중 경제적 자립이 어렵거나 신체적 노화로 혼자서 생활하는 데 어려움을 겪는 사람을 보살피는 일을 말한다. 우리나라의 노인돌봄정책은 「노인복지법」 제정(1981년) 이전과 이후, 2018년 노인장기요양보험제도 도입 이전과 이후로 크게 구분될 수 있다. 또한 「노인복지법」 도입 이후에는 1980년대, 1990년대, 2000년대와 2008년 이후, 노인돌봄정책의 꾸준한 발전과 변화를 이루었다.

노인돌봄정책의 시초는 양로시설의 서비스이며, 이는 「노인복지법」이 제정되기 이전부터 무의탁 노인을 위한 국가 차원의 시책이었다. 양로시설은 노인돌봄서비스가 전문화되지 못한 시기에 노인의 주거, 생계, 돌봄 등의 기능을 수행하며, 가족이 없거나 기능할 수 없는 노인에 대한 보호 서비스였다(정경희 외, 2016). 노인돌봄정책은 1981년 「노인복지법」 제정을 통해 법적 근거를 갖게 되었으나, 여전히 부양가족이 없는 빈곤한 노인을 대상으로 하는 시설 서비스가 중심이었다.

2008년엔 노인장기요양보험제도가 실시됨으로써 노인돌봄정책은 획기적인 전환기를 맞았다. 노인돌봄 욕구를 사회보험의 형태로 제도화한 것은 노인에 대한 책임 주체가 가족에서 사회의 공동 책임으로 전환하였음을 의미하는 것이다. 노인장기요양보험제도가 도입되기 이전의 노인돌봄정책은 가족의 일차적 보호를 우선시하고, 공적 서비스는 가족에 의한 보호가 이루어지지 못하는 자에 대한 보완적 형태의 선별적 제도였다.

노인돌봄정책은 1990년 이후부터 시설과 재가서비스의 체계를 갖추고, 시설 서비스도 거주와 보호가 분화되고 전문화되는 형태를 보이기 시작했다. 1989년 「노인복지법」에서 재가복지서비스를 제시하고, 이를 통해 지역을 기반으로 하는 서비스가 제공되었으며, 1993년 재가복지서비스가 가정봉사원 파견서비스, 주간보호서비스, 단기보호서비스로 세분화되었다. 또한 1997년 노인전문요양시설이 법적으로 근거를 갖추게 되었다.

노인장기요양보험제도가 도입되기 이전 2007년에는 노인돌봄바우처사업이 실시되어, 지역사회에 거주하는 재가에서의 돌봄 서비스 이용 대상자가 빈곤 노인 중심에서 일반 노인으로까지 크게 확대되었다. 2008년 노인장기요양보험제도의 도입은 노인돌봄정책의 역사적 사건이라고 할 수 있다. 요양 필요가 있는 노인은 소득이나 가족 부양상태와 무관하게 누구나 서비스를 받을 수 있는 보편적 서비스 체계를 갖게 됨으로써 노인장기요양보험은 노인돌봄정책의 대표적 제도가 되었다. 노인돌봄은 노인장기요양보험, 노인돌봄서비스, 재가노인지원서비스를 중심으로 이루어지며, 그 외에도 지역사회에서 노인복지관, 사회복지관 등에서 이루어지는 재가복지서비스 등을 통해 이루어지게 되었다.

그리고 2020년부터는 기존 6개 유사돌봄서비스를 '노인맞춤돌봄서비스'로 통합하였다. 이렇게 추진한 배경은 다음과 같다(보건복지부, 2020). 첫째, 사업 간 칸막이가 존재하고 중복급여 제한 등으로 돌봄의 분절화 및 사업수행의 비효율성이 발생하여 서비스의 질을 저하시키고, 노인의 돌봄욕구를 충족시키는 데 한계가 있다. 둘째, 대상자 발굴, 서비스 결정을 각 민간기관에서 수행함으로써 공급자 위주의 서비스 전달체계로 서비스 접근성, 책임성 문제가 있다. 셋째, 노인돌봄종합서비스(바우처)의 제공기관은 장기요양기관으로 동일한 기관 종사자가 예방적 돌봄서비스와 장기요양을 동시에 운영한다는 것이다.

여기서, 노인장기요양보험은 노인맞춤돌봄서비스의 선순위로서 장기요양 등급자가 장기요양을 포기하고 노인맞춤돌봄서비스를 신청하는 것은 불가하다(보건복지부, 2020). 신청 시점에 장기요양등급이 없더라도 이전에 장기요양 등급 판정이력이 존재할 경우에도 신청이 불가능하다. 서비스 내용은 직접 서비스로 안전지원, 사회참여, 생활교육, 일상생활 지원이 있고, 연계 서비스(민간후원 자원)로는 대상자의 안정적인 생활을 지원하기 위하여 지역사회 내 민간자원 등의 후원물품이나 서비스를 연계 지원하는 서비스가 있다. 노인맞춤돌봄서비스 수행기관은 물품후원, 자원봉사자 등 민간후원 자원을 적극 발굴·연계하여 생활지원 연계, 주거

개선 연계, 건강지원 연계, 기타 서비스 등이 있다. 특화 서비스로 은둔형·우울형 노인을 대상으로 척도(우울감, 자살 생각, 고독감 등) 등을 활용하여 개별 맞춤형 상담 및 집단활동을 제공한다. 사후관리 서비스는 사후관리가 필요한 대상자에게 정기적인 모니터링 및 자원 연계를 실시한다.

이 장에서는 노인요양보장정책으로 노인장기요양보험제도만을 살펴보기로 하겠다. 맞춤형노인돌봄서비스와 재가노인지원서비스는 7장 노인복지서비스에서 다루었다.

노인장기요양보험제도는 고령이나 노인성 질병 등으로 목욕이나 집안일 등 일상생활을 혼자서 수행하기 어려운 이들에게 신체활동·가사지원 등의 서비스를 제공하여 노후생활의 안정과 그 가족의 부담을 덜어주기 위한 사회보험제도이다. 우리나라 노인장기요양보험제도는 건강보험제도와는 별개의 제도로 도입·운영되고 있다. 다만 제도운영의 효율성을 도모하기 위하여 보험자 및 관리운영기관을 국민건강보험공단으로 일원화하고 있다.

신청대상은 소득수준과 상관없이 노인장기요양보험 가입자(국민건강보험 가입자와 동일)와 그 피부양자, 의료급여수급권자로서 65세 이상 노인과 64세 이하 노인성 질병이 있는 자이다.

노인장기요양보험의 급여는 시설급여와 재가급여(방문요양, 방문목욕, 방문간호, 주야간보호, 단기보호, 기타 재가급여-복지용구), 특별현금급여(가족요양비, 특례요양비, 요양병원 간병비)이다(「노인장기요양보험법」 제23조). 이 중 현재 지급되고 있는 급여는 재가급여와 시설급여, 특별현금급여 중 가족요양비가 지급되고 있다. 장기요양급여 이용 과정은 장기요양 등급 판정(1~5등급)을 받은 수급권자가 희망하는 서비스 제공기관과 계약을 통해 서비스를 이용할 수 있다.

2018년 장기요양보험의 보험료는 건강보험료액의 7.38%이다(보건복지부, 2018a). 장기요양보험료 예상수입액의 20% 상당을 국가가 부담한다. 본인부담금은 시설급여 20%(비급여: 식재료비, 이미용료 등은 본인 부담), 재가급여 15%이다. 의료급여수급권자 등 저소득층은 각각 1/2로 경감(시설:10%, 재가:7.5%)하고, 국민기초생활수급권자는 무료이다.

4. 노인건강보장정책의 개선방안

1) 노인 친화적 보건의료서비스 제공

고령화가 진행되면서 만성병, 복합적인 병, 기능장애 등을 가진 노인인구가 크게 늘어나고 있다. 그러나 여전히 우리나라는 치료 중심의 의료서비스 제공이 보건정책의 중심을 이루고 있다. 즉, 만성병과 복합적인 의료 요구를 지닌 노인들에 적합한 의료서비스 제공은 이루어지지 않고 있다.

김남순 등(2018)은 의료서비스가 지금까지와 달리 질병 중심이 아닌 노인환자 중심으로 프레임을 전환하는 것이 필요하다고 주장하였다. 이를 위해 노인 친화적 의료시스템을 도입할 필요성이 있다고 하였다. 가령 노인 친화적 병원에서는 노인의 신체적, 정신적 기능 회복을 포함한 환자 중심 의료서비스를 제공해야 한다는 것이다. 구체적으로는 노인포괄평가를 바탕으로 한 케어 플랜 수립, 기능 회복 서비스, 다학제적 협진과 전환기 의료 등을 포함하는 진료제공시스템을 갖추어야 한다.

급성기 병원에서는 노인환자가 회복할 때까지 입원해 있는 것이 어렵고 가정간호서비스는 제한적이다. 따라서 김남순 등(2018)은 아급성기 서비스(노인전문병원 등), 전환기 의료를 제공하는 가정방문 일차의료 등이 필요하다고 주장하였다. 아래 [그림 4-2]는 이러한 논리에 근거한 노인 친화적 보건의료서비스 제공 모형이다. 가장 중요한 것은 점선으로 표시된 지역사회 케어팀, 가정방문 일차의료, 노인 친화적 급성기와 아급성기(재활) 병원과 가정방문 일차의료 등에 관한 제공 체계를 갖추어야 한다는 것이다.

노쇠단계	건강한 상태 ········ 전노쇠상태 ········ 노쇠상태			
서비스 유형	노쇠 예방 (인구집단)	노쇠관리 (개인)	노쇠관리 + 질병관리 (개인)	노쇠 + 질병 + 요양 (개인)
노인 친화적 보건의료 서비스	예방교육 및 프로그램	노쇠관리를 위한 케어플랜/ 다학제적 서비스	노인 친화적 의료 서비스 노인포괄평가, 다학제적 진료, 재활 서비스 전환기의료(가정방문의료/간호), 데이케어 서비스 등	
서비스 제공 주체/기관	보건소(지소) 동사무소, 건보공단, 복지관 등	큰 동 단위 보건소 커뮤니티케어팀	가정방문일차의료 제공 의원 데이케어센터	노인 친화적 급성기 병원과 재활병원

출처: 김남순 외(2018). 건강노화를 위한 노인 친화적 보건의료서비스 제공 방안.
주: 요양서비스 관련 내용은 모형에서 제외함

[그림 4-2] 노인 친화적 보건의료서비스 제공 모형

노인 친화적 서비스를 제공하기 위해서는 보건의료체계가 일반 성인과 다른 노인의 신체적, 정신적 특성을 반영하기 위해 질병 중심에서 노인환자 중심으로 설계될 필요가 있다. 노인은 노화에 따른 허약과 관련된 질병이 발생하고 회복이나 치료가 쉽지 않기 때문에 이러한 특성에 맞는 보건의료서비스 제공체계를 구축하여야 한다는 것이다.

2) 살던 곳에서 늙어가기(Aging in Place)와 통합돌봄(커뮤니티케어)의 강화

노년기 살던 곳에서 늙어가기(AIP: Aging in Place)는 노인들이 익숙하고 친숙한 것에 대한 편안함을 추구한다는 관념에 바탕을 두고 있다(이윤경 외, 2017). 따라서 정부는 노인들이 될 수 있는 한 지역사회에서 계속 거주하면서 자립생활을 할 수 있도록 최대한 지원할 필요가 있다.

이러기 위해서는 우선 자립적이고 건강한 재가노인을 대상으로 건강유지 교육,

건강체조, 영양유지, 스트레스 관리, 정기 건강검진을 실시할 필요가 있다. 나아가 만성질환은 있지만 자립적인 재가노인을 대상으로 건강교육, 건강체조, 영양유지, 스트레스 조기진단이 필요하며, 조기치료 및 질병관리를 위한 가정방문 진료체계와 인력양성 방안을 마련할 필요도 있다(정경희 외, 2016). 고령화에 따른 노인의 의료비용 급증에 대응하기 위한 탈시설화의 필요성도 높아지고 있다. 또한 김유진 등(2016)이 제안하듯 지역사회의 '공동생활거주제'를 통하여 서로를 돌보면서 다양한 재가 보건의료 및 돌봄서비스를 이용할 수 있는 방안도 필요하다.

이러한 맥락에서 정부에서는 2019년 6월 부터 커뮤니티케어의 보편적 제공을 목표로 지역사회 통합돌봄(커뮤니티케어) 선도사업을 추진하기로 하였다. 우선 8개 자치단체에서 선도사업(노인 4개, 장애인 2개, 노숙인·정신질환자 각 1개 자치제)을 실시하기로 하였다. 노인 지역사회 통합돌봄 모델은 다음과 같다.

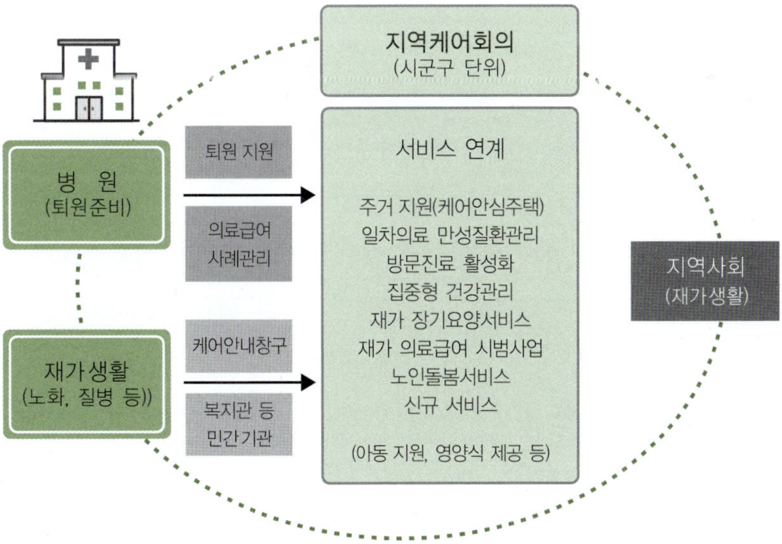

출처: 보건복지부(2019a). 지역사회 통합돌봄 모델, 지역이 만들어간다.

[그림 4-3] 노인 지역사회 통합돌봄 모델

만성병 보유와 허약, 그리고 일상생활 동작기능 제한을 가진 노인들이 급증하고 있고 가족돌봄 환경은 악화되고 있는 현시점에서 살던 곳에서 늙어가기(AIP)와 탈시설화를 위한 통합돌봄 또는 커뮤니티케어에 대한 정책의 방향성은 적절하다. 그러나 커뮤니티케어를 위해서는 일차의료의 역할이 중요한데, 현재 우리의 의료제도 아래에서는 일차의료의 기능이 아주 취약한 편이다. 즉, 지역사회에서 지속적인 케어를 할 수 있는 인프라가 구축되어 있지 않다. 따라서 커뮤니티케어를 가능하게 하려면 돌봄의 연속성(continuum of care)이 확보되는 일차의료, 이차의료, 사회적 돌봄의 연속적인 연계체계를 구축하여야 한다.

3) 지역 간 인력 및 인프라의 격차 해소를 통한 형평성 제고

지역 간 의료시설 및 인력의 격차로 인한 접근성 및 형평성에 대한 차이를 극복하도록 노력해야 한다. 국가 차원의 큰 틀에서 지역 간 격차를 줄이기 위한 수급전략 검토와 의료 지원방안 마련이 필요하다(정경희 외, 2016).

우리나라는 의료기관 수를 기준으로 보면 2015년 기준으로 전체 의료기관의 94.5%가 민간 부문에 속하여 공공 부문은 5.5%에 불과하고, 병상 수를 기준으로 해도 공공 부문 비율은 9.2%에 지나지 않는다(정경희 외, 2016).

민간의료기관은 특성상 의료 수익성과 수요가 많은 지역에 개업할 가능성이 이 높다. 의료인력과 의료기관에 대한 인프라의 지역 간 격차가 아주 크다. 즉, 대도시, 중소도시, 농어촌지역 간, 혹은 중앙과 지방 간 의료 인프라의 격차가 크다는 것이다. 따라서 지역사회 보건의료 자원을 적극 활용할 수 있도록 지자체의 조정 기능 및 역량을 강화할 필요가 있다(정경희 외, 2016). 특히 보건, 의료, 복지, 행정기관 간 연계체계의 구축이 요구된다. 또한 현재 운영되고 있는 건강증진, 예방, 만성질환 관리 프로그램 등의 운영에 있어 질적 개선을 위해 지역사회 전문인력 연계 및 기능 회복 및 재활 서비스를 담당하는 민간 병원과의 네트워크를 구축하도록 하는 지원체계가 검토될 필요가 있다(정경희 외, 2016).

생 각 해 보 기

1. 우리나라 노인들의 수명은 해마다 증가하여, 세계적으로 장수국가에 속한다. 그렇다면 노인들의 건강상태는 어떻다고 생각하는가?

2. 고령자의 건강보장정책에 영향을 미치는 요인들을 생각해서 열거해 보자.

3. 근래 들어 치매에 대한 사회적, 정책적 관심이 높아지고 있는데, 그 이유에 대하여 생각해 보자.

4. 노인 친화적 보건의료서비스라면 어떤 것이 있을까?

참고 문헌

건강보험심사평가원(2018a). 2017년도 건강보험통계연보.

건강보험심사평가원(2018b). 2017년 의료급여통계연보.

건강보험심사평가원(2023). 2022년도 건강보험 주요통계

김남순, 전진아, 송은솔, 차미란, 김창오, 김광준, 김창오, 박연진, 정윤희, 백상숙, 이지연, 최지원, 김태희, 김태환, 박윤정(2018). 건강노화를 위한 노인 친화적 보건의료서비스 제공 방안. 한국보건사회연구원.

김유진, 박소정, 박순미(2016). 도시형 독거노인 공동생활주거공간 모델 개발연구. 독거노인종합지원센터.

박창제, 이상일, 남현주, 김혜경, 최희경(2008). 복지국가의 고령자 보건의료정책. 서울: 공동체.

보건복지부(2018a). 노인보건복지사업안내.

보건복지부(2018b). 심뇌혈관질환 걱정 없는 건강한 사회 만든다! 보도자료 2018. 09. 05.

보건복지부(2019a). 지역사회 통합 돌봄 모델, 지역이 만들어간다. 「지역사회 통합 돌봄(커뮤니티케어) 선도사업 추진계획」발표. 보도자료 2019. 01. 09.

보건복지부(2019b). 치매안심센터 서비스 다양화, 치매노인 공공후견사업 확대. 보도자료 2019. 02. 07.

보건복지부(2020). 2020 노인맞춤돌봄서비스 사업안내.

싱클레어와 러플랜트(2020)(이한음 옮김). 하버드 의대 수명 혁명프로젝트: 노화의 종말. 부·키

이윤경, 강은나, 김세진, 변재관(2017). 노인의 지역사회 계속 거주(Aging in place)를 위한 장기요양제도 개편방안. 보건사회연구원.

정경희, 강은나, 이윤경, 황남희, 양찬미(2016). 노인복지정책 진단과 발전전략 모색. 한국보건사회연구원.

정경희, 오영희, 이윤경, 오미애, 강은나, 김경래, 황남희, 김세진, 이선희, 이석구, 홍송이(2017). 2017년도 노인실태조사. 한국보건사회연구원.

통계청(2020). 2019년 사망원인통계. 보도자료 2019. 09. 22.

Blank, Robert H. and Viola Burau (2004). *Comparative Health Policy*. Palgrave macmillan.

C·H·A·P·T·E·R 05

노인의 주거와 주거보장정책

요 약

이 장에서는 노인의 주거와 주거보장정책에 대하여 살펴본다. 주거는 인간의 삶의 질을 보전하는 일차적인 열쇠이다. 주거환경은 인간에게 가장 필수적인 생활환경이다. 주택은 안락함과 안전함, 공동체, 추억을 제공하는 원천이고 가족과 더 큰 지역사회를 연결하는 연락 창구이다. 오늘날 고령화는 독거노인 및 부부노인의 증가와 같은 인구 및 가족구조의 변화를 가져오고 있다. 이는 노인들의 주거 및 주택 형태의 변화를 가져오고 있으며, 노년기의 증가는 노년층의 다양성을 증가시킴과 동시에 주거에 대한 욕구 변화도 가져오고 있다. 또한 시설 중심의 관리적 돌봄에서 노인들이 자립적인 삶을 살아가는 주거형태로 그 관심을 전환하고 있다. 따라서 노년기의 주거환경은 노인의 삶의 질을 결정하는 주요 요인이므로 주거보장은 노인복지정책에서 중요하게 다루어져야 한다. 이러한 맥락에서 주거보장의 이해, 노인주거보장정책, 노인주거 현황을 중심으로 살펴본 다음, 노인주거보장정책의 개선방안을 제시하였다. 개선방안으로는 노인들의 지역사회 연속적 거주를 위한 지원정책 강화, 고령자 적합 주택의 공급 확대의 필요성이 제기된다.

1. 주거보장의 이해

1) 주택의 기능

주택은 안락함과 안전함, 공동체, 추억을 제공하는 원천이고 가족과 더 큰 지역사회를 연결하는 연락 창구이다. 일상생활 동작기능이 떨어지고 생산적 사회활동이 줄어드는 노인들에겐 주택의 기능과 중요성이 더욱 크다. 이러한 의미에서 노년기 고령자에게 주택의 기능과 중요성을 다음과 같이 설명할 수 있을 것이다(장인협, 최성재, 2006; 이은희, 2013: 144-146).

첫째, 주택은 노인의 생물적인 생존을 위한 기본적인 수단이 된다. 노년기는 신체적·심리적 기능이 약해져 안전에 대한 욕구가 더욱 강하게 나타날 수 있기 때문에 이를 충족시켜 줄 수 있는 주택의 필요성이 커진다고 할 수 있다.

둘째, 주택은 노년기 생활의 주요한 장소이다. 노년기, 특히 퇴직 후에는 생활의 주된 근거지가 가정이 되고, 사회적 관계와 관심이 가족을 중심으로 축소되기 때문에, 주택은 생활의 가장 많은 시간을 보내는 공간이 된다. 따라서 인생의 주기상 노년기는 어느 시기보다 주택이 의미가 큰 생활공간이다.

셋째, 주택은 노인에게 가장 큰 지출의 대상이 되며, 따라서 경제적 보장의 효과가 크다. 주택은 하나의 생활필수품으로서의 가치와 더불어 재산으로서의 가치도 크기 때문에 주택을 소유하거나 임대할 수 있다는 것은 경제적 보장을 높여주는 수단이 된다.

넷째, 주택은 사회적 지위와 사회적 정체감의 상징이 된다. 노년기에는 직장생활을 통한 사회적 지위나 정체감을 잃는 경우가 많아서 주택의 입지, 소유형태, 크기, 가치 등을 통해서 사회적 지위나 정체감을 드러내는 경우가 많다. 이러한 맥락에서 주택은 노년기에 사회적, 심리적으로 주요한 역할을 한다.

다섯째, 주택은 개인적인 경험과 추억을 저장하며 사회관계망을 구축하고 유지하는 도구가 된다. 한 주택에서 오랫동안 거주함으로써 개인생활의 아름다운 경험과 추억을 저장할 수 있고, 이웃이나 지역주민, 사회복지시설(이용시설)과의 관계를 통해서 친밀한 사회적 지지망을 구축할 수 있다. 노화로 인하여 새로운 환경에 대한 적응력이 떨어지는 노인에게 주택은 무엇보다 중요한 역할을 한다.

여섯째, 자신의 주택에서 생활할 수 있다는 것은 자신의 신체적 독립성과 때로는 경제적 독립성을 확인하고 나타내는 것이 된다. 특히 노인이 자녀와 별거하여 사는 것은 자신이 신체적으로 타인의 도움을 받지 않고 살아갈 능력이 있다는 것을 확인하게 하고, 나아가서는 타인에게도 자신의 능력을 나타냄으로써 만족감을 얻을 수 있다. 주택을 소유하고 있거나 안정적으로 주거장소를 마련하여 생활할 수 있다는 것은 때로는 경제적으로도 독립된 생활을 하고 있다는 것을 나타낸다.

일곱째, 주택은 노인을 포함한 모든 사람에게 사생활의 자유를 공간적으로 확보해 줄 수 있다. 한 인간으로서 노인의 존엄성과 고유한 개성을 보장받는 것은 사생활 자유의 보장을 주요 요소로 보고 있다. 삶의 공간을 확보하려면 반드시 사생활의 자유를 공간적으로 확보하여야 한다. 주택은 이러한 사생활의 자유를 공간적으로 제공하는 중요한 역할을 한다.

여덟째, 주택은 노화에 따른 생활기능 저하를 보완하고 수용할 수 있는 물리적 환경을 제공할 수 있다. 노화로 기능이 저하되어도 타인의 도움 없이 독립적으로 생활하려면 주택의 구조와 시설의 편의성이 확보되어야 한다. 쇠약한 노인이 편리하게 생활할 수 있도록 설계된 주택은 노인의 일상생활 기능을 향상시키고 지지하는 물리적 환경을 조성하게 된다. 나아가 편의성이 높은 주택은 노인을 돌보거나 지원하는 가족이나 공식 돌봄 제공자에게도 도움이 되는 물리적 환경이 된다.

2) 주거보장

주택보장(住宅保障)은 개인 자신의 독립성을 유지하면서 안전하고 안락한 일상생활의 공간을 확보하고 유지하도록 주택의 건설과 공급, 그리고 이와 관련된 서비스를 통하여 지원하는 제반 사회적 노력을 의미한다(권중돈, 2019). 노인의 주거보장(住居保障)은 노인에 적합한 주거환경을 조성하고 노인의 특수한 욕구를 충족시켜서 노인이 인간다운 노후생활을 할 수 있도록 지원하는 사회보장의 하나이다.

노인복지에서 '살던 곳에서 늙어가기(AIP)'의 중요성이 강조됨에 따라 지역사회 환경과 노인의 삶의 관심이 증가하고 있다. 살던 곳에서 늙어가기는 노인이 평생 살아왔던 익숙하고 편안한 자신의 집에 거주하면서 늙어간다는 개념이다. 돌봄이 필요한 노인도 자기가 살던 집에서 일상생활을 위한 신체적·사회적 지원 서비스를 받고, 친구 또는 가족과 가까운 곳에 살면서 심리적인 안정감을 얻음으로써 신체적, 심리적으로 독립성을 보장받는 것이 중요하다는 것이다. 특히 많은 노인들은 일상적인 활동 능력이 저하되면서 독립성, 자율성 그리고 친구와 가족, 사회적 지원과의 연결을 원하기 때문에, 더욱 '살던 곳에서 늙어가기'를 지원하는 정책이 필요하다(김나래, 2018). 살던 곳에서 늙어가기는 친숙한 환경과 친밀한 관계망을 유지하면서 기존 지역사회의 자원을 활용한다는 점에서 노인복지의 주요 원칙이 되고 있다(최희경, 2019).

세계보건기구(WHO)는 노인의 삶의 질을 높일 수 있는 지역사회를 실현하기 위해 어떻게 도시를 변화시킬 것인가에 대한 대안으로 2007년에 '고령친화도시(Age-Friendly City)'를 제시하고 고령친화도시의 8대 영역을 제시하였다. 도시의 급격한 고령화에 따라 근대화와 자본주의 경제의 팽창 과정에서 노인들을 고려하지 않은 현대적 도시계획에 의해 발전해 온 도시 안에서 노인 친화적 환경을 구축하고자 하는 노력이 1990년대 후반부터 세계 각지에서 가시화되기 시작하였다(최희경, 2019). 이는 도시의 생성과 발전에 기여하고 그 일부로 살아온 노인들이 결과적으로 도시에서 소외되고 불편한 삶을 살아가게 된 현실을 변화시키기 위한 것이다.

세계적으로 혼자 사는 노인인구가 늘어나면서 외로움으로 고통 받는 노인이 크게 늘고 있다. 영국에서는 2018년 초에 외로움 장관(Minister for Loneliness)을 임명하였다. 영국에선 75세 이상 인구의 절반 가량(약 200만 명)이 혼자 살고 있으며, 영국 내 고독으로 고통을 겪는 사람들이 영국 인구의 14%인 990만 명에 달한다고 집계하고 있다. 영국의 관계 조사위원회는 "외로움은 하루에 담배 15개비를 피우는 것만큼이나 건강에 해롭다고 지적하고, 고독은 개인적 불행에서 사회적 전염병으로 확산됐다."라며 고독을 질병으로 규정하고, 관련 복지시스템의 강화를 촉구했다(국민일보, 2018). 우리나라는 2019년 기준으로 65세 이상 노인의 1인 가구 비중이 34.2%나 되고 인구로는 150만 명이나 된다(통계청, 2019). 우리나라 노인이 영국 노인에 비하여 여가·문화·스포츠활동, 종교활동, 자원봉사활동 같은 사회활동 참여율이 크게 낮다는 점을 고려하면 우리나라 노인의 외로움은 영국보다 더 심각할 가능성이 높다.

이러한 맥락에서 노인의 주거보장은 적합한 주택을 제공하는 데 초점을 맞춘 주택보장의 범위를 넘어선다. 즉, '살던 곳에서 늙어가기', '고령친화도시', '외로움 해소'와 같은 노인의 특수한 욕구도 충족시켜야 할 것이다.

3) 주거권

1966년에 제정된 '경제적, 사회적 및 문화적 권리에 관한 국제규약(ICESCR: International Convenant on Economic, Social and Cultural Rights)'은 주거권에 대한 직접적인 국제법적 근거이다(서종균, 2012). 여기서 주거권은 적절한 생활수준에 포함되는데, 적절한 주거의 개념은 안전하고, 평화롭고 품위 있게 생활할 장소에 대한 권리이다. 이 규약은 우리나라에서도 1990년 발표되었다.

1982년엔 오스트리아의 비엔나(Vienna)에서 개최된 세계고령화회의(World Assembly on Ageing)에서 '비엔나 고령화 국제행동계획(Vienna International Plan of Action on Ageing)'이 채택되었다. 이 비엔나 행동계획의 권고에서 주택은 노인에게 단순한 쉴 곳 이상의 것이기에, 물리적 중요성 이외에 심리적 그리고 사회적 중요성을 고려해야 한다는 점을 강조하였다(김신호, 2019). 이 행동계획의 권고 19항에서는 국가 정책상 노인들의 주거지를 복구, 개발, 개선하고, 노인들이 자신들 주거지에 접근하고, 이를 활용할 수 있는 능력에 맞추어서 노인들이 주거지에서 가능한 오랫동안 생활할 수 있도록 도와주어야 한다고 주장했다. 또 권고 20항에서는 도시 재건축과 개발계획, 혹은 법에서 노인들이 사회적으로 통합될 수 있도록 지원하면서, 노인문제에 대해서 특별히 주의를 기울이도록 강조하였다.

국제연합(UN)의 '사회규약위원회'에서는 노년기 주거지를 결정할 때 고려해야 하는 요소들을 잘 제시해 주고 있다. 점유의 안정성과 적절한 주거비 부담, 최저주거기준의 확보, 적절한 주거기반시설 및 서비스 제공, 가족들의 접근 가능성, 입지의 적절성, 문화적 요소의 반영 등이다(송양민, 우재룡, 2014).

우리나라 「대한민국헌법」 제35조 3항에는 "국가는 주택정책개발을 통하여 모든 국민이 쾌적한 주거생활을 할 수 있도록 노력하여야 한다."라고 규정하고 있다. 국가가 노인의 특성에 적합한 주택을 복지향상 차원에서 개발하고 쾌적한 주거생활을 할 수 있도록 노력할 의무를 부담해야 한다는 것이다. 이는 노인이 인간다운 생활을 위해 필요한 주거권의 근거가 된다.

2. 노인주거보장정책

1) 정책방향

현재 우리나라의 노인 주거보장 관련 정책은 주택보장에 치중하고 있다. 「노인복지법」 제8조에서는 "국가 또는 지방자치단체는 노인의 주거에 적합한 기능 및 설비를 갖춘 주거용시설의 공급을 조장하여야 하며, 그 주거용시설의 공급자에 대하여 적절한 지원을 할 수 있다."라고 규정하고 있다. 이렇게 노인주거시설 공급은 보건복지부와 관련된 「노인복지법」에 따르고 있다. 그러나 대부분의 주거보장 관련 업무는 주로 국토교통부에서 전담하는 실정이다.

국토교통부는 주택정책, 보건복지부는 복지정책을 다룸으로써 양쪽에 걸쳐 있는 노인주거정책이 종합적으로 다루어지지 못하는 한계가 있다(유선종, 2014:

138–140). 왜냐하면 국토교통부의 정책에서 노인주거문제를 다루고 있으나 종합적이지 못하기 때문이다. 예를 들어 노인복지주택은 주택법의 적용을 받는 일반주택과 같은 지원(택지, 기금, 재정 등)을 받지 못하게 되어 있어 공급이 활발하지 못한 원인이 되고 있다.

보건복지부에서는 노인의 주거복지에 대한 정책적 관심이 높지 않다. 노인주거 관련 시설은 대부분 생활보호대상자 및 저소득 노인 일부만을 수용하는 시설로 제한되어 있으며, 차상위계층 및 중산층 노인들을 수용하는 시설로서 저렴한 비용으로 분양 또는 임대하는 노인복지주택은 부족하다.

국토교통부는 제1차 장기주택종합계획(2003~2012)을 2004년 발표한 데 이어, 제2차 장기주택종합계획(2013~2022)을 2013년 발표하였다(국토교통부, 2013). 정책방향으로 ① 보편적 주거복지 실현을 위한 촘촘한 주거안전망 구축, ② 커뮤니티 중심의 살기 좋은 주거환경 조성, ③ 주택품질 제고를 위한 주택공급 및 관리 강화, ④ 수요 맞춤형 주택공급체계 구축, ⑤ 지속가능한 주택시장 대응체계 확립 등 5개의 정책방향을 설정하고 있다. 보편적 주거복지실현을 위한 촘촘한 주거안전망 구축에서는 임대주택 공급방식 다양화 및 효율적 관리시스템 구축, 주거복지 사각지대 해소, 주거안전망 구축을 위한 정책 기반 조성이라는 과제를 수립하였다. 이러한 정책은 노인주거보장정책에 많은 영향을 미칠 것으로 예상된다.

이러한 맥락에서 현행 국내에서 실시되고 있는 여러 형태의 노인주거복지 관련 서비스 현황을 정리해 보면 다음과 같다(박순미 외, 2017: 403–406).

첫째, 노인주거복지서비스 관련 법률은 「주거급여법」, 「장애인·고령자 등 주거약자 지원에 관한 법률」, 「공공주택특별법」, 「주택법」, 「노인복지법」 등 다양하다. 이러한 법률은 중앙부처별 이원화되어 존재하며, 공급주체에 따라서도 산발적으로 나뉘어져 있는 것을 볼 수 있다.

둘째, 노인의 독립생활 가능 유무에 따라 구분할 수 있다. 독립생활이 가능한 경우에는 지역사회 내 거주하는 경우와 「노인복지법」상 노인주거복지시설에 입소하는 경우를 포함할 수 있으며, 독립생활이 불가능한 경우는 「노인복지법」상 노인의료복지시설을 중심으로 하는 시설입소로 나눠볼 수 있다.

셋째, 지역사회 거주를 기반으로 하는 유형과 시설입소를 기반으로 하는 유형으로 구분할 수 있는데, 지역사회 거주를 기반으로 하는 주거 유형은 다시 재가서비스와 노인(전용) 대상 주택공급으로 나눌 수 있다. 재가서비스로는 개별 자택(자가 및 전월세)에 거주하고 있는 노인에게 주거공간을 유지하는 데 필요한 주거급여와 주거환경개선서비스가 있으며, 노인(전용) 대상 주택공급 유형에는 주택공급정책의 일환인 공공임대주택(국민임대주택, 영구임대주택, 고령자전용국민임대주택, 공공실버주택, 공공원룸형임대주택 등) 유형과 노인의 집, (공공형)노인복지주택, (농촌형)노인공동생활거주제 등 지역사회 서비스 연계를 포함하는 서비스 연계 노인전용주거로 나눠볼 수 있다. 시설입소를 기반으로 하는 유형은 「노인복지법」상 노인주거복지시설과 노인의료복지시설로 구분할 수 있다. 노인주거복지시설과 노인의료복지시설의 구분은 노인의 독립생활 정도 및 의료·재활서비스 제공 유무로 구분할 수 있다.

2) 지역사회 거주

노인이 원하지 않음에도 자신의 주거지를 이동하게 되면 노인은 정서적으로 다양하고 큰 어려움을 겪게 된다는 것이다. 즉, 스트레스가 높아지고, 생활환경에 대한 신뢰와 안전의식이 악화되며, 소속감이 떨어지고 자기소외감, 삶에 대한 무의미감이 높아진다. 그리고 죄의식, 수치심이 커지고, 자부심과 존엄성이 손상을 입으며, 무시당하고 멸시당했다는 모욕감이나 모독감이 커진다. 매츠 엑스트롬(Mats Ekström, 1994)은 노인이 자기가 살던 집에서 강제로 이사하였을 때 경험하는 정서적 상태를 다음과 같이 분류하였다(〈표 5-1〉 참조).

〈표 5-1〉 강제 이주 노인의 정서

정서 경험	정의
스트레스	대처해야 할 자원의 부족과 심각한 문제점, 힘든 일, 위협적인 상황에서 벗어날 가능성이 없음을 느낀다. 잠재적인 스트레스 상황에 노출되는 정도와 이러한 상황을 처리할 수 있는 능력은 사회적 맥락(social context)과 시간에 걸쳐 개발되고 발달된 성벽과 행동 패턴에 달려 있다.
신뢰와 안전	자기가 사는 사회환경의 신뢰도, 연속성, 안정성, 익명성 정도와 관계있다.
소속감, 자기소외, 무의미	창조적이고 자기표현적인 행동을 통해 환경에 대하여 자신을 각인시키는 능력과 관계있다. 갖가지 사물들에 대하여 알아차린다. 시간이 흐르면서 깊은 관계를 구축한 장소에서 익숙한 물건들을 두고 생활할 가능성에 대한 현실을 인식하게 된다.
죄의식, 수치심, 자부심, 존엄성	간접적으로는 기쁜 감정과 슬픈 감정이 일어난다. 다른 사람의 눈을 통해 자신을 바라보고 다른 사람들의 가치와 기대에 비추어 우리의 행동을 반성할 때 이러한 감정이 생긴다.
모독감	권력의 직접적인 행사, 모욕감, 사회 정체성의 침해, 이러한 조치에 대한 취약성이 사회적으로 결정된다.

출처: Ekström, Mats.(1994). Elderly people's experiences of housing renewal and forced relocation: Social theories and contextual analysis in explanations of emotional experiences. Housing Studies, 9(3), 369-391.

우리나라에서도 2010년에 들어와 '살던 곳에서 늙어가기(AIP: Aging in Place)' 주거문화가 노인복지에서 크게 관심을 받고 있다. 고령자가 은퇴 후에 거주지를 먼 곳으로 옮겨가면 자녀와 친구들과 떨어지게 되어 외로움을 많이 겪고, 그동안 자신이 속해 있던 공동체도 잃어버리게 된다(송양민, 2019).

따라서 거주지의 이동은 고령자의 정신건강에 좋지 않은 영향을 주기 때문에 고령자를 새로운 거주지, 특히 요양원이나 병원 같은 시설에 이주시키는 것보다 살던 집에서 계속 살도록 지원하는 것이 좋다는 사실은 대부분의 연구에서 입증하였다.

거주지의 갑작스런 이동은 이처럼 고령자의 정신건강에 좋지 않은 영향을 주기 때문에 고령자를 살던 집에 계속 살도록 지원하는 것이 좋다. 실제로 2014년 고령친화산업 실태조사에 따르면, 고령자를 대상으로 한 '노후에 가장 필요로 하는 주거지원서비스는 무엇인가?'라는 질문에 대한 응답에서 고령자용 주택개조 지원에 대한 비율이 높았다([그림 5-1] 참조). 그다음으로는 노인주거용복합단지, 고령자용 실버타운, 고령자용 임대주택 등의 순서로 나타났다. 고령자주택 개보수사업이 지금은 초창기에 있지만, 앞으로 고령자 주거산업의 주요한 축으로 떠오를 가능성이 높다(송양민, 2019).

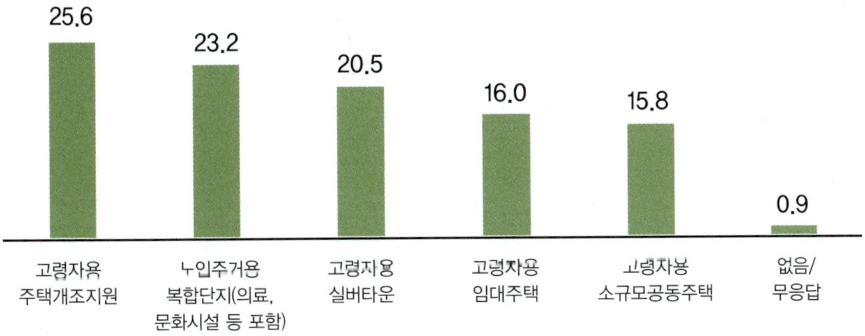

출처: 이중근 외(2014). 고령친화산업 실태조사 및 산업분석.

[그림 5-1] 고령자가 가장 희망하는 주거지원서비스

주택개조는 고령자들이 '살던 곳에서 늙어가기(AIP)'의 출발점이 된다. 따라서 고령자주택의 개조효과는 다양하다(〈표 5-2〉 참조). 우선 살던 집에서 안심하고 생활할 수 있고, 집안에서 스스로 할 수 있는 일이 많아지며, 건강하게 살 수 있고, 시설입소를 최대한 지연시킬 수 있다. 부양가족에도 편익이 크며 사회적 비용도 낮춘다.

〈표 5-2〉 고령자주택의 개조효과

대상	효과
고령자	• 현재 주택에서 안심하고 생활할 수 있게 된다. • 이사하지 않고 오랫동안 생활할 수 있다. • 집에서 스스로 할 수 있는 일이 많아진다. • 몸을 움직이는 것이 쉬워져 재활이 용이하고 건강하게 산다. • 요양원에 가기 전까지 재택생활이 가능하게 된다.
부양가족	• 신체가 허약한 부모 간호가 편리하게 된다. • 간호와 부양비용이 줄어 경제적 부담이 줄어든다.
국가	• 노인들이 사용하는 국민의료비가 줄어든다. • 주택을 오래 사용하기 때문에 사회적 가치가 높아진다.

출처: 송양민, 우재룡(2014). 100세 시대 은퇴대사전.

정부는 고령자와 주거취약계층 대상 맞춤형 주거복지를 강화하고 있다. 국토교통부는 전국 15개 영구임대 단지에 주거복지사를 배치하여 돌봄서비스·소통 활성화를 지원하고 있다(국토교통부, 2019). 그간 국토부는 영구임대주택 공급을 통해 저소득·취약계층 주거안정에 크게 이바지하였으나, 물리적 공간인 주택을 제공하는 것으로 한정되어, 입주민 특성에 따라 발생할 수 있는 개인 또는 단지 차원의 문제를 해소하기에 어려움이 있었다고 평가하였다. 이러한 이유로 다음과 같은 정책적 노력을 하고 있다.

첫째, 지방자치단체, 복지관, 보건소, 한국토지주택공사(LH), 주택관리공단 등과 네트워크를 구축하여 건강, 안전, 일자리, 돌봄서비스 등 다양한 복지서비스를 제공하여 사각지대에 처한 취약계층을 지원하고자 하였다.

둘째, 영구임대주택 단지가 지역공동체 속에서 함께 발전해 나갈 수 있도록 다양한 단지 특화형 사업을 추진할 전문인력이 필요하다는 공감대를 반영하여 시범사업을 추진하고 있다.

셋째, 주거복지 전문인력이 영구임대주택 관리사무소 내 별도 공간에 상주하면서 입주자 대상 실태조사와 심층상담을 통해 입주자의 주거복지 욕구를 파악한 후 주거서비스 운영계획을 수립하게 한다.

넷째, 복지관, 보건소, 관리사무소 등 지역 관계기관과의 협력·연계를 통해 건강·고용·교육·신용 등 입주민이 겪을 수 있는 통합적 주거문제를 해결할 수 있도록 돕는 주거 코디네이터 역할을 수행하게 한다.

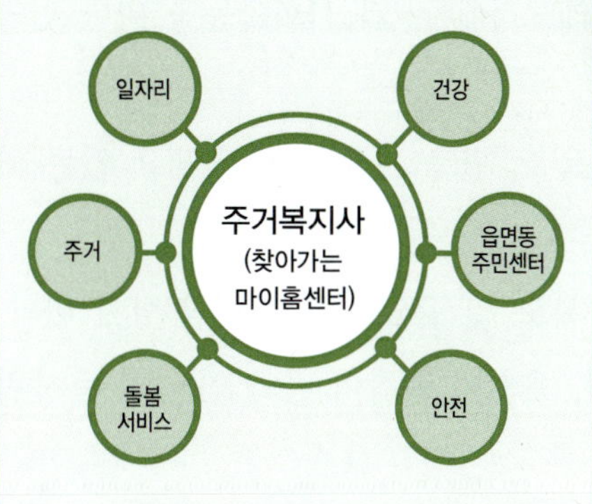

기본 업무	협력·연계 업무
• 입주자 주거복지 실태조사, 분석, 상담 • 돌봄서비스 등 입주자 문제해결 지원 • 사각지대에 처한 입주민 발굴·지원 • 기 시행 중인 주거복지서비스, 커뮤니티 활동 등 정보 제공	• 지역 네트워크 구축 및 서비스 연계 – 외부자원 발굴 – 민관공 주거복지 네트워크 구축 • 관리사무소와 협력체계 구축 – 임차인 대표회의 등과 정보 공유

출처: 국토교통부(2019). 고령자·주거취약계층 대상 맞춤형 주거복지 강화.

[그림 5-2] 고령자 맞춤형 주거복지 강화 모델

그러나 부득이 고령자를 새로운 장소로 이주시켜야 한다면 가능한 살던 곳과 유사한 상태의 거주지로 이주하는 게 좋다. 이러한 사실은 다음의 조사에서 확인되었다. 2005년에 완성한 전미노인주거실태조사(National Older Adults Housing Survey)는 사실을 잘 알려준다. 이 조사는 미국 노인의 주거선호 실태를 가장 잘 조사한 연구 중의 하나로 알려져 있다(Hillier & Barrow, 2011). 총 1,814명을 조사한 결과 장래 희망하는 주거환경에 대한 기본적인 조사 결과는 다음과 같았다.

- 나이가 들수록 접근성이 좋고 살던 곳에서 늙어가려고 하는 노력을 지원하는 자기 원집의 특징들을 갖춘 장소를 선호하였다.
- 대부분은 어쩔 수 없이 이사할 수밖에 없는 경우에도 이사할 장소에 대한 구체적인 계획이 없었다.

- 대부분은 살던 곳에서 늙어가기를 원하지만, 현재 거주하고 있는 집이 자신들의 필요(needs)를 계속 충족시켜 줄 수 있을지 확신하지 못했다.
- 대부분은 연령을 제한하는 지역사회(community)로 이주하고 싶어 하지 않았다. 연령 제한 지역사회가 무엇을 제공하는지 명확히 알지 못했다.
- 안전성, 편의성, 인접 의료시설, 예배장소, 쇼핑지역을 중요시하였다.
- 연령 제한 지역사회에 사는 사람들은 레크리에이션과 사회활동을 위한 편의시설에 매력을 느꼈다.
- 주택 편의성은 침실, 출입구가 완비된 욕조, 단층 거주, 수리가 필요 없는 외관, 에너지 효율성 등이다.
- 안전성을 높이기 위한 개조에는 넓은 복도 및 출입문, 미끄러짐 방지 바닥, 휠체어를 위한 욕실의 적절한 회전공간, 욕실의 손잡이 바와 연석 없는 샤워기, 욕조와 분리된 샤워기 등이다.

노인은 자기가 살던 집에서 계속해서 거주하는 것이 가장 바람직하다. 생활편의를 위한 주택개조에도 불구하고 노인이 생활하는 데 어려움이 있으면 지역사회 내 노인주거 주택도 고려할 필요가 있다.

노인주택을 설명하기 위해서는 노인을 위한 주거환경에 대한 체계적이고 종합적인 이해가 필요하다. 외국의 다양한 노인주거형태가 국내에 소개되는 과정에서 노인보건시설, CCRC(고령자 집단주거단지), 노인요양시설, 서비스형 고령자주택, 노인주택, 그룹홈 등 노인주택을 상징하는 다양한 용어의 개념적인 혼란으로 커뮤니케이션이 활발하지 못했다(유선종, 2014).

우리나라는 노인주택에 대한 법적 정의는 아직 미비된 상태로, 「노인복지법」 제31조에서 노인복지시설의 한 유형으로 분류되고 주택이 아닌 시설로 명시되어 있다. 따라서 일반적으로 정의된 노인주택의 개념을 살펴보면 ① 노인의 생활 특성을 배려하여 물리적 거주조건이나 서비스가 제공되는 주택, ② 다수의 노인이 모여서 거주하는 형식의 주택, ③ 노인의 자립생활을 보장하기 위한 건축물 외에 인적 서비스가 지원되는 주택이라고 정의할 수 있다(송태경, 2004).

노인시설은 요양보호서비스나 의료서비스를 제공하는 데 주안점을 둔다. 노인주택은 시설에 비하여 상대적으로 자유롭다. 시설은 고령자의 전용 및 공용공간에 대한 이용권을 고령자에게 인정하고 시설입주자의 개별적인 선호가 반영되기 어렵다. 그러나 노인주택은 주거 공간의 활용에 대한 거주자의 선호, 출입, 동거형태가 자유롭다. 따라서 노인주택은 지역사회 교류나 살던 곳에서 늙어가기의 삶에 유리하나 노인시설은 그렇지 못하다.

황경란 등(2015)은 노인의 주거가 집이라는 물리적 공간에 한정되지 않고 지역사회로 확장되며 노인은 사회복지서비스의 수혜 대상이 아닌 공공서비스와 민간서비스를 욕구에 맞게 선택하여 지역사회 안에서 주체적인 생활을 영위할 수 있는 보호체계를 구성할 것을 제시하였다. 지역사회를 중심으로 한 노인주거에 필요한 보호체계를 생활을 중심으로 다음과 같이 구성할 것을 제안하였다.

〈표 5-3〉 지역사회 중심의 노인주거 보호체계도

영역	내용
가족·지역사회와 함께 참여하는 사회관계	• 노인이 참여하는 지조집단과 노인과 함께하는 가족·지역사회를 구성함 • 경로우대정책, 3세대 주택, 부모부양의 세제 혜택 등의 제도 • 경로식당, 고객친화식당, 고령친화찻집, 자조집단 등
공공주거보호	• 공적 자원을 활용한 주거보호체계로 동주민자치센터, LH, 사회복지관 등에서 주택개량사업, 주거환경개선사업을 통해 체계적인 주거환경 보호
여가와 문화를 영위하는 주거생활	• 노인의 주거와 접근성을 고려하여 여가문화생활을 가능하게 하는 경로당, 노인복지관, 노인교실, 운동시설 등 연계 • 노인의 삶의 질 향상에 주요한 요인으로 작용
건강과 요양서비스가 가능한 주거보호	• 접근성이 높은 보건소, 지역보건시설과 주간보호, 방문요양, 노인돌봄사업의 이용이 가능한 보호체계 • 물리적 접근성과 정보적 접근성이 고려되어야 함 • 노화와 함께 신체기능의 저하에도 지역사회에 거주하기 위해서는 욕구와 상황에 적합한 건강과 요양서비스의 이용이 우선되어야 함

출처: 황경란 외(2015). 지역사회중심의 노인주거보호체계 연구. pp. 64-65.

보건복지부는 이러한 맥락에서 커뮤니티케어와 살던 곳에서 늙어가기(AIP)를 강조하면서 지역사회 중심의 통합서비스를 강조하고 있다. 이러한 정책의 방향은 노인공동주거시설 설치의 타당성과 중요성을 뒷받침하고 있다(보건복지부, 2019a).

살던 곳에서 늙어가기(AIP)가 모두에게 유효할까?

중·상층 소득 노인들은 필요한 안전장치를 설치하고 보조기구를 마련할 수 있다. 필요하다면 승강기를 설치할 수도 있을 것이다. 이러한 경우 이동 제한이 발생해도 살던 집에서 다른 곳으로 이사할 필요가 없다. 개인적 돌봄을 위한 가정 건강돌봄이나 가사서비스를 이용할 수도 있다. 이웃도 안전하고 안정적이어서 편히 지낼 수 있다. 그렇다면 살던 집에서 다른 곳으로 이주할 필요 없이 살던 곳에서 늙어갈 수 있을 것이다. 그러나 저소득 노인들은 언제나 그렇게 할 수 있는 것은 아니다. 늙어감에 따라 필요한 욕구를 채워주지 못하는 수준 이하의 주택에서 살 가능성이 크다. 이웃도 안전하지 않을 수 있다. 살던 곳에서 늙어가기(AIP: Aging in Place)의 개념은 강력한 아이디어지만 노인과 환경이 잘 부합된다는 전제 아래 훌륭한 개념이다. 매우 가난한 노인도 환경적인 특성이 그들의 구체적인 욕구들을 뒷받침하고 자원을 채워줄 수 있다면 살던 곳에서 늙어갈 수 있다. 어떤 노인에겐 개인주택이 환경에 적응할 수 있는 적절한 주택이지만, 다른 노인(저소득 노인 포함)에겐 노인주택과 같은 시설이 더 적절할 수 있다. 따라서 AIP가 되려면, 본인 스스로 가능하거나 그렇지 못하다면 사회적으로 적절한 지원이 있어야 가능하다.

출처: McInnis-Dittrich(2020). Social Work with Older Adults.

3. 노인주거 현황

1) 노인 주거형태 분류

서구사회는 노인들이 자녀와 분리하여 독립적으로 살고자 하는 문화적 전통과 가족관이 있다. 이러한 맥락에서 노인들을 위한 주거 대안들이 다양하게 개발되어 있을 뿐 아니라 지속적으로 국가의 중심정책과제로 관심을 기울이고 있다. 우리나라에서도 급속한 고령화, 노인가구 증가, 가족 부양관 변화에 대응하고 다양한 주거 욕구에 대응하기 위해 고령자 주거지원과 같은 노인주거 관련 법의 제정을 추진한다거나 「노인복지법」상의 노인복지시설에 대한 사항을 시대의 요구에 맞게 개정해 나가고 있다. 그러나 여전히 '가족부양 우선주의'라는 기본 철학에 밀려 다양한 노후용 주거대안은 논의에 그치고 본격적인 개발 및 공급이 진행되지 못하고 있는 상황이다(권오정, 2012).

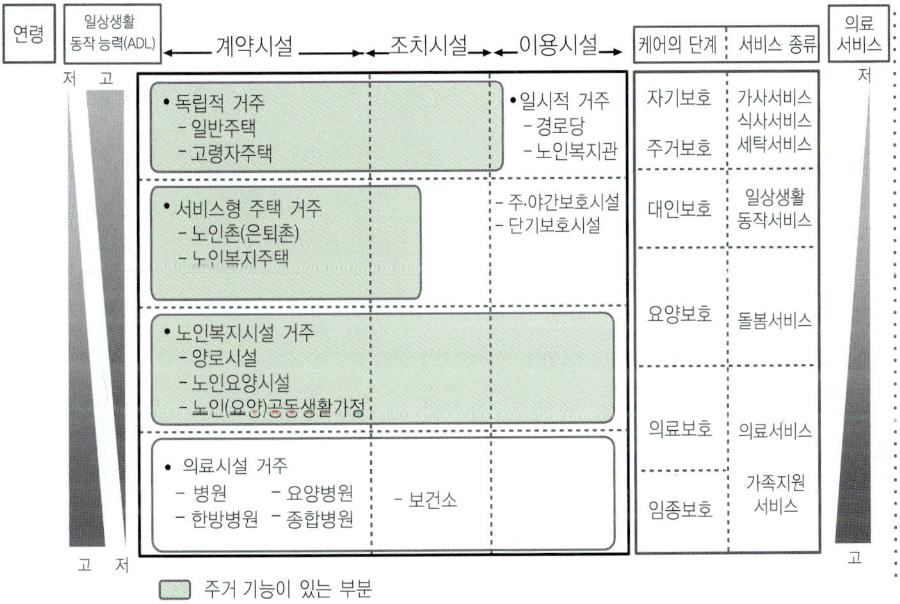

유의: 김태일(2000). 노인 주택 모형. 노년학의 이해를 수정하여 작성.

[그림 5-3] 주거 유형으로 본 우리나라 복지시설의 체계와 복지서비스 수준

김태일(2000: 204-205)은 우리나라 「노인복지법」에서 규정하고 있는 고령자 관련 거주시설들을 유형화·체계화하여 연령과 건강과 기능상태, 그리고 필요로 하는 보건의료와 복지서비스의 정도를 기준으로 시설을 분류하고 도식화하여 설명하였다. [그림 5-3]에 근거하여 노인들의 주거 유형을 설명하면 다음과 같다(김태일, 2000; 권중돈, 2019).

첫째, '독립적 거주' 유형은 가장 일반적인 주거형태로서 비교적 건강하여 보건의료서비스가 필요하지 않는 고령자들이 주거하는 형태이다. 2세대가 거주하거나 3세대가 함께 거주하는 경우도 있지만, 해가 갈수록 노인부부만 거주하거나 노인 1인 가구가 크게 늘어나고 있다.

고령자 대부분은 연령, 소득, 능력수준에 관계없이 자신이 살던 집과 지역사회에서 살아가는 것이 심리적으로 안정을 얻고 자립적인 성향이 있다. 노인들은 자신이 살아온 주택에서 계속 살아가기를 희망하지만, 기존 주택은 노인의 신체적, 정신적, 사회적 노화를 반영하지 못한 경우가 많다. 기존 주택은 개조, 수리가 용이하지 않기 때문에 관리와 노후화의 문제가 발생하고 있으며, 위급한 상황에서 신속한 대처가 어렵다(김도윤, 2016). 이러한 이유로 노인들에게 고령자주택의 필요성이 커지고 있다. 고령자주택은 고령자의 신체 기능적 특징, 심리 사회적 특징을 반영한 주택구조가 되어야 할 것이다. 일차적인 의료(primary care)를 받을 수 있는 보건의료서비스 시설과 연계되면 더 바람직할 것이다.

둘째, '서비스형 주택 거주' 유형은 비슷한 배경을 지닌 동년배 고령자들이 모여 생활하는 형태로 노후기간 동안 건강, 여가 취미 등에 필요한 생활서비스를 제공하는 시설에 거주하는 형태이다. 이러한 주거 유형이 독립적 거주형태와 다른 것은 집단적으로 생활한다는 점과 고령자를 위해 공간구조와 각종 서비스를 제공하는 공용시설, 예를 들면 수영장, 요가교습소, 파크골프장 같은 스포츠시설, 노래, 그림 그리기, 평생교육 등을 교육하는 문화여가시설, 보건센터 등 보건의료시설을 겸비한 복합주거단지이다. 이러한 예로는 삼성노블카운티, 더케이서드에이지 등을 들 수 있다.

셋째, '복지시설 거주' 유형은 고령자가 입소하여 보호적인 환경에서 집단 거주하는 형태이다. 「노인복지법」상 노인주거복지시설인 양로시설, 노인공동생활가정, 노인의료복지시설인 노인요양시설, 노인요양공동생활가정 등이 해당된다.

넷째, '의료시설 거주' 유형은 질병의 치료와 간호, 나아가 호스피스를 목적으로 하며, 의료서비스가 중심이 되고 간병이 지원되는 형태이다. 「의료법」상 병원, 한방병원, 요양병원, 종합병원, 전문병원 등이 있다.

2) 주거 현황

2017년 노인실태조사 결과에 따르면 전체 노인의 48.8%가 단독주택에 거주하고 있고, 아파트 35.1%, 연립·다세대주택 14.6% 순으로 거주하고 있는 것으로 나타났다. 해를 거듭할수록 단독주택 거주 비율이 계속해서 감소하고 있다(2008년 60.5%, 2011년 55.7%, 2014년 51.7%, 2017년 48.8%). 하지만 단독주택은 노인의 거의 절반이 거주하는 대표적인 주택 유형인 것으로 파악되었다. 한편 기타로는 상가·점포주택, 컨테이너, 비닐하우스 등으로 조사되었다.

지역별로 동부는 단독주택 비율이 상대적으로 낮고 아파트나 연립·다세대주택의 비율이 높다. 반면에 읍면부는 단독주택 비율이 약 70%에 이를 정도로 비율이 아주 높고 아파트, 연립·다세대주택 비율이 상대적으로 낮다. 대부분 동부는 도시주거지역이고, 읍면부는 농어촌지역이다. 이로 인해 동부는 땅값이 비싸고 거주자들이 비교적 부유하기 때문에 상대적으로 비싼 아파트가 공급되고, 반대로 읍면부는 상대적으로 땅값이 저렴하고 거주자들이 빈곤하기 때문에 기존 주택을 개조하여 사용하게 된다.

연령별로 보면 나이가 들어갈수록 단독주택의 거주 비율이 높고 아파트나 연립·다세대주택 거주 비율이 떨어지는 것으로 나타났다. 다만 85세 이상의 주택 거주 비율이 낮은 것은 노화로 인한 허약이나 거동 불편으로 인하여, 이들의 일부가 자녀가 사는 아파트로 이주하여 살기 때문으로 보인다.

〈표 5-4〉 노인(65세 이상)의 일반 특성별 주택 종류

구분	단독주택	아파트	연립·다세대 주택	기타	계(명)
전체	48.8	35.1	14.6	1.6	100.0(10,299)
지역					
동부	39.2	41.0	18.1	1.6	100.0(7,067)
읍면부	69.8	22.0	6.7	1.5	100.0(3,232)
연령					
65~69세	46.1	36.1	15.8	2.0	100.0(3,332)
70~74세	47.6	35.5	15.6	1.3	100.0(2,560)
75~79세	51.6	33.3	13.4	1.7	100.0(2,176)
80~85세	52.9	33.1	12.9	1.0	100.0(1,356)
85세 이상	49.0	37.5	12.3	1.2	100.0(875)
교육수준					
무학(글자 모름)	49.0	17.3	12.6	1.1	100.0(676)
무학(글자 해독)	59.0	25.0	14.6	1.3	100.0(1,817)
초등학교	51.7	30.9	16.2	1.2	100.0(3,514)
중학교	44.6	38.3	15.0	2.1	100.0(1,735)
고등학교	37.6	46.4	14.2	1.8	100.0(1,780)
전문대학 이상	29.0	59.9	8.6	2.8	100.0(775)
가구형태					
노인독거	53.5	32.1	12.9	1.4	100.0(2,426)
노인부부	51.6	33.9	13.2	1.4	100.0(4,980)
자녀동거	39.0	40.6	18.3	2.0	100.0(2,444)
기타	45.8	33.7	18.5	2.0	100.0(449)
연 가구소득					
제1오분위	56.9	27.5	14.8	0.8	100.0(2,066)
제2오분위	50.8	33.4	14.8	0.9	100.0(2,052)
제3오분위	51.5	33.5	14.0	1.0	100.0(2,061)
제4오분위	44.9	37.5	15.6	2.0	100.0(2,060)
제5오분위	39.9	43.5	13.6	3.0	100.0(2,060)

출처: 정경희 외(2017). 2017년도 노인실태조사결과보고서.

가구형태별로는 노인독거가구, 노인부부가구의 경우 단독주택이 53.5%, 51.6%로써 주된 주택 유형으로 나타나고 있으나, 자녀동거가구의 경우 단독주택 거주율은 39.0%로 아파트 40.6%보다 조금 낮다. 아파트 거주는 역으로 자녀동거의 경우가 가장 높고(40.6%), 그다음 노인부부(33.9%), 노인독거(32.1%) 순으로 나타났다.

교육수준별로는 교육수준이 높을수록 단독주택의 거주율이 낮아지는 경향이 있었다. 가령 글자를 모르는 무학은 49.0%, 전문대학 이상 29.0%가 단독주택에 거주하였다. 반면에 교육수준이 낮을수록 아파트 거주율이 높아지는 경향이 있다. 즉 글자를 모르는 무학은 17.3%, 전문대학 이상 59.9%가 아파트에 거주하였다.

가구소득별로는 소득이 높을수록 단독주택의 거주율이 낮아졌다. 가장 소득이 가장 낮은 제1오분위 소득자는 56.9%, 소득이 가장 높은 분위인 제5오분위는 39.9%가 단독주택에 거주하였다. 고소득자는 아파트 거주 비율이 높았다. 가령 제1오분위 27.5%만 아파트에 거주하지만 제5오분위 노인가구는 43.5%가 아파트에 거주하는 것으로 나타났다. 전반적으로 노인이 거주하는 주택은 거주지역, 가구형태, 교육수준, 취업상태, 가구소득 등과 밀접하게 관련되어 있는 경향을 보이고 있다(정경희 외, 2017).

3) 노인복지시설 현황

우리나라 「노인복지법」에서 노인주거복지시설로서 노인주거복지시설과 노인의료복지시설로 구분하여 정의하고 있다. 노인주거복지시설에는 양로시설, 노인공동생활가정, 노인복지주택이 포함되고, 노인의료복지시설에는 노인요양시설, 노인요양공동생활가정이 포함되었다.

「노인복지법」에 따른 노인주거복지시설의 종류와 설치 목적은 다음과 같다.

〈표 5-5〉 노인주거복지시설의 종류와 설치 목적

<table>
<tr><th>종류</th><th>시설</th><th>설치 목적</th></tr>
<tr><td rowspan="3">노인 주거 복지 시설</td><td>양로시설</td><td>노인을 입소시켜 급식과 그 밖에 일상생활에 필요한 편의를 제공함을 목적으로 하는 시설</td></tr>
<tr><td>노인공동 생활가정</td><td>노인들에게 가정과 같은 주거여건과 급식, 그 밖에 일상생활에 필요한 편의를 제공함을 목적으로 하는 시설</td></tr>
<tr><td>노인복지주택</td><td>노인에게 주거시설을 임대하여 주거의 편의·생활지도·상담 및 안전관리 등 일상생활에 필요한 편의를 제공함을 목적으로 하는 시설</td></tr>
<tr><td rowspan="2">노인 의료 복지 시설</td><td>노인요양시설</td><td>치매·중풍 등 노인성질환 등으로 심신에 상당한 장애가 발생하여 도움을 필요로 하는 노인을 입소시켜 급식·요양과 그 밖에 일상생활에 필요한 편의를 제공함을 목적으로 하는 시설</td></tr>
<tr><td>노인요양공동 생활가정</td><td>치매·중풍 등 노인성질환 등으로 심신에 상당한 장애가 발생하여 도움을 필요로 하는 노인에게 가정과 같은 주거여건과 급식·요양, 그 밖에 일상생활에 필요한 편의를 제공함을 목적으로 하는 시설</td></tr>
</table>

이러한 「노인복지법」에 따른 노인복지시설에 거주하는 고령자 현황은 다음과 같다(보건복지부, 2019b). 2018년 12월 말 기준으로 노인주거복지시설 거주 노인은 1만 9,897명이고 노인의료복지시설 거주 노인은 17만 7,318명이다. 무려 19만 7,897명이 자기가 살던 지역에서 떠나서 노인주거복지시설에서 생활하고 있다. 노인주거복지시설 거주 유형으로는 양로시설에 1만 2,510명, 노인공동생활가정에 998명, 노인복지주택에 6,389명이 거주하고 있다. 노인의료복지시설에 거주 유형으로는 노인요양시설에 16만 594명으로 가장 많이 거주하고 있고 노인요양공동생활가정에 1만 6,724명이 거주하고 있다.

연도별 추이를 보면 해가 갈수록 노인주거복지시설의 수와 입소정원이 증가하고 있다. 특히 노인의료복지시설의 수와 입소인원이 증가하고 있다. 그중에서도 시설의 규모가 큰 노인요양시설의 수와 입소인원이 크게 증가하고 있다.

〈표 5-6〉 노인주거복지시설 현황 (2018년 12월 31일 기준)

(단위: 개소, 명)

종류	시설	2018년		2017년		2016년		2015년	
		시설 수	입소정원	시설 수	입소정원	시설 수	입소정원	시설 수	입소정원
합 계		5,677	197,215	5,646	190,578	5,588	187,892	5,490	180,024
노인주거복지시설	소 계	390	19,897	404	19,652	425	19,993	427	19,909
	양로시설	238	12,510	252	12,562	265	13,283	265	13,446
	노인공동생활가정	117	998	119	1,092	128	1,062	131	1,087
	노인복지주택	36	6,389	33	5,998	32	5,648	31	5,376
노인의료복지시설	소 계	5,287	177,318	5,242	170,926	5,163	167,899	5,063	160,115
	노인요양시설	3,390	160,594	3,261	153,785	3,136	150,025	2,933	141,479
	노인요양공동생활가정	1,897	16,724	1,981	17,141	2,027	17,874	2,130	18,636

출처: 보건복지부(2019b). 2019 노인복지시설현황.

가장 지역사회 친화적이고 비용도 저렴한 노인복지시설 유형인 노인공동생활가정과 노인요양공동생활가정의 수와 입소인원은 줄어들고 있다. 이러한 사실은 자기가 살던 곳에서 늙어가기(AIP)와 커뮤니티케어가 강조되는 현재의 노인주거정책의 방향과는 다르게 진행되고 있다는 것을 알려준다.

노인들이 일상생활 동작기능에 제한이 있더라도 가능한 자기가 살던 집에서 거주하면서 재가돌봄을 받거나 주간보호를 받고, 더 어려움이 있으면 공동생활가정을 이용하는 쪽으로 주거복지가 진행되는 것이 살던 곳에서 늙어가기(AIP)의 이념에 부합한다.

4) 노인공동주거시설

여러 가지 이유로 공동생활주택에 대한 노인의 욕구 및 입주 의사가 계속해서 높아지고 있으며, 노인공동주거시설에 대한 욕구가 높아짐을 알 수 있다(김유진 외, 2016).

자신이 살던 곳에서 늙어가는 것이 가장 바람직하지만, 외로움과 노쇠와 만성복합성 질환 등으로 인하여 일상생활 동작기능 제한이 늘어나는 경우 노인 공동주거시설이 효과적일 수도 있다.

국내의 대표적인 사례들을 살펴보면 다음과 같다. 대표적인 농촌 고령자 공동거주시설로 김제시 '한울타리 행복의 집'을 들 수 있다. 김제시가 2006년 지역 최초로 독거노인 어울림 생활가정 '한울타리 행복의 집' 조성 운영규정을 만들어 독거노인을 위한 공동생활거주제도를 운영하고 있다. 처음 지역 내 612개의 경로당 중에서 두 곳이 시설 보수작업을 거쳐 공동생활거주지를 조성하였다. 2019년 현재 154개이고 이용인원은 991명이다. 김제시 '한울타리 행복의 집'은 기존 경로당을 기능 및 장비보강을 통하여 주간에는 노인여가복지시설인 경로당으로, 야간에는 공동생활가능장소(그룹홈)로 활용하고 있다.

경기도 독거노인 카네이션하우스도 공동생활거주지이다. 카네이션하우스 사업은 기존의 마을회관 등을 증·개축하여 생활곤란 등 보호가 필요한 독거노인에게 제공하였다(황경란 외, 2015). 2018년 3월 기준 44개소가 운영되고 있다. 이 시설도 역시 친목도모와 대화를 할 수 있는 공간을 제공하고 건강·노후생활 설계에 대한 프로그램을 운영하여 독거노인의 생활안정에 이바지하고, 소일거리 지원으로 편안하고 안정된 노후생활을 도모하기 위한 사업이다.

노인복지주택은 노인에게 주거시설을 분양 또는 임대하여, 주거의 편의·생활지도 상담 및 안전관리 등 일상생활에 필요한 편의를 제공함을 목적으로 하는 30세대 이상 시설이다. 노인복지주택은 기본적으로 유료 입소대상자이며, 단독취사 등 독립된 주거생활에 지장이 없는 60세 이상의 자를 대상으로 한다. 「노인복지법」

개정(2015년 1월 28일 공포)으로 분양형 노인복지주택은 2015년 7월 29일부터 폐지하되, 이 법 시행 전에 「건축법」에 따라 허가받거나 「주택법」에 따라 사업계획이 승인된 노인복지주택은 개정 전의 규정에 따르고 있다. 최근 들어 저소득 노인의 열악한 주거문제를 해결하는 차원에서 몇몇 지방정부 차원에서 공공자금 및 민간자원을 활용한 무료 노인복지주택 제공이 이루어지고 있다. 이러한 비용의 경제적인 특성을 고려해 볼 때 저소득 노인가구의 주거문제를 효과적으로 해결할 수 있는 대안으로 제시되고 있다.

국내의 대표적인 사례들을 살펴보면 다음과 같다. 밀마루복지마을은 세종특별자치시가 행정도시 건설로 이주 기반을 상실한 예정지역 내 60세 이상 노인의 재정착과 주거안정을 위하여 건립하였다. 세종시와 행정중심복합도시건설청의 협업으로 설립되었다. 운영 초기 만 65세 이상 노인 중 세종특별자치시에 주소를 둔 기초연금수급자가 대상이었으나 현재는 기초생활보장수급자가 대상이다.

성남 아리움은 지역사회 내에서 소외받는 독거노인들이 욕구 및 문제에 적극적으로 대처할 수 있도록 하며, 독거노인의 취미, 여가, 건강증진, 사회참여 등을 통하여 편안한 노후를 보장하고 독거노인에 대한 사회적 안전망 확충 및 노인복지서비스의 증진을 설립 목적으로 한다. 입주자격은 성남시에 거주하는 만 65세 이상 기초생활보장수급자 노인이며, 입주정원은 38명이다.

공공실버주택도 최근 노인 주거시설로서 관심의 대상이 되고 있다. 법적 근거는 「공공주택특별법」에 따라 공공주택의 원활한 건설과 효과적인 운영을 위하여 필요한 사항을 규정함으로써 서민의 주거안정 및 주거수준 향상을 도모하여 국민의 쾌적한 주거생활에 이바지함을 목적으로 한다. 공동주택의 저층부에는 복지관을 설치하고 상층부에는 고령자 맞춤형 주택을 건설하여 주거와 복지서비스를 함께 제공하는 공공임대주택이다.

4. 노인주거보장정책의 개선방안

앞에서 노인 주거 현황과 주거보장정책을 살펴보았다. 현재의 제도로는 노인의 주거안정과 주거환경의 질을 확보하기는 쉽지 않다. 이러한 노인주거보장제도의 개선방안을 다음과 같이 논의할 수 있다(김신호, 2019).

첫째, 노인들의 지역사회 연속적 거주를 위한 지원정책이 강화될 필요가 있다. 노인들은 기존에 살던 자택에서 거주하고, 또 최대한 오래 거주하기를 원한다. 이를 위해 '살던 곳에서 늙어가기(AIP)'와 지역사회돌봄(커뮤니티케어)이 정부의 정책방향이기도 하다. 이를 실천하려면 신체적으로 허약해지고 이동이나 일상생활 동작기능 제한이 있는 노인들의 욕구에 맞는 주택 수요를 충족시켜야 한다. 그러려면 노인들이 거주하는 주택에 대한 개조 지원이 더욱 강화되어야 한다. 개인 주택 소유자나 세입자에게 건물 내의 장애물을 없애거나 집안의 보안을 강화하기 위한 재정적 지원이 이루어져야 한다. 독일처럼 직접적 재정 지원 외에도 여러 주체가 개조나 신축 등의 다양한 방식으로 무장애 주택건설 및 개조에 참여할 수 있도록 강한 투자 유인책을 제공할 필요도 있다(주보혜, 2019).

둘째, 고령자 적합주택의 공급을 확대해야 한다. 우리나라는 노인의 신체 및 경제적 특성을 고려한 노인 계획주거의 개념에 대한 인식이 미흡하고 이로 인하여 고령자 적합주택의 공급이 절대적으로 부족하다(권중돈, 2019). 또한 지금까지 주택 보급은 자녀에 의한 노인부양을 고려한 측면이 없지 않다. 그러나 현실은 자녀가 부모와 동거하면서 돌본다는 것이 거의 불가능한 상황에 이르렀다. 따라서 노인이 자녀와 독립적으로 산다는 전제 아래 노인의 신체적 장애 및 일상생활 동작기능 제한, 그리고 경제적 능력, 선호 주거 유형을 고려한 고령자 적합주택의 공급을 늘려야 한다.

생각해보기

1. 고령화가 심해짐으로써 초래될 주거형태를 생각해 보자.

2. 우리나라 노인의 주거문제와 노인복지정책을 연결하여 생각해 보자.

3. 주거보장과 주택보장을 비교하여 보자.

4. 노인의 고독과 살던 곳에서 늙어가기(AIP)를 연결하여 생각해 보자.

참고 문헌

국민일보(2018). 영국 '외로움 장관' 임명해 고독과의 전쟁 나선다. 2018. 01. 17.

국토교통부(2013). 제2차 장기('13~'22) 주택종합계획.

국토교통부(2019). 고령자, 주거취약계층 대상 맞춤형 주거복지 강화한다. 전국 15개 영구임대 단지에 주거복지사 배치… 돌봄서비스, 소통 활성화 지원. 보도자료. 2019. 02. 27.

권오정(2012). 노인세대를 위한 주거시설 현황과 노후 주거대안 탐색. Financial Planning Review, 5(2). 67-85.

권중돈(2019). 노인복지론(제7판). 서울: 학지사.

김나래(2018). 노인의 주거환경을 개선하기 위한 정책과 입법방향. 부동산법학, 2(1): 123-148.

김도윤(2016). 고령자주택의 활성화에 관한 법정책적 개선방안. 일감부동산법학, 13:3-31.

김신호(2019). 한국의 노인주거보장에 대한 정책분석과 문제점 시사. 한국지방정부학회 학술대회 논문집, 3: 15-544.

김유진, 박소정, 박순미(2016). 도시형 독거노인 공동생활주거공간 모델 개발연구. 독거노인종합지원센터.

김태일(2000). 노인 주택 모형. 노년학의 이해. pp. 197-216.

박순미, 김유진, 박소정(2017). 국내 노인주거복지서비스 현황 및 특성 분석. 노인복지연구, 72(3): 395-428.

박창제(2017). 고령자의 재무적 노후준비 경향과 영향요인에 관한 연구: 1998년, 2002년, 2009년, 2015년 비교. 사회복지정책, 44(3), 163-188.

보건복지부(2019a). 지역사회 통합 돌봄 모델, 지역이 만들어간다. 「지역사회 통합 돌봄(커뮤니티케어) 선도사업 추진계획」 발표. 보도자료. 2019. 01. 09.

보건복지부(2019b). 2019 노인복지시설현황.

서종균(2012), "주거복지와 주거권," 홍인옥 외 편, 주거복지의 새로운 패러다임, 서울: ㈜사회평론.

송양민(2019). "시니어 주거산업." 김형수 외 묶음. 시니어비즈니스 이해와 전략. 경기도 고양: 학지사 : 61-90.

송양민, 우재룡(2014). 100세 시대 은퇴대사전. 경기: 21세기북스.

송태경(2014). "고령사회의 노인주거정책의 관한 연구", 국민대학교 대학원 박사학위논문.

유선종(2014). 노인주택파노라마. 서울: 집문당.

이중근 김기향 민경민 서건석 박종숙 윤주영 문명국 양형근 이경신 홍은정(2014). 고령친화산업 실태조사 및 산업분석. 한국보건산업진흥원.

이은희(2013). 신노인복지론. 학지사.

장인협, 최성재(2006). 노인복지학. 서울대학교출판부.

정경희, 오영희, 이윤경, 오미애, 강은나, 김경래, 황남희, 김세진, 이선희, 이석구, 홍송이

(2017). **2017년도 노인실태조사**. 한국보건사회연구원.

주보혜(2019). 독일의 노인 주거 정책 동향: '지역사회 연속적 거주' 정책을 중심으로 국제사회보장리뷰 9권: 68-77.

최희경(2019). 도시 저소득층 노후지역 노인의 지역사회 인식과 변화의 방향성 연구. **노인복지연구**, 74(4), 9-36.

통계청(2019). **2019 고령자 통계**.

황경란, 김정근, 이미영, 김나연(2015). **지역사회중심의 노인주거보호체계 연구**. 경기복지재단.

Ekström, Mats. (1994). Elderly people's experiences of housing renewal and forced relocation: Social theories and contextual analysis in explanations of emotional experiences. *Housing Studies, 9*(3), 369-391.

Hillier, S. M., & Barrow, G. M. (2011). Aging, the Individual, and Society. Belmont: Wadsworth.

McInnis-Dittrich, K. (2020). *Social Work with Older Adults: A Biopsychosocial Approach to Assessment and Intervention* (5th Edition). Boston: A pearson Education Company.

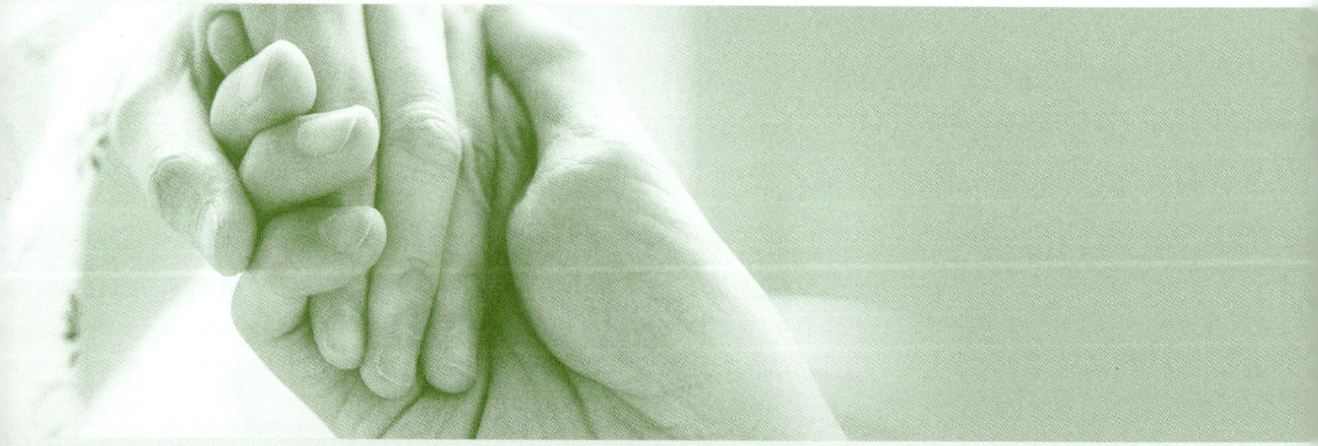

C·H·A·P·T·E·R 06

노인복지실천

요 약

노인복지실천은 노인을 대상으로 노인복지의 전문지식을 활용하고 노인복지의 가치를 지향하며 노인복지 기술을 활용하여 노인의 복지를 향상하기 위해 수행하는 제반활동이다. 노인복지실천의 관점은 다양성, 전 생애적, 복합성, 탄력성과 강점 관점이다. 노인복지실천의 원칙은 적정기능 유지, 자율성과 사생활 존중, 최소한의 선택적 개입, 노인의 참여와 권한 강화, 다학제적 실천 등이다. 노인복지실천의 과정은 초기단계, 개입단계, 종결단계로 이루어진다. 초기단계에서는 접수와 자료 수집 및 사정이 이루어지며, 노인 사정은 신체적, 심리적, 사회적 차원에서 포괄적, 통합적으로 접근해야 한다. 노인복지실천의 개입에는 1차(예방적), 2차(치료적), 3차(회복적) 개입이 있다. 종결단계는 평가와 종결로 이루어진다. 노인복지실천의 기술로 사정 기술, 면담과 의사소통 기술, 집단 기술이 제시되었다. 노인 사례관리는 복합적이고 장기적이며 다양한 욕구를 가진 노인을 대상으로 지역사회 기관과 공적 서비스, 가족이나 이웃 등 비공식적 자원을 동원하고 연계하여 효과적인 서비스를 제공하는 통합적인 사회복지실천 방법이다. 노인 사례관리의 내용은 서비스 계획과 서비스망 설계, 노인과 서비스 연계, 서비스 제공자들 간의 협력과 조정, 상담, 옹호, 지역사회 내 자원의 동원과 개발 등이다. 노인 사례관리의 과정은 초기 과정–개입 과정–종결 과정으로 이루어지며, 단선적이기보다는 순환적이다.

1. 노인복지실천의 개념과 원칙

1) 노인복지실천의 개념과 구성

(1) 노인복지실천의 개념

노인복지실천은 노인을 대상으로 하는 사회복지실천이다. 노인복지실천의 의미를 파악하기 위해서는 사회복지실천의 의미를 먼저 규정해야 한다. 사회복지실천이란 "사회복지사가 사회적 욕구를 가진 대상의 사회적 안녕을 위해 계획적으로 서비스를 실행하는 사회적 노력"이다(엄명용 외, 2016). 사회복지실천은 그 대상과 방법, 범위에 따라 개인, 집단, 가족, 지역사회 차원의 실천으로 구분되지만, 인간의 욕구와 사회문제가 점차 다양하고 복합적으로 변화함에 따라 다양한 개입수준에서 여러 가지 방법을 활용하여 실천하는 통합적 접근이 강조되고 있다(박지영 외, 2020).

사회복지실천의 의미에 따라 노인복지실천을 규정하면 사회복지사가 노인의 사회적 안녕을 위해 계획적으로 서비스를 실행하는 사회적 노력이라고 할 수 있다. 노인복지실천은 특정한 노인 개인뿐 아니라 노인집단, 노인가족, 노인을 둘러싼 지역사회 등을 대상으로 한다. 따라서 노인복지실천의 수준에는 미시적 수준, 중간 수준, 거시적 수준이 모두 포함된다.

미시적 수준의 실천에서는 사회복지사가 직접 클라이언트를 만나 노인과 가족의 심리사회적 욕구와 문제(예를 들면 소외, 부적응, 갈등, 자원 결핍 등)의 해결을 돕는다. 중간 수준의 실천에서는 노인집단과 지역사회를 중심으로 지역사회의 자원을 개발하거나 연계하는 활동, 노인집단을 조직하고 운영하는 활동 등이 이루어진다. 거시적 수준에서는 노인과 관련된 정책 개발과 행정, 노인권리 옹호 등이 실행된다.

(2) 노인복지실천의 구성

노인복지실천에서 사회복지사는 머리로는 노인복지의 전문지식을 활용하고, 가슴으로는 노인복지의 가치를 지향하며, 손과 발로는 노인복지의 기술을 활용하여 노인의 복지를 향상하기 위해 제반활동을 수행한다(권중돈, 2019). 이때 노인복지의 전문지식이란 노인에 대한 기초지식과 더불어 노인과의 실천에 관한 지식, 노인과의 실천을 통해 얻게 된 경험을 바탕으로 한 지혜 등을 의미한다. 노인복지의 가치는 노인에 대한 관심과 존중, 돕고자 하는 의지, 사회복지사로서의 윤리 등을 포함한다. 노인복지의 기술은 노인과 관계를 맺고, 노인의 욕구나 문제를 파악하고 해결하며, 노인에게 직접적 서비스를 제공하기 위해 필요한 기술을 의미한다.

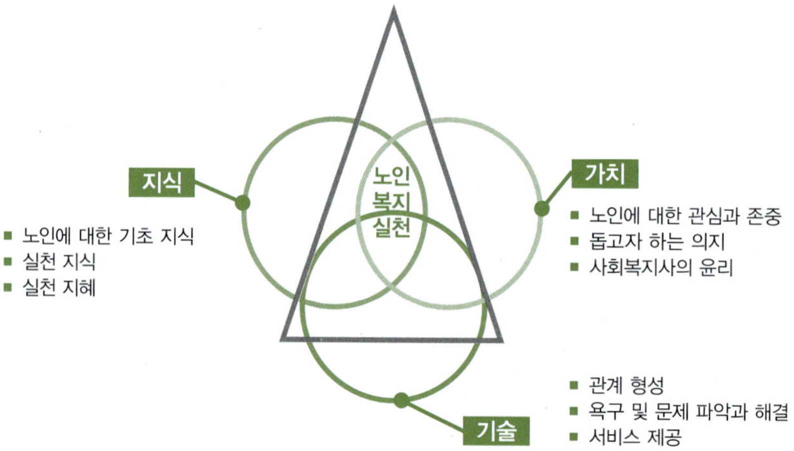

[그림 6-1] 노인복지실천의 구성

2) 노인복지실천의 관점과 원칙

(1) 노인복지실천의 관점

노인복지실천은 다른 인구집단과 구별되는 노인의 특성에 대한 이해와 존중을 기반으로 해야 하며, 급격하게 변화하는 사회 속에서 노인들의 다양성과 노인문제의 복합성을 고려하여 노인복지실천의 관점을 수립해야 한다. 노인복지실천에 있어 기본적 관점을 제시한 리처드슨과 바루쉬(Richardson & Barusch, 2006)의 논의를 중심으로 노인복지실천의 주요 관점을 살펴보면 다음과 같다.

① 다양성 관점

일반적으로 노인은 다른 연령집단에 비해 동질적인 이미지로 인식되고, 비슷한 특징을 가진 단일한 집단으로 여겨지기 쉽다. 그러나 노인은 살아온 삶의 역사가 길기 때문에 젊은 연령의 집단보다 개인별 차이가 더 크다. 비슷한 연령대의 노인들이라 할지라도 성별, 경제적 수준, 교육수준, 건강상태와 성격, 삶의 경험 등에 따라 매우 다양한 특성을 보여준다. 따라서 노인을 단일한 집단으로 보고 접근하기보다는 개인의 차이에 초점을 두고 개별적으로 접근해야 한다. 노인 개인 간의 차이뿐 아니라 노인집단 간 차이도 존재한다. 특히 우리나라의 경우 짧은 시간 안에 급격한 사회 변화를 경험하였기에, 연령대별 노인집단 간의 경험과 특성이 매우 다르다. 예를 들어 1950년 한국전쟁 이전에 태어난 노인집단과 한국전쟁 이후 태어난 베이비부머 세대인 '신노년' 집단은 교육수준과 경제적 수준, 건강과 문화적 욕구 등에 있어 뚜렷한 차이를 보여준다(정경희 외, 2013). 따라서 노인에 대한 서비스는 표준화된 방식에 의존하기보다는 객관적 정보와 노인 자신의 주관적 특성을 함께 고려하여 맞춤식 서비스로 제공되어야 한다.

② 전 생애적 관점

노인은 살아온 기간이 길기 때문에 현재의 상태만으로 평가하기보다는 과거로부터 현재까지 연속적인 관점에서 이해해야 한다. 또한 개인의 생애는 시간적 차원뿐 아니라 개인을 둘러싼 사회적, 문화적, 역사적 맥락 속에서 개인과 환경의 상호작용을 통해 형성되므로 환경적 차원도 함께 이해해야 한다. 예를 들어 현재 여든 살의 노인은 노년기를 살고 있지만 유년기와 청소년기, 중년기와 장년기, 노년기의 삶과 기억을 모두 지닌 존재라고 할 수 있다. 전 생애적 관점을 통해 노인을 연령이라는 단일한 특성만이 아니라 인격과 개성을 지닌 특별한 개인으로 대할 수 있다. 또한 전 생애적 관점에서 노인의 생애를 이해함으로써 노인의 문제와 욕구뿐 아니라 강점과 자원을 더욱 잘 파악할 수 있다.

③ 복합성 관점

앞에서 노화의 신체적, 심리정서적, 사회적 과정은 서로 연결되어 상호작용하며, 한가지 차원에서 일어난 변화가 다른 차원의 변화로 이어질 수 있다는 점을 살펴보았다. 따라서 노인이 경험하는 문제는 표면적으로 단일한 문제라 하더라도 다양한 차원의 문제로 발전할 가능성을 가지고 있다(최혜지 외, 2020). 예를 들어 사별한 노인은 사별 후 정서적 문제와 일상생활의 어려움을 경험하고, 그 결과 신체적 건강도 저하될 가능성이 크다. 따라서 노인복지실천에서는 표면화된 한 가지 문제에만 개입하기보다 문제들 간의 상호작용과 복합성에 주목하여 신체, 심리정서, 사회적 차원에 통합적으로 개입하여야 한다.

④ 탄력성과 강점 관점

노인은 젊은이나 의료인이 생각하는 것보다 훨씬 신체적으로 건강하며 적응력과 복원력이 높다. 또한 앞으로 의학적, 영양적 여건이 좋아짐에 따라 건강한 노인이 증가하고, 질병이나 장애에도 불구하고 높은 삶의 질을 유지할 수 있는 가능성도 커질 것이다. 이에 따라 병리적이고 쇠약한 노인만이 아니라 건강을 유지하고 관리하며 장애와 제약에 적응하고 극복하는 노인의 탄력성(resilience)에 관심을 두어야 한다(김수영 외, 2017). 또한 상실과 쇠퇴의 문제에만 초점을 맞추기보다 노인의 적응력과 강점에 주목할 필요가 있다. 노인이 지금까지의 삶에서 어려움을 극복했던 경험, 도움을 주었던 주변인과 자원 등을 파악하고, 강점과 자원을 실천 과정에서 활용할 수 있어야 한다. 더 나아가 노년기에도 새로운 경험을 통해 변화와 성장을 이룰 수 있음을 유념하고, 변화와 성장을 위해 노인에게 새로운 경험의 기회를 부여하는 것이 중요하다. 예를 들어 집안일 경험이 없는 남성노인이 요리 프로그램에 참여하여 요리의 즐거움을 경험하는 동시에 스스로 식사를 해결할 수 있게 된다.

(2) 노인복지실천의 원칙

앞에서 제시한 노인복지실천의 관점에 기반하여 노인복지실천의 현장에서 사회복지사가 지켜야 할 기본원칙을 살펴보면 다음과 같다.

① 적정 기능 유지

신체적, 정신적 기능을 상실한 노인의 경우 손상된 기능을 고려하여 가능한 가장 높은 수준의 기능을 유지할 수 있도록 원조해야 한다. 예를 들어 노인의 감각 기능의 저하는 자신감 저하와 사회활동 위축으로 연결될 수 있으나, 여러 가지 보안과 관리를 통하여 최소화할 수 있다. 시각 저하에 따른 정보 능력 문제는 돋보기를 곳곳에 비치하거나 인쇄매체와 모니터나 단말기 등 기기의 활자를 확대하고 기능을 단순화하며 노인이 사용하기 편리한 제품으로 교체하여 해결할 수 있다. 엘리베이터가 없는 아파트에 사는 노인이 다리가 불편해졌다면, 엘리베이터가 있는 인근 주거지로 이사를 하면 노인의 심리사회적 기능이 크게 향상될 수 있다(최해경, 2016).

② 자율성과 사생활 존중

노화는 여러 가지 상실의 과정이며 연령이 증가함에 따라 의존성의 증가는 불가피하다. 그러나 신체적, 정신적으로 허약한 노인이라 할지라도 어린이로 취급해서는 안 되며 성인으로서 대해야 한다. 인생을 오랫동안 살아온 노인의 경험과 지혜를 존중하고 개인의 선호와 개성을 이해하여야 한다. 한편, 사회복지개입의 과정에서 노인들의 사생활이나 민감한 부분을 드러내도록 요구하는 경우가 많다. 예를 들면 가족관계나 건강에 대한 정보, 재정에 관한 정보를 요구할 때 노인들은 이에 대해 불편하게 여길 수 있으며 자신의 문제를 숨기거나 부인하는 태도를 보일 수 있다. 이 경우 노인의 선택권과 의사를 존중해야 한다. 특히 화장실 사용과 목욕 등 신체적 서비스에 있어 성인으로서의 사생활과 프라이버시 존중이 절대적으로 중요하다.

③ 최소한의 선택적 개입

최소한의 선택적 개입은 노인 자신이나 타인에게 해가 되지 않는 한 노인이 현재 가지고 있는 최선의 기능과 의사결정 능력을 지속시키거나 자극하는 데 필요한 정도로만 전문적 서비스가 제공되어야 한다는 것이다(김기태 외, 2011). 노인의 편안한 삶을 위한다는 의도로 되도록 많은 서비스를 제공하다면 노인의 자율성과 독립심을 저해하여 의존성이 증가하는 역효과를 가져올 수 있다. 그러나 자신이나 타인에게 위해가 될 우려가 있는 경우 노인이 원하는 삶을 살아갈 권리는 제한될 수 있다. 예를 들면 가족이나 사회복지사가 노인이 혼자 사는 데 동의하지 않더라도 정신적으로 정상인 노인은 혼자 생활할 수 있으며, 사회복지사와 가족들은 이를 최대한 지원해야 한다. 그러나 치매 진단을 받아 인지기능이 손상된 노인이 혼자 살기를 원하는 경우에 위험을 고려하여 이 권리가 제한될 수 있다.

④ 노인의 참여와 권한 강화

최근 들어 사회복지서비스의 내용과 형식을 결정함에 있어 서비스 이용 당사자의 참여가 강조되고 있다. 노인복지서비스와 정책을 결정할 때도 노인의 의견을 경청하고 결정 과정에서의 참여를 촉진해야 한다(최희경, 2017). 무력하거나 취약하다는 이유로 노인을 보호의 대상으로 여기고 가족의 의견만을 반영한다든지, 전문가들의 결정만으로 노인에 대한 개입이 이루어져서는 안 된다. 노인의 의견을 직접 경청하고 노인의 결정과 선택에 일차적인 권한을 부여하도록 사회복지사의 의도적인 노력과 지속적인 관심이 필요하다. 이를 위해 노인과의 의사소통 기술을 강화하여 적극적으로 의사소통해야 하며, 노인이 직접 선택할 기회를 부여하는 것이 중요하다.

⑤ 다학제적 실천

노인복지실천은 노인의 문제와 욕구에 적절하게 개입하기 위하여 신체적, 심리적, 사회적 차원의 다양한 학문 영역으로부터 지식과 기술을 받아들이고 활용한다. 또한 노인이 경험하는 다양한 문제에 효과적으로 개입하기 위해 사회복지사는 의사, 간호사, 심리치료사, 물리치료사, 작업치료사, 영양사 등 다양한 전문가들과 팀을 이루어 협력할 수 있어야 한다(최혜지 외, 2020). 특히 건강과 경제적 어려움, 사회적 소외 등 복합적인 문제를 동시에 경험하는 노인에 대한 개입에서는 노인이 거주하는 지역사회를 중심으로 다양한 기관과 전문가들이 협력하여 서비스망을 구성하고 체계적으로 개입하는 다학제적 실천이 중요하다.

2. 노인복지실천의 과정

1) 노인복지실천의 초기단계

(1) 접수

접수는 서비스의 욕구나 문제를 가진 클라이언트가 전문적 도움을 얻기 위해 찾아오거나 의뢰를 하였을 때, 그 욕구나 문제가 사회복지사나 기관의 정책과 서비스에 부합되는지의 여부를 판단하는 과정이다. 접수는 노인 클라이언트의 요청에 따라 집을 방문하거나 전화 연락, 또는 가족이나 다른 기관의 의뢰, 서비스를 필요로 하는 노인을 찾아나서서 발굴하는 아웃리치 등 다양한 경로를 통해 사례를 접수하는 것으로 시작된다. 사회복지사는 도움을 요청한 노인이나 가족의 욕구를 정확히 확인하고, 해당 기관에서 해결할 수 없을 때에는 다른 기관으로 연결해 준다. 해당 기관에서 서비스를 제공하는 경우 접수 과정을 거쳐 원조관계를 형성한다. 노인 클라이언트의 경우 공공기관 이용이나 전문적 개입에 익숙하지 않은 경우가 많으므로 노인이 가지는 거부감이나 불안감을 감소시키기 위하여 따뜻

함과 진실함, 경청과 감정이입이 중요하다. 또한 노인의 관점에서 이해하고자 노력하여야 하며, 도우려는 의지와 신뢰성을 전달하여야 한다.

접수 과정에서 클라이언트가 노인인 경우 다음과 같은 사항을 염두에 두어야 한다. 첫째, 문제의 원인이 심각한 의료적 문제라면 의료기관으로의 의뢰가 필요하다. 둘째, 노인의 인지기능을 점검하여 필요하다면 가족에게도 연락을 취해야 하며, 동의가 필요한 경우 노인과 가족 모두에게 이중동의를 받아야 한다(최혜지 외, 2020).

(2) 자료 수집 및 사정

자료 수집은 문제와 욕구를 파악하기 위하여 관련된 정보를 모으는 것이다. 사회복지사는 노인과 가족의 이야기, 기타 주변인의 이야기, 전문가의 소견과 기록, 각종 검사, 사회복지사의 관찰과 직관 등 다양한 방법을 통해 자료를 수집한다.

수집된 자료를 해석하고 의미를 부여하여 실천적 개입을 위한 함의를 도출해 내는 활동이 사정이다. 노인에 대한 사정은 신체적, 심리적, 사회적 차원에서 포괄적, 통합적으로 접근해야 한다. 노인에 대한 사정은 신체적 기능과 심리적 기능, 사회적 기능, 경제적 상태와 주거환경 등에 대한 내용을 포함하며, 사정 내용들 간의 상호작용을 고려하여야 한다. 노인 사정의 내용은 〈표 6-1〉과 같다. 사정 결과는 노인의 삶의 질을 향상시키고 욕구를 해결하는 데 필요한 서비스를 결정하는 데 활용된다.

〈표 6-1〉 노인 사정의 분류와 내용

신체적 기능	1. 현재의 건강 문제	• 현재의 건강상태에 대한 노인의 인식 • 활동을 제한하는 건강문제
	2. 일상생활 능력	• 일상생활 동작 중 수행이 불가능하거나 어려움이 있는 동작 • 노인의 외모(옷차림, 개인위생, 걸음걸이, 동작 등) • 노인의 반응(태도, 정서, 시각 및 청각문제, 언어표현)
	3. 병력	• 의료정보 출처 • 의료기관 방문 기록, 진단 기록 • 일상생활을 제한하는 의료문제, 증세나 통증
심리적 기능	1. 정서 상태	• 문제, 한계, 상실 등에 대한 노인의 반응 • 현재 상황에 대한 노인의 태도와 감정
	2. 인지적 능력	• 위치와 장소 인지, 배회나 길 잃은 경험 • 장기 및 단기 기억력 • 판단력
	3. 정신상태	• 자아개념 및 우울증의 징후 • 언어적, 행동적 특징 • 환각 및 환영, 공포증, 강박증의 징후
	4. 인간관계 특성	• 서비스 제공자와의 관계 • 기족 및 중요한 타인들과이 관계 • 대처전략과 대처전략의 효과성 • 의존 대상과 유형
	5. 정신병력	• 자살 생각, 이전의 자살 시도 • 이전의 정신병력 혹은 정신병원 입원경력
사회적 기능	1. 현재의 대처방식	• 도움을 요청한 사람은 누구인가? • 어떤 도움을 요청하였는가? • 도움을 요청한 계기(사건)는 무엇인가?
	2. 이전의 대처방식	• 과거에 이와 비슷한 위기가 있었는가? • 노인과 가족은 이전의 위기에 어떻게 대처하였는가? • 노인과 가족이 원하는 해결책은 무엇인가? • 이 문제를 해결하기 위하여 이전에 시도했던 방법은 무엇인가?

사회적 기능	3. 사회적 이력과 관계	• 주요 생애사건(개인사, 결혼, 직업, 자녀, 사별 등) • 가족 구조와 상호작용 유형(의사소통, 접촉, 갈등, 학대나 유기 위험 등) • 사회적 관계망(친구, 친척과의 왕래, 사교활동, 지인 등)
	4. 지원체계	• 가족이 제공하는 지원의 내용과 빈도 • 과거나 현재 제공받고 있는 전문적 서비스의 내용과 빈도 • 전문적 서비스 제공자들과의 관계 • 과거나 현재 제공받고 있는 서비스에 대한 만족도
	5. 돌봄자 부담	• 신체적, 물리적, 정서적, 사회적, 재정적 부담
경제적 상태	1. 소득과 지출	• 소득 액수, 출처, 시기 등 • 지출 액수, 용도 등
	2. 재산과 재정상태	• 자산 현황(현금, 부동산, 저축 등)
	3. 재정 지원	• 현재 공적 재정 지원(공공부조, 기초연금 등) 수혜 여부 • 공적 지원 필요성 및 자격
주거 환경	1. 이웃 및 편의시설	• 이웃의 유형 • 방범 및 안전문제 • 교통수단 및 편의시설 이용 가능성
	2. 건물	• 외형과 관리, 안전문제, 이동의 장애
	3. 거주지 상태	• 위생상태, 안전성과 편의성, 기타 사항(반려동물, 가구상태 등)

출처: Bumagin & Hirn(1990), 김기태 외(2011). p. 392를 수정.

노인에 대한 사정의 내용은 다음과 같은 네 가지 방식으로 재구성하여 서비스 목표와 내용을 설정한다(김기태 외, 2011).

① 노인의 강점과 장애에 대한 평가

노인에 대한 사정은 노인이 무엇을 하지 못하는가에 대한 평가 과정이 아니라 노인의 장애와 상실을 보완할 수 있는 강점과 자원을 발견하고 개발하는 과정이 되어야 한다. 사회복지사는 사정 과정에서 노인의 강점과 자원을 탐색하고 발견하여 개입 과정에 활용해야 한다.

② 현재 기능을 지지하고 유지하는 방법 파악

노인의 독립적인 기능을 극대화하고, 개인의 존엄성을 유지하도록 현재 가지고 있는 기능을 지지하여 최대한 활용하고 유지할 수 있게 해야 한다. 예를 들어 배변기능은 있으나 화장실 사용이 어려운 경우 바로 기저귀를 착용하기보다는 이동식 변기를 설치하여 배변기능이 유지되도록 한다.

③ 상실한 기능을 개선시키는 서비스에 대한 파악

사정을 통해 어떤 기능과 능력이 손상되었는지, 이를 보완하기 위해 어떤 서비스가 필요한지 파악한다. 예를 들어 걷는 기능을 상실하게 되었다면 휠체어를 사용하게 돕고, 휠체어로 이동이 가능하도록 집을 개조하도록 지원해야 한다.

④ 상실한 기능을 대체하는 서비스에 대한 파악

노인이 상실한 기능을 완전히 대체해야 할 필요가 있는 영역을 파악한다. 보완이나 개선이 불가능한 경우 대체적 서비스를 제공한다. 보행기나 휠체어 사용이 불가능한 경우 활동보조인을 파견하여 이동을 지원해야 한다.

2) 노인복지실천의 개입단계

노인복지실천의 개입은 노인의 문제나 욕구에 따라 1차, 2차, 3차 개입으로 구분할수 있다. 1차 개입은 예방적 개입, 2차 개입은 치료적 개입, 3차 개입은 회복적 개입이다. 각각의 내용은 다음과 같다(Kroft & Hutchison, 2000, 최해경, 2016에서 재인용).

(1) 1차 개입(예방적 개입)

1차 개입은 문제의 발생을 예방하고 현재 노인의 욕구를 충족시키는 개입이다. 현재 특별한 문제가 있는 것은 아니지만 미래에 발생할 가능성이 높은 문제를 미리 예방하거나 현재의 기능을 유지하도록 돕는 개입이 해당된다. 예를 들면 건강을 유지하기 위하여 좋은 식생활 습관을 수립하고 적당한 운동을 하도록 하고, 정기적인 건강검진서비스를 제공해 질병 발생을 예방하는 것이다. 퇴직 전부터 노후 경제생활에 대한 교육과 컨설팅을 제공하고 노후한 주택을 미리 보수하고 손잡이나 난간 등을 설치하여 낙상 사고를 예방하며 치매 예방 교육과 인지 프로그램을 실시하여 치매 발생을 막을 수 있다. 노인이 많이 사는 동네의 방범체제를 강화하고 가로등과 CCTV 설치 등을 통해 안전을 지킬 수 있다.

1차 개입에서 사회복지사는 노인에게 교육과 정보를 제공하고, 노인이 지역사회에서 소외되지 않도록 노인의 권리를 적극적으로 옹호하는 역할을 해야 한다.

(2) 2차 개입(치료적 개입)

2차 개입은 문제가 발생한 후 기능 수행이 저하되거나 문제가 악화되지 않도록 개입하는 것이다. 2차 개입의 목표는 조기에 문제를 발견하고 신속하게 해결하는 것이다. 사별 노인을 대상으로 안부서비스와 정신건강서비스를 제공하여 사별의 어려움을 극복하고 사별 이후의 삶에 적응하게 돕는 것이 2차 개입에 해당한다. 빈곤, 건강문제, 가족관계의 갈등, 소외 등 노인이 당면한 문제에 대해 경제적 원조 제공, 건강검진과 돌봄서비스 제공, 사회적 관계망 구축, 개인 상담과 집단 프로그램 등을 통해 개입한다.

2차 개입에서 사회복지사는 개인과 집단을 대상으로 상담과 치료 프로그램을 실행하거나 노인이 필요로 하는 서비스와 자원을 연결하고 서비스 과정에서 노인의 권리가 침해되지 않도록 지원하며, 노인과 가족, 집단이 문제를 해결하는 과정에서 직접적 도움을 제공한다.

(3) 3차 개입(회복적 개입)

3차 개입은 노인의 상태가 악화되어 기능을 제대로 수행할 수 없을 때 현재의 문제와 장애로 인한 생활상의 부정적 결과를 완화시키고 기능을 최대한 회복할 수 있도록 돕는 것이다. 3차 개입이 필요한 경우는 극심한 빈곤, 열악한 주거, 학대나 유기가 발생한 경우, 신체적 질병과 정신적 문제로 일상생활이 불가능한 경우 등이다. 사회복지사는 노인과 가족에게 개별적 원조를 제공하는 한편, 장기요양서비스와 요양시설 입소 등을 통해 문제를 최소화하도록 돕는다.

3차 개입에서는 2차 개입보다 사회복지사의 역할이 더 적극적이다. 사회복지사는 지역사회에서 학대나 유기, 치매 등으로 독립적 생활이 불가능한 노인을 발견하여 개입해야 하며, 다른 전문가들과 협력하여 복합적이고 심각한 문제를 가진 노인과 가족이 필요로 하는 다양한 서비스를 연결하고 조정하는 사례관리자로서 활동하고, 노인에게 도움을 줄 수 있는 지역사회 자원을 적극적으로 동원하고 제공하는 역할을 수행한다.

3) 노인복지실천의 종결단계

(1) 평가

노인복지실천의 종결은 개입의 목적이 달성되었거나 개입기간이 종료되었을 때 사회복지사와 노인 간의 전문적 원조관계를 마침으로써 이루어진다. 종결 전에 사회복지사의 개입활동에 대한 평가가 이루어져야 한다. 노인복지실천에 대한 평가는 형성평가와 총괄평가, 척도를 활용한 양적 평가와 다양한 질적 평가방식을 활용할 수 있다(박지영 외, 2020). 노인복지실천의 평가에서 가족이나 전문가의 평가뿐 아니라, 노인이 직접 평가 과정에 참여하는 것이 중요하다.

(2) 종결과 의뢰

노인복지실천의 종결은 점진적 과정을 거쳐 이루어져야 한다. 종결이 다가오면 노인은 사회복지사와의 이별에 대해 섭섭해할 수도 있고, 종결 이후의 삶에 대해 불안감을 가질 수 있다. 사회복지사는 종결에 대한 노인의 정서적 반응을 잘 살피고 이를 표현하도록 하며, 공감과 격려를 표현해야 한다. 종결 과정에서 노인은 개입의 결과 이루어진 변화를 스스로 유지하고 실제 생활에 적용하는 훈련을 하며, 사회복지사는 개입의 결과 나타난 변화가 지속될 수 있도록 도움을 제공한다.

종결단계에서 현재 기관에서 제공할 수 있는 서비스에 한계가 있거나 다른 서비스가 필요한 경우 노인이 계속 서비스를 받을 수 있도록 다른 기관에 의뢰해야 한다. 노인을 다른 기관에 의뢰할 때는 연계되는 기관의 서비스에 대해 노인에게 상세하게 설명하고 동의를 얻어야 하며, 의뢰할 기관에서 그동안 진행했던 서비스 과정에 대한 정보를 제공하여 노인이 적절한 서비스를 계속 받을 수 있도록 한다(박지영 외, 2020). 특히 노인에게 의뢰에 대한 정보를 문서로 전달하고, 노인과 기관의 약속시간을 미리 정하고, 가능하면 의뢰하는 기관의 첫 방문에 동행하도록 한다.

노인복지실천 사례

A노인(77세)은 활발하고 사교적인 성격의 여성으로, 6년 전에 남편과 사별하고 혼자서 생활하고 있다. A노인은 젊었을 때부터 살아온 농촌의 소읍에 거주하고 있으며, 2남 2녀의 자녀들은 모두 외지에 나가 살고 있다. 사별 후 어려운 시간을 잘 견뎌내고 이제는 혼자 사는 삶에 익숙해졌으며, 집 앞뒤의 밭을 가꾸고 집에서 멀지 않은 마을회관에서 다른 노인들과 교류하며 건강하게 지내고 있었다. 특히 마을회관이 노인정으로 전환되어 같은 마을 노인들과 함께 점심도 해먹고 노래 배우기, 운동과 물리치료 등을 할 수 있어 매우 만족해하였다. 그런데 지난 겨울 A노인은 마을회관에 걸어가다가 미끄러져 고관절이 골절되었으며, 지나가던 주민의 도움으로 병원에 옮겨져 긴급 수술을 받았다. 그러나 수술 뒤에도 회복이 제대로 되지 않아 A노인은 일어나 앉을 수는 있지만 이전처럼 잘 걸을 수 없게 되었으며, 마을회관까지 혼자 이동을 할 수 없어서 집에서 지내는 날이 많아지게 되었다. 집 주변 밭에서 채소를 길러 먹고 자녀들에게도 보내곤 했지만, 이제는 밭일도 할 수가 없다. 수술 전의 일상을 회복할 수 없게 된 A노인은 급격하게 우울해졌으며 끼니를 거르는 일도 많아져 신체적으로 쇠약하게 되었다.

사정

① 노인의 강점과 문제에 대한 평가
- 강점: A노인의 활발하고 독립적인 성격, 사별을 잘 이겨낸 것, 노인 프로그램 참여 경험, 이웃과의 돈독한 관계망
- 문제: 혼자서 이동 불가능, 정서적 우울과 신체적 쇠약, 자녀들의 직접 도움 어려움

② 신체적, 심리적, 사회적 기능과 경제적 상태, 주거환경 사정

③ 현재 기능을 지지하고 유지하는 방법, 상실한 기능을 개선시키는 서비스, 상실한 기능을 대체하는 서비스 파악하기

개입
① 1차 개입(예방적 개입)
– 집안에서의 이동 촉진과 부상 예방을 위한 주택 개조
② 2차 개입(치료적 개입)
– 휠체어와 지팡이, 워커 등 이동 보조 수단 제공
– 마을회관에 의자와 소파를 배치하여 앉아서 프로그램 참여 가능하게 함
– 이웃 노인들이 마을회관 프로그램에 지속적으로 참여하게 돕고 교통수단을 제공할 수 있는 주민 연결
– 읍내 종합사회복지관에서 제공 가능한 서비스(반찬 배달 및 방문 물리치료) 연결
– 자녀들의 가능한 돌봄 역할 분담계획 수립
③ 3차 개입(회복적 개입)
– 장기요양보험제도 등급 인정 신청을 통한 재가요양서비스 제공, 심각한 기능 악화의 경우 요양시설 입소 고려

평가와 종결
개입 결과에 대한 A노인의 의견 경청, 개입 전과 후의 A노인의 신체적, 심리적, 사회적 기능의 비교 등을 통해 개입의 효과성을 평가하고, 현재 상태를 가능한 오래 지속할 수 있도록 효과적 서비스 제공을 위해 읍내 종합사회복지관에 사례관리를 의뢰함

3. 노인복지실천의 기술

1) 사정 기술

(1) 일상생활기능 사정

노인의 일상생활기능에 대한 사정은 노인이 일상생활을 얼마나 독립적으로 수행할 수 있는지를 사정하는 것으로, 신체적 일상생활동작능력(ADL: Activities of Daily Living)과 도구적 일상생활동작능력(IADL: Instrumental Activities of Daily Living)을 중심으로 이루어진다. 이외에도 노인의 일상생활기능에 대한 사정은 관찰, 의료기록 검토, 의료전문가 자문, 영양정보, 신체적 건강에 대한 노인과 가족의 인식과 답변 등을 참고해야 한다.

① 신체적 일상생활동작능력(ADL: Activities of Daily Living)

우리나라의 노인장기요양보험 인정조사표상에서는 노인의 신체기능을 기본적 일상생활기능 항목으로 설정하여 다음과 같은 방법으로 평가한다.

〈표 6-2〉 신체적 일상생활동작능력

최근 한 달간의 상황을 종합하여 일상생활에서 다음과 같은 동작을 할 때 다른 사람의 도움을 받는 정도를 평가하여 해당란에 √표로 표시한다.

항 목	기능 자립 정도		
	완전 자립	부분 도움	완전 도움
① 옷 벗고 입기			
② 세수하기			
③ 양치질하기			
④ 목욕하기			
⑤ 식사하기			
⑥ 체위 변경하기			
⑦ 일어나 앉기			
⑧ 옮겨 앉기			
⑨ 방 밖으로 나오기			
⑩ 화장실 사용하기			
⑪ 대변 조절하기			
⑫ 소변 조절하기			
⑬ 머리 감기			

출처: 노인장기요양보험제도(www.longtermcare.or.kr) 서식자료실(2024). 장기요양인정조사표.

② 도구적 일상생활동작능력(IADL: Instrumental Activities of Daily Living)

도구적 일상생활동작능력은 독립적 사회생활에 필요한 기능을 의미하며 다음과 같은 방법으로 평가한다. 도구적 일상생활동작능력의 문제는 인지적 손상과도 관련이 있으며, 특히 독거노인은 신체적 기능에 문제가 없더라도 도구적 일상생활동작능력에 유의해야 한다(Gallo et al, 1995, 김기태 외, 2011에서 재인용).

〈표 6-3〉 도구적 일상생활동작능력

최근 한 달간의 상황을 종합하여 일상생활에서 다음과 같은 동작을 할 때 다른 사람의 도움을 받는 정도를 평가하여 해당란에 √표로 표시한다.

항 목	기능 자립 정도		
	완전 자립	부분 도움	완전 도움
① 집안일 하기			
② 식사 준비하기			
③ 빨래하기			
④ 금전관리			
⑤ 물건 사기			
⑥ 전화 사용하기			
⑦ 교통수단 이용하기			
⑧ 근거리 외출하기			
⑨ 몸 단장하기			
⑩ 약 챙겨 먹기			

출처: 노인장기요양보험제도(www.longtermcare.or.kr) 서식자료실(2024). 장기요양인정조사표.

(2) 심리사회적 사정

노인의 심리사회적 기능에 대한 사정에는 노인의 정서 및 인지, 정신질환, 인간관계 및 가족, 돌봄자 등 지원체계에 대한 사정이 포함된다. 여기서는 노인의 인지기능을 사정할 수 있는 한국판 간이정신상태검사, 노인의 정서상태를 사정할 수 있는 한국형 노인우울간이척도 및 자살사정과 노인을 돌보는 부양자의 부담을 사정할 수 있는 노인부양부담척도를 살펴본다.

① 한국판 간이정신상태검사 (K-MMSE: Korean version of Mini Mental State Examination)

한국판 간이정신상태검사는 치매의 진단에 활용되는 척도 중 하나로, 노인복지 실천 현장에서 노인의 인지기능을 사정할 때 간단히 활용할 수 있는 체크리스트이다. 지남력, 기억력, 계산 능력, 집중력, 언어 능력 등을 측정하는 한국판 간이정신상태검사 결과 득점 합계가 24점 미만인 경우 인지기능의 저하를 의심해 볼 수 있다. 그러나 이 척도만으로 치매를 정확하게 진단하거나 발견해 낼 수 없으므로 참고 자료로만 활용하여야 하며, 정확한 진단을 위해서는 의학적 검사가 필수적이다.

〈표 6-4〉 한국판 간이정신상태검사

항 목	질 문 내 용	회 답	득 점
지남력 I (5점)	금년은 서기 몇 년도 입니까?		
	지금의 계절은 사계절 중 어느 계절입니까?		
	오늘은 몇월 몇일입니까?		
	오늘은 무슨 요일입니까?		
지남력 II (5점)	지금 이 병원(의원)의 이름을 말할 수 있습니까?		
	우리가 지금 이 병원의 몇 층에 있습니까?		
	지금 여기는 무슨 도입니까?		
	우리나라 이름은 무엇입니까?		
기억-등록 (3점)	피검자에게 기억력을 검사하겠다고 말한 뒤, 연필, 사과, 나무, 도장, 열쇠 중 세 가지를 1초 간격으로 또박또박 들려주고, 피검자로 하여금 복창하도록 하여 세 가지 중 정확히 맞춘 개수를 득점으로 한다. 그다음 세 가지 모두를 맞출 때까지 6번 정도 기회를 준다(회상력 검사를 위하여).		

항 목	질 문 내 용	회 답	득 점
주의집중 및 계산력 (5점)	100에서 7씩 거꾸로 감산하되 5번 실시한다(100, 93, 86, 79, 72 , 65). 상기의 것을 못하거나 하지 않으려 하면 대신 "우리 선생님" 또는 "삼천리 강산"을 거꾸로 하도록 한다(님 생 선 리 우 또는 산 강 리 천 삼).		
기억-회상력 (3점)	기억-등록에 사용되었던 단어를 반복하도록 하여 맞는 개수를 득점으로 한다.		
언어-이름 (2점)	(손목시계를 보여주며) 이것이 무엇입니까?		
	(연필을 보여주며) 이것이 무엇입니까?		
언어-반복 (1점)	"간장 공장 공장장"을 따라하기(정확히 하면 득점)		
언어-이해 (3점)	(3단계의 명령) 백지 한 장을 주면서 순서대로 말한다. ① "오른손으로 종이를 받아 주세요."		
	② "그 종이를 반으로 접어 주세요."		
	③ "그것을 바닥에 내려 놓아 주세요."		
언어-읽기 (1점)	다음의 문장을 종이에 쓴 뒤 읽고 그대로 하도록 한다. "눈을 감으세요"		
언어-쓰기 (1점)	종이를 한 장 준 뒤 무엇이든지 좋으니 한 문장을 쓰도록 하되 문법에는 맞지 않아도 좋으니 주어와 서술어가 포함된 의미 있는 문장을 쓰도록 한다.		
언어-복사 (1점)	다음의 그림을 복사하되 10개의 각이 있어야 하고 두 개의 5각형이 맞물려야 한다.		
		득 점 합 계	

※ 19점 이하: 치매 / 20~23점: 치매 의심, 인지장애 / 24점 이상: 정상

② 한국형 노인우울간이척도 (K-GDSI: Korean version of Geriatiric Depression Scale Informant)

노인의 우울은 자연스러운 노화 과정으로 인식되어 간과되기 쉽다. 그러나 우울은 자연스러운 노화 과정이 아니며, 우울을 방치할 경우 자기방임과 자살 시도로 이어질 가능성도 있다. 최근에 사별이나 질병 진단, 수술 등을 경험했다면 어느 정도의 우울을 예상할 수 있으나, 즐기던 활동에 흥미를 잃고 불면과 극심한 피로감, 지속적으로 슬픈 감정과 빈번한 울음 등이 지속될 경우 전문적 개입이 필요하다.

노인의 우울을 예측할 수 있는 도구로 한국형 노인우울간이척도가 있다. 한국형 노인우울간이척도는 15개의 문항으로 구성되어 있으며 높은 점수를 받을수록 우울 정도가 심각한 것이다. 7점 이상인 경우 의학적 치료의 필요성을 확인해야 한다. 이 척도는 간단하게 실행할 수 있고 질문들은 노인에게 필요한 상담과 원조의 내용을 보여줄 수 있다. 그러나 한 번의 조사만으로 우울을 판단하기 어렵기 때문에 시차를 두고 두 번 이상 실시해야 하며, 다른 사건의 영향을 받을 수 있으므로 이를 감안하여 해석해야 한다.

〈표 6-5〉 한국형 노인우울간이척도

지난 한 주 동안의 느낌	예	아니오
1. 기본적으로 자신의 생활에 만족하십니까?	0점	1점
2. 전에 하던 활동이나 흥미가 떨어졌습니까?	1점	0점
3. 인생이 허무하다고 느끼십니까?	1점	0점
4. 자주 지루하다고 느끼십니까?	1점	0점
5. 대부분의 생활이 활기에 차 있습니까?	0점	1점
6. 무엇인가 나쁜 일이 일어날까 걱정이 되십니까?	1점	0점
7. 대부분의 생활이 행복하다고 느끼십니까?	0점	1점
8. 자주 무력감을 느끼십니까?	1점	0점
9. 밖에 나가 새로운 일을 하는 것보다 집에 있는 것이 좋습니까?	1점	0점
10. 다른 사람에 비해 기억력이 더 떨어졌다고 느끼십니까?	1점	0점
11. 지금 살아 있다는 사실이 놀랍다고 느끼십니까?	1점	0점
12. 현재의 생활이 매우 가치 없다고 느끼십니까?	1점	0점
13. 힘이 넘친다고 느끼십니까?	0점	1점
14. 지금 상태가 희망이 하나도 없다고 느끼십니까?	1점	0점
15. 대부분의 다른 사람들이 당신보다 더 잘 살고 있다고 느끼십니까?	1점	0점
※ 7점 이상 - 우울증 / 6점 이하 - 정상		

출처: 조주연, 조경희, 배철영(1999).

③ 자살 사정

노인의 자살 위험은 심리사회적 사정에서 중요한 문제로 다루어져야 한다. 우울한 상태에서는 자살에 대한 사고가 나타나기 쉽다. 실제로 노인들의 자살 사고 확률은 비노인집단보다 50% 이상 더 높다. 특히 사별을 했거나 평생 살던 거주지를 옮기는 등 최근에 큰 변화를 경험한 노인, 혼자 살고 건강상태가 좋지 않으며, 빈곤하고 사회적 지지가 없는 남자 노인의 자살 위험이 더 높게 나타난다(김기태 외, 2011).

노인의 자살 위험을 판단하기 위해서 사정 과정에서 간단한 질문을 여러 번 해야 하며 자살 위험이 감지될 경우 심리검사를 받도록 의뢰하고, 자살 위험이 큰 것으로 판단되면 즉시 위기개입을 해야 한다. 자살 사정의 질문은 다음과 같다.

- 인생을 살 가치가 없다고 느낀 적이 있습니까? 있다면, 언제입니까?
- 인생을 마감할 생각을 해 본 적이 있습니까? 있다면, 언제입니까?
- 지금 그렇게 느낍니까?
- 그렇게 할 방법을 생각해 본 적이 있습니까?
- 계획이 있습니까?
- 무엇 때문에 당신의 계획을 실행하지 못했습니까?

④ 노인부양자 부담 사정

노인을 가정에서 돌보는 것은 매우 어렵고 직접 돌보는 부양자는 큰 스트레스를 경험하게 된다. 특히 노인에게 치매 등 질환이 있는 경우 부양자의 부담은 가중된다. 노인을 돌보는 주 부양자는 사회활동 제한, 심리적 부담, 재정 및 경제활동상의 부담, 건강상의 부담, 노인과 부양자 관계의 부정적 변화, 전체 가족관계의 부정적 변화라는 문제를 경험한다(권중돈, 2019). 사회복지사는 가족부양자의 부담을 사정하고 사정 결과에 따라 부양부담 완화를 위한 개입을 계획해야 한다.

〈표 6-6〉 노인부양부담척도

질문	전혀 아님	아주 가끔	가끔	자주	거의 항상
1. 노인이 필요 이상 도움을 요구한다고 느낍니까?					
2. 노인과 함께 보내는 시간 때문에 자신을 위한 시간이 충분하지 않다고 느낍니까?					
3. 노인을 돌보는 일과 다른 일들을 함께 하는데 스트레스를 느낍니까?					
4. 노인의 행동 때문에 당황스럽습니까?					
5. 노인과 함께 있으면 화가 납니까?					
6. 가족이나 친구들과의 관계에 노인이 부정적인 영향을 미친다고 생각하십니까?					
7. 노인의 미래가 어떻게 될지 걱정됩니까?					
8. 노인이 자신에게 의존적이라고 느낍니까?					
9. 노인과 함께 있으면 긴장됩니까?					
10. 노인을 돌보는 일 때문에 자신의 건강에 문제가 생겼다고 느낍니까?					
11. 노인 때문에 자신이 원하는만큼 사생활을 갖지 못한다고 느낍니까?					
12. 노인을 돌보는 일 때문에 자신의 사회생활에 어려움이 있다고 느낍니까?					
13. 노인 때문에 자신의 친구들을 집으로 부르는 것이 불편하다고 느낍니까?					
14. 노인이 자신에게만 의존하려는 것처럼 보이며, 다른사람보다 자신이 돌봐주기를 원하는 것 같이 느낍니까?					
15. 노인을 돌보는데 필요한 돈이 충분하지 않다고 느낍니까?					
16. 더 오랫동안 노인을 돌볼 수 없을 것 같다고 느낍니까?					
17. 노인이 병든 이후 자신의 생활을 통제할 수 없다고 느낍니까?					
18. 노인을 돌보는 일을 다른 사람에게 맡기기 원합니까?					
19. 노인에게 무엇을 해줘야 좋을지 모르겠다고 느낍니까?					

질문	전혀 아님	아주 가끔	가끔	자주	거의 항상
20. 노인에게 더 많은 것을 해줘야 한다고 느낍니까?					
21. 노인을 돌보는 일을 더 잘할 수도 있었다고 느낍니까?					
22. 전반적으로 노인을 돌보는 일을 얼마나 부담스럽게 느낍니까?					

출처: 한국노년학포럼(2010). 노년학척도집. pp. 288-289를 수정.

2) 의사소통과 면담 기술

(1) 의사소통 기술

노인과 사회복지사 간의 친밀성과 호혜성에 기반을 둔 관계 중심적 실천을 위해서는 의사소통이 매우 중요하다. 의사소통에는 비언어적 의사소통과 언어적 의사소통이 모두 포함되며, 언어적 의사소통에서는 경청과 실문이 핵심직인 빙법이다. 또한 대화에서 노인이 소외되거나 배제되지 않도록 노인에게 권한을 부여하는 의사소통 방식을 채택하여야 한다.

① 비언어적 의사소통

노인의 목소리나 눈빛, 표정, 몸짓, 옷차림이나 위생상태 등은 노인의 상태와 메시지를 전달하는 중요한 실마리를 제공하므로 세심한 관찰이 필요하다. 목소리를 통해 정서와 건강상태를 파악할 수 있고, 얼굴 표정을 통해 주의집중 정도와 정서를 파악할 수 있다. 특히 초점이 없거나 허공을 응시하는 눈빛, 눈맞춤을 하지 못하는 경우 인지적 문제나 우울의 표현일 수 있다. 또한 계절에 맞지 않는 옷차림이나 열악한 위생상태, 상처 등은 방임이나 학대의 표시일 수 있으므로 주목해야 한다.

② 경청

노인과 효과적으로 의사소통하는 데 가장 중요한 것은 경청이다. 경청은 말의 내용에 주의를 기울여 들을 뿐 아니라 말하는 사람의 의도, 숨겨진 맥락과 의미까지 알고자 노력하는 것이다. 누군가 자신의 말을 주의 깊게 듣고 관심을 가지는 것 자체가 노인에게 큰 의미를 가질 수 있다. 경청에는 귀 기울여 듣는 행위뿐 아니라 경청하고 있음을 전달하고 적극적으로 반응을 보이는 것까지 포함된다. 사회복지사는 노인과의 면담에서 관심 어린 표정, 고개 끄덕임, "아, 네", "그렇군요"와 같은 추임새 등 여러 가지 방법으로 경청하고 있음을 전달하고 노인이 계속 이야기하도록 격려한다. 또한 노인의 말을 적절히 재구성하거나 요약하고, 의미를 분명하게 확인하는 명료화 등의 의사소통 기술을 활용하여 효과적으로 의사소통을 해야 한다.

③ 질문

면담에서 질문은 필요한 정보를 얻는 방법이며, 노인의 이야기에 관심을 표하는 기술로도 활용할 수 있다. 사회복지에서 면담은 질문과 대답의 단순한 행위가 아니라 관심과 정서가 교환되는 상호작용이므로, 질문의 내용뿐 아니라 방법과 태도도 중요하다. 질문방식은 폐쇄형 질문과 개방형 질문을 적절히 활용한다. 폐쇄형 질문은 면접 초기에 많이 활용하며 구체적이고 개별적인 내용을, 개방형 질문은 노인이 중요하다고 여기는 사실에 대해 자유롭게 이야기하도록 한다. 또한 초점질문, 해결중심 질문, 순환질문, 대처질문 등을 활용하여 면담을 촉진할 수 있다. 초점질문은 구체적 사항을 물음으로써 특정 사항을 중심으로 이야기할 수 있게 하고, 해결중심 질문은 노인의 문제보다는 해결방안을 중심으로 생각할 수 있도록 "좋아지는 경우는 언제입니까?", "개선을 위해 필요한 일은 무엇일까요?" 등을 묻는 것이다. 순환질문은 "A 문제가 일어나고 나서 B는 어떻게 되었나요?" 등과 같이 문제들 간의 상호연관성을 묻는다. 대처질문은 노인이 어려운 일이나 과거 경험에서 이겨내고 생존한 점에 초점을 두고 "어떻게 이겨낼 수 있었습니까?", "어려울 때 가장 도움이 된 것은 무엇입니까?"와 같은 질문을 하는 것이다.

④ 권한부여형 의사소통

신체적, 정신적으로 취약한 노인과의 실천 과정에는 사회복지사, 노인, 가족돌봄자 간에 세 방향의 의사소통이 존재하며, 노인이 인지적 문제를 가지고 있다면 대화에서 배제되거나 주변화되기 쉽다. 노인과의 효과적인 의사소통을 위해서는 적극적인 노력이 필요하며 다양한 방법을 시도하여야 한다. 대화에서 노인을 존중하고 참여를 촉진하는 권한부여형 의사소통 방식과 피해야 할 권한박탈형 의사소통 방식은 다음과 같다(Adams & Gardiner, 2005).

〈표 6-7〉 권한부여형 의사소통과 권한박탈형 의사소통

권한부여형 의사소통	권한박탈형 의사소통
• 원하지 않는 자극 제거 • 적정 위치에서 대화하기 • 동등한 참여 보장 • 가족과 노인 모두를 포함하는 의사소통임을 밝히기 • 이야기하고 의사소통할 충분한 기회와 시간을 주기 • 비언어적 단서에 민감하기 • 노인의 기여를 존중하기 • 의사소통의 어려움을 극복하기 위한 적절한 전략 개발 • 공동의 의사결정을 촉진하고 격려하기	• 노인이 말할 때 끼어들기 • 노인을 대신해서 말하기 • 노인이 말한 내용의 진실성을 믿지 않음 • 기술적인 언어나 전문용어 사용 • 노인이 들을 수 있는 거리 밖에서 말하기 • 비언어적 행동(예를 들면 자세나 근접성)이나 언어적 표현으로 특정인을 편들기 • 노인이 하는 말을 무시하거나, 의사소통을 할 때 노인을 포함하려고 노력하지 않는 것 • 노인의 말을 비웃거나 웃음거리로 만듦 • 노인과 관련된 모임이나 논의에 초대하지 않음

출처: Adams & Gardiner(2005)를 토대로 정리.

노인의 상황별 의사소통 지침

위축되거나 의기소침한 노인과의 의사소통

- 실제적 일을 중심으로 이야기하기
- 잘 진행되고 있는 일에 대해 구체적으로 격려하고 칭찬하기
- 과거나 미래의 즐거운 일에 대해 이야기하기
- 성공 가능성이 높은 활동 제안하기
- 부정적인 감정의 존재를 인정하고 수용하기

청각장애가 있는 노인과의 의사소통

- 같은 높이에서 눈을 맞추고 이야기하기
- 다른 행동을 하며 이야기하지 않기
- 대화하는 동안 소음(라디오, TV 등) 줄이기
- 노인이 보청기를 사용하는 경우 목소리 톤을 약간 높이고 또박또박 이야기하기
- 소리를 지르거나 조급해하지 말고 평상시대로 이야기하기
- 노인이 더 잘 들을 수 있는 쪽에서 이야기하기
- 주제를 갑자기 변경하지 않기
- 노인이 이해하지 못하는 경우 같은 말을 반복하기보다 다른 표현을 찾기
- 표정과 몸짓, 보조적 자료(사진, 그림, 영상 등)를 적극적으로 활용하기

시각장애가 있는 노인과의 의사소통

- 만나면 손을 잡거나 가볍게 악수하며 소개하기
- 구체적 사물의 이름을 사용하고 지시어(이것, 저것, 그것 등)를 쓰지 않기
- 자리를 비울 때는 어디에 간다고 알리고 움직이기
- 면담 시 테이블 위의 사물이나 의자 위치 등을 미리 알려주기
- 점자 및 확대 인쇄 안내서와 리플릿 등을 미리 준비하기

출처: 유성호 외(2015). p. 202를 재정리.

(2) 치료적 면담 기술

치료적 면담은 일반적인 면담에서 더 나아가 면담 과정을 통해 치료적 효과를 달성하고자 한다. 치료적 면담 기술 중 인지적 문제를 가진 노인에게 효과적인 인정요법과 회상요법에 대해 살펴보면 다음과 같다.

① 인정요법

인정요법은 인지기능이 저하된 노인의 욕구와 감정을 존중하고 인정함으로써 그들과 공감하고 소통하는 방법이다. 비정상적인 행위일지라도 모든 행위의 이면에 어떤 논리가 존재하므로, 행동의 배후에 있는 개인적 의미를 이해하고 노인의 감정과 행동을 의미 있는 것으로 받아들임으로써 노인의 불안과 스트레스를 줄이고 안정감과 자아존중감을 증진시키는 것이다. 인정요법에서 사용하는 기술은 집중, 반복, 모방이다. 집중은 의심하거나 비난하는 노인과의 면담에서 면담자가 자신의 현재의 감정을 솔직히 인정하고 심호흡을 하거나 한곳을 집중하여 쳐다보는 등의 방법으로 부정적 감정을 해결하는 기법이다. 반복은 목소리 톤이나 말의 속도 등을 비슷하게 하여 노인이 했던 말을 반복함으로써 노인이 편안함을 느끼도록 하는 것이다. 모방은 반복적인 행동을 하는 노인의 동작을 따라함으로써 노인의 신뢰를 얻는 것이다(Feil, 2002, 유성호 외, 2015에서 재인용).

② 회상요법

회상은 과거의 사건이나 경험을 기억해 냄으로써 과거를 돌아보고 지나온 생을 정리하는 노인들에게 적합한 기술이다. 노인들이 자신의 과거를 돌이켜 봄으로써 시간의 흐름에 따라 자신의 삶을 이해하여 자신의 개성과 가치를 발견하도록 도울 수 있고, 과거의 긍정적인 자신과 현재를 동일시함으로써 심리적 상실감을 감소시킬 수 있다. 노인의 회상을 자연스럽게 이용하기 때문에 특별한 훈련이 필요 없고 비용이 들지 않아 활용도가 높다. 회상은 노인 개인과 집단 모두를 대상으로 실행할 수 있지만 대부분 집단 과정을 통해 이루어진다. 집단회상은 기억 공유 과정을 통해 소속감이 증진되고 다른 노인의 경험과의 비교를 통해 자아정체성과 가치감이 강화되며 노인 간의 상호작용을 통해 서로를 지지할 수 있다는 장점이 있다.

3) 집단 기술

(1) 노인집단 실천의 목표와 필요성

노인과의 집단 실천은 예방적 개입으로서의 역할이 강조되며, 소외감, 상실, 노년기에 경험하는 공통적 문제 등 노인에게 적합한 주제로 실행한다. 노인과의 집단 실천의 목표는 감정 표출, 문제에 대한 직면과 해결, 집단을 통한 자기표현 증가, 대인관계 기술 향상 등이다. 집단 실천이 노인에게 유익한 이유는 다음과 같다(양옥남 외, 2016).

① 사회화와 집단응집력

노년기에는 퇴직, 친밀한 사람들과의 사별 등으로 고독과 소외감을 느끼게 된다. 노인들은 집단활동을 통해 고독감을 해소할 수 있으며, 새로운 관계와 연결망을 만들 수 있다.

② 보편성 확인과 희망

노인들은 다른 노인들과의 상호작용을 통해 경제적 어려움, 건강문제, 소외감 등이 자신만이 아니라 다른 노인들도 겪는 문제임을 알게 되고, 타인의 경험을 통해 문제해결 방법을 배울 수 있다. 또한 앞날에 대한 낙관성과 희망을 가질 수 있게 된다.

③ 이타성 증진

집단활동을 통해 노인 자신이 누군가를 돕는 경험을 하고, 이를 통해 자기의 가치를 확인할 수 있다. 집단에서는 다른 사람의 경험을 배우는 동시에 자신의 경험을 공유하고 타인을 돕는 기회를 가질 수 있기 때문이다.

(2) 노인집단의 종류

① 활동과 흥미집단

활동과 관련된 집단은 댄스나 체육활동, 체중 조절, 스포츠 등 다양한 활동을 통해 집단 실천이 이루어진다. 흥미집단은 시사문제 토론, 독서, 문화나 예술, 교육과 세미나, 창작 등 공통의 취미나 흥미를 매개로 집단 실천이 진행된다.

② 문제 중심 집단

문제 중심 집단은 노년기의 공통된 문제(예를 들면 조기 퇴직, 사별, 만성질환 등)에 대처하기 위한 집단, 기능을 유지하거나 쇠퇴를 지연시키기 위한 집단(예를 들면 초기 인지장애 노인들을 위한 상호작용 활동 집단) 등이 해당된다.

③ 치료 및 성장 집단

노년기에도 성장과 발전이 중요하다는 전제 아래 각종 치료와 교육, 봉사, 새로운 경험을 위한 집단을 조직할 수 있으며, 노인들끼리의 자발적 활동을 위한 자조 집단을 운영할 수 있다. 문제 중심 집단과 치료 및 성장 집단은 중복될 수 있다.

4. 노인 사례관리

1) 사례관리와 노인복지실천

(1) 사례관리의 개념과 특성

사례관리는 복합적이고 장기적이며 다양한 욕구와 문제를 가진 클라이언트(노인, 장애인, 정신장애인 등)를 대상으로 다양한 지역사회 기관과 공적 서비스, 가족이나 이웃 등 비공식적 자원을 동원하고 연계하여 효과적인 서비스를 제공하는 통합적인 사회복지실천 방법이다.

사례관리에 대해서는 다양한 정의가 있지만 공통적으로 제시된 사례관리의 특성은 다음과 같다(엄명용 외, 2016; 우국희 외, 2018).

- 노인이나 정신장애인과 같이 만성적인 문제와 복합적 욕구를 가진 사람들을 대상으로 한다.
- 지역사회를 중심으로 다양한 자원과 사회적 관계망을 동원, 조정하여 서비스 이용자에게 가장 효과적으로 연계하는 데 초점을 둔다.
- 직접적 서비스와 간접적 서비스를 통합적으로 제공한다.
- 문제의 해결과 치료보다는 욕구 충족과 돌봄에 중점을 둔다.
- 서비스 이용자의 욕구에 초점을 두고 개별화된 서비스를 제공한다.
- 서비스 이용자의 기능과 독립성을 강화하기 위해 지속적이고 효율적인 개입을 강조한다.
- 가정 방문, 찾아가는 서비스(아웃리치), 안내, 의뢰와 같은 적극적인 접근을 중요시한다.
- 공식적인 기관뿐 아니라 비공식적인 자원 등 다양한 서비스 공급주체가 참여하며, 여러 분야의 전문가들이 팀을 이루어 협력적으로 활동한다.

(2) 노인 사례관리의 필요성

① 노인의 다양성과 욕구의 복합성

산업화와 평균수명 연장, 가족의 돌봄기능 약화로 노인에 대한 지역사회 돌봄의 필요성이 증가하였다. 또한 노인집단 내 다양성이 증가하고, 의료적, 사회적, 정서적, 경제적 문제 등 복합적인 욕구를 가지게 되었다. 이에 따라 한 기관이나 단일 서비스체계만으로는 다양하고 복합적인 문제와 욕구에 대응하기 어렵다. 따라서 분산된 다양한 서비스를 조직화하고 통합하여 노인의 욕구를 효과적으로 충족시키기 위한 사례관리가 필수적이다.

② 장기적이고 지속적인 서비스의 필요성

노인의 욕구는 다양하고 복합적일 뿐 아니라 대부분 단기간에 회복되거나 해결되기 어렵기 때문에 서비스 제공기간이 길다. 장기간에 걸쳐 노인의 기능상태와 욕구가 변화함에 따라 그에 맞는 서비스를 지속적으로 제공할 수 있는 사례관리는 효과적인 노인복지실천 방법이 된다.

③ 지역사회 중심

지역사회에서의 생활 지원을 위주로 하는 생활 접근 방법은 노인이 거주하던 지역사회에서 잘 적응하며 되도록 오랫동안 생활하는 데 목표를 둔다. 노인 사례관리는 노인이 거주하는 지역사회를 중심으로 사회복지, 의료, 임상심리, 일상생활 등 다양한 지원 영역에 적용된다.

④ 노인의 자립과 자율성 촉진

사례관리는 노인이 생활에서 자립을 유지하고 삶 전반에 대해 자율적인 결정을 내릴 수 있도록 지원한다. 일방적인 원조가 아니라 노인 스스로 자신에 대한 돌봄 서비스 내용과 방식을 결정하는 데 참여한다는 점에서 사례관리는 자기돌봄(self care)에 대한 관리라고도 볼 수 있다(김기태 외, 2011).

2) 노인 사례관리의 내용

사례관리는 여러 영역에서 이루어지고 있으며 사례관리의 대상에 따라 활동의 초점과 내용이 약간씩 다르다. 사례관리의 내용은 곧 사례관리자의 활동 및 역할을 의미하기도 한다. 노인 사례관리는 일반적인 사례관리의 내용과 기본적으로 동일하며, 내용은 다음과 같다(박지영 외, 2020).

① 서비스 계획과 서비스망 설계

서비스 계획을 세우고 서비스를 제공하는 지역사회의 여러 기관과 제공자들을 중심으로 서비스망(service network)을 설계한다.

② 노인과 서비스 연계

노인의 문제와 욕구, 강점과 자원을 파악하고 이를 기반으로 이용 가능한 공식적 서비스와 동원 가능한 가족 및 지역사회의 비공식적 자원을 모두 활용하여 필요한 서비스를 연결한다.

③ 서비스 제공자들 간의 협력과 조정

서비스를 제공하는 여러 기관과 전문가, 가족 등 비공식적 원조자들이 서로 원활하게 소통하고 협력하며 역할을 분담하도록 조정한다. 협력과 조정은 사례관리팀 활동을 통해 이루어지며 이를 위해 사례회의를 진행한다.

④ 상담

사례관리자는 노인과 신뢰관계를 발전시키고 서비스 이용자에 대한 이해를 기반으로 정서적 지지와 격려를 제공하며, 필요한 정보와 교육을 제공하고 노인의 잔존 능력을 최대한 활용하고 자원을 개발하며 활용하도록 돕는다.

⑤ 옹호

옹호는 스스로 자신의 권리를 주장하기 어려운 노인을 위하여 서비스 이용에 방해가 되는 불리한 조건과 장애(서비스 제공 거부와 지연, 인권 침해, 차별 대우 등)를 제거하여 서비스의 공정성을 보장하며, 노인의 권리를 대변하고 보호하는 것이다. 사례관리 과정 전체에 대한 점검(모니터링)을 통해 옹호가 수행되어야 한다.

⑥ 지역사회 내 자원의 동원과 개발

지역사회 내 기관과 정부의 공식적 자원뿐 아니라 가족이나 친구, 이웃, 종교, 자원봉사자 등의 비공식적 자원을 적절하게 동원하여 활용하고, 필요한 자원이 없을 때 적극적으로 개발한다.

3) 노인 사례관리의 과정

사례관리의 실천은 일반적인 사회복지실천의 과정과 기본적으로 동일하며, 순서상으로 초기 과정-개입 과정-종결 과정으로 이루어진다. 그러나 복합적 문제에 지속적으로 개입하기 때문에 사례관리 과정은 단선적이기보다는 순환적이다. 사례관리 전반에 걸친 조정과 점검(모니터링)을 실시하여 새로운 문제가 발견되면 재사정을 실시하고, 재사정을 통해 재개입이 이루어진다(권진숙, 박지영, 2016).

(1) 사례 발견 및 접수

사례관리는 욕구가 있거나 잠재적 욕구를 가진 노인을 확인하는 데서 시작된다. 사례 발견 방법은 노인의 자발적 접촉, 가족이나 주변인 및 다른 기관으로부터의 의뢰, 사례관리자의 아웃리치 등이다. 특히 노인들은 욕구를 가지고 있어도 기관에 대한 정보가 없거나 접근이 어려운 경우가 많기 때문에 사례관리자는 지역사회 노인들에 대한 정보를 파악하고 가정방문, 관찰, 외부정보 등을 통해 적극적으로 서비스 이용자를 발굴해야 한다. 접수 과정에서 노인에게 사례관리의 내용과 방식을 알기 쉽고 자세히 설명하고, 노인 스스로 사례관리를 받을 것인지 판단하여 동의해야 한다.

(2) 사정

사례관리에서의 사정은 다양한 문제와 욕구 영역을 확인하는 동시에 문제와 욕구를 해결할 수 있는 내적, 외적 자원과 능력을 파악하는 것이다. 사례관리의 사정은 문제와 욕구의 성격, 이를 해결할 수 있는 노인의 능력과 주변의 비공식적 자원, 지역사회의 공식적 자원 등을 체계적으로 평가한다.

(3) 계획 및 목표 설정

사정을 바탕으로 문제와 욕구를 해결하기 위한 서비스 계획과 자원 동원 계획을 수립한다. 서비스와 자원 동원 계획은 노인의 동의와 참여를 통해 수립되어야 하며, 목표를 설정하고 목표의 우선순위를 결정해야 한다. 서비스 계획에는 욕구와 욕구의 우선순위, 욕구별 목표, 필요한 서비스의 종류와 빈도, 횟수 등이 포함되어야 한다. 자원 계획에는 동원 가능한 공식적, 비공식적 자원, 자원 공급자 및 공급기관, 앞으로 개발되어야 할 자원 등이 포함된다.

(4) 개입

사례관리의 개입은 계획에 따른 서비스와 자원의 제공으로, 직접적 개입과 간접적 개입이 모두 포함된다. 직접적 개입은 상담 및 정보 제공, 문제해결 원조 등이며 간접적 개입은 서비스 연계, 조정, 옹호 등이다. 사례관리자는 개입 과정에서 다양한 서비스 전문기관과 전문가들, 가족이나 자원봉사자 등 비공식적 서비스 제공자들과 의사소통을 통해 서비스가 원활히 이루어지도록 하며, 서비스 제공상의 문제나 장애를 해결하여 서비스 이용 노인의 권리를 보장한다.

(5) 평가 및 종결

사례관리에서 평가는 초기의 목표가 달성되었는지, 그리고 개입이 바람직한 변화를 초래하였는지를 평가하는 것이다. 노인 사례관리의 경우 대부분 해결이 어려운 만성적인 문제에 개입하여 지속적으로 서비스를 제공하기 때문에 한번의 평가로 종결을 결정하기 어렵다. 서비스가 더 이상 도움이 되지 않거나 사망 등의 경우 종결을 진행하며, 평가 결과 전문적인 서비스가 추가로 필요한 경우 다른 기관에 의뢰한다.

(6) 조정과 점검

사례관리에서는 서비스 계획과 서비스 개입 과정에서 지속적으로 조정과 점검이 이루어진다. 점검을 통해 서비스 계획이 제대로 실행되고 있는지 이용자가 만족스러운지 등을 살핀다. 서비스이용자의 상황이나 욕구에 갑작스러운 변화가 생길 경우 재사정을 통해 서비스 계획을 변경한다. 병약한 노인의 경우 신체적 기능의 하락이나 변화에 따라 욕구 변화가 급속히 일어날 수 있기 때문에 점검과 재사정에 많은 노력을 기울여야 한다.

생각해보기

1. 노인복지실천에서 노인의 참여를 증진할 수 있는 방법이 무엇인지 생각해 보자.

2. 노인과의 의사소통에서 중요하게 고려해야 할 점을 세 가지 이상 생각해 보자.

3. 노인집단 프로그램을 기획해 보자. 집단의 주제, 대상, 집단 유형, 집단구성원 모집과 홍보, 집단 운영방식 등을 구체적으로 생각해 보자.

4. 사례관리가 노인 클라이언트에게 특히 적합한 이유를 생각해 보자.

참고 문헌

권중돈(2019). **노인복지론**(제7판). 서울: 학지사.

권진숙, 박지영(2016). **사례관리의 이론과 실제**(제3판). 서울: 학지사.

김기태, 성명옥, 박봉길, 이은희, 최송식, 최희경, 박미진(2011). **노인복지론**. 서울: 공동체.

김수영, 모선희, 원영희, 최희경(2017). **노년사회학**(제2판). 서울: 학지사.

박지영, 배화숙, 엄태완, 이인숙, 최희경(2020). **함께하는 사회복지실천론**. 서울: 학지사.

양옥남, 김혜경, 박화옥, 정순둘(2016). **노인복지론**. 고양: 공동체.

엄명용, 김성천, 오혜경, 윤혜미(2016). **사회복지실천의 이해**. 서울: 학지사.

우국희, 성정현, 좌현숙, 장연진, 최승희(2018). **사회복지실천론**(제2판). 서울: 신정.

유성호, 김형수, 모선희, 윤경아(2015). **현대 노인복지론**(제5판). 서울: 학지사.

정경희, 오영희, 황남희, 신현구, 남효정(2013). **미래 고령사회 대응 베이비붐 세대 및 전후 세대 실태 분석**. 한국보건사회연구원.

조주연,조경희, 배철영(1999). **노인환자평가의 실제: 임상가이드**. 서울: 의학출판사.

최해경(2016). **노인복지론**. 서울: 학지사.

최혜지, 이미진, 전용호, 이민홍, 이은주(2020). **노인복지론**. 서울: 사회평론 아카데미.

최희경(2017). 치매인을 위한 인권중심 사회복지실천의 방향과 방안에 한 연구. 72(1), **노인복지연구**, 69-91.

한국노년학포럼(2010). **노년학 척도집**. 서울: 나눔의 집.

Adams, T. & Gardiner, P. (2005). Communication and interaction within dementia care triads: developing a theory for relationship centered care. *Dementia, 4*(2), 185-205.

Bumagin, V. E. & AHirn, K. F. (1990). "Aement: aembling the buiding block". In V. E. Bumagin & K. F. Hirn(Eds.) *Helping the Aging Family: A Guide for Professionals.* Glenview, Illinois: Scott Foreman and Company Professional Book on Aging.

Feil, N. (2002). *The Validation Breakthrough: Simple Techniques for Communicating with People with Alzheimer's and Other Dementias.* Baltimore, Maryland: Health Professions Press.

Kroft, N. P. & Hutchion, E. D. (2000). Effective practice with elderly clients. In R. I. Schneider, N. P. Kroft, & A. J. Kisor (Eds.), *Gerontological Social Work: Knowledge, Service Settings, and Special Populations*(2nd. ed.). Belmont, CA: Wadworth/Thomson Learning. pp. 3-25.

Richardon, V. E. & Barusch, A. S. (2006). *Gerontological Practice for the Twenty-First Century.: A Social Work Perspective.* New York: Columbia University Press.

C·H·A·P·T·E·R 07

노인복지서비스

요 약

노인복지서비스는 노인이 갖고 있는 사회적 문제나 욕구에 대응하고 노인의 기능을 향상하기 위해 제도적으로 지원하는 신체, 심리, 사회적 차원의 서비스다. 노인복지서비스를 제공하는 노인복지시설에는 노인주거복지시설, 노인의료복지시설, 노인여가복지시설, 재가노인복지시설, 노인보호전문기관, 노인일자리지원기관, 학대피해노인전용쉼터가 포함된다. 노인복지서비스에는 지역사회에 거주하는 노인에 대한 돌봄 서비스, 여가 및 평생교육 지원 서비스, 사회참여활동 지원 서비스, 노인권익보호 서비스 등이 있다. 돌봄 서비스에는 노인맞춤돌봄서비스와 재가노인지원서비스가 있다. 여가 및 평생교육 지원 서비스에는 노인복지관과 경로당, 노인대학에서 제공하는 여가와 취미, 문화와 교육 서비스가 포함된다. 사회참여활동 지원 서비스는 노인일자리 및 사회활동 지원사업과 노인 자원봉사 활성화 사업을 통해 제공된다. 노인권익보호 서비스는 노인보호전문기관과 학대피해노인전용쉼터에서 제공하는 서비스를 중심으로 실행된다. 노인복지서비스의 과제로 노인복지서비스의 다양성과 이용 대상 확대, 돌봄 서비스의 사업 대상 확대, 여가 및 평생교육 지원 서비스의 전문성 제고와 기관 간 역할 분담, 노인복지관의 기능과 제도적 차원의 개선, 노인인권 보호와 관련된 서비스 개발이 제시되었다.

1. 노인복지서비스의 개념

우리나라의 「사회복지사업법」 제2조(정의)에 의하면 사회복지서비스는 "국가, 지방자치단체 및 민간 부문의 도움을 필요로 하는 모든 국민에게 상담, 재활, 직업소개 및 지도, 사회복지시설의 이용 등을 제공하여 정상적인 사회생활이 가능하도록 제도적으로 지원하는 것"이다. 노인복지서비스는 노인이라는 인구집단이 갖고 있는 사회적 문제나 욕구에 대응하고 노인의 기능을 향상하기 위해 제도적으로 지원하는 신체, 심리, 사회적 차원의 서비스를 의미한다. 넓은 의미의 노인복지서비스에는 지역사회, 시설, 가정 등에서 제공되는 재가복지서비스와 시설복지서비스가 모두 포함된다. 서비스 제공방식에 따라 상담, 정보 제공과 의뢰, 주·야간보호, 가정방문, 사회적 지지 등 다양한 내용이 포함된다.

노인복지서비스는 ① 노인의 개별적 욕구에 대응해야 하는 개별성, ② 일상생활에서 곤란을 겪는 노인의 의존상태를 방지하는 예방성, ③ 노인의 선택 가능성과 서비스 이용을 쉽게 하는 접근성, ④ 재가와 시설, 장·단기와 주·야간 보호 등을 포괄하는 다양성이라는 특성을 가진다(권중돈, 2019).

2. 노인복지서비스 제공기관

「노인복지법」에 따르면 우리나라에서 노인복지서비스를 제공하는 기능을 수행하는 노인복지시설에는 노인주거복지시설, 노인의료복지시설, 노인여가복지시설, 재가노인복지시설, 노인보호전문기관, 노인일자리지원기관, 학대피해노인전용쉼터 등이 포함된다. 이들 시설 중 노인주거복지시설과 노인의료복지시설, 학대피해노인전용쉼터 등은 노인들이 일정한 장소에서 24시간 거주하며 서비스를 제공받는 생활시설에 해당한다. 노인여가복지시설, 재가노인복지시설, 노인보호전문기관, 노인일자리지원기관 등은 노인들이 자신의 집에 머물면서 서비스를 받거나 기관에 가서 서비스를 이용할 수 있는 이용시설에 해당한다. 우리나라에서 노인복지서비스를 제공하는 노인복지시설의 종류와 대상자를 자세히 살펴보면 〈표 7-1〉과 같다.

〈표 7-1〉 우리나라 노인복지시설의 종류와 대상자

<table>
<tr><th>종류</th><th>시설</th><th>설치 목적</th><th>입소(이용) 대상자</th></tr>
<tr><td rowspan="3">노인
주거
복지
시설</td><td>양로
시설</td><td>노인을 입소시켜 급식과 그 밖에 일상생활에 필요한 편의를 제공</td><td rowspan="2">• 다음 각 호의 어느 하나에 해당하는 자로서 일상생활에 지장이 없는 자
가. 「국민기초생활보장법」 제2조에 따른 수급권자(이하 "기초수급권자"라 한다)로서 65세 이상의 자
나. 부양의무자로부터 적절한 부양을 받지 못하는 65세 이상의 자
다. 본인 및 본인과 생계를 같이 하고 있는 부양의무자의 월소득을 합산한 금액을 가구원 수로 나누어 얻은 1인당 월평균 소득액이 통계청장이 「통계법」 제17조 3항에 따라 고시하는 전년도의 도시근로자가구 월평균 소득을 전년도의 평균 가구원 수로 나누어 얻은 1인당 월평균 소득액 이하인 자(이하 "실비보호대상자"라 한다)로서 65세 이상의 자
라. 입소자로부터 입소 비용의 전부를 수납하여 운영하는 양로시설 또는 노인공동생활가정의 경우는 60세 이상의 자</td></tr>
<tr><td>노인
공동
생활
가정</td><td>노인들에게 가정과 같은 주거여건과 급식, 그 밖에 일상생활에 필요한 편의를 제공</td></tr>
<tr><td>노인
복지
주택</td><td>노인에게 주거시설을 분양 또는 임대하여 주거의 편의·생활 지도·상담 및 안전관리 등 일상생활에 필요한 편의를 제공</td><td>단독취사 등 독립된 주거생활을 하는 데 지장이 없는 60세 이상의 자</td></tr>
<tr><td rowspan="2">노인
의료
복지
시설</td><td>노인
요양
시설</td><td>치매·중풍 등 노인성 질환 등으로 심신에 상당한 장애가 발생하여 도움을 필요로 하는 노인을 입소시켜 급식·요양과 그 밖에 일상생활에 필요한 편의를 제공</td><td rowspan="2">• 노인성 질환 등으로 다음 각 호의 어느 하나에 해당하는 자
가. 「노인장기요양보험법」 제15조에 따른 장기요양급여수급자
나. 기초수급권자로서 65세 이상의 자
다. 부양의무자로부터 적절한 부양을 받지 못하는 65세 이상의 자
라. 입소자로부터 입소 비용의 전부를 수납하여 운영하는 노인요양시설 또는 노인요양공동생활가정의 경우는 60세 이상의 자</td></tr>
<tr><td>노인
요양
공동
생활
가정</td><td>치매·중풍 등 노인성 질환 등으로 심신에 상당한 장애가 발생하여 도움을 필요로 하는 노인에게 가정과 주거여건과 급식·요양, 그 밖에 일상생활에 필요한 편의를 제공</td></tr>
</table>

종류	시설	설치 목적	입소(이용) 대상자
노인 여가 복지 시설	노인 복지관	노인의 교양·취미생활 및 사회참여활동 등에 대한 각종 정보와 서비스를 제공하고, 건강증진 및 질병 예방과 소득보장·재가복지, 그 밖에 노인의 복지증진에 필요한 서비스를 제공	60세 이상의 자
	경로당	지역노인들이 자율적으로 친목도모·취미활동·공동작업장 운영 및 각종 정보교환과 기타 여가활동을 할 수 있도록 장소를 제공	65세 이상의 자
	노인 교실	노인들에 대하여 사회활동 참여욕구를 충족시키기 위하여 건전한 취미생활·노인건강유지·소득보장과 기타 일상생활과 관련한 학습 프로그램을 제공	60세 이상의 자
재가 노인 복지 시설	방문 요양 서비스	가정에서 일상생활을 영위하고 있는 노인으로서 신체적·정신적 장애로 어려움을 겪고 있는 노인에게 필요한 각종 편의를 제공하여 지역사회 안에서 건전하고 안정된 노후를 영위하도록 하는 서비스	• 장기요양수급자나 심신이 허약하거나 장애가 있는 65세 이상의 자(이용자로부터 이용 비용의 전부를 수납받아 운영하는 시설의 경우에는 60세 이상의 자로 한다)로서 다음 각 호에 해당하는 자 가. 방문요양서비스: 가정에서 보호가 필요한 자 나. 주·야간보호서비스: 주간 또는 야간 동안의 보호가 필요한 자 다. 단기보호서비스: 단기간의 보호가 필요한 자
	주·야간 보호 서비스	부득이한 사유로 가족의 보호를 받을 수 없는 심신이 허약한 노인과 장애노인을 주간 또는 야간 동안 보호시설에 입소시켜 필요한 각종 편의를 제공하여 이들의 생활안정과 심신기능의 유지·향상을 도모하고, 그 가족의 신체적·정신적 부담을 덜어주기 위한 서비스	
	단기 보호 서비스	부득이한 사유로 가족의 보호를 받을 수 없어 일시적으로 보호가 필요한 심신이 허약한 노인과 장애노인을 보호시설에 단기간 입소시켜 보호함으로써 노인 및 노인가정의 복지증진을 도모하기 위한 서비스	

종류	시설	설치 목적	입소(이용) 대상자
재가노인복지시설	방문목욕서비스	목욕장비를 갖추고 재가노인을 방문하여 목욕을 제공하는 서비스	라. 방문목욕서비스: 가정에서의 목욕이 필요한 자 마. 방문간호서비스: 가정에서 간호가 필요한 자 바. 복지용구지원서비스: 복지용구가 필요한 사람 사. 재가노인지원서비스: 가목부터 바목까지의 서비스 이외의 서비스로서 상담·교육 및 각종 서비스가 필요한 자
	방문간호서비스	간호사 등이 의사, 한의사 또는 치과의사의 지시서(이하 "방문간호지시서"라 한다)에 따라 수급자의 가정 등을 방문하여 간호, 진료의 보조, 요양에 관한 상담 또는 구강위생 등을 제공하는 서비스	
	재가노인지원서비스	그 밖에 재가노인에게 제공하는 서비스로서 상담·교육 및 각종 서비스	
	복지용구지원서비스	수급자의 일상생활·신체활동 지원 및 인지기능의 유지·향상에 필요한 용구를 제공하는 서비스	
노인보호전문기관	노인보호전문기관	시·도지사가 노인보호전문기관을 지정·운영, 노인학대 신고, 상담, 보호, 예방 및 홍보, 24시간 신고·상담용 긴급전화(1577-1389) 운영	노인학대 행위자에 대한 상담 및 교육, 학대받은 노인의 발견·상담·보호 등 노인학대 예방 및 방지를 위한 홍보
노인일자리지원기관	노인일자리지원기관	지역사회 등에서 노인일자리의 개발·지원, 창업·육성 및 노인에 의한 재화의 생산·판매 등을 직접 담당하는 노인일자리 전담기관 운영	60세 이상의 자
학대피해노인전용쉼터	학대피해노인전용쉼터	노인학대로 피해를 입은 노인을 일정기간 보호하고 심신치유 프로그램 제공	학대 피해노인이 입소를 희망하는 경우 지역 노인보호전문기관의 장의 입소 요청에 학대 피해노인이 동의하는 경우

출처: 보건복지부(2024c). 2024 노인복지시설현황.

3. 노인복지서비스의 내용

우리나라에서는 2008년 노인장기요양보험제도 실시 이후 노인장기요양보험의 재가급여를 제외한 재가노인 관련 서비스가 노인복지서비스에 포함된다. 따라서 여기서는 노인장기요양보험 수급자가 아닌 지역사회에 거주하는 노인에 대한 돌봄 서비스, 여가 및 평생교육 지원 서비스, 사회참여활동 지원 서비스, 노인권익보호 서비스 등을 중심으로 노인복지서비스를 살펴본다.

1) 돌봄 서비스

(1) 노인맞춤돌봄서비스

2007년부터 2019년까지 각 지자체에서는 다양한 노인돌봄 관련 서비스를 실행하였다. 그러나 각 지자체마다 유사한 사업이 제각기 운영되어 돌봄 서비스가 분절화되고 사업이 비효율적으로 수행된 결과 지역사회에 거주하는 노인들의 돌봄 욕구를 충족하기에 미흡하였다.

이에 따라 2020년부터는 기존 6개 유사 돌봄 관련 서비스를 '노인맞춤돌봄서비스'로 통합하였다. 노인맞춤돌봄서비스 사업은 장기요양 전 단계의 취약노인에게 적절한 돌봄을 제공하여 노후 삶의 질 향상, 상태 악화 방지, 장기요양 진입 예방 등을 목표로 한다. 노인맞춤돌봄서비스의 대상은 노인장기요양보험제도를 비롯한 유사 재가돌봄 서비스 지원을 받지 않으며 돌봄이 필요한 지역사회 거주 노인들로, 구체적인 자격기준은 다음과 같다.

노인맞춤돌봄서비스 자격기준

- 65세 이상 ① 국민기초생활수급자, ② 차상위계층 또는 ③ 기초연금수급자로서 유사 중복사업(노인장기요양보험 등급자, 가사·간병 방문지원사업 이용자, 국가보훈처 보훈재가복지서비스 이용자, 장애인 활동지원 사업 이용자, 기타 유사한 재가서비스) 자격에 해당되지 않는 자
- 독거·조손·고령부부 가구 노인 등 돌봄이 필요한 노인
- 신체적 기능 저하, 정신적 어려움(인지 저하, 우울감 등) 등으로 돌봄이 필요한 노인
- 고독사 및 자살 위험이 높은 노인(특화서비스)

출처: 보건복지부(2024a). 2024 노인맞춤돌봄서비스 사업안내.

노인맞춤돌봄서비스는 크게 직접서비스와 연계서비스로 구분되며 직접서비스에는 안전 지원, 사회참여, 생활교육, 일상생활 지원이 포함된다. 연계서비스에는 생활지원 연계, 주거개선 연계, 건강지원 연계, 기타 서비스 등이 포함되며 지역사회 내 민간의 후원물품이나 서비스, 자원봉사자 등 민간후원 자원을 적극 발굴·연계한다. 개인별 조사·상담에 따라 서비스 제공계획 수립을 통해 개인별 돌봄 욕구·필요 정도에 따라 서비스 내용, 제공시간, 제공주기 등이 결정된다.

노인맞춤돌봄서비스 대상자별 서비스 내용은 〈표 7-2〉와 같다.

〈표 7-2〉 노인맞춤돌봄서비스의 대상자별 서비스 내용

사업 대상자	대상자 군	서비스 내용
본 사업대상자	중점돌봄군	20~40시간 미만 직접서비스 + 연계서비스(필요시) + 특화서비스(필요시)
	일반돌봄군	16시간 미만 직접 서비스 + 연계서비스(필요시) + 특화서비스(필요시)
특화서비스 대상자		별도의 집중적 서비스가 필요한 은둔형, 우울형 노인
사후관리 대상자		본 사업 종결자 중 사후관리가 필요한 노인

출처: 보건복지부(2024a). 2024 노인맞춤돌봄서비스 사업안내.

노인맞춤돌봄서비스는 읍면동 행정복지센터에서 신청하며 수행기관에서 대상자 선정조사 및 상담을 거쳐 서비스 제공계획을 수립하고 시, 군, 구에서 심의 및 결정 과정을 거쳐 서비스를 제공한다. 1년 주기로 재사정을 통해 대상자 선정과 서비스 제공계획을 재수립한다(보건복지부, 2024a).

(2) 재가노인지원서비스

재가노인지원서비스는 노인장기요양보험제도에 포함되지 않는 중등도 이하의 질병을 앓거나 독립적 생활에 어려움을 겪는 노인을 지원하기 위하여 2010년부터 시작되었다. 재가노인지원서비스는 노인장기요양보험제도의 방문요양서비스와 구분되는 재가 서비스로서, 일상생활 지원, 정서 지원, 주거환경개선 지원, 여가활동 지원, 상담 지원, 지역사회 개발사업 등이 포함된다.

재가노인지원서비스는 지방자치단체의 재정 지원으로 재가노인지원서비스센터에서 제공하며, 국고보조사업인 노인맞춤돌봄서비스의 보완 서비스 성격을 지닌다. 재가노인지원서비스 이용 대상은 다음과 같다(보건복지부, 2024b).

- 기초생활보장수급자, 차상위계층 등 경제적 취약노인으로 긴급지원이 필요한 노인
- 경도 인지장애, 알코올 의존 등의 신체적, 정신적 어려움이 있는 위기노인
- 재가노인복지 관련 서비스(장기요양, 맞춤돌봄, 치매안심센터 등) 이용자 중 재가노인지원서비스를 필요로 하여 의뢰된 노인
- 기타 시장, 군수, 구청장이 의뢰한 노인

2) 여가 및 평생교육 지원 서비스

(1) 노인복지관

우리나라의 「노인복지법」에 의하면 노인복지관은 노인의 교양·취미생활 및 사회참여활동 등에 대한 각종 정보와 서비스를 제공하고, 건강증진 및 질병 예방과

소득보장, 재가복지, 그 밖에 노인의 복지증진에 필요한 종합적인 노인복지서비스를 제공하는 시설이다. 노인복지관은 여가복지시설로 분류되어 있음에도 불구하고 상담, 돌봄, 교육, 사회참여 등 전 분야의 노인복지서비스를 제공하는 핵심적인 노인복지서비스 시설이다. 노인복지관의 기본 운영 방향은 다음과 같다(보건복지부, 2024b).

- 60세 이상의 모든 노인이 다 참여할 수 있도록 하되 저소득층 등 소외계층 노인들이 이용에 소외되지 않도록 함
- 전문성, 지역성, 중립성, 책임성을 견지하고 자율적인 운영 기반 확립
- 노인계층의 변화에 대비하여 베이비부머 세대를 대상으로 하는 은퇴준비 프로그램과 사회참여 및 취업 등의 특화 프로그램 개발 운영
- 시대 변화를 반영한 성별 특화 프로그램 개발·보급
- 지역노인에 대한 상담 및 정보 제공, 욕구사정을 통하여 수요자 중심의 맞춤형 서비스 및 정보 제공
- 세대통합 프로그램 지원을 통해 가족과 사회통합 강화를 위한 노력
- 지역 노인보호 거점기관으로서 읍면동 행정복지센터 및 지역 노인복지서비스 기관 연계를 통한 취약노인 보호체계 구축, 위기노인 보호사업 운영

노인복지관의 사업은 종합복지센터로서의 기능과 역할을 수행하기 위해 기본적으로 제공해야 할 기본사업과 지역 또는 노인복지관의 특성을 반영하여 개발·추진 가능한 선택사업으로 구분된다. 노인복지관의 구체적인 사업 내용과 프로그램은 〈표 7-3〉과 같다.

〈표 7-3〉 노인복지관의 사업 내용과 프로그램

사업 구분		프로그램(예시)
Ⅰ. 상담	1. 일반상담 및 정보제공	노인의 복지 정보 제공 일반상담(이용상담, 접수상담) 외부 전문가 활용 정보 제공 상담(경제, 법률, 주택상담, 연금상담, 건강상담, 세무상담)
	2. 전문상담	우울 및 자살예방프로그램, 죽음준비프로그램, 집단프로그램, 자조모임, 학대 및 인권, 인지 및 행동 심리 상담, 애도, 상실, 관계(부부관계, 또래관계, 자녀관계 등) 등에 대한 개별 혹은 집단 개입 등
Ⅱ. 사례관리 및 지역사회 돌봄	3. 위기 및 취약노인지원	취약노인의 신체·정서·사회적 자립 지원 프로그램 운영, 노인맞춤돌봄서비스, 사례관리사업, 읍면동행정복지센터 및 유관기관 등과 연계(취약노인연계망구축사업)
	4. 지역사회 생활자원연계 및 지원	노인에게 필요한 서비스 조정, 중재, 의뢰, 옹호, 자원연계 강화를 위한 지원 활동, 지역사회 읍면동 복지 허브화와 맞춤 돌봄에 관한 지역자원 발굴 연계
	5. 가족기능 지원	노인과 관련된 가족상담, 가족관계프로그램, 가족캠프, 세대통합프로그램 등
Ⅲ. 건강 생활 지원	6. 건강증진 지원	건강교육, 건강상담, 건강교실(건강체조, 기체조, 요가 등), 독거노인지원 사업(기존 재가사업), 노인건강운동, 치매예방 인지활동서비스, 물리치료 등
	7. 기능회복 지원	양·한방진료, 작업요법, 운동요법, ADL훈련 등
	8. 급식지원	경로식당(중식서비스), 밑반찬·도시락배달, 푸드뱅크 등
Ⅳ. 노년 사회화 교육	9. 평생교육 지원	노인역량강화교육, 정보화교육, 사회화교육, 시민사회교육, 한글교실, 외국어교실, 교양교실, 인문학교육, 예비노인 은퇴준비 프로그램, 경제교육, 생애말기 준비·설계 교육, 웰다잉교육 등
	10. 취미여가 지원	예능활동(음악, 미술, 생활도예, 서예, 댄스), 문화활동(연극, 사진, 영화, 바둑, 장기, 레크리에이션), 취미활동(종이접기, 손뜨개질, 민속놀이), 체육활동(탁구, 당구, 게이트볼), 동아리활동 등
Ⅴ. 지역 자원 및 조직화	11. 지역자원 개발	자원봉사자 발굴·관리, 후원자 개발, 외부 재정지원기관 사업 수탁 등
	12. 지역복지 연계	경로당 프로그램 연계 등의 지역복지기관 연계, 지역협력사업(경로행사, 나들이 등) 등
	13. 주거지원	주택수리사업, 주거환경 개선사업(도배 등) 등

<table>
<tr><th colspan="2">사업 구분</th><th>프로그램(예시)</th></tr>
<tr><td rowspan="3">Ⅵ.
사회참여 및 권익증진</td><td>14. 사회참여 지원</td><td>노인자원봉사 활성화 사업, 노인일자리 및 사회활동지원 사업, 지역봉사활동, 교통안전봉사, 동아리·클럽 활동 지원, 교통편의서비스 등</td></tr>
<tr><td>15. 노인권익증진</td><td>정책건의, 노인인권 옹호, 노인인식개선사업, 편의시설 설치, 노인소비자피해예방교육, 양성평등교육, 성교육 등</td></tr>
<tr><td>16. 고용 및 소득지원</td><td>고령자취업지원 사업, 취업교육, 창업지원(사회적협동조합 등)사업 등</td></tr>
<tr><td>(선택사업) 돌봄</td><td>17. 요양서비스</td><td>치매환자 프로그램, 주·야간보호 등</td></tr>
</table>

출처: 보건복지부(2024b) 2024년도 노인보건복지사업안내(I)

(2) 경로당

경로당은 지역사회의 노인들이 자율적으로 친목도모, 취미활동, 공동작업장 운영 및 각종 정보교환과 기타 여가활동을 할 수 있도록 장소를 제공하는 노인여가복지시설이다. 경로당은 노인정으로 불리는 대표적인 여가공간이지만, 경로당 활성화사업을 통해 단순 소일공간의 기능을 넘어 지역의 노인복지, 정보센터, 노인학대 지킴이센터로 운영되고 있다. 경로당 활성화사업은 건강관리, 운동, 교육 및 상담, 권익증진과 사회참여 지원 등의 프로그램을 통해 경로당을 노인이 가장 손쉽게 접근할 수 있는 다기능 공간으로 활용하고자 한다. 또한 시, 도에 경로당 광역지원센터를 운영하고, 매년 모범 경로당을 선정하여 운영비 등의 인센티브를 제공하고 있다(보건복지부, 2024b). 경로당 활성화사업의 구체적인 내용은 다음과 같다.

① 경로당 순회전문 프로그램

지역사회복지관 등 사회복지시설, 보건소, 치매안심센터, 국민건강보험공단, 대한체육회 등 지역사회 내 기관과의 연계를 통해 경로당 순회전문 프로그램을 운영하고 시, 군, 구에서는 경로당 순회전문 프로그램의 조정·지원을 담당하는 관리자를 지원한다.

② 독거노인 생활교육

독거노인 생활교육 실시 장소로 활용하여 건강·영양관리 및 간단한 신체기능 유지 프로그램 등 교육을 실시함으로써 지역사회 독거노인에 대한 보호기능을 수행한다.

③ 노인학대 지킴이센터

노인학대 지킴이센터로 지정하여 학대 피해노인을 감시·신고하는 기능을 수행한다.

④ 노인 공동생활 장소

농어촌의 경우 노인 공동생활 장소로 활용하여 공동난방, 공동취사 등 공동생활을 통해 독거노인 상호 간 안전 확인 및 정서적 외로움 해소기능을 수행한다.

(3) 노인교실 및 어르신문화프로그램

노인교실은 노인을 대상으로 사회활동 참여 욕구를 충족시키기 위하여 건전한 취미생활, 노인건강 유지, 소득 보장, 기타 일상생활과 관련한 학습 프로그램 제공을 목적으로 하는 시설이다. 노인교실은 노인학교, 노인대학, 경로대학 등 다양한 명칭으로 설립, 운영되고 있으며, 대한노인회, 사회복지관, 노인복지관, 종교단체 등 다양한 기관에서 운영하고 있기 때문에 운영방식이 다양하다. 노인교실에서 실시하는 노인교육의 내용은 크게 교양강의와 여가활동으로 나누어진다.

노인교실은 취미, 오락 위주 프로그램에 치중되어 있고, 교육 프로그램의 비전문성과 전문강사진 부족, 미흡한 교육환경과 운영문제 등을 가지고 있다. 노인교실 이외에 노인복지관이나 사회복지관에서 평생교육 사업의 일환으로 노인교육을 실시하고 있으나, 교육 프로그램 내용의 편차가 크고 대도시에 집중되어 있다(권중돈, 2019).

어르신문화프로그램 사업은 문화체육관광부의 사업으로, 60세 이상 노인의 여가 기회 및 사회활동 참여를 확대하고 문화를 통한 세대 간 소통과 삶의 질 향상을 위해 실행되고 있다. 단위사업으로는 어르신문화예술교육 지원, 어르신문화예술동아리 지원, 찾아가는 문화로 청춘, 어르신&협력프로젝트 등이 있다. 어르신문화프로그램은 문화, 여가활동 참여가 저조한 노인을 대상으로 다양한 문화체험 프로그램을 실시하여 문화적 욕구를 충족시키고 지역적 특성을 반영하여 문화향유 증진 기회를 확대시키고자 한다. 오랫동안 한 지역에서 거주한 노인들이 지역 고유의 문화적 전통을 후속세대에게 전수할 수 있도록 세대 간 문화교류를 활성화하는 한편, 노인의 일자리 창출과 자원봉사활동 기회도 제공하고 있다(어르신문화프로그램 홈페이지, http://m.seniorculture.or.kr/page/page83).

3) 사회참여활동 지원 서비스

(1) 노인일자리 및 사회활동 지원사업

「노인복지법」 제23조(노인사회참여 지원)에 근거하여 국가 또는 지방자치단체가 노인의 사회참여 확대를 위하여 노인에게 적합한 직종을 개발, 보급하고, 근로능력이 있는 노인에게 일할 기회를 우선적으로 제공하는 사업이다. 국가 또는 지방자치단체는 노인일자리 전담기관을 설치·운영하거나 법인·단체 등에 위탁하여 운영한다.

노인일자리 및 사회활동 지원사업의 내용은 활동의 성격에 따라 봉사(사회공헌)와 근로로 구분되는데, 봉사에는 공익나눔활동과 재능나눔활동이 포함되며, 근로에는 사회서비스형, 시장형사업단, 취업알선형, 시니어인턴십, 고령자친화기업 등의 유형이 있다(보건복지부, 2024b). 노인일자리 및 사회활동 지원사업에 대해서는 3장에서 자세히 다루었다.

(2) 노인자원봉사 활성화사업

노인자원봉사 활성화사업은 노인의 경륜을 사회에 재투자할 수 있도록 노인자원봉사를 활성화하여 노인의 적극적 사회참여 및 인적 자원 활용을 극대화하고자 한다. 특히 노인의 지식과 재능을 이용한 전문성·나눔문화를 확산하고, 경로당 및 노인복지관을 중심으로 구성된 노인자원봉사 활동을 지원하며 노인만의 차별화된 자원봉사 활동 영역을 마련하고자 한다.

노인자원봉사 활성화사업에는 노인자원봉사클럽(봉사단) 운영 지원과 노인자원봉사 매뉴얼 제작 및 보급, 전국 노인자원봉사 대축제 개최, 노인자원봉사 홈페이지 운영 등이 포함된다.

4) 노인권익보호 서비스

(1) 노인보호전문기관

노인권익보호 서비스는 노인학대에 전문적이고 체계적으로 대처하고 노인학대 예방과 인식 개선을 통해 노인의 인권을 보호하기 위한 것으로, 2004년 「노인복지법」 개정으로 긴급전화, 노인보호전문기관 설치 등의 조항(제39조)을 신설하면서 시작되었다.

노인권익보호 서비스의 담당기관은 노인보호전문기관이며, 중앙노인보호전문기관과 지역노인보호전문기관으로 구분하여 운영된다. 2023년 현재 전국적으로 중앙 및 지역노인보호전문기관은 38개소가 설치되어 운영되고 있다. 중앙노인보호전문기관에서는 노인인권 보호 관련 정책 제안, 연구 및 프로그램 개발, 노인학대 예방 홍보 및 교육자료 제작과 보급, 노인보호전문기관 사업 관련 실적 취합, 관리 및 자료 제공, 지역노인보호전문기관의 관리 및 업무 지원, 상담원 교육, 관련기관 협력체계 구축 및 교류 업무를 담당한다. 지역노인보호전문기관은 실질적으로 노인학대 관련 업무를 수행하며, 구체적인 서비스 및 업무 내용은 다음과 같다(보건복지부, 2024b).

- 노인학대 신고 전화(전용전화 1577-1389) 운영 및 사례 접수
- 학대 의심 현장 조사

- 학대 피해노인 및 학대자, 피해노인 가족 관련자와 관련 기관에 대한 상담
- 상담 및 서비스 제공에 따른 기록과 보관
- 학대 피해노인 사후관리
- 지역 노인학대사례판정위원회 및 자체 사례회의 운영
- 지역단위 노인학대 예방교육 및 홍보(일반인, 노인학대 신고의무자, 노인복지시설 및 재가장기요양기관 설치·운영자와 종사자)
- 노인학대 행위자를 대상으로 한 재발방지 교육
- 노인학대 피해자 지원을 위한 자원 개발 및 연계
- 학대 피해노인의 의료기관 치료 의뢰 및 노인복지시설 입소 의뢰, 지역사회의 보건복지서비스 관련 기관과의 협력체계 구축
- 노인학대 예방 및 방지 등을 위해 보건복지부장관 또는 시·도지사가 위탁한 사업의 수행

(2) 학대피해노인전용쉼터

학대피해노인전용쉼터는 학대 피해노인을 일정기간 보호하고 심신 치유 프로그램을 제공하며, 재학대 발생을 예방하기 위하여 학대 행위자 및 가족들에 대해 전문상담 서비스를 제공한다. 학대 피해노인이 입소를 희망하는 경우와 지역 노인보호전문기관장의 입소 요청에 학대 피해노인이 동의하는 경우 쉼터에 입소할 수 있다. 보호기간은 보통 4개월이며, 학대 재발 등으로 쉼터 재입소가 필요한 경우를 포함하여 연간 6개월 이내까지 가능하다. 학대피해노인전용쉼터에서 제공하는 서비스 내용은 다음과 같다(보건복지부, 2024b).

- 숙식 및 쉼터 생활 지원
- 심신 치유 및 학대 상황 개선을 위한 지원
  - 불안한 심리상태 개선을 위한 전문적 상담 및 심리 치유 서비스 제공
- 학대로 인한 심신치료 및 건강관리를 위한 의료비 지원

- 법률 및 복지 서비스 연계와 지원
- 사회적응을 위한 문화·여가 활동 지원
- 학대 재발 방지를 위한 지원
  - 부양자 교육 및 가족상담 프로그램 제공
- 퇴소 후 사후 모니터링
- 쉼터 퇴소 후 안전한 생활을 할 수 있도록 원가족 복귀 또는 다른 자녀와의 동거, 시설입소 등을 지원
- 쉼터에 입소하지 않은 학대 피해노인 및 학대 행위자를 위한 프로그램 지원

4. 노인복지서비스의 개선방안

우리나라의 노인복지서비스는 급격한 인구 고령화와 노인복지 욕구의 다양화에 따라 짧은 시간 안에 양적으로 확대되었다. 그러나 노인집단의 욕구를 충족하고 삶의 질을 향상시키기 위하여 개선되어야 할 과제가 많다. 우리나라의 노인복지서비스의 개선점은 다음과 같다.

첫째, 노인복지서비스의 다양성과 이용 대상의 확대가 필요하다. 우리나라의 전반적인 노인복지서비스의 범위와 종류는 저소득층 노인에 집중되어 다양한 노인집단의 욕구와 문제를 다루고 있지 못하다. 특히 앞으로 교육수준과 문화적 욕구수준이 높은 베이비부머 세대가 노인인구로 편입됨에 따라 문화 및 교육 프로그램, 사회참여 지원 프로그램, 재정 및 재산 문제, 성문제, 가족문제, 인권 증진, 정치참여 등 다양한 영역에서 전문적인 프로그램과 서비스가 제공될 필요가 있다. 또한 프로그램의 성격과 노인의 욕구에 따라 서비스 대상이 확대되어야 할 것이다. 서비스 대상을 확대할 경우 서비스 이용에 따른 부담을 노인의 소득수준에 따라 무료, 일부 유료, 실비 및 유료 등 다양한 방식으로 운영할 수 있다(최성재, 장인협, 2010).

둘째, 돌봄 서비스의 사업 대상 확대가 필요하다. 노인돌봄 서비스는 노인장기요양보험제도를 중심으로 운영되고 있기 때문에 노인장기요양보험제도 수급자가 아니면서 지역사회에 거주하는 중등도 이하의 기능적 문제를 가진 노인에 대한 돌봄 서비스에 공백이 존재한다. 이를 위해 보완적으로 노인맞춤돌봄서비스와 재가노인지원서비스 사업을 운영하고 있으나 사업 대상이 저소득층 노인과 독거노인에 집중됨으로써 중산층이면서 일상생활에 어려움을 겪는 노인을 대상으로 하는 노인돌봄 서비스는 매우 제한적이다. 따라서 중등도 이하의 기능상태를 가진 노인, 중산층 노인에 대한 돌봄 서비스를 확충하고 노인돌봄 서비스 사업별로 대상과 기능을 명확히 해야 한다.

셋째, 여가 및 평생교육 지원 서비스의 전문성 제고와 기관 간 역할 분담이 필요하다. 노인을 대상으로 하는 현재의 여가 및 평생교육 서비스는 전문강사진의 부족과 프로그램 내용과 방법의 전문성 결여, 교육환경 미비 등의 문제를 가지고 있으며, 그나마도 도시지역에 집중되어 있다. 앞으로 여가복지시설인 노인복지관과 경로당의 역할을 구분하고 프로그램과 대상자를 다양화하여 노인의 개별적 욕구와 기능상태에 따라 이용할 수 있도록 해야 한다(원시연, 2015). 또한 노인교실을 여가복지시설이 아닌 평생교육기관으로 지정하고 지역사회 내 대학 등 교육기관, 종교기관, 단체들 간의 협력체계를 구축하여 평생교육 차원에서 노인교육이 이루어져야 할 것이다. 노인문화 및 여가 서비스, 노인교육 전문인력을 양성하고 여가복지시설과 노인교육기관에서 전문인력의 채용을 의무화하여야 한다(권중돈, 2019).

넷째, 노인복지관의 기능과 제도적 개선이 필요하다. 노인복지관은 여가복지시설로 분류되어 있어 시설 분류와 실제 기능이 일치하지 않고, 여가 및 노년사회화 교육사업의 비중이 상대적으로 너무 높은 반면 서비스 지원과 사회참여 지원사업의 비중은 상대적으로 낮아 사업 간 불균형 문제도 존재한다(최해경, 2016). 노인복지관의 수나 시설수준도 지역별로 큰 차이를 보이고 있다. 앞으로 농어촌의 노인복지관을 확충하고, 지역별로 특성화된 사업을 진행하며, 노인복지관 사업에서 서비스 지원과 사회참여 지원사업 기능을 강화해야 할 것이다.

다섯째, 노인인권 보호와 관련된 서비스가 개발되어야 한다. 우리나라의 노인권의 보호 서비스는 노인학대 등 극단적인 인권 침해의 경우에만 한정되어 제공되고 있으며, 전반적인 노인인권 보호를 위한 원칙이나 지침, 프로그램과 서비스는 미비한 상태이다. 노인인권에 대한 연구를 통해 구체적인 원칙과 지침이 마련되어야 하며, 이를 기반으로 적극적인 노인인권 보호 프로그램과 서비스를 개발해야 한다. 특히 노인보호전문기관을 노인학대 상담과 사례관리 등 사후적인 서비스 위주로 운영하기보다 포괄적인 노인인권보호센터로서의 기능을 수행할 수 있도록 재정비할 필요가 있다(권중돈, 2019). 또한 가족 내 노인학대뿐 아니라 노인복지시설의 인권 침해, 노인에 대한 사회적 차별, 성년후견제도, 노인인권감시제도 등과 관련된 노인인권 보호 프로그램을 광범위하게 개발하여 실시해야 하겠다.

생각해보기

1. 노인장기요양보험제도 이외의 노인돌봄 서비스의 종류와 내용에 대해 살펴보고, 문제점이 무엇인지 생각해 보자.

2. 노인복지관의 기능과 역할에 대해 생각해 보고 개선방안을 제시해 보자.

3. 우리나라의 노인복지서비스 중 가장 우선적으로 개선되어야 할 노인복지서비스가 무엇이며, 그 이유는 무엇인지 생각해 보자.

참고 문헌

권중돈(2019). 노인복지론(제7판). 서울: 학지사.
보건복지부(2024a). 2024 노인맞춤돌봄서비스 사업안내. 보건복지부.
보건복지부(2024b). 2024년도 노인보건복지사업안내 (I). 보건복지부.
보건복지부(2024c). 2024 노인복지시설현황. 보건복지부.
원시연(2015). 노인복지관의 운영 실태와 개선과제. 국회입법조사처 현장조사보고서. vol. 37.
최성재, 장인협(2010). 고령사회의 노인복지학. 서울: 서울대학교 출판문화원.
최해경(2016). 노인복지론. 서울: 학지사.
어르신문화프로그램 홈페이지 http://m.seniorculture.or.kr/page/page83

P·A·R·T Ⅲ

노인복지의 주요 이슈

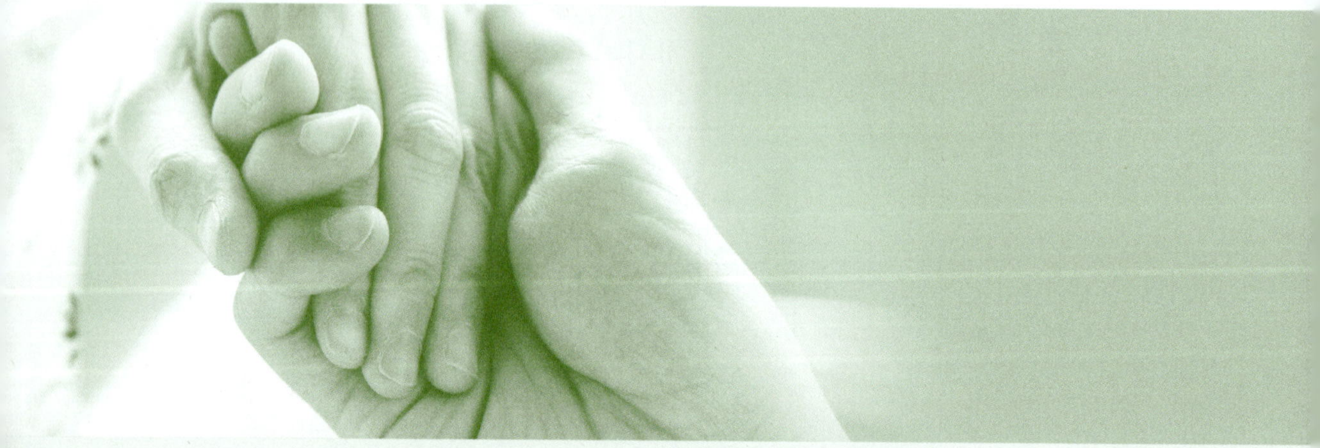

C·H·A·P·T·E·R 08

노인학대와 노인인권 보장

요 약

노인학대는 가정과 시설, 공공장소에서 이루어지며, 신체적 학대, 정서적 학대, 성적 학대, 경제적 학대, 방임, 자기방임, 유기 등의 유형이 있다. 노인학대의 원인은 학대 피해노인의 취약성, 학대 행위자의 개인적 특성, 돌봄 부담, 사회적 고립, 사회문화적 요인 등이다. 노인학대의 예방을 위해 개인, 가족, 시설 및 종사자, 사회적 차원의 노력이 필요하며 노인학대신고의무제가 실행되고 있다. 우리나라의 노인학대 전담기관은 노인보호전문기관으로, 노인학대와 관련된 전반적인 대응과 개입이 이루어지며 학대피해노인전용쉼터가 운영되고 있다. 시설생활노인권리선언과 노인권리 보호를 위한 행동강령을 통해 시설생활 노인의 학대에 대응하고 있다. 성년후견제도는 노인인권 보장제도로서 정신적 능력이 불완전한 성인에게 법적 후견인이 사회복지서비스나 재산관리 등 사무 처리를 지원한다. 옴부즈맨제도는 노인에 대한 차별, 인권 침해 등의 사례를 발견, 조사, 해결책과 개선을 권고하는 민원조사관제도이다. 노인인권 보장을 위해서는 사후적 개입보다 예방적 접근이 필요하다.

1. 노인학대

1) 노인학대의 개념과 유형

「노인복지법」 제1조의2에 의하면 노인학대는 "노인에 대하여 신체적, 정신적, 성적 폭력 및 경제적 착취 또는 가혹행위를 하거나 유기 또는 방임을 하는 것"을 말한다. 타인에 의해 자행되는 적극적인 폭력이나 유기뿐만 아니라 비의도적인 방치도 학대에 포함되며 노인 자신의 자기방임도 노인학대에 포함된다. 노인학대에는 학대 발생 장소 및 학대 행위자에 따라 다양한 학대 유형이 포함된다.

(1) 학대 발생 장소

노인학대는 학대가 발생한 장소와 학대 행위자에 따라 크게 가정 학대와 시설 학대, 공공장소에서의 학대로 분류할 수 있다. 구체적인 내용은 다음과 같다.

① 가정 학대

노인과 동일가구에서 생활하고 있는 노인의 가족구성원인 배우자, 성인자녀, 노인과 동일가구에서 생활하지 않는 부양의무자 등 그 외의 친족에 의한 학대이다.

② 시설 학대

노인 관련 시설에서 돌봄과 보호를 실행하고 책임을 지는 자 또는 시설장의 감독 아래 돌봄 서비스를 제공하는 자에 의한 학대이다.

③ 공공장소에서의 학대

광장, 길거리, 학교, 역, 극장, 지하철 등 공공장소에서 노인에게 이루어지는 학대 및 가정과 생활시설, 이용시설, 병원, 공공장소 외에서 발생하는 학대이다.

(2) 노인학대의 형태

우리나라에서는 노인의 학대를 학대 형태에 따라 신체적 학대, 정서적 학대, 성적 학대, 경제적 학대, 방임, 자기방임, 유기로 분류한다. 학대의 유형과 구체적인 내용은 〈표 8-1〉과 같다.

〈표 8-1〉 노인학대의 유형과 내용

유형	정의	내용
신체적 학대	물리적 힘 또는 도구를 이용하여 노인에게 신체적 혹은 정신적 손상, 고통, 장애 등을 유발시키는 행위	• 가두거나 거주지 출입을 통제 • 노인을 폭행 • 노인의 신체를 강제로 억압 • 노인의 신체적 생존을 위협하는 행위 • 원하지 않고 수행이 어려운 노동을 시킴 • 약물을 사용하여 신체를 통제, 저해
정서적 학대	비난, 모욕, 위협 등의 언어 및 비언어적 행위를 통하여 노인에게 정서적으로 고통을 유발시키는 행위	• 노인과의 접촉 기피 • 노인의 사회관계 유지를 방해 • 노인을 위협·협박하는 언어적 표현 • 노인과 관련된 의사결정에서 소외시킴
성적 학대	성적 수치심 유발 행위 및 성폭력(성희롱, 성추행, 강간) 등의 노인의 의사에 반하여 강제적으로 행하는 모든 성적 행위	• 노인에게 성폭력을 행함 • 노인에게 성적 수치심을 주는 표현이나 행동
경제적 학대(착취)	노인의 의사에 반하여 노인으로부터 재산 또는 권리를 빼앗는 경제적 착취, 노인 재산에 관한 법률 권리 위반 등 경제적 권리와 관련된 의사결정을 통제하는 행위	• 노인의 소득 및 재산, 임금을 가로채거나 임의로 사용 • 노인의 재산에 관한 법률적 권리 침해 • 노인의 재산 사용, 관리에 대한 통제
방임	보호자 또는 부양의무자로서의 책임이나 의무를 거부, 불이행 혹은 포기하여 노인의 의식주 및 의료를 적절하게 제공하지 않는 행위(필요한 생활비, 병원비 및 치료, 의식주를 제공하지 않는 행위)	• 거동이 불편한 노인의 의·식·주 등 일상생활 관련 보호를 제공하지 않음 • 경제적 능력이 없는 노인에게 경제적인 보호를 제공하지 않음 • 의료 관련 욕구가 있는 노인에게 의료적 보호를 제공하지 않음
자기 방임	노인 스스로가 의식주 제공 및 의료처치 등의 최소한의 자기보호 관련 행위를 의도적으로 포기 또는 비의도적으로 관리하지 않아 심신이 위험한 상황이나 사망에 이르게 하는 행위	• 노인 자신이 치료 또는 약 복용 거부 • 건강, 생활, 환경 등의 위험한 상황에서 노인이 도움을 요청하지 않거나 거부 • 노인이 생존에 필수적인 의·식·주 관련 행위를 거부함으로써 생명 위협 • 약물이나 알코올 남용 지속 • 자살 시도

유형	정의	내용
유기	보호자 또는 부양의무자가 노인을 버리는 행위	• 노인과 연락 및 왕래 두절 • 고의적으로 가출 또는 배회하게 함 • 낯선 장소에 버림 • 유기 및 배회 노인에 대한 부양의무 이행 거부

출처: 중앙노인보호전문기관 홈페이지(http://noinboho.or.kr/child/sub/about/definition.php).

2) 노인학대의 현황과 원인

(1) 노인학대의 현황

우리나라의 노인생활실태조사에 의하면 조사 대상 노인의 9.8% 가량이 학대를 당한 경험이 있는 것으로 나타났다(정경희 외, 2017). 65세 이상 학대 피해노인의 신고 건수는 매년 증가 추세에 있다. 피해노인의 학대 유형은 정서적 학대와 신체적 학대가 비슷하게 높았으며, 방임, 경제적 학대, 성적 학대 순으로 학대발생장소는 가정이 86.2%, 생활 및 이용시설, 병원 등이 11.8%,공공 및 기타 장소 2.0%로 나타났다. (보건복지부, 중앙노인보호전문기관, 2023).

〈표 8-2〉 노인학대 유형별 건수*

(단위: 건, %)

구 분	2017년	2018년	2019년	2020년	2021년	2022년
신체적 학대	2,651	3,046	3,138	3,917	4,390	4,431
	36.4	37.3	38.1	40.0	41.3	42.0
정서적 학대	3,064	3,508	3,465	4,188	4,627	4,561
	42.0	42.9	42.1	42.7	43.6	43.3
성적 학대	150	228	218	231	260	259
	2.1	2.8	2.6	2.4	2.4	2.5
경제적 학대	411	381	426	431	406	397
	5.6	4.7	5.2	4.4	3.8	3.8
방임	649	718	741	760	691	689
	8.9	8.8	9.0	7.8	6.5	6.5

구 분	2017년	2018년	2019년	2020년	2021년	2022년
자기 방임	291	240	200	223	204	169
	4.0	2.9	2.4	2.3	1.9	1.6
유기	71	55	41	53	46	36
	1.0	0.7	0.5	0.5	0.4	0.3
계	7,287	8,176	8,229	9,803	10,624	10,542
	100	100	100	100	100	100

출처: 보건복지부. 노인학대현황. 각년도.
* 학대 피해노인이 경험한 한 가지 이상의 학대 유형을 중복하여 집계

① 학대 피해노인 현황

학대 피해노인의 현황을 살펴보면(2022년 기준), 인구학적 특성별로는 여성노인(77.1%)이 대다수이며, 남녀 모두 70대를 기점으로 학대 발생이 많아진다. 배우자가 있는 경우가 더 많으며, 배우자나 부부 등 학대 행위자와 동거하는 비율이 높게 나타났다(66.1%). 학대 피해노인의 국민기초생활보장 수급자 비율은 17.0%로 노인 평균 수급률보다 훨씬 높았으며, 교육 정도는 대부분 초졸과 무학 등 낮은 수준이었다. 학대 피해노인 중 치매가 의심되거나 진단을 받은 경우는 26.0%로로 점차 증가추세에 있다(보건복지부, 중앙노인보호전문기관, 2023).

② 학대 행위자 현황

학대 행위자 중 남성의 비율(69.2%)이 여성(30.8%)보다 훨씬 높다. 학대 행위자 연령은 여성의 경우 50~59세가 33.6%로 가장 높고, 남성은 70세 이상(37.6%)이 가장 높다. 학대 행위자와 학대 피해노인과의 관계를 보면 배우자(34.9%), 아들(27.9%), 딸(8.3%), 기관(18.2%)으로 나타났으며, 자녀와 배우자를 비롯한 친족이 행위자의 대부분을 차지하였다. 학대 행위자가 본인인 경우는 2.3%였다. 학대 행위자의 교육수준은 낮은 편이 아니지만, 무직이 58.2%로 매우 높게 나타났다. 학대 행위자 중 13.6%가 알코올, 약물, 도박 등 중독 장애를 가진 것으로 나타났다(보건복지부, 중앙노인보호전문기관, 2023).

(2) 노인학대의 원인

노인학대의 원인은 매우 다양하다. 여러 연구와 조사를 종합해 볼 때 학대 피해노인의 취약성, 학대 행위자의 개인적 특성, 가족관계와 돌봄 부담, 사회적 고립, 사회문화적 요인 등으로 볼 수 있다. 이러한 요인들은 절대적인 것은 아니며, 노인복지실천가가 노인학대의 발생 가능성을 점검하고 예방적으로 개입하는 데 참고할 수 있다.

① 학대 피해노인의 취약성

일반적으로 건강상태와 인지 능력이 떨어지고 연령이 높으며 경제적 수준과 교육수준이 낮은 여성노인이 학대에 노출될 위험이 높다. 취약한 노인은 학대에 대한 방어 능력이 낮고 외부의 도움 요청이나 신고 등이 어렵기 때문에 학대를 당할 위험이 커진다. 노인의 일상생활에서 신체적, 정신적 의존성이 클수록 돌봄에 대한 부담이 증가하여 노인학대로 이어지는 경우가 많다(권중돈, 2019).

② 학대 행위자의 개인적 특성

학대 행위자는 부모에게 의존하고 알코올중독 등 정신장애를 가진 비율이 평균보다 더 높다. 또한 자존감이 낮고 경제적으로 무능하며, 젊은 자녀가 학대 행위자가 될 가능성이 높다. 과거 가족관계 안에서 폭력을 경험했거나 부모와 자녀관계가 갈등적인 경우 학대 발생 가능성이 더 높다(유성호 외, 2015).

③ 돌봄 부담

노인학대는 돌봄 부담으로 인해 발생하는 스트레스와 밀접한 관련이 있다. 노인이 지나치게 의존적이어서 돌봄 부담이 감당하기 어려울 정도로 크거나, 치매 등 정신질환으로 돌보는 사람에게 부적절하거나 공격적인 행동을 하는 경우, 의료비 등 재정적 부담이 클 때, 혼자 돌봄을 계속 감당해야 하는 경우 이로 인한 스트레스는 노인을 학대하는 요인이 된다(유성호 외, 2015).

④ 사회적 고립

가족구성원 간의 결속력과 지지도가 낮을수록, 노인과 학대 행위자가 사회적으로 고립되어 있을 때 노인학대 발생 가능성이 커진다. 이웃이나 친척, 전문가의 도움이 필요함에도, 도와줄 사람이 없을 경우 돌봄 부담과 스트레스가 증가하여 학대로 이어지기 쉽다. 또한 주변 사람과의 접촉이나 외부인과의 관계가 없는 경우 학대가 발생하고 지속될 가능성이 커진다(한은주, 김태현, 2000).

⑤ 사회문화적 요인

사회적으로 노인돌봄과 관련된 사회서비스 체계와 가족주의, 노인차별주의 등이 노인학대와 관련된 사회문화적 요인이다(한은주, 김태현, 2000). 사회적 지원체계가 확립되지 않아서 사회서비스를 이용하기 어렵고 가족이 돌봄을 전담해야 하는 경우 노인학대 발생 가능성이 더 높다. 강한 가족주의 의식 때문에 자녀나 배우자에 의한 학대를 은폐하거나 부인하기도 한다. 또한 노인의 사회적 지위가 낮고 노인차별주의가 확산될수록 노인에 대한 부당한 처우가 증가한다.

3) 노인학대의 예방과 대응

(1) 노인학대의 예방

① 노인 개인 차원

교육을 통해 노인학대를 정확히 이해하고 가족이나 주변인의 부당한 처우를 당연시하거나 은폐하기보다는 적극적으로 알려서 원조 요청을 하도록 노인의 인식이 변화해야 하다. 노인권리 보장의 차원에서 노인학대와 관련된 교육과 홍보가 이루어져야 하며, 노인복지관 등 노인이 자주 이용하는 사회복지기관에서 교육과 홍보, 상담이 광범위하게 이루어져야 한다.

② 가족 차원

노인을 돌보는 가족의 부담과 스트레스는 노인학대로 연결되기 쉬우므로 가족의 돌봄 부담을 경감하는 서비스를 확대하고 전문적인 개입을 통해 학대로 이어지지 않도록 예방해야 한다. 재가서비스, 단기 및 주·야간보호서비스, 노인요양시설을 확충해야 하며, 가족돌봄자를 위한 휴식서비스, 상담과 치료, 건강검진, 경제적 원조 등 가족지원서비스가 강화되어야 한다.

③ 시설 및 종사자 차원

현재 신고의무자와 노인돌봄 종사자들에 대한 노인학대 예방교육은 연 1시간 이상, 인권교육은 연 4시간 이상으로 형식적으로 이루어지고 있다. 따라서 교육을 더욱 강화하고 돌봄 종사자들의 열악한 근무여건을 개선하여 노동 부담을 경감해야 한다. 노인복지시설에서의 노인인권 실태를 정기적으로 조사, 감시하고, 노인학대가 발생한 시설 및 기관에 대한 처벌을 강화하여 재발을 방지하여야 한다. 또한 노인학대신고의무제를 더욱 강화하여 노인학대 감시와 신고가 철저히 이루어질 수 있도록 하여야 한다.

④ 사회적 차원

노인학대를 노인 개인이나 가족관계의 문제가 아니라 사회적 차원에서 인식하고 대응할 필요가 있다. 「가정폭력방지 및 피해자보호 등에 관한 법률」이나 「노인복지법」에 노인학대와 관련된 법 조항이 신설되고 노인보호전문기관이 운영되고 있으나, 행정과 재정적 지원을 통해 제도 운영을 활성화하고 학대 피해노인에 대한 지원을 더욱 강화해야 한다. 특히 은폐되기 쉬운 노인학대의 특성상, 학대 피해노인의 사례를 조기에 발견하고 개입하기 위해 노인과 일상적으로 자주 접촉하는 지역사회 구성원(통반장, 가게 주인, 검침원, 의료 인력, 아파트 관리인 등)과 전문기관 간의 협력 및 의뢰시스템을 구축하여야 한다.

(2) 노인학대신고의무제

누구든지 노인학대를 알게 된 때에는 노인보호전문기관 또는 수사기관에 신고할 수 있다. 그러나 아래에 해당하는 경우 반드시 노인학대를 즉시 노인보호전문기관 또는 수사기관에 신고하여야 한다(「노인복지법」 제39조의6 제2항).

- 의료인 및 의료기관의 장
- 노인복지시설, 장애인복지시설, 가정폭력 관련 상담소 및 가정폭력피해자 보호시설, 사회복지관, 부랑인 및 노숙인보호를 위한 시설, 장기요양기관, 건강가정지원센터, 다문화가족지원센터, 성폭력피해상담소 및 성폭력피해자보호시설의 장과 종사자
- 119 구급대의 구급대원과 응급구조사, 의료기사
- 국민건강보험공단 소속 요양직 직원
- 지역 보건의료기관의 장과 종사자
- 노인복지시설 설치 및 관리 업무 담당 공무원

노인학대신고의무자가 직무수행 중 인지한 노인학대를 신고하지 않은 경우, 500만 원 이하의 과태료가 부과된다(1차 위반: 150만 원, 2차 위반: 300만 원, 3차 위반: 500만 원).

노인보호전문기관 노인학대 예방교육 동영상

http://noinboho.or.kr/child/sub/bbs/edu.php?ptype=view&_idx=5ed88ddf6455b11&page=1&code=edu&category=5ebcd6e633ce316

(3) 노인보호전문기관과 학대피해노인전용쉼터

우리나라의 노인학대 전담기관은 노인보호전문기관으로, 중앙 및 지역 노인전문보호기관에서 노인학대와 관련된 전반적인 대응과 개입이 이루어진다. 또한 학

대 피해노인을 일정기간 보호하고 심신 치유 프로그램을 제공하는 학대피해노인 전용쉼터가 운영된다. 노인보호전문기관과 학대피해노인전용쉼터의 기능과 서비스에 대해서는 7장의 노인권익보호 서비스 부분에서 자세히 기술하였다.

노인학대를 특별한 개인이나 가족의 예외적 문제로 바라보고 처벌 위주로 대응하기보다 노인전문보호기관을 통해 서비스 차원으로 접근하는 이유는 피해노인과 학대 행위자 모두 도움을 필요로 하는 경우가 많기 때문이다(최해경, 2016). 노인학대의 주된 위험요인은 돌봄 스트레스와 가족문제, 가정폭력 등이 복합적으로 관련되어 있고, 이는 학대 행위자의 책임으로만 보기 어렵다. 또한 신체적, 정신적으로 취약하고 의존적인 노인을 돌보는 스트레스는 사회적 돌봄 서비스의 부족과도 관련된다. 따라서 학대 피해노인과 학대 행위자에 대한 사회적 차원의 대응과 전문적 서비스 지원이 필수적이다. 노인보호전문기관의 업무를 중심으로 노인학대 사례에 대한 개입 과정을 살펴보면 다음과 같다([그림 8-1] 참조).

① 접수 판정

노인학대 사례는 경찰서나 119 상황실의 의뢰, 노인학대 신고(전용전화 1577-1389), 타 지역 노인보호전문기관으로부터의 이관 등을 통해 접수되며 접수 과정에서 상담원은 노인학대 사례 스크리닝 점검표를 통해 신속하게 학대 유무 및 심각성을 평가한다. 평가 결과에 따라 응급학대 의심사례와 학대 의심사례, 일반 사례로 분류하여 판정한다.

② 현장조사 및 사정

접수사례에 대해 응급사례로 판정된 경우 12시간 내에, 비응급사례는 72시간 내에 현장조사를 실시한다. 현장조사는 학대 피해노인과 학대 행위자, 가족을 직접 대면하여 조사하되, 학대 피해노인과 학대 행위자를 분리하여 상담과 조사를 진행하고 정황 증거 및 증인을 확보한다. 현장조사 시 반드시 2인 이상 상담원이 동행하며 경찰관이나 관련 행정기관 담당자의 동행을 요청할 수 있다. 접수와 조사 과정에서 수집된 정보를 토대로 사정을 실시한다. 사정에서는 학대 피해노인과 학대 행위자의의 건강상태, 개인 특성과 생활환경, 학대의 유무와 정도, 가족 갈등과 부양 스트레스 등을 파악하며 개입과 서비스 제공의 필요성을 판단한다.

③ 사례 판정

사례 판정은 학대 여부와 심각성 정도, 응급성 여부에 따라 응급사례, 비응급사례, 잠재사례, 일반사례로 분류하며, 사례 종류에 따라 필요한 서비스와 조치를 실행한다.

④ 서비스 제공

서비스 제공은 학대 피해노인의 안전 확보와 학대의 위험요소 제거를 위해 공식적, 비공식적 자원을 제공하고 연결하는 것을 의미한다. 응급사례와 비응급사례의 경우 직접서비스, 지역사회 자원 연결, 학대피해노인전용쉼터 입소, 전문시설 입소 및 이용 등의 서비스를 제공한다. 학대 피해노인을 학대 행위자로부터 격리시킬 경우 쉼터나 시설 입소에 대해 노인의 동의를 구해야 한다. 사례 평가를 통해 위험요소가 제거되고 피해노인의 욕구가 충족되며, 단기 목표가 달성된 경우 사례를 종결하고 일정기간 동안 사후관리를 통해 재발 여부를 확인한다. 잠재사례에 대해서는 지속적인 모니터링을 통해 학대 발생을 억제, 예방하고, 일반사례의 경우 노인학대 관련 정보 및 상담, 예방교육을 진행한다.

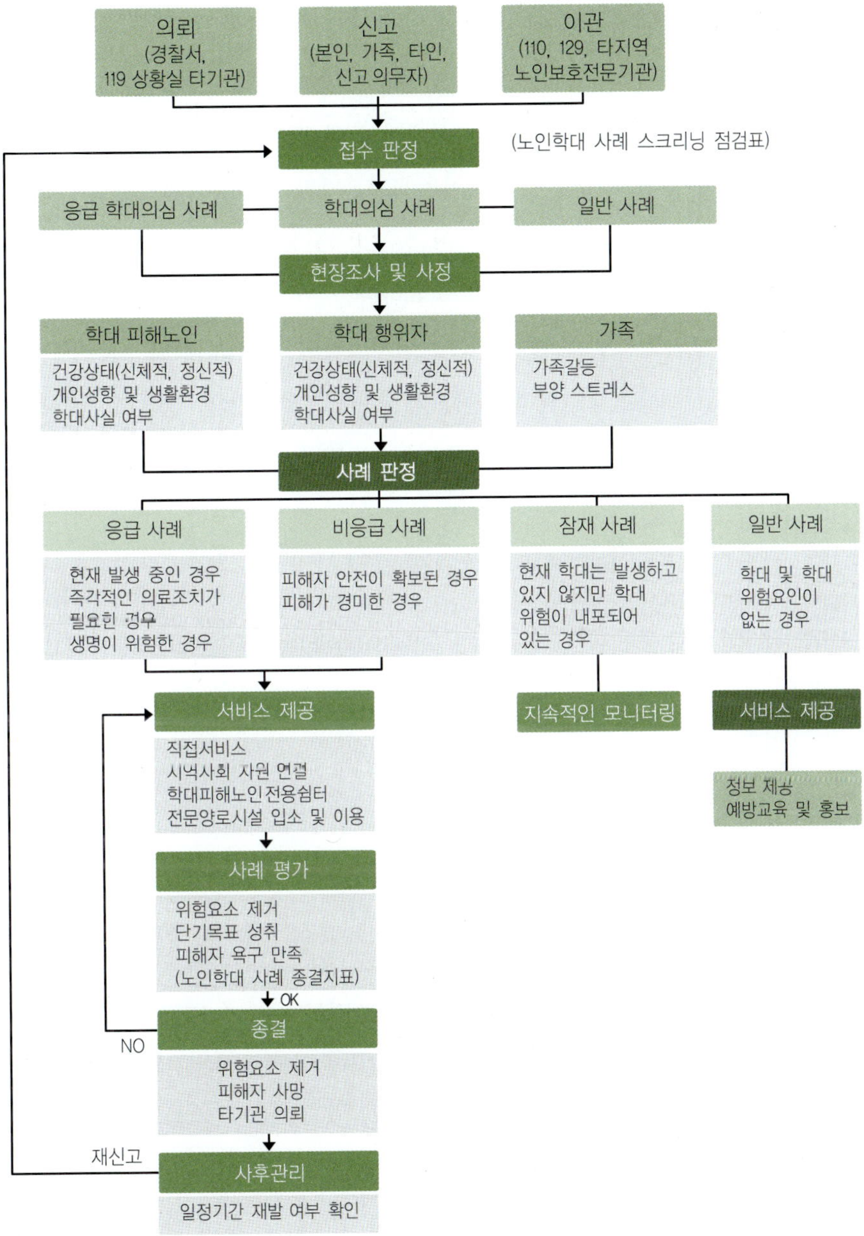

출처: 보건복지부, 중앙노인보호전문기관(2023). 2022 노인학대현황보고서.

[그림 8-1] 노인보호전문기관의 노인학대 사례 업무진행 절차

(4) 시설노인 학대 대응

노인학대의 장소는 '가정 내'가 가장 높지만, 노인의료복지시설, 재가노인복지시설 등 노인이 거주하거나 이용하는 시설에서의 학대는 전체의 12.6%로, 점차 증가하는 추세이다(보건복지부, 중앙노인보호전문기관, 2020). 지역사회에 거주하는 노인보다 시설 거주 및 이용 노인들이 신체적, 정신적으로 훨씬 취약하다는 점에서 학대에 대한 예방과 대응이 매우 중요하다.

2006년부터 보건복지부에서는 각종 노인시설에서 생활하는 노인의 인권을 보장하기 위하여 시설생활노인권리선언을 제시하여 11개 항의 권리와 윤리강령을 명시하였다. 내용은 다음과 같다(보건복지부, 2019).

- 존경과 존엄한 존재로 대우받고, 차별, 착취, 학대, 방임을 받지 않고 생활할 권리
- 개인적 욕구에 상응하는 질 높은 수발(care)과 서비스를 요구하고 제공받을 권리
- 안전하고 가정과 같은 환경에서 생활할 권리
- 시설 내·외부 활동에 신체적 구속을 받지 않을 권리
- 개인적 사생활과 비밀 보장에 대한 권리
- 우편, 전화 등 개인적 통신을 주고받을 권리
- 정치적, 문화적, 종교적 활동에 제약을 받지 않고 자유롭게 참여할 권리
- 개인 소유 재산과 소유물을 스스로 관리할 권리
- 비난이나 제약을 받지 않고 시설 운영과 서비스에 대한 개인적 견해와 불평을 표현하고 이의 해결을 요구할 권리
- 시설 내·외부에서 개인적 활동, 단체 및 사회적 관계에 참여할 권리
- 시설 입·퇴소, 일상생활, 서비스 이용, 제반 시설활동 참여 등 개인의 삶에 영향을 미치는 모든 부분에서 정보에 접근하고 자기결정권을 행사할 권리

시설종사자와 전문가들은 권리선언의 내용을 숙지하고 시설생활 노인의 권리를 침해하지 않고 적극적으로 보장하도록 노력하여야 한다. 시설생활 노인의 권리를 보호하기 위하여 종사자 및 전문가가 지켜야 할 구체적인 행동강령은 다음과 같다(보건복지부, 2019).

- 노인 및 보호자에게 시설과 관련한 올바른 정보를 제공한다.
- 시설 입소 시 노인이 스스로 결정하도록 하며, 노인의 의사를 존중한다.
- 노인의 욕구를 파악하고 그 내용을 반영하여 서비스를 제공한다.
- 신체적 장애 등으로 주거생활의 어려움이 발생하지 않도록 주의를 기울인다.
- 업무수행 과정에서 알게 된 시설생활 노인 개인의 정보는 사전동의 없이 공개되어서는 안 된다.
- 마지막까지 인간으로서 품위를 유지하고 권리와 가치가 손상되지 않도록 한다.
- 어떠한 이유로도 차별 및 노인학대는 정당화될 수 없다.
- 서비스 제공자 편의에 의해 노인의 신체를 억제해서는 안 된다.
- 노인의 건강상태, 개인적 선호 및 기능 상태에 따른 개별화된 생활 및 보건의료 서비스를 제공한다.
- 노인의 면회나 외출, 외박 기회를 거부하거나 제한을 두어서는 안 된다.
- 노인의 개인 소유 재산과 소유물을 서비스 제공자 임의로 처분하지 않는다.
- 노인의 이성교제 등 사생활이 놀림이나 흥밋거리로 다루어져서는 안 된다.
- 노인의 불평과 고충이 자유롭게 표현되며, 이를 해결하기 위한 조취를 취해야 한다.
- 퇴소 결정과 관련된 내용은 노인의 의사가 최우선적으로 존중되어야 한다

시설생활 노인에 대한 학대 예방 및 학대사례 처리 절차에 의하면 노인복지시설은 학대 예방교육 및 피해자 보호 서비스를 제공하며 학대사례조사판정위원회를 운영하여야 하고, 학대 행위자에 대한 조치 및 개입계획을 수립하여 조치 및 결과를 시, 군, 구에 보고하여야 한다. 시설 운영자, 종사자, 시설생활 노인이 학

대 발생을 노인보호전문기관 및 수사기관에 신고하면 절차에 따라 조사와 판정, 서비스 제공이 이루어진다. 이외에 사법경찰, 의료기관, 법률기관 등에서도 시설생활 노인의 학대사례 개입에 협조한다.

2. 노인인권 보장

1) 노인인권의 개념과 내용

인권의 의미는 다양하게 정의될 수 있으나, 사전적 의미는 “인간답게 살기 위하여 필요한 것으로서 당연히 인정된 기본 권리 또는 인간이 자연인으로 누려야 할 당연한 권리”를 의미한다. 그러나 세계인권선언에서는 “인간이 누구이고 무엇을 하든지 하나의 존엄한 존재로서 존중받을 권리”라고 규정하여 인간 존재 그 자체로 존중받을 권리를 강조하고 있다(국가인권위원회, 2004, 권중돈, 2019에서 재인용).

노인은 건강 악화와 경제적 능력 상실로 사회에서 취약한 위치에 처하기 쉽다. 그럼에도 불구하고 다른 집단과 마찬가지로 인간이 누릴 수 있는 모든 권리를 향유하는 인권의 주체이다. 노인인권은 노인의 존엄성 보장을 위한 기본 전제이며 노인이 인간답게 노후생활을 영위할 수 있는 권리이다(김기태 외, 2011). 노인의 인권에는 일반적인 인권과 마찬가지로 ① 일반적 기본권으로서의 인간존엄권(행복추구권과 평등권), ② 자유권(신체의 자유, 사생활의 자유, 정신적 자유, 경제적 자유, 정치적 자유), ③ 사회권(경제권, 노동권, 주거권, 건강권, 문화생활 및 사회참여권 등) ④ 법 절차적 권리(청원권, 국가배상 청구권 등)가 포함된다(권중돈 외, 2014).

2) 노인인권 보장제도

노인인권은 법적, 제도적으로 보장되어 있으나 개인이나 집단, 혹은 사회적 차원에서 다양한 인권 침해가 발생한다. 즉, 노인인권의 문제는 노인을 국가가 충분하고 적절하게 보호하지 못함으로써 발생하는 제도적 문제뿐 아니라 시설과 기관, 가정 등의 사적 영역, 개인적 차원에서 발생하는 학대와 차별까지 포함한다. 노인인권 보장을 위해서는 노인이 동등한 사회구성원으로서 존엄한 존재로 인정받고 건강하고 안정된 노후생활을 영위할 수 있도록 적극적 조치를 취해야 한다. 그러나 실제로 우리나라에서 노인인권 보장은 노인차별이나 학대 및 자유권 침해로부터의 보호라는 소극적 방식으로 이루어지고 있다. 우리나라의 노인인권 보장을 위한 제도의 내용은 다음과 같다.

(1) 성년후견제도

성년후견제도는 치매환자와 같이 장애나 노령 등으로 판단 능력이 없거나 불완전한 상태인 성인이 후견인의 도움을 받아 스스로 일상생활을 유지할 수 있도록 사회복지서비스나 재산관리와 같은 사무처리를 지원하는 제도이다. 이 제도는 노인이나 장애인처럼 정신적 능력에 제약이 있더라도 본인의 잔존 능력을 활용하여 자기결정권을 행사하며 자립생활을 하도록 돕는 인권보장제도이다. 성년후견제도는 과거의 유사한 제도였던 한정치산, 금치산제도를 개선하고 피후견인의 인격과 권리 보호를 강화하여 2013년부터 시행되었다(법원 홈페이지 성년후견제도, https://www.scourt.go.kr/nm/min_3/min_3_12/index.html).

① 피후견인

피후견인이 되기 위해서는 가정법원의 심판을 받아야 한다. 질병, 장애, 노령 등의 이유로 자신의 행위의 의미나 결과를 합리적으로 판단할 수 있는 정신적 능력 내지는 지능이 부족하여 단독으로 유효한 법률행위를 할 수 없는 행위무능력자, 즉 보호를 필요로 하는 성인이 피후견인이 된다.

② 성년후견 절차

성년후견 개시를 위해서는 본인, 배우자, 친족 등이 관할 가정법원에 성년후견 개시 심판을 청구해야 한다. 관할 가정법원은 피후견인이 될 사람의 정신감정을 실시하고 가사조사를 통해 정신적 제약 정도와 현재 상황, 재산 정도, 후견인 후보자 등을 검토한다. 이후 청구인과 본인, 이해관계자의 의견을 듣고 후견계획 등을 질문하여 후견인을 지정한다.

③ 성년후견인

성년후견인이란 법원으로부터 권한을 부여받아 피성년후견인의 재산관리, 의료, 요양, 재활, 교육, 주거 등 신상에 관한 결정을 하는 사람을 의미한다. 성년후견인이 될 수 있는 사람은 가족, 법률전문가, 사회복지전문가, 법인 등이며, 가정법원이 선임한다. 미성년자, 파산선고나 자격정지 이상의 형을 선고받고 형기 중인 사람, 법원에서 해임된 법정대리인, 피후견인과 소송 중인 사람 등은 성년후견인이 될 수 없다.

④ 성년후견제도 유형

성년후견제도는 크게 법정후견제도와 임의후견제도로 나뉜다. 법정후견제도는 법으로 미리 후견인의 역할과 권한, 의무, 책임을 미리 정해 두고 가정법원이 피후견인의 능력에 따라 성년후견, 한정후견, 특정후견을 판정한다. 임의후견은 본인이 온전한 판단 능력을 갖고 있을 때 후견인이 될 사람을 미리 지정하여 선임하고 예상되는 후견의 내용에 관한 사항을 등기하고 후견 개시의 필요성이 발생할 경우 법원에 신청하여 임의후견감독인을 선임하면 효력이 발생한다(〈표 8-3〉 참조).

성년후견제도 사례

- 해외에 살고 있는 자녀와 고령으로 인한 정신적 제약으로 자신의 재산관리 및 신상 문제를 제대로 해결하기 어려운 아버지
  - 자녀: 아버지를 위하여 법원에 성년후견 등 법정후견 개시 청구를 함으로써, 성년후견인 등이 아버지를 후견할 수 있도로 할 수 있음(법정후견)
  - 아버지: 이러한 때에 대비하여 미리 신뢰할 만한 사람과 재산관리 및 신상보호에 관한 사무를 맡기는 내용의 계약을 공정증서로 체결하고 이를 등기함으로써, 정신적 제약이 발생할 때를 스스로 준비할 수 있음(임의후견)

〈표 8-3〉 성년후견제도의 유형

내용	성년후견	한정후견	특정후견	임의후견
개시 사유	정신적 제약으로 사무처리 능력의 지속적 결여	정신적 제약으로 사무처리 능력의 부족	정신적 제약으로 일시적 후원 또는 특정사무 후원의 필요	정신적 제약으로 사무처리 능력의 부족
후견 개시 청구권자	본인, 배우자, 4촌 이내의 친족, 미성년후견인, 미성년후견감독인, 한정후견인, 한정후견감독인, 특정후견인, 특정후견감독인, 검사 또는 지방자치단체의 장	본인, 배우자, 4촌 이내의 친족, 미성년후견인, 미성년후견감독인, 성년후견인, 성년후견감독인, 특정후견인, 특정후견감독인, 검사 또는 지방자치단체의 장	본인, 배우자, 4촌 이내의 친족, 미성년후견인, 미성년후견감독인, 검사 또는 지방자치단체의 장	본인, 배우자, 4촌 이내의 친족, 임의후견인, 검사 또는 지방자치단체의 장(※임의후견 개시 요건인 임의후견 감독인 선임 청구권자)
본인의 행위 능력	원칙적 행위 능력 상실자	원칙적 행위 능력자	행위 능력자	행위 능력자
후견인의 권한	원칙적으로 포괄적인 대리권, 취소권	법원이 정한 범위 내에서 대리권, 동의권, 취소권	법원이 정한 범위 내에서 대리권	각 계약에서 정한 바에 따름

출처: 법원 홈페이지 성년후견제도(https://www.scourt.go.kr/nm/min_3/min_3_12/index.html).

(2) 옴부즈맨제도

현재 우리나라에서 노인에 대한 인권 침해 행위를 방지할 수 있는 장치는 사회복지시설 평가와 공공 부문의 감사, 행정 지도감독과 현장 점검 등이다. 이러한 장치는 노인복지서비스 공급자에 대한 감시·감독체계로서, 당사자인 노인이 경험하는 부당하고 불법적인 행위와 차별 등을 찾아내는 데는 한계가 있다. 노인의 인권 침해를 예방하고 인권 침해 사례에 대해 적극적으로 구제활동을 전개할 수 있는 것이 옴부즈맨제도이다.

옴부즈맨이란 일종의 민원조사관으로, 시민의 고충(complain)을 접수하고 조사하여 보고하며 해결을 돕는다. 노인복지 분야에서 옴부즈맨은 노인의 불평·불만,

고충, 차별, 인권 침해 등의 사례를 발견하고, 노인이 제기한 문제에 대해 조사를 진행하고, 적절한 해결책을 발견해 해당 조직에 개선을 권고하는 대리인(agent), 또는 중간창구 및 의뢰자의 역할을 담당한다. 이외에도 노인과 지역주민에게 노인이 누려야 할 권리와 이익을 홍보하고, 공공기관과 민간기관의 노인복지 업무와 서비스를 감시하는 역할도 한다. 옴부즈맨제도를 통해 노인의 권리와 이익을 보호하고 증진시키며, 정부와 민간 복지조직 등 노인복지 관련 조직의 서비스 질을 향상시키는 데 기여할 수 있다. 노인복지 옴부즈맨은 해당 분야의 법률, 행정, 공공정책 등의 문제를 분석할 수 있는 전문적 지식과 풍부한 실무 경험을 갖추고 있어야 하며, 합리적 판단력, 객관성, 통합성을 갖추어 일반대중의 신뢰를 받을 수 있어야 한다(권중돈 외, 2014).

우리나라에서는 옴부즈맨제도가 제도적으로 실행되고 있지 않지만 민간수준의 옴부즈맨 활동을 위한 프로그램이 시도되고 있다. 노인보호전문기관에서 '노인지킴이단'을 운영하고, 국가인권위원회에서는 노인인권 침해 및 차별에 대한 모니터링을 수행하는 '노인인권지킴이단'을 운영한다. 사회복지공동모금회는 노인권익 보호를 위한 옴부즈맨 사업을 지원한다(최해경, 2016). 이외에도 일부 지역의 재가장기요양기관 등에서 자체적으로 옴부즈맨제도를 도입해 운영하고 있다.

그러나 민간 옴부즈맨들은 공식적 위치가 아니라는 지위상의 한계 때문에 실질적인 구제활동을 전개하기 어렵고, 기관 자체 노력 차원에 그치는 경우가 많다. 따라서 옴부즈맨제도를 공식적으로 제도화하여 노인 관련 서비스 전반의 노인권리를 보호하는 기반을 마련하여야 한다.

「노인복지법」 제정과 노인학대를 전문적으로 예방, 개입하는 노인보호전문기관의 운영 등 우리나라의 노인인권 보장제도는 점차 발전하고 있다. 그러나 노인 차별이나 학대 등 인권 침해 문제에 대한 사후적 개입보다는 노인인권을 보장하는 적극적인 노력이 더 필요하다. 노인인권에 대한 적극적인 보장을 위한 구체적인 과제는 다음과 같다(권중돈 외, 2014).

- 국가인권위원회가 중심이 된 노인인권포럼의 구성과 노인권리선언의 채택
- 노인차별금지법 제정 등 법·제도적 기반 구축
- 노인의 인권의식 전환과 주체적 참여
- 노인복지 종사자와 시민의 인권교육과 인식 강화
- 노인 스스로 자신의 권리를 정의하고 이를 실현, 보호하기 위한 행동을 할 수 있는 역량 강화(임파워먼트)에 입각한 실천방식 도입
- 노인권익 옹호와 인권 네트워크 구축

생각해보기

1. 가정 내 노인학대의 가장 중요한 원인이 무엇인지 생각해 보고, 이에 대한 해결방안을 생각해 보자.

2. 스스로 노인학대 신고의무자라고 가정하고, 노인학대 사례를 발견하였을 때 어떻게 대응할 것인지 생각해 보자.

3. 노인학대 예방교육 동영상 시청 후 시민 대상 노인학대 예방 캠페인을 위한 홍보 문구를 3개 만들어 보자.

참고 문헌

권중돈(2019). **노인복지론**(제7판). 서울: 학지사.
권중돈, 이은영, 박현주, 이은주, 정희남(2014). **노인인권 길라잡이**. 국가인권위원회.
김기태, 성명옥, 박봉길, 이은희, 최송식, 최희경, 박미진(2011). **노인복지론**. 서울: 공동체.
보건복지부(2019). **노인복지시설 인권보호 및 안전관리지침**. 보건복지부.
보건복지부(2024). **2024년도 노인보건복지사업안내(Ⅰ)**. 보건복지부.
보건복지부, 중앙노인보호전문기관(2023). **2022 노인학대현황보고서**. 보건복지부, 중앙노인보호전문기관.
유성호, 김형수, 모선희, 윤경아(2015). **현대노인복지론**(제5판). 서울: 학지사.
정경희, 오영희, 이윤경, 오미애, 강은나, 김경래, 황남희, 김세진, 이선희, 이석구, 홍송이(2017). **2017년도 노인실태조사**. 서울: 한국보건사회연구원.
최해경(2016). **노인복지론**. 서울: 학지사.
한은주, 김태현(2000). 노인학대의 원인에 대한 생태학적 연구. **한국노년학**. 20(2), 71-89.
대한민국법원 홈페이지 성년후견제도 https://www.scourt.go.kr/nm/min_3/min_3_12/index.html
중앙노인보호전문기관 홈페이지 http://noinboho.or.kr/child/sub/about/definition.php

C·H·A·P·T·E·R 09

노인정신건강 문제와 자살

요 약

노년기는 상실과 변화의 시기라고 할 수 있을 정도로 개인의 내적·외적 요소에 있어서 많은 상실과 변화를 경험하는 시기이다. 이로 인하여 노인 개인의 경험, 행동, 사회적·심리적 적응 등에 부정적인 영향을 미쳐 노인의 정신건강을 위협하게 된다. 노년기 정신건강 문제는 우울증, 치매, 정신착란, 불안장애 등이 있다. 이러한 정신건강 문제는 자살을 초래한다. 이 장에서는 인지·정서적 주요 문제인 노인 우울증, 치매를 설명하고 이러한 문제 증상의 영향을 받는 노인 자살문제를 살펴보았다. 일반적으로 노인의 15~20%는 우울을 경험한다고 한다. 최근 조사에서도 우리나라의 우울 증상을 보인 노인은 21.1%로 높은 편이나, 노인 우울에 대한 근본적인 대책은 없는 형편이다. 치매는 노화와 관련이 깊다. 우리나라 치매환자는 60~64세 2.7%, 65~69세 4.27%, 70~74세 9.1%, 75~79세 24.4%, 80~84세 27%, 85세 이상 32.6%로 추정되고 있다. 치매의 종류는 알츠하이머병, 혈관성 치매, 루이체 치매, 전두측두엽 치매, 알코올 치매, 기타 치매(초로기 치매, 가역성 치매) 등이 있다. 우리나라의 노인 자살률은 세계적으로 아주 높은 편이다. 특히 남성노인의 자살률은 나이가 들수록 급격하게 증가한다. 노인 자살을 예방하기 위한 정책적 노력도 커지고 있다.

1. 노인의 정신건강

정신건강을 위협 당하는 중대한 상황이나 요인이 너무 강하고 크거나, 장기간에 걸쳐 개인의 정신적인 적응 능력의 한계를 넘어서게 되면, 그대로 표출되거나 방어기제와 같은 여러 적응기제를 사용하여 적응하거나 극복하게 된다(설진화, 2009: 89). 이러한 과정이 병적이거나 정상의 범주를 벗어나게 되면 나타나는 것이 정신과적인 증상이며, 이러한 증상을 다양한 학문 분야에서 정신병리(psychopathology), 이상행동(abnormal behavior) 등으로 불러왔다(대한신경정신의학회, 2005, 설진화, 2009에서 재인용).

노년기는 상실과 변화의 시기라고 할 수 있을 정도로 개인의 내적·외적 요소에 있어서 많은 상실과 변화를 경험하는 시기이다(최성재, 장인협, 2010: 152). 외생적 요소는 개인적 상실과 사회적 상실이 있다. 개인적 상실은 배우자, 사랑하는 사람 또는 중요한 사람(친구, 자녀 등)과 이별하는 것이나. 사회적 상실은 지위와 권력의 상실, 경제적 상실, 사회적 유용성 상실이나 고립, 소외를 포함하고 사회문화적 상실 등을 들 수 있다. 내생적 상실은 성격의 변화, 신체적 질병, 노화에 따른 생물학적 변화(신체기능, 능력, 외모 변화 등), 시간의 경과와 죽음의 지각 등을 들 수 있다(최성재, 장인협, 2010).

이와 같은 요소들이 노인 개인의 경험, 행동, 사회적·심리적 적응 등에 부정적인 영향을 미쳐 노인의 정신건강을 위협하게 된다. 우울(depression)이나 기타 정신건강 장애(mental health disorders)는 노인 자살의 가장 심각한 위험요인이다. 모든 노인 자살의 71~97%는 어떤 유형의 정신병(psychiartic illness)과 관계가 있다(Conwell et al., 2011).

노년기 정신장애(mental disorders)를 분류하면 성격이나 생활의 경험과 관련되는 정서적인 부분에 원인이 있는 기능적 정신장애(functional disorders)와 신체적인 부분에 원인이 있는 기질적 정신장애(organic disorders)로 크게 나눌 수 있다(Butler & Lewis, 1977, 최성재, 장인협, 2010에서 재인용: 153–154).

1) 기능적 정신장애

① 정신병(psychotic disorder)

- 노년기 조현병(late life schizophrenia; senile schizophrenia)
- 정동장애(affective disorder)
- 정신우울반응(psychotic depressive reaction)
- 편집장애(paranoid states)

② 신경증(neurosis)

- 불안신경증(anxiety neurosis)
- 강박신경증(obsessive–compulsive neurosis)
- 히스테리성 신경증(hysterical neurosis)
- 공포신경증(phobic neurosis)
- 우울신경증(depressive neurosis)
- 건강염려 신경증(hypochondriacal neurosis)

③ 정신신체장애(psychosomatic disorder)

2) 기질적 정신장애

① 급성 기질성 뇌증후군(reversible [acute] brain syndrome)

② 만성 기질성 뇌증후군(irreversible [chronic] brain syndrome)

- 노인성 정신병(senile psychosis)
- 치매(dementia)

③ 전노인성 치매(pre–senile dementia)

- 알츠하이머병(Alzheimer's disease)

- 피크씨병(Pick's disease)
- 빈스방거씨병(Binswanger's disease)
- 정상압력뇌수종(normal pressure hydrocephalus)
- 크로이츠펠트-야코브병(Creuzfeldt-Jacob disease)

위와 같이 노년기에는 여러 가지 노인성 정신장애를 확인할 수 있다. 주요한 노인의 인지 정신문제는 노인 우울증(depression), 치매(dementia), 정신착란(delirium), 불안장애(anxiety disorders)로 분류되기도 한다(McInnis-Dittrich, 2020). 이 장에서는 인지·정서적 주요 문제인 노인 우울증, 치매를 설명하고 이러한 문제 증상의 영향을 받는 노인 자살문제를 살펴보기로 한다.

2. 노인 우울증

1) 우울증

우울증, 즉 우울장애(depression disorders)는 의욕 저하와 우울감을 주요 증상으로 하여 다양한 인지 및 정신 신체적 증상을 일으켜 일상생활 기능 저하를 가져오는 질환을 말한다(서울대학교병원 의학정보, 2020).

우울장애는 감정, 생각, 신체상태, 그리고 행동 등에 변화를 일으키는 심각한 질환이다. 이것은 한 개인의 전반적인 삶에 영향을 준다. 우울증은 일시적인 우울감과는 다르며 개인적인 약함의 표현이거나 의지로 없앨 수 있는 것이 아니다. 상당수가 전문가의 도움을 받지 못하고 우울증으로 고생하는 경우가 많아 안타까운 질환이기도 하다(서울대학교병원 의학정보, 2020). 그러나 전문가의 적절한 치료를 받는다면 상당한 호전을 기대할 수 있고 이전의 정상적인 생활로 돌아가는 것이 가능하다.

우울장애의 분명한 원인에 대해서는 아직 명확하지 않으나 다른 정신질환과 같이 다양한 생화학적, 유전적 그리고 환경적 요인이 우울장애를 일으킬 수 있다고 알려져 있다. 증상은 다음과 같다(서울대학교병원 의학정보, 2020).

우선 우울감과 삶에 대한 흥미 및 관심 상실이 우울증의 핵심 증상이다. 우울장애의 가장 심각한 증상은 자살 사고로, 우울증 환자의 2/3가 자살을 생각하고 10~15%가 실제로 자살을 시도한다. 일부 우울증 환자는 자신이 우울증인 것을 알지 못하고 일상생활에서 상당히 위축되어 기능이 떨어질 때까지도 자신의 기분 문제에 대해 호소하지 않는다.

거의 대부분의 우울증 환자는 무기력감, 삶에 대한 에너지 상실을 호소하는데 대부분의 일을 끝까지 마치는 데 어려움을 호소하고 학업 및 직장에서 정상적인 업무에 장애를 느끼고 새로운 과업을 실행할 동기를 갖지 못하고 있다.

우울증 환자의 4/5 정도가 수면장애를 호소하는데 특히 아침까지 충분히 잠을 못 이루고 일찍 깨거나 밤 사이 자주 깨는 증상을 보인다. 많은 환자가 식욕감소와 체중저하를 보이는데 일부 환자는 식욕이 증가하고 수면이 길어지는 비전형적 양상을 보이기도 한다.

불안 증상도 우울증 환자 중 90% 정도에서 보이는 흔한 증상이다. 성욕 저하 등의 성적 문제를 보이기도 한다. 절반 정도의 환자가 하루 동안 증상의 정도 변화를 보이는데 일반적으로 아침에 증상이 심했다가 오후에 좋아지는 경향을 보인다. 집중력 저하와 같은 인지기능 저하 증상도 나타날 수 있다.

2) 노인 우울증의 양상

노인의 15~20%는 우울을 경험한다고 한다(Geriatric Mental Health Foundation, 2008, McInnis-Dittrich, 2020에서 재인용). 어떤 사람들은 평생을 우울과 힘든 싸움을 벌이고 있지만, 많은 사람들은 65세 이후에 우울을 겪는다. 노인의 우울 발생률을 정하는 방식이 엄밀하지 않아서 노인집단의 우울증은 가장 진단이 부족하고 치료가 적은 정신건강 문제이다.

노인들에게 발견되는 우울은 삶의 질에 영향을 주는 문제이지만 주요한 임상적 우울증으로 분류될 만큼 심각하지 않은 경우가 많다. 노인들에게 일반적인 가벼운 형태의 우울은 기분저하장애(dysthymic disorders)이다. 기분저하장애가 기분, 식욕, 에너지, 기운, 집중력을 떨어뜨리긴 하지만 주요한 임상적 우울만큼 심각한 증상은 아니다(American Psychiatric Association, 2013).

노인들은 임상적으로 우울하지는 않을 지라도 소위 기분이 우울한 조절장애(adjustment disorder)가 있을 수 있다. 조절장애는 정서적 반응이 고조되는 특정한 사건을 배경으로 발달한다. 노인의 우울 증상은 배우자를 잃거나 은퇴, 주요한 신체적 질병의 진행과 같은 노년기 생활 변화를 겪은 후 발병하는 경우가 많다. 이러한 유형의 우울은 복잡하게 얽혀 있는 노년기의 생물학적, 심리적, 사회적 변화 안에서 발생한다(McInnis-Dittrich, 2020). 경미한 우울을 경험하는 노인은 우울한 기분을 갖고 있으면서 전형적으로 임상적인 우울 증상인 무기력, 부정적인 자기 이야기, 식욕 저하, 수면장애가 있어도 일반적으로 기능을 유지한다.

경미한 우울, 기분저하장애, 조절장애 등 치료받지 않는 경계선의 우울(sub-threshold depression)은 주요한 임상적 우울과 똑같은 부정적 결과를 초래할 수 있다. 가령, 안녕(well-being)이 감소, 건강상태 악화, 기대수명 단축, 삶의 질 저하, 자살 위험 상승 등을 초래할 수 있다(Cherubini et al., 2012). 우울은 정상적인 노화 과정의 일환은 아니다. 노인 담당 사회복지사들은 노인의 우울 위험을 높이는 요인들을 고려할 줄 알고 그 증상을 인식할 수 있고, 노인에게 적절한 개입을 할 수 있는 곳과 연결하는 능력을 갖추어야 한다(McInnis-Dittrich, 2020).

사회복지사가 노인의 우울을 확인하기 위한 첫 번째 단계는 가장 기본적인 것이 될 것이다. 무엇이 보이고, 들리는지 알아봐야 한다. 우울의 주요한 두 가지 증상은 주체할 수 없는 슬픔과 한때 즐거움을 주었던 활동들에 대한 흥미를 명백히 잃어버리는 현상이다(American Psychiatric Association, 2013). 예를 들어 남성노인이 매우 슬픈데 원인이 명백하지 않은 경우가 있다. 한때 가장 재미있었던 일은 기원에 가서 바둑을 두는 일이었는데 갑자기 바둑을 두지 않는다면 그 노인은 우울증일 가능성이 있다. 여성노인이 매일 오전 친구를 만나 커피를 마시는 걸

좋아했는데 갑자기 그렇게 하지 않는다면 우울 가능성을 살펴볼 필요가 있다. 가령, "내가 없어도 그리워할 사람이 없다."라고 하거나 "날 좋아하는 사람이 어딨어?" 등의 부정적인 혼잣말을 자주하면, 우울 증상을 보내는 명백한 경고 사인이다(McInnis-Dittrich, 2020). 우울과 관련된 기타 증상은 기력상실, 무망감, 덧없음, 집중이나 의사결정 애로, 식욕부재, 수면 불규칙, 빈번한 죽음이나 자살 생각 등이다. 노인이 이러한 증상을 가진 기간과 이러한 증상의 결과로 인한 쇠약 정도는 주요한 우울 사건을 겪었거나 스트레스가 높은 사건으로 인하여 발생한 우울 인지를 사정하는 데 있어서 고려하여야 할 중요한 부분이다.

사회복지사가 파악할 수 있는 노인의 우울 신호는 다음과 같다(McInnis-Dittrich, 2020: 117).

- 일반적 슬픔이나 절망감
- 과도한 걱정
- 기력과 동기 상실
- 느린 동작이나 말
- 친구와 사귀거나 가족과 만나는 것에 대한 흥미가 없음
- 이전에 즐거웠던 활동에 대한 흥미 상실
- 살이 빠지거나 식욕 상실
- 자존감 상실과 무력감
- 죽음에 집착하거나 자살 생각 표현
- 수면장애(지나친 수면, 자주 깸, 불면증 등)
- 설명되지 않는 아픔이나 통증
- 개인 위생 부주의
- 건망증(식사나 약 복용을 잊음 등)
- 술이나 여타 물질 남용

우리나라 노인의 우울 증상은 2017년 노인실태조사 결과에서 확인할 수 있다(정경희 외, 2017: 316–317). 이 조사에서는 단축형 노인우울척도(SGDS: Short Form of Geriatric Depression Scale)를 사용하여 0~15점으로 측정한 결과에서 8~15점에 해당하는 경우 우울 증상으로 정의했을 때, 전체 노인의 21.1%는 우울 증상을 지니고 있고, 15개 문항의 평균 점수는 4.1점으로 나왔다(〈표 9-1〉 참조).

전체적으로는 정상을 보인 노인이 78.9%이고 우울 증상을 보인 노인은 21.1%였다. 생각보다 많은 노인이 우울 증상이 있는 것으로 평가된다. 성별로는 여자노인(24.0%)이 남자노인(17.2%)에 비해 우울 증상 비율이 6.8% 더 높다. 연령별 우울 증상 비율을 보면 연령이 높을수록 우울 증상 비율이 증가하는 경향이다. 65~69세 연령군은 15.1%, 70~74세 연령군 18.2%, 75~79세 연령군 23.6%, 80~84세 연령군 30.7%, 85세 이상 연령군은 33.1%가 우울 증상이 있는 것으로 나타났다. 85세 이상 연령군 우울 증상 비율은 65~69세 연령군의 두 배 이상 높은 수준이다. 여기서 우울 증상은 나이가 들수록 심해지고, 여성이 남성보다 심하다는 것을 확인할 수 있다.

결혼상태별로는 배우자 없는 노인의 우울 증상 비율(29.2%)이 배우자가 있는 노인(16.5%)보다 12.7% 더 많다. 이는 배우자가 있는 노인이 없는 노인에 비하여 정신이 더 건강하다는 것을 알려주는 지표이다. 가구형태별로는 노인독거 가구의 우울 증상 비율이 30.2%로 가장 높고, 자녀동거 가구 21.7%, 기타 가구 20.0%, 노인부부 가구 16.4% 등의 순이다. 여기서도 노년기엔 부부가 함께하는 것이 얼마나 정신건강에 좋은지를 확인시켜 준다.

기능상태별로는 기능 제한이 있는 노인의 우울 증상 비율(40.9%)이 기능 제한이 없는 노인의 우울 증상 비율(15.0%)에 비하여 두 배 이상 더 높은 수준이다. 이러한 사실은 신체적 건강과 우울증이 얼마나 관계가 깊은지를 알려준다.

〈표 9-1〉 65세 이상 노인의 특성별 우울 증상

특성	정상	우울 증상	계(명)
전체	78.9	21.1	100.0(10,073)
성별			
남자	82.8	17.2	100.0(4,286)
여자	76.0	24.0	100.0(5,788)
연령			
65~69세	84.9	15.1	100.0(3,314)
70~74세	81.8	18.2	100.0(2,536)
75~79세	76.4	23.6	100.0(2,137)
80~84세	69.3	30.7	100.0(1,314)
85세 이상	66.9	33.1	100.0(774)
결혼상태			
배우자 있음	83.5	16.5	100.0(4,286)
배우자 없음	70.8	29.2	100.0(5,788)
가구 형태			
노인독거	69.8	30.2	100.0(2,416)
노인부부	83.6	16.4	100.0(4,908)
자녀동거	78.3	21.7	100.0(2,371)
기타	80.0	20.0	100.0(379)
기능상태			
제한 없음	85.0	15.0	100.0(7,689)
제한 있음	59.2	40.9	100.0(2,385)

출처: 정경희 외(2017). 2017년도 노인실태조사.

3. 치매

1) 치매의 정의

치매라는 말은 라틴어에서 유래되었으며 '정신이 없어진 것'을 설명하는 용어이다. 즉, 치매(dementia)는 라틴어 'dement'에서 유래된 말로서, '없다'(de)와 '정신'(ment)이 조합된 단어이다. 치매는 뇌기능이 손상되면서 인지기능이 지속적이고 전반적으로 저하되어 일상생활에 상당한 지장이 나타나고 있는 상태라고 할 수 있다. 치매는 대부분 만성적이며 진행성으로 기억력, 언어기능 시공간 기능, 실행기능, 계산기능 등 인지기능의 다발성장애와 정서 증상, 성격 변화, 행동 증상 등이 나타나는 뇌정신질환이다.

치매는 노화와 관련이 깊다. 노화(aging)는 시간이 흐름에 따라 유기체의 세포, 조직, 기관조직, 또는 유기체 전체에 일어나는 점진적인 변화 현상이다. 치매 노인은 논리적 생각을 처리하고 표현하는 능력이 점차 악화된다. 인간의 노화는 생물학적, 심리적, 사회적 측면에서 나타나는 정상적인 발달 과정상의 변화를 의미한다. 이러한 생물학적 노화, 심리적 노화, 사회적 노화는 신체적 기능, 심리적 기능, 사회적 기능을 저하시키고 이는 치매 발병과 악화에 기여한다.

치매는 그 자체가 하나의 질환을 의미하는 것은 아니고, 여러 가지 원인으로 발생하는 뇌 손상에 의해 기억력을 비롯한 여러 인지기능의 장애가 생겨 예전 수준의 일상생활을 유지할 수 없는 상태를 의미하는 포괄적인 용어이다.

2) 치매의 유형[1]

지금까지 알려진 치매의 원인질환으로는 80~90가지가 알려져 있다. 이를 크게 분류하면 알츠하이머병, 혈관성 치매, 루이체 치매, 전두측두엽 치매, 알코올 치매, 초로기 치매, 가역성 치매, 기타 치매 원인질환으로 분류할 수 있다.

(1) 알츠하이머병

치매의 원인 중 가장 대표적인 알츠하이머병은 뇌세포의 퇴화로 기억력을 비롯한 여러 인지기능이 점진적으로 저하되며 일상생활의 장애가 초래되는 만성뇌질환이다. 알츠하이머병의 명칭은 1907년 이를 최초로 발견한 독일 의사 알로이

1) 주요 내용은 중앙치매센터 치매사전을 참고하여 기술하였다(중앙치매센터, 2020).

스 알츠하이머(Alois Alzheimer)의 이름에서 유래한다. 알츠하이머병은 매우 서서히 발병하여 점진적으로 악화가 진행되는 것이 특징이고, 가장 흔한 치매의 원인으로 전체 치매의 55~70%를 차지한다. 알츠하이머병의 자연 경과는 상당히 다양하지만, 대략 증상 발현부터 진단까지 2~3년, 진단으로부터 요양시설에 머무르게 되는 기간까지 3~6년, 요양시설에서 사망까지 약 3년 정도로 총 유병기간은 9~12년이다.

알츠하이머병은 여성이 남성에 비해 평균 2배 정도 더 잘 걸린다. 이외에 나이가 많을수록, 학력이 낮을수록, 직계 가족 중에 치매환자가 있는 경우, 심한 머리 손상(교통사고, 낙상 등)이나 약하지만 반복적으로 머리 손상(권투선수)을 입은 경우, ApoE 유전자형에서 4형의 대립유전자를 가지고 있는 경우 등에 잘 발생한다.

(2) 혈관성 치매

혈관성 치매는 뇌의 혈액공급의 문제로 발생한 치매를 의미한다. 두 번째로 흔한 치매의 원인으로, 전체 치매의 15~20%를 차지한다. 뇌혈관질환의 종류, 크기, 위치에 따라 다양한 증상과 경과를 보일 수 있다.

혈관성 치매는 고혈압, 당뇨, 고지혈증 등이 있거나 흡연, 과음을 자주 할 경우 발생 위험이 증가한다.

혈관성 치매는 뇌 혈액순환의 문제가 직접적인 원인이 된다. 혈관성 치매를 일으키는 뇌혈관질환에는 뇌혈관이 좁아지거나 막혀서 나타나는 허혈성 뇌혈관질환과 뇌혈관의 파열로 인해 출혈이 발생하는 출혈성 뇌혈관질환이 있다. 그러나 뇌혈관질환이 있다고 해서 반드시 혈관성 치매가 나타나는 것은 아니고, 뇌졸중 이후에 약 1/4에서 혈관성 치매가 생긴다고 한다.

(3) 루이체 치매

여러 종류의 치매 중 루이체 치매와 파킨슨병 치매는 특징적으로 '파킨슨 증상'

이라 불리는 움직임의 장애가 같이 나타난다. '파킨슨 증상'은 파킨슨병이 있을 경우 나타나는 손의 떨림, 행동이 느려짐, 뻣뻣한 움직임, 종종걸음 등의 증상을 함께 묶어 부르는 이름이다. 치매가 파킨슨 증상보다 먼저 나타나면 루이체 치매, 치매가 파킨슨 증세보다 나중에 나타나면 파킨슨병 치매일 가능성이 높으나, 개인마다 차이가 있을 수 있다. 보통 70대에 증상들이 처음 나타나기 시작한다.

파킨슨병 치매나 루이체 치매 환자의 뇌를 현미경으로 관찰할 경우 이상 단백질 덩어리가 보이며, 이를 독일의 학자 루이가 처음 발견하여 '루이체'라는 이름이 붙었다. 전체 치매의 10~25% 정도를 차지할 정도로 흔한 질환이며, 약물치료에 반응이 좋아 정확하게 진단하는 것이 중요하다.

(4) 전두측두엽 치매

전두측두엽 치매는 전두엽이나 측두엽의 앞쪽에서부터 진행되는 치매이다. 우리를 인간답게 해주는 이러한 기능들을 대부분 뇌의 앞쪽(전두엽과 측두엽의 앞쪽)에서 담당하고 있다. 따라서 이 부위에 문제가 발생할 경우 말을 이상하게 하거나, 참을성이 없어지거나, 판단력이 저하될 수 있다. 전두측두엽 치매는 전형적으로 중·후반 성년기에 존재하며, 45~64세의 연령층이 전체 전두측두엽 치매 환자의 60%를 차지한다. 전두측두엽 치매는 전체 치매의 약 2~5%를 차지하고 있으며, 사후 부검한 치매환자에서 병리학적 진단의 5~10%에 해당한다.

(5) 알코올 치매

알코올은 신경세포에 부정적인 영향을 주며, 장기간 과음을 지속할 경우 이러한 영향이 축적되어 치매로 진행할 수 있다. 그런데 알코올이 신경세포에 주는 영향이 다양하다 보니, 결과적으로 나타나는 치매도 다양하다. 이 다양한 경우를 모두 포함하여 알코올 치매라 부른다. 장기간 지속된 과음이 알코올 치매의 원인이다. 알코올 자체의 독성에 의해 치매가 발생하는 경우도 있고, 알코올 섭취로 인한 비타민 B_1 결핍이 원인인 경우도 있다.

(6) 기타 치매 원인질환

기타 치매의 원인질환으로는 초로기 치매, 가역성 치매, 파킨슨병으로 인한 치매, 진행성 핵상 마비, 헌팅턴병, 수두증 치매, 소뇌척수위축, 근위축성 측삭 경화증 등이 있다.

3) 치매 현황

노화와 치매는 상관관계가 아주 높기 때문에 인구 고령화는 곧 치매환자 인구의 증가를 의미한다. 우리나라는 고령화가 빠르게 진행되고 있다. 이미 2000년 고령화 사회, 2017년 고령 사회에 진입하였고, 2025년 초고령 사회에 진입할 예정이다. 따라서 치매환자의 수도 급증하고 있다.

〈표 9-2〉를 살펴보면 성별과 연령별 치매 유병률의 상당한 차이를 확인할 수 있다. 2018년 65세 이상 치매환자는 약 77만 1,000명이고, 여성이 약 47만 8,000명, 남성 29만 3,000명으로 여성의 비율이 상대적으로 높은 편이다(여성 62%, 남성 38%). 연령별로는 60~64세 2.7%, 65~69세 4.27%, 70~74세 9.1%, 75~79세 24.4%, 80~84세 27%, 85세 이상 32.6%이다. 나이가 들어갈수록 치매 비율이 높아진다는 것을 알 수 있다. 연령별 치매환자는 70~74세 구간에서부터 급증하여 85세 이상 초고령 구간에서 가장 많다는 것을 알 수 있다. 더욱이 연령이 높아질수록 인구수는 감소함에도 불구하고 치매노인 수는 오히려 크게 늘어난다는 사실(2018년 기준 65~69세 인구 266만 명, 70~74세 인구 199만 명임)을 고려하면 노화와 치매는 상관관계가 아주 높다는 것을 입증한다.

〈표 9-2〉 65세 이상 노인의 성별·연령별 치매 비율

구분	치매 환자 수	성별		연령(세)					
		남성	여성	60~64	65~69	70~74	75~79	80~84	85 이상
인원수(명)	771,204	293,073	478,130	20,714	32,602	69,854	188,143	208,192	251,699
비율(%)	100.0	38.0	62.0	2.7	4.27	9.1	24.4	27.0	32.6

출처: 보건복지부, 중앙치매센터(2020). 대한민국치매현황 2019.

한국은 65세 이상 노인이 보유한 치매 유형으로 알츠하이머가 절대적으로 많다. 즉 2018년 기준으로 알츠하이머형이 74.5%, 혈관성 치매 8.8%, 기타 16.7%로 나타났다(〈표 9-3〉 참조). 정도별 치매환자 수는 경도, 중등도, 최경도, 중증 치매 순으로 많은 것으로 나타났다.

〈표 9-3〉 65세 이상 노인의 유형별·정도별 치매환자 수

구분	치매 환자 수	유형별			정도별			
		알츠하이머형	혈관성	기타	최경도	경도	중등도	중증
인원수(명)	750,488	559,214	66,132	125,142	130,585	310,702	192,875	116,326
비율(%)	100.0	74.5	8.8	16.7	17.4	41.4	25.7	15.5

출처: 보건복지부, 중앙치매센터(2020). 대한민국치매현황 2019.

보건복지부, 중앙치매센터(2020)의 예측에 따르면 치매환자는 앞으로 크게 증가할 것으로 예측된다. 2018년 현재 노인인구의 약 10%인 102만 명이 치매환자이지만 2024년엔 약 104만 명, 2039년엔 약 123만 명, 2050년엔 약 161만 명으로 예측되고 있다([그림 9-1] 참조).

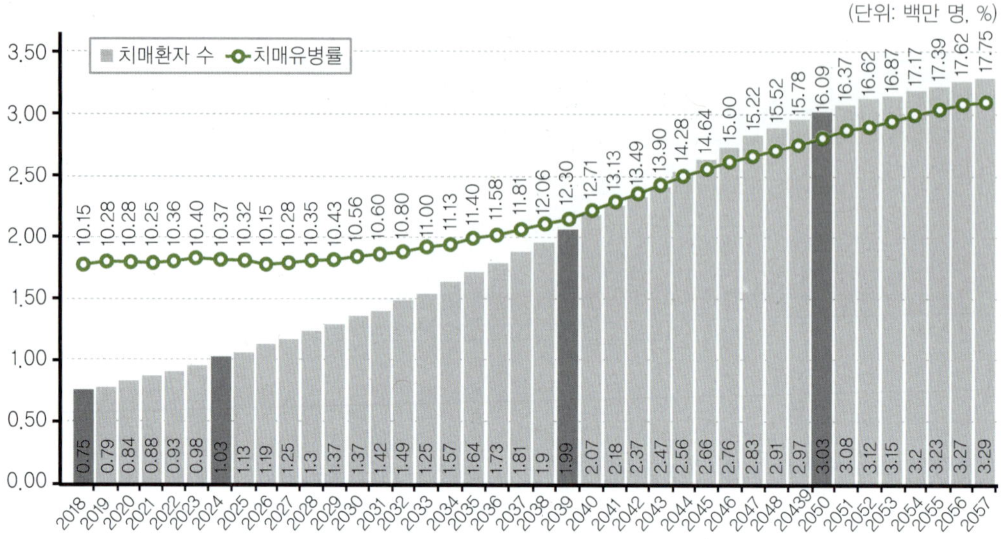

출처: 보건복지부, 중앙치매센터(2020). 대한민국치매현황 2019.

[그림 9-1] 한국 치매환자 장래 추계

4) 치매대책

우리나라 치매관리사업은 크게 일반 회계 차원에서 노인장기요양보험지원사업과 국민건강증진기금 차원에서 이뤄지는 치매관리체계구축사업, 노인건강관리사업, 지역사회통합건강증진사업, 만성병관리기술 개발연구사업 등으로 분류할 수 있다. 이 중 보건소 지역사회 통합건강증진사업에서의 치매관리사업은 치매검진사업과 치매노인사례관리사업으로 구성된다. 치매관리사업은 2006년 한국치매협회 민간단체 보조사업으로 시작되어 2007년 지방자치단체 보조사업으로 전환하였으며, 2010년 전국 모든 보건소로 확대 실시, 2013년부터 통합건강증진사업에 포함되었다. 치매국가책임제의 일환으로 2017년 추가경정예산을 편성하고 간호사, 사회복지사 등 인력을 채용·교육하였으며, 사무실 공간 확보, 업무체계 마련, 전산시스템 구축 등을 거쳐 2017년 12월부터 전국 보건소에 치매안심센터를 설치하고, 상담·검진·사례관리 등의 서비스를 제공하고 있다. 2018년 말 현재 전국 256개 보건소에 치매안심센터를 개소하여 운영 중이다(보건복지부, 2019). 그중에서 상담·검진·쉼터 등의 필수 서비스를 모두 제공하는 정식 개소 기관은 지난해 2018년 12월 말 기준으로 166개소이다.

치매안심센터는 초기상담 및 치매조기검진, 1:1 사례관리, 치매단기쉼터 및 치매카페 운영, 관련 서비스 안내와 제공기관의 연계 업무를 진행한다. 또한 인지기능 저하자 대상 선별·진단검사 실시, 상담 후 대상자 등록, 욕구파악, 치매 어르신 및 가족 맞춤형 서비스 제공계획 수립, 치매 어르신 및 가족들이 안심하고 살아가도록 전담 코디네이터를 1:1로 매칭하여 필요한 서비스를 연계하고, 전체 돌봄경로를 관리한다. 치매안심센터의 업무 흐름도는 다음 [그림 9-2]와 같다.

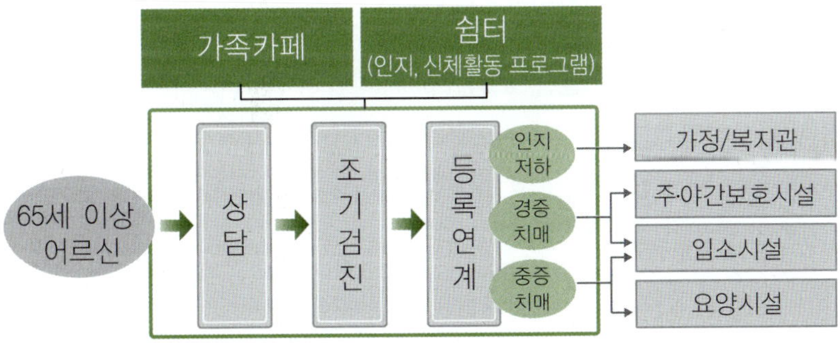

출처: 보건복지부(2018a). 노인보건복지사업안내.

[그림 9-2] 치매안심센터 업무 흐름도

주요 업무를 구체적으로 설명하면 다음과 같다.

- 치매 조기검진사업: 선별검사(MMSE-DS) 및 진단검사(치매척도검사, 매신경인지검사, 일상생활척도검사 등) 등은 센터에서 시행 후 진단
  - 감별검사(혈액검사, CT 두부촬영 등)는 협약병원으로 연계
    - * 비용 지원: 상급종합병원(11만 원), 그 외 병의원(8만 원)의 본인부담금 지원(60세 이상이면서 중위소득 120% 이하인 자)
  - 치매 고위험군(인지기능 저하자, 75세 이상 독거노인 등)에 대하여는 찾아가는 집중검진 등 실시
- 치매노인 등록·관리사업: 60세 이상 노인 및 가족에 대한 기초상담 및 정보제공 실시
  - 치매 확진자 등록·관리 후 대상자별 서비스 제공계획 수립, 각종 치매지원서비스 및 자원 연계: 치매치료·관리비 지원, 실종예방인식표 발급, 조호물품 지급 등
  - 독거 치매환자, 만 75세 이상 부부 치매가구, 골절 및 중증질환 등을 앓고 있는 치매가구 등을 발굴하여 집중 사례관리 실시
- 치매 인식개선 및 치매 친화적 지역사회 조성: 어버이날, 치매극복의날, 노인의날 등을 통해 인식개선 등 관련 행사·교육·홍보 실시, 치매파트너 양성(치매 관련 대중교육) 확대
  - 지역사회 자원분석·조사, 치매인식도 조사 등 실시
- 치매가족 지원사업: 치매가족의 돌봄 부담 분석 및 상담·교육·자조모임·힐링프로그램 지원
  - 치매환자와 가족이 편안하게 방문하여 휴식을 취하며 다른 치매환자 및 가족, 지역주민과 교류하는 가족카페 운영
- 치매쉼터 운영사업: 치매 확진 또는 서비스 연계 전의 노인에 대하여 인지 및 신체활동 프로그램 운영
- 치매노인 성년후견사업: 치매노인의 사회활동 지원, 자기결정권 존중, 인권보호를 위한 후견인 선임 지원 등

치매노인의 비극

지난 4월 22일 전북 군산에서는 80세 남편이 치매에 걸린 아내를 7년간 돌보다 살해한 사건이 발생했다. 치매 증상이 점차 심각해지는데도 요양병원에 들어가지 않겠다고 아내가 고집을 부리자, 남편은 아내를 살해한 뒤 극단적 선택을 하기 위해 유서를 썼다. 하지만 차마 죽지 못했고, 범행 3시간 뒤 아들에게 전화를 걸어 아내의 죽음을 알렸다. 지난 2월 20일에도 충북 청주의 한 아파트에서 40대 아들이 10년간 돌보던 아버지를 살해하고 스스로 목숨을 끊은 사건이 발생했다. 한국보건사회연구원이 발간한 '치매노인과 돌봄 제공자를 위한 맞춤형 정책방안 모색 보고서(2018)'에 따르면 만 65세 이상 치매확진자(191명)의 70.2%(중복 응답)가 동거가족원의 도움을 받고 있었다. 국가가 제공하는 장기요양보험·노인돌봄서비스를 받는 치매노인은 48.7%로 절반에 못 미쳤다. 치매 노인을 돌보는 가족의 부담이 높다는 이야기다.

출처: 중앙일보(2019. 07. 25.). 치매 노모와 50대 아들 숨진 채 발견… "돌봄에 생활고까지".

4. 노인의 자살

1) 자살의 정의

자살은 행위자가 자신이 죽음을 초래할 의도를 가지고 자신의 생명을 끊는 행위를 말한다. 그 원인이 개인적이든 사회적이든, 당사자가 자유의사에 의하여 자신의 목숨을 끊는 행위를 말한다. 노인 자살과 관련된 용어는 자살 생각, 자살 시도, 자살 행동 등 크게 3가지가 있다. 자살 생각(suicidal ideation)은 자신의 생명을 끊으려는 의도가 있는지 여부에 상관없이, 자살을 생각하는 것을 말한다. 자살 시도(suicidal attempt)는 자신의 생명을 끊으려는 의도를 가지고 스스로 해를 가하는 행위를 말한다. 자살 행동(suicidal behavior)은 사람에게 죽음을 유발할 수 있는 행동을 의미한다. 자살 연구에서는 연구 대상의 특성으로 인하여 자살 시도와 자살 행동보다는 자살 생각에 대한 연구가 이루어지는 것이 일반적이다.

노년기 이전 성인들은 나쁜 대인관계, 취업 곤란, 알코올 중독이나 기타 약물문제로 인하여 자살이 발생하는 경우가 많다(McInnis-Dittrich, 2020). 그러나 자살률이 가장 높은 인구는 65세 이상의 고령자이고, 나이가 들수록 자살률은 증가한다(McInnis–Dittrich, 2020). 우리나라도 65세 이상 고령자들이 나이가 들수록 자살률이 빠르게 증가하는 경향을 보인다.

노인들의 정확한 자살 건수를 확인하기란 어렵다. 노인의 사망을 자살로 판정하려면 사실상 법적인 판단에 따라야 한다. 자해 행위로 사망한 것이 명백하거나 자살 유서를 남겼거나 자살이 목격되었다면 자살로 결정할 수 있다(McInnis–Dittrich, 2020: 232). 그러나 사고로 인한 죽음이나 자연적인 원인에 의한 사망도 자살로 보일 정도로 모호한 경우가 많다. 약물 과다복용, 자동차 사고, 또는 식사 거부나 치료 거부 같은 수동적 방법도 사실상 자살이 될 수 있다(McInnis–Dittrich, 2020: 232). 노인이 장기간 앓고 있는 만성질환에서 벗어나기 위하여 자살을 합리적이고 선제적 선택방안으로 생각할 수도 있다.

2) 노인 자살의 원인

노인 자살의 위험요인을 설명할 수 있는 이론은 사회학적 관점에서 사회통합이론, 교환이론, 심리학적 시각, 연령통합적인 시각이 있다. 뒤르켐(Durkheim)은 자살의 사회 기반을 사회통합과 규범 규제력이라는 두 개의 개념에서 찾았다(이소정 외, 2009). 즉 자살을 사회통합 정도와 규범의 구속력 정도라는 기준으로 이해하려 한 것이다. 노인이 평생 의미를 두었던 일터라는 터전을 떠나게 되고, 역할 상실 또는 친구나 배우자의 사망 등으로 인하여 사회관계망이 축소되면서 소외감과 외로움이 커진다. 이러한 개인의 사회적 고립이 자살의 원인으로 작동한다는 것이다. 교환이론에서는 교환할 자원이 없거나 부족한 노인들은 외로움을 더 많이 느낄 것이며 이는 노인의 자살로 이어질 수 있다는 것이다. 심리학 시각에서는 우울 증상을 자살의 원인으로 파악한다. 우울 증상은 누구나 경험할 수 있는 증상이지만, 노년기는 배우자의 죽음, 직업과 지위의 상실, 수입의 감소, 신체건강의 악화 등과 같이 노년기에 주로 일어나는 고통으로 인하여 우울증이 발생할 가능성이 높아진다(이소정 외, 2009).

노인이 한가지 원인 때문에 자살하는 경우는 많지 않은 것으로 알려져 있다.

노인은 자살의 위험요인이 많다. 자살의 위험요인은 ① 인구사회학적 요인, ② 노인의 기능적 요인, ③ 가족 및 사회관계망 요인, ④ 사회문화적 요인으로 구분하기도 하고(권중돈 외, 2010), 정신건강과 관련된 요인, 신체적 건강과 관련된 요인, 생활사건과 관련된 요인으로 구분하기도 한다(노병일, 2018). 이상영 등(2012)은 자살 행위를 촉발하는 요인을 생물학적 요인, 심리적 불안, 개인적 특성(가족력, 유전 등), 경제사회적 요인으로 분류하였다. 맥이니스디트리히(McInnis-Dittrich, 2020)는 성별, 우울 및 기타 정신건강, 사회적 요인, 알코올 중독 및 약물 중독, 신체적 질병, 인종, 기타 위험요인을 구분하였다.

(1) 인구·사회·경제적 요인들

자살은 모든 연령대에서 여성보다 남성에게 빈도가 더 많다. 우리나라는 2018년 기준으로 남성은 9,862명, 여성은 3,808명이 자살하였다. 그 비율은 남성자살률이 여성자살률에 약 2.6배에 이른다(통계청, 2019). 고령자의 경우엔 남성자살률이 여성자살률에 비하여 약 4배나 된다(통계청, 2019d). 미국의 경우에도 남녀 노인 간 자살률 격차가 더 큰 것으로 나타났다. 75세 이상의 남성은 75세 이상의 여성보다 자살할 가능성이 9배 많았다(McInnis-Dittrich, 2020).

이렇게 남성 고령자의 자살 증가는 남성들이 은퇴하며 경험하는 극적인 역할 변화나 심각한 질환이나 홀로 사는 것에 적응하는 데 어려움이 아주 크기 때문으로 추정된다.

여성의 경우엔 개인적인 레질리언스(personal resilience)[2)]도 자살 생각과 자살 시도에 중요한 요인으로 간주된다(Lau et al., 2010). 전체 생애에서 정서적 심리적 장애를 성공적으로 극복한 경험을 한 노인들은 늙어가면서 겪는 어려움과 도전을 극복하지 못하고 자살을 고려할 가능성이 아주 낮다는 것이다. 여성은 남성

2) 외부의 힘으로 변형되었다가 원래대로 되돌아가는 능력으로, 충격이나 부상 등에서 회복하려는 회복력, 탄력성을 의미한다.

보다 가족과 친구들의 강한 지지체계를 가질 가능성이 많다.

사회적 유대감(sense of social connectedness)의 결여는 노인 자살의 중요한 위험요인이다. 가족이나 친구 네트워크가 없는 노인은 자살을 시도할 가능성이 50%나 더 많았다(Holt-Lunstad et al., 2010). 노인의 소속감(a sense of belonging)이 높으면 우울 가능성이 줄어들고 자살 행동 위험이 감소하는 데 기여하는 것으로 확인되었다(Kissane & McLaren, 2006). 소속감은 한 개인이 자신이 귀중한 존재이고 필요한 존재이며 받아들여진다는 느낌으로 정의된다. 연구자들은 노인의 타인과의 관계, 애완동물, 사회기관 같은 대상들 또는 일반 사회에 대한 자기평가로 소속감을 측정하였다. 가족이나 친구와 연락이 없다는 노인은 자신이 죽었을 경우 그리워할 사람이 전혀 없다고 추측하였다.

(2) 심리불안 또는 정신건강장애

자살자 90% 이상에서 하나 이상의 정신장애가 발견된다고 한다(Henriksson et al., 1993). 예를 들어 자살자의 60~80%가 우울증에 기인하는 것으로 알려져 있다(Greenberg et al., 2003). 자살과 흔히 동반하는 정신장애에는 기분장애, 조현병, 불안장애, 식사장애, 주의력결핍과잉행동장애, 알코올사용장애, 기타 물질사용장애, 인격장애, 공존 정신장애가 포함된다(제영묘, 2004).

우울 또는 기타 정신건강장애(mental health disorder)는 노인 자살의 가장 심각한 위험요인이다. 모든 노인 자살자의 71~97%는 어떤 유형의 정신질환이 있었다(Conwell et al., 2011). 주요한 임상 우울은 임상진단의 임계기준을 충족시키지 못하는 우울보다 더 명백하다. 그러나 임계선 이하의 우울증(sub-threshold depression)의 존재는 노인의 자살 행동의 위험을 극적으로 증가시킬 수 있다(Diggle-Fox, 2016). 약제품의 과다복용에 의한 중독은 노인들의 자살에서 두 번째로 많은 통상적인 방법이고, 여성에겐 첫 번째 자살방식이다(Substance Abus and Mental Health Service Administration, 2018).

치매가 진행되면서 질병 악화로 인한 도덕의식 악화를 피하려는 마음에서 치매

초기에 자살 위험이 고조된다(Haw et al., 2009). 살인과 자살에 관여한 배우자에 관한 소식을 언론에서 접하는 일이 많다. 노인부부 중 배우자 한 명이 치매인 경우 살인과 자살을 동반하는 일이 드물지 않다. 치매 진행 과정의 후반에는 실행기능이 감퇴하면서 자살계획을 통해 계획을 짜고 수행하는 능력이 떨어지기 때문에 자살률은 크게 떨어진다(Diggle-Fox, 2016).

(3) 생물학적 요인

자살이 유전에 의한 것이 아니라는 주장도 있지만, 현상적으로는 가족 자살자가 있을 경우 자살할 위험이 증가하는 것은 사실이다(이소정 외, 2009). 실제로 일란성 쌍둥이가 이란성 쌍둥이보다 자살 시도와 자살이 같이 일어나는 비율이 더 높다는 연구 결과도 있다(Roy, 1992). 자살 시도를 했거나 자살을 완수한 가족력, 또는 중증 정신병을 앓은 가족력이 있는 노인들이 자살 가능성이 많았다(Brent, 2010). 유전적으로 우울 경향이 있으면 심리적 통증을 끝내는 방안으로 자살을 생각하는 것뿐만 아니라 이러한 성벽이 어느 정도 있다는 사실을 설명한다. 그러나 이것이 정말 자살의 유전인자가 있어서인지 아니면 가족들이 자살의 위험요인을 공통적으로 갖고 있기 때문인지는 확실히 밝혀지지 않은 상태이다(이소정 외, 2009). 자살을 설명하는 또 다른 생물학적 요인은 자살로 이끄는 정신질환에서 나타나는 신경생물학적 과정을 들 수 있다. 즉, 자살을 한 정신과 환자에게서 세로토닌 대사체의 수준이 정상이지 않다는 것이 발견되었다(이소정 외, 2009).

(4) 신체적 질병

고통스럽고 쇠약해지는 만성병이 있는 노인들은 건강문제가 크지 않은 노인들보다 자살률이 더 높았다(노병일, 2018; 이상영 외, 2012; Conwell et al., 2011; McInnis-Dittrich, 2020). 암, 골다공증, 다발성 경화증 또는 루게릭병 같은 근골격계 장애, AIDS에 걸린 노인은 자살률이 높은 것으로 나타났다. 자연사 이전에 만성병을 앓고 있는 기간이 길어지면 고통을 경감시키기 위한 유일한 방법으로 자살을 고려할지도 모른다. 노인은 자살이 배우자나 가족원에게 장기간 질병으로 인한 금융 비용과 정서적 비용을 부담시키지 않기 위해 선호하는 대안으로 생각하기도 한다(Jahn et al., 2013). 신체적 질병은 우울이 수반될 때 자살 위험을 악화시킨다. 우울이 고위험요인으로 이미 인용된 바 있다. 노인은 질병으로 우울하게 된다. 노인은 아플 때 사회적 역할과 공동체 역할을 잃게 되거나 고독하게 되고, 이로 인하여 우울증이 악화되고 질병, 우울, 그리고 사회적 고립 간의 순환적 관계가 만들어진다.

3) 노인 자살 현황

통계청의 2018년 사망원인통계에 의하면, 우리나라의 자살자 수는 1만 3,670명(인구 10만 명당 자살자 26.6명)이다(통계청, 2019). 자살자 수는 2008년 1만 2,858명, 2018년 1만 3,670명으로 10년간 약간 증가하였지만 10만 명당 자살자 수는 26명에서 26.6명으로 큰 변화가 없는 편이다.

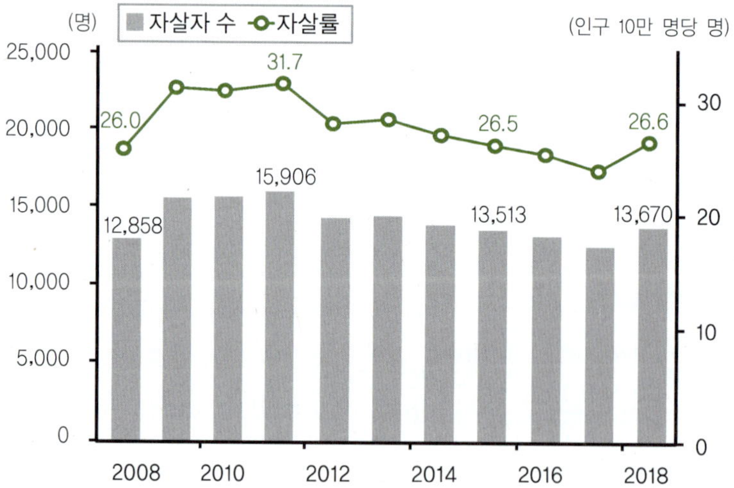

출처: 통계청(2019). 2018년 사망원인통계.

[그림 9-3] 자살자 수 및 자살률 (2008~2018년)

국가 간 비교에서 한국은 자살률이 아주 높은 편이다. OECD 국가 간 연령표준화자살률(OECD 표준인구 10만 명당 명)을 보면 OECD 평균은 11.5명이다. 주요 국가들을 보면, 2018년 기준으로 일본 15.2명, 미국 13.9명, 영국 7.3명, 독일 10.2명인데 비하여 한국은 무려 24.7명이나 된다. 1985년 당시 우리나라 자살사망률은 인구 10만 명당 11.2명으로 다른 OECD 국가 중 중하위권 수준이었으나, 2003년 28.1명을 기록한 이후 지금까지 OECD 국가 중 자살률 1위를 유지하고 있다(이상영 외, 2017; 통계청, 2019).

연령별로는, 노인세대의 자살사망률이 다른 연령층에 비해 현저히 높다. 통계청에 따르면 2018년 기준 10만 명당 자살자 수가 10~19세 5.8명, 20~29세 17.6명, 30~39세 27.5명, 40~49세 31.5명, 50~59세 33.4명, 60~69세 32.9명, 70~79세 48.9명, 80세 이상 69.8명으로 나타났다.

성별로 살펴보면, 남성은 나이가 들수록 자살사망자 수가 급증한다. 20대엔 약 21명대이며, 30대 36명, 40대 45명, 50대 51명, 60대 53명, 70대 83명, 80세 이상은 138명으로 증가한다. 반면에 여성은 연령이 증가함에 따라 자살사망률이 역U자 양상을 보인다. 20대에서 60대까지는 20명 이하이고 오히려 40대부터 60대에 이르는 연령 구간에서는 자살률이 떨어지는 경향을 보인다. 다만 여성도 70대 이후엔 자살률이 높아지지만 남성과 같은 경향을 보이지는 않는다. 이로 인하여 자살률 성비에서 나이가 들수록 남성이 여성에 비하여 훨씬 높게 나타난다. 즉, 남성자살률은 여성자살률에 비하여 10대는 1.0배, 20대는 1.6배, 30대는 2.0배, 40대는 2.6배, 50대는 3.4배, 60대는 3.9배, 70대는 3.8배, 80세 이상은 3.7배로 나타난다. 60세 이상 고령자의 경우 남성노인의 자살률이 여성노인 자살률의 약 4배 가까이 된다.

〈표 9-4〉 성·연령별 자살자 수 및 자살률 (2018년)

(단위: 명, 인구 10만 명당 명, %)

	자살자 수	연령별 자살률									
		전체	1-9	10-19	20-29	30-39	40-49	50-59	60-69	70-79	80 이상
남성	9,862	38.5	0.0	5.7	21.5	36.4	45.4	51.4	53.0	83.2	138.5
여성	3,808	14.8	–	5.9	13.2	18.3	17.3	15.1	13.6	22.0	37.3
전체	13,670	26.6	0.0	5.8	17.6	27.5	31.5	33.4	32.9	48.9	69.8
성비	2.6	2.6	–	1.0	1.6	2.0	2.6	3.4	3.9	3.8	3.7

출처: 통계청(2019). 2018년 사망원인통계.

이렇게 높은 남성 고령자의 자살은 은퇴 후 역할 변화나 중증질환, 외로움에 대한 적응 능력의 결핍, 낮은 레질리언스(탄력성), 가족, 친구 등 사회적 지지체계 허약 등에 기인하는 것으로 보인다(Lau et al., 2010).

4) 노인 자살의 예방정책

우리나라는 2018년 '자살예방 및 생명존중 문화 확산'을 국정과제에 포함시키며 자살문제 해결을 위하여 '자살예방 국가 행동계획'을 발표하였다(보건복지부, 2018b). 자살예방 국가 행동계획의 주요 내용은 다음 그림과 같다.

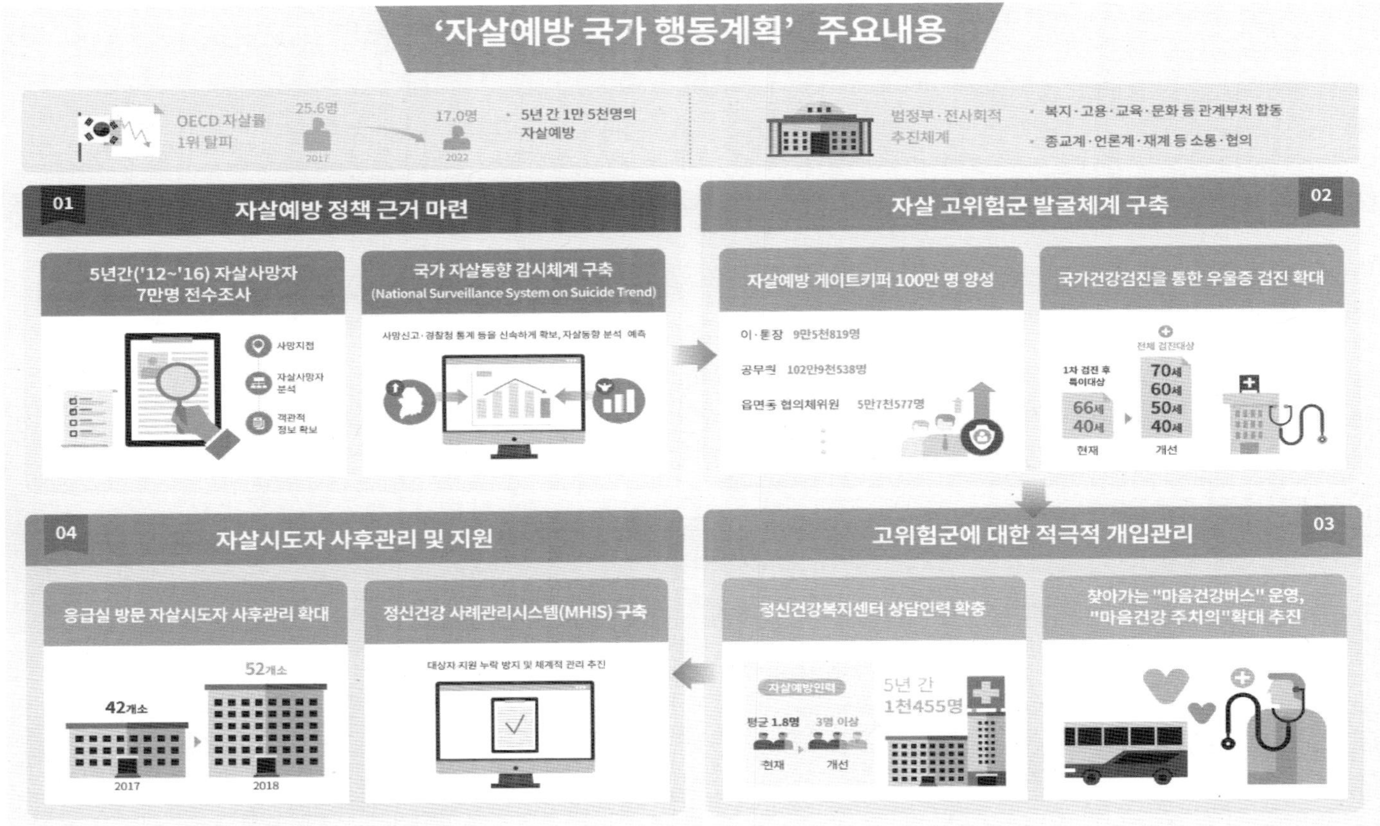

출처: 보건복지부(2018c). 정부, 자살 문제 해결을 위한 행동계획 다련·추진.

[그림 9-4] 자살예방 국가 헝동계획 주요 내용

우선 정부는 2012~2016년 발생한 자살사망자 7만 명을 전수조사하여 국가자살동향 감시체계를 구축하였다.

국가자살동향 감시체계는 자살률 동향을 예측할 수 있는 관련통계를 신속하게 확보·활용하고, 자살동향 확인에 필요한 새로운 형의 자살자 마이크로데이터를 확보하여 자살사건 정보의 범위 확대를 추진하게 되어 있다.

자살 고위험군 발굴을 위한 전 사회적 네트워크 구축에서는 전국민 대상 게이트키퍼 교육으로 빈틈없는 인적 발굴망을 구축하여 지역사회 인적 네트워크 핵심그룹 100만 명 게이트키퍼로 양성하고, 게이트키퍼 교육 및 활동 활성화를 위한 인센티브를 제공하도록 하였다.

적극적 개입·관리를 통한 자살 위험 제거에서는 자살 고위험군에 대한 빈틈없는 지원체계를 구축하고 지역사회 정신건강 서비스에 대한 접근성을 강화하며 자살촉발 위험요인을 제거하는 데 초점을 맞췄다.

사후관리 강화를 통한 자살확산 예방에서는 자살 시도자 사후관리 강화, 자살 유가족 지원 강화, 유명인 자살사건 대응체계를 구축하였다. 자살 시도자 사후관리·지원의 성과를 보면, 2013년 전국 27개 응급실에 전문인력을 각 2명씩 배치, 자살 시도자를 상담하였고, 서비스 비(非)수혜자사망률이 14.6%인데 비하여 수혜자사망률은 5.9%(2015년 말까지)였다. 2017년 현재 전국 42개 응급실로 확대 시행 중에 있다(보건복지부, 2018b).

연령별 자살예방 대책추진에서는 노인들을 대상으로 독거노인 친구 만들기 사업을 확대하였다. 2017년 80개소 5,000명에서 152개 전국으로 확대하였다. 치매안심센터(전국 252개소)를 설치·운영하여 치매환자 가족상담 서비스를 제공하고, 가족교실 운영, 치매가족 자조모임 지원, 치매가족 카페 운영 등을 제공하였다.

5) 노인의 자살과 관련된 정책방안

대부분의 나라들에서 노인보다는 아동·청소년이나 일반인의 자살에 더 관심을 갖고 있다. 우리나라는 다른 나라와 달리 노인세대의 자살사망률이 다른 연령층에 비해 현저히 높다. 하지만 우리나라에서도 청소년의 자살이나 일반인의 자살에 비하여 노인 자살에 대해서는 상대적으로 관심을 덜 가지는 경향이 있다(노병일, 2018).

전반적인 방안은 일반인의 자살과 관련된 방안과 중복된다. 2018년에 수립된 자살예방 국가 행동계획에 기반하여 노인의 자살에 대하여도 대처하는 것이 적절하다.

노병일(2018)은 노인에 대한 긍정적 인식과 지지, 노인 자살예방 프로그램의 실시, 노인 맞춤형 우울감소 프로그램의 실시, 노인 빈곤의 감소, 노인 고용의 확대를 제시하고 있다.

여기에 더하여 노인의 여가문화활동, 봉사활동, 지역사회 참여활동을 높이는 정책이 더욱 강화되어야 할 것이다. 우리나라는 대부분의 사람들이 경제활동 이외의 활동은 중요시하지 않고, 경험하는 비율도 낮다. 그러나 노년기에는 건강 악화와 퇴직 등으로 경제활동을 그만두거나 줄여야 한다. 이러한 맥락에서 노년기에는 경제활동이 아닌 다른 사회활동을 늘려야 한다. 그렇지 못하면 역할이 없어지거나 할 일이 없어져 외로움에 빠지게 된다. 역할 소외와 외로움은 자존감을 떨어뜨리고 우울을 가져오기 쉽고, 이는 자살 생각으로 이어질 가능성이 높아진다. 따라서 노인의 자살과 관련된 정책에서는 노인의 사회활동 활성화가 반드시 포함되어야 한다.

생각해보기

1. 노인의 정신건강 문제들은 어떠한 것들이 있는지 생각해 보자.

2. 우리나라 노인의 우울의 원인은 어떠한 것들이 있는지 생각해 보고, 심각한 순으로 원인들을 열거해 보자. 그리고 이러한 우울을 예방하기 위한 정책이나 프로그램을 생각해 보자.

3. 노인이 치매에 걸리면 발생하는 사회적 문제를 생각해 보고, 치매노인을 지원할 수 있는 개입 방법을 논의해 보자.

4. 우리나라 노인의 자살률, 특히 남성노인의 자살률이 왜 그렇게 높은지 생각해 보고, 그 대안도 제시해 보자.

참고 문헌

권중돈, 김유진, 엄태영, 이인원(2010). 노인복지관의 자살예방 사업 모형개발 연구. 노인종합복지관협회.

노병일(2018). 사회문제론. 창지사.

보건복지부(2018a). 노인보건복지사업안내.

보건복지부(2018b). 정부, 자살 문제 해결을 위한 행동계획 마련·추진. 보도자료. 2018. 01. 23.

보건복지부(2018c). 정부, 자살 문제 해결을 위한 행동계획 마련·추진.

보건복지부(2019). 치매안심센터 서비스 다양화, 치매노인 공공후견사업 확대. 보도자료 2019. 02. 07.

보건복지부, 중앙치매센터(2020). 대한민국치매현황 2019.

서울대학교 의학정보(2020). 우울증. 네이버지식백과.

설진화(2009). 정신건강론. 서울: 학현사.

이상영, 노용환, 이기주(2012). 우리나라의 자살급증원인과 자살예방을 위한 정책과제. 한국보건사회연구원.

이소정(2010) "노인 자살의 사회경제적 원인 분석", 사회보장연구, 26(4): 1-19.

이소정, 정경희, 강은정, 강상경, 이수형, 김영아(2009). 노인자살의 사회경제적 배경 및 정책적 대응방안 모색, 한국보건사회연구원.

정경희, 오영희, 이윤경, 오미애, 강은나, 김경래, 황남희, 김세진, 이선희, 이석구, 홍송이(2017). 2017년도 노인실태조사. 한국보건사회연구원.

제영묘(2004). 자살과 정신장애. 생물치료정신의학, 10(1): 3-10.

최성재, 장인협(2010), 고령사회의 노인복지학, 서울대학교 출판문화원.

통계청(2019). 2018년 사망원인통계. 보도자료. 2019. 09. 24.

American Psychiatric Association (2013). *Diagnostic and statistical manual of mental disorders* (5th ed.). Washington, DC: American Psychiatric Association.

Brent, D. (2010). What family studies teach us about suicidal behavior: Implications for research, treatment and prevention. *European psychiatry, 25*: 260-263.

Butler, & Lewis, M, I. (1977), Aging and mental health (2nd ed.) St. Louis: the C.V. Mosby.

Cherubini, A., Nistico, G., Rozzini, R., Liperoti, M., Di Bari, E., Zampi, L., & Trabucchi, M. (2012). Subthreshold depression in older subjects: an unmet therapeutic need. The Journal of Nutrition, Heantl and Aging, 16(10), 909-913.

Conwell, Y., Van Orden, K., & Caine, E.D. (2011). Suicide in older adults. *Psychiatry Clinics of North America, 34*(2), 451-468.

Diggle-Fox, B.S. (2016). Assessing suicide risk in old adults. *The Nurse Practitioner, 41*(10): 28-35.

Haw, C., Harwood, D., & Hawton, K. (2009). Dementia and Suicideal behavior: A review of the literature. *Psychogeriatrics, 21*(3): 440-453.

Holt–Lunstad, J., Smith, T.B., & Layton, B. (2010). Social relationships and mortality risk: a meta–analytic review. PLoS Medicine, 7(7), 1316.

Jahn, D.R., Van Orden, K.A, & Cukrowicz, K.D. (2013). Perceived burdensomeness in older adults and perceptions of burden on spouses and children. Clinical Gerontologist, 36(5).

Kissane, M., & McLaren, S. (2006). Sense of belonging as a predictor of reasons for living on older adults. Death Studies, 30, 243–258.

Lau, R., Morse, C.A., & Macfarlane, S. (2010). Psychological factors among elderly women with suicidal intentions or attempts to suicide : A controlled comparision. *Journal of Women and Aging, 22*(1): 3-14.

McInnis-Dittrich, K. (2020). *Social Work with Older Adults: A Biopsychosocial Approach to Assessment and Intervention* (5th Edition). Boston: A pearson Education Company.

Riley, M. W. (1998). *The Hidden Age Revolution: Emergent Integration of All Ages.* NY : Syracuse University.

Roy, A. (1992). Genetics. biology and suicide in the family. In: Maris RW et al.. eds. *Assessment and prediction of suicide.* New York. NY. Guilford, 574-588.

Substance Abus and Mental Health Service Administration (2018). SBIRT: Screening, brief intervention, and referal to treatment. https://www.integration. samhsa.gov/clinical-practice/sbirt.

Young, I.T., Iglewicz, A., Glorioso, D. et al. (2012). (2016). Suicide breavement and complicated grief. *Dialogues in Clinical Neuroscience, 14*(2): 177-186.

C·H·A·P·T·E·R 10

노후준비와 노인의 사회활동

요 약

이 장에서는 노후준비와 노인의 사회활동을 살펴본다. 노인은 가족 내에서 뿐만 아니라 사회에서 역할과 지위가 상실되고 교류하고 의사소통을 하는 사람이 줄어들면서 고독감이 커질 수밖에 없다. 또한 1인 노인가구, 2인 노인가구의 증가, 자녀동거 비율의 감소, 노인 이혼의 증가로 노인의 고독은 커진다. 이러한 인구사회학적 변화에 대비하여 고령자들은 노후준비와 사회활동의 필요성이 크다. 그러나 많은 사람들이 경제적 노후준비나 건강준비를 하지 못하고 노년기에 진입한다. 사회참여활동도 충분하지 못하다. 특히 여가문화활동, 자원봉사활동, 평생교육, 종교활동에 참여하는 고령자들은 극히 드물다. 과거에 많이 했던 가족돌봄활동도 많지 않다. 이러한 이유로 역할 상실과 외로움을 겪는 노인들이 크게 증가하고 있다. 이러한 문제점을 해결하기 위하여 노후준비서비스 관련 정책이나 프로그램들이 개발되고 있다. 즉 「노후준비지원법」이 제정되고, 주요 광역시들에서 50세 이상 장노년을 대상으로 하는 재단을 설립하여 운영하고 있다.

1. 노인의 외로움과 역할 상실

1) 정의

노화(aging)란 시간의 흐름에 따라 점진적이고 정상적인 발달 과정상의 변화이며, 주로 퇴행적 발달이라고 할 수 있다. 노년학에선 노화란 기본적으로 생물학적 노화, 심리적 노화, 사회적 노화를 초래한다고 보고 있다(Hillier & Barrow, 2011).

이러한 노화가 노년기에 접어들면 외로움과 역할 상실을 초래한다. 외로움 또는 고독(孤獨)은 세상에 홀로 떨어져 있는 듯이 매우 외롭고 쓸쓸하다는 개념적 의미를 갖는다. 외로움(loneliness)은 복잡한 감정을 지니며, 일반적으로 유쾌하지 않은 정서적 고립감을 나타내며, 보통 연락되거나 의사소통할 사람이 현재에도 미래에도 없다는 불안감을 포함한다(Wikipedia, 2020). 외로움의 원인은 다양하며 사회적, 정신적, 정서적 그리고 신체적 요인들이 있다.

역할은 다른 사람이나 사회기관과의 관계로 정의되는 예상 행동 패턴들이다(McInnis-Dittrich, 2020). 예를 들어 부모의 역할은 자녀와의 관계로 정의된다. 학생의 역할은 고등교육기관이나 교수와의 관계로 정의된다.

이러한 사회적 관계는 행복에서 건강에 이르기까지 중요한 역할을 한다. 행복에서부터 건강에 이르기까지 최종적인 경로는 사회적 관계를 통해서 일어난다(Diener & Biswas-Diener, 2017: 43-44). 강력한 사회적 유대(social ties)를 가진 사람들은 심각한 질병이 생겨도 생존할 가능성이 높다는 사실은 많은 건강 관련 연구들에서 확인된다. 행복과 좋은 사회적 관계는 관련성이 높아서 외로움을 없애면 사람들을 더 건강하게 만든다는 것이다(Diener & Biswas-Diener, 2017). 미시간 대학의 브라운 등(Brown et al., 2003)의 연구에 따르면 다른 사람에게 지지를 제공하는 것(giving support)이 지지를 받는 것(receiving support)보다 장수에 더 중요하다는 것을 발견하였다. 이 연구는 다른 사람에게 정서적 또는 실질적인 지지를 보내는 노인들이 그렇지 않은 노인에 비하여 죽을 가능성이 1/2이라는 것을 확인하였다(Diener & Biswas-Diener, 2017). 이는 노인의 역할과 사회적 관계가 노인의 삶에 얼마나 중요한지를 알려주는 사실이다.

노년기에 접어들면 사람들은 경제활동을 그만두거나 줄이고 신체적, 심리적, 사회적 제약으로 자원봉사활동이나 여가취미활동, 교육활동 같은 사회활동을 줄인다. 게다가 자녀들은 성장하여 떠나가고 배우자를 비롯한 가까운 친인척이나 친구들이 사망하거나 질병 등 여러 가지 이유로 서로 친교할 수 없게 된다.

이로 인하여 노인은 가족 내에서 뿐만 아니라 사회에서 역할과 지위가 상실되고 교류하고 의사소통을 하는 사람이 줄어들면서 고독감이 커질 수밖에 없다. 또한 정보화에 이은 4차 산업혁명, 교육수준의 차이, 가족 구성이나 삶의 방식 변화 등으로 세대 간 가치관의 차이도 고립과 소외, 외로움을 증가시킨다.

이와 같이 여러 가지 역할 상실로 인해 노인들의 지위와 권위는 크게 저하되고, 노인들은 자아의 지지 기반을 잃고 사회적 일체감을 상실한 채 부정적인 자아상을 갖게 되는 경우도 많다(임병우 외, 2017). 이렇게 역할 상실은 인간관계의 단절 및 고립으로 이어져 삶의 의지를 떨어뜨리고 불안감과 우울을 가중시킨다.

2) 현황

우리나라는 2019년 기준 고령자 가구(가구주 연령이 65세 이상)가 438만 8,000가구로 전체 가구의 21.8%를 차지하며, 이는 계속 증가하여 2045년에는 47.9%가 될 전망이다(통계청, 2019a). 이와 더불어 1인 노인가구, 2인 노인가구가 크게 증가하고 있다. 2019년 우리나라 65세 이상 고령자 가구 중 1인 가구는 34.2%로 가장 많고, 그다음은 부부 가구 33.2%로 약 70%가 노인 혼자 살거나 노인부부만 동거하고 있다.

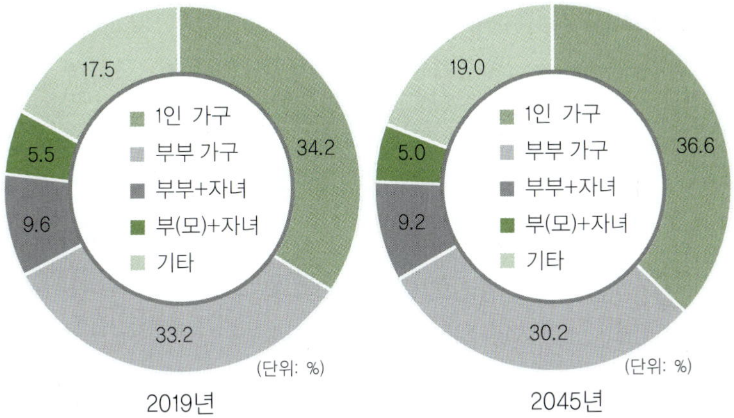

출처: 통계청(2019a). 2019 고령자통계.

[그림 10-1] 고령자 가구의 구성

외로움 장관 임명

2018년 1월 영국의 메이 총리가 국민의 외로움을 담당할 장관을 새로 임명했다. 영국은 적십자사 조사로 인구 6,500만 명 중 900만 명이 외로움을 느낀다고 답했다. 노인 360만 명은 TV를 가장 친한 '동반자'로 꼽았다. 외로움은 또 매일 담배 15개비를 흡연하는 수준의 해를 건강에 끼치는 것으로 나타났다. 잉글랜드 국가 의료보험 책임간호관인 제인 커밍스는 "추운 날씨와 외로움이 겨울철에 치명적"이라고 경고했다. 영국에선 75세 이상 인구의 절반 가량이 혼자 산다. 잉글랜드에서만 200만 명 규모다. 이들 중 상당수가 심하면 일주일까지 사회적으로 아무런 교류 없이 지내는 것으로 조사됐다. 담당 장관에 임명된 크라우치는 "콕스 전 의원의 열정적인 문제 제기를 이어받는 것이 그를 기리는 또 하나의 방법"이라며 "외로움에 고통받는 수백 만 명을 도울 것"이라고 말했다. 영국 통계청은 고독으로 신음하는 이들을 파악할 새로운 방법을 고안해 낼 계획이다. 그렇다면 한국인의 외로움은 과연 어떠할까?

출처: SBS 뉴스 영상(https://tv.naver.com/v/2569483).

2017년 현재 65세 이상 고령자 중 72.4%는 자녀와 따로 살고 있으며, 그 비율은 지속적으로 증가 추세이다(통계청, 2018). 자녀와 같이 살고 있는 비율은 2011

년 31.4%에서 2017년 27.6%로 떨어지고 있다.

노인의 이혼도 증가하고 있다. 2000년엔 남성노인 이혼자 1,321명, 여성노인 이혼자 423명에서 2018년엔 남성노인 이혼자 8,032명, 여성노인 이혼자 4,148명으로 늘어났다. 즉 최근 18년 동안 노인의 이혼 건수가 약 7배 증가하였고, 남성노인의 이혼건수는 약 6배, 여성노인의 이혼 건수는 약 10배나 늘었다.

이렇게 시간이 갈수록 고령자 가구 증가, 1인 노인가구, 2인 노인가구 증가, 자녀동거 비율의 감소, 노인 이혼의 증가로 접촉하고 대화를 나눌 사람이 줄어들면서 노인의 외로움이 커지는 환경으로 빠르게 진행되고 있다. 신체기능이 약화되어 사회활동에 제약을 받는 노인인구가 크게 증가하면서 외로움을 느끼는 노인이 많아지고 있다.

2. 노후준비 현황

노년기엔 수입감소로 인한 빈곤문제, 질병이나 쇠약으로 인한 건강문제, 심리사회적 소외와 고립으로 인한 외로움 문제, 사회참여활동 감소나 역할 상실로 인한 무위라는 네 가지 어려움(고통)을 겪게 되는 사람이 많다.

그렇다면 노후준비란 무엇일까? 노후준비는 고령자들이 노년기에 겪게 될 이러한 어려움을 경감시키거나 해결하기 위하여 미리 준비하는 방안이라고 할 수 있다. 달리 말해, 노후준비란 노후에 필요한 자원들을 마련하고, 행복하고 성공적인 노후생활을 유지하기 위한 과정과 계획이라고 할 수 있다(박창제, 2008)

이러한 맥락에서 노후생활의 4대 영역을 재무, 건강, 사회활동, 대인관계로 구분해 볼 수 있을 것이다.

1) 재무적 노후준비

우리나라 고령자들의 재무적 노후준비 비율은 증가하고 있다. 통계청의 사회통계조사 자료에 따르면 재무적 노후준비를 하고 있는 고령자의 비율은 시간의 경과에 따라 증가하였다(박창제, 2017: 175-176). 노후준비 비율이 1998년엔 27.6%에서 2002년 41.4%, 2009년 45.6%, 2015년 51.3%로 해가 갈수록 증가함을 확인할 수 있었다. 최근 사회조사 결과에선 고령자의 55.3%가 노후준비를 하고 있는 것으로 나타났다(통계청, 2019b). 그러나 2019년에 이르러서도 약 절반 가까운 고령자들이 노후준비를 전혀 하지 못하고 있다는 것을 보여준다.

〈표 10-1〉 노후준비 여부와 유형

구분	1998년 (N=10,738)		2002년 (N=11,609)		2009년 (N=7,814)		2015년 (N=10,826)	
	빈도	백분율	빈도	백분율	빈도	백분율	빈도	백분율
노후준비								
준비함(됨)	2,968	27.6	4,802	41.4	3,562	45.6	5,553	51.3
준비하지(되지) 않음	7,770	72.4	6,807	58.6	4,562	54.4	5,273	48.7
노후준비 유형								
공적연금*	624	21.0	1,538	32.0	1,577	44.2	2,389	43.0
개인연금	390	13.1	531	11.1	437	12.3	492	8.9
퇴직금	196	6.6	248	5.2	142	4.0	252	4.5
예금,적금,저축성보험	1,187	40.0	1,744	36.3	997	28.0	1,633	29.4
부동산 운용	538	18.1	661	13.8	365	10.2	709	12.8
유가증권 운용	3	0.1	15	0.3	11	0.3	11	0.2
기타	30	1.0	65	1.4	33	0.9	67	1.2

출처: 박창제(2017). 고령자의 재무적 노후준비 경향과 영향요인에 관한 연구: 1998년, 2002년, 2009년, 2015년 비교.
주: 일원배치분산분석을 통하여 빈도와 백분율을 계산함
* 공적연금은 국민연금, 공무원연금, 사립학교교직원연금, 군인연금을 포함함

노후를 준비한 고령자들이 주로 행하는 노후준비 유형은 공적연금이다. 1998년엔 공적연금의 비율이 21%에 지나지 않지만 2002년엔 32%, 2009년 44.2%, 2015년 43%로 많이 증가하였다. 사적 노후준비라고 할 수 있는 예금, 적금, 저축성보험은 1998년에는 40%였지만 2002년엔 36.3%, 2009년엔 28%, 2015년엔 29.4%로 크게 떨어졌다. 흥미로운 것은 정부의 적극적인 홍보와 지원정책에도 불구하고 주요 노후준비 수단으로서 개인연금 역시 해가 갈수록 줄어든다는 것이다.

즉, 개인연금을 선택한 비율이 1998년엔 13.1%, 2002년 11.1%, 2009년 12.3%, 2015년 8.9%로 감소하였다. 그 외 노후준비 유형은 거의 변하지 않았다.

연령대별 재무적 노후준비 유형도 시간이 지남에 따라 변화하였다. 주요 노후준비 유형으로 공적연금을 선택한 비율이 전체적으로 높아졌고 연령대 간 차이도 줄어들었다. 즉, 공적연금을 선택한 비율이 1998년엔 60~64세 26%, 65~69세 20.2%, 70~74세 13.3%, 75~79세 9%, 80세 이상 10.6%였지만, 2015년엔 60~64세 48.1%, 65~69세 43.6%, 70~74세 40.6%, 75~79세 35.2%, 80세 이상 36.6%로 증가하였다.

주요 노후준비 유형으로 예금, 적금, 저축성보험을 선택한 비율이 시간이 갈수록 줄어들었지만 연령대별로는 큰 차이를 보이지 않았다. 즉, 예금, 적금, 저축성보험을 선택한 비율이 1998년엔 60~64세 38.7%, 65~69세 40.1%, 70~74세 41.0%, 75~79세 44.5%, 80세 이상 44.2%였지만, 2015년엔 60~64세 28.1%, 65~69세 30.1%, 70~74세 28.6%, 75~79세 33.8%, 80세 이상 28.2%로 나타났다.

또한 통계청(2018)의 고령층부가조사에 따르면 2018년 5월 기준으로는 55~79세 연금수령자 비율이 45.6%(612만 9,000명)이고 공무원연금, 사립학교교직원연금, 국민연금을 포함한 공적연금의 평균연금 수령금액이 57만 원에 지나지 않는다. 게다가 다수를 점하는 국민연금의 노령연금수령자만 보면 1993년 1만 971명에서 2018년 377만 8,824명으로 크게 증가하였지만, 노령연금의 평균급여액은 2018년 12월 당월 기준으로 50만 9,000원에 불과하다(국민연금공단, 2019). 따라서 공적연금은 노후소득을 보장하기에는 턱없이 부족한 실정이다.

2) 건강한 노후준비

고령자 통계에 따르면 2018년 현재 65세 이상 고령자가 스스로 평가하는 자신의 평소 건강상태에 대해 '건강이 좋다' 22.8%, '건강이 나쁘다'는 43.5%로 주관적 건강상태를 부정적으로 평가하는 비율이 20.7% 더 높다(통계청, 2019a). 자신이 평소 '건강이 나쁘다'고 평가하는 비율은 65세 이상 여자(49.7%)가 남자(35.2%)보다 상대적으로 14.5% 더 높다. 따라서 고령자의 주관적 '건강상태가 좋다'는 비율보다 '나쁜 편이다'는 비율이 훨씬 더 높게 나타난다.

고령자의 건강관리실태를 생활습관의 관점에서 보면 비고령자에 비하여 좋은 편이다(〈표 10-2〉 참조). 통계청(2016)의 노후준비실태조사에 따르면, 나이가 들수록 아침 식사하기, 적정 수면, 규칙적 운동, 정기 건강검진 등 건강관리 실천 실적이 좋은 것으로 나타났다.

〈표 10-2〉 일반 특성별 건강관리 실천 현황 (2016년)

(단위: %)

구분	아침 식사하기		적정 수면(6~8시간)		규칙적 운동		정기 건강검진	
	실천	비실천	실천	비실천	실천	비실천	실천	비실천
전체	67.2	32.8	77.2	22.8	38.0	62.0	60.7	39.3
남 자	66.0	34.0	77.3	22.7	41.3	58.7	60.7	39.3
여 자	68.5	31.5	77.0	23.0	34.9	65.1	60.7	39.3
13~18세	67.6	32.4	70.9	29.1	35.0	65.0	32.7	67.3
19~29세	44.7	55.3	73.2	26.8	35.7	64.3	28.9	71.1
30~39세	48.8	51.2	74.4	25.6	30.6	69.4	53.9	46.1
40~49세	65.9	34.1	76.8	23.2	34.6	65.4	67.9	32.1
50~59세	76.8	23.2	80.7	19.3	42.4	57.6	76.0	24.0
60세 이상	89.7	10.3	81.9	18.1	45.9	54.1	79.9	20.1

출처: 통계청(2016). 사회조사 결과 보도자료.

'아침 식사하기' 실천율은 2008년 이후 지속적으로 감소하고 있으며 연령별로는 20대와 30대의 실천율이 가장 낮다. '규칙적 운동'은 남자(41.3%)가 여자(34.9%)보다 실천율이 높았으며, 30대의 실천율이 30.6%로 가장 낮았다. '정기 건강검진' 실천율은 30대 이후 부터는 연령대가 높아질수록 증가하였다.

전반적으로 60세 이상 고령자들의 건강관리 실천 비율은 높은 편이다. 아침 식사하기, 적정 수면, 정기 건강검진은 약 80% 수준을 넘어간다. 다만 규칙적 운동은 50% 미만으로 실천 비율이 낮다.

노후건강은 전 생애를 통해 누적적으로 마련되는 것이다. 그런 점에서 지속적인 건강관리가 중요하나, 현 건강관리 실태를 볼 때 비고령자의 건강관리가 미진해서 노년기에 부정적인 영향을 미칠 것으로 추정된다. 우리나라는 기대수명이 지속으로 증가하고 있다. 따라서 길어지는 노년기에 대하여 보다 적극적인 건강관리 행동의 실천이 요구된다.

3) 사회참여활동

사회참여활동(사회활동)은 다른 사람과의 상호교류와 관련된 일정한 규칙이나 형태를 띤 활동이다. 노인의 사회활동은 경제활동, 여가문화활동은 물론이고 자원봉사활동, 종교활동, 가족돌봄, 평생교육활동 등을 포함한다. 노년기에 속한 사람들은 은퇴, 자녀의 출가 등으로 인하여 여가시간이 증가하게 되어 노년기 이전의 노동 중심 활동에서 여가 중심 활동으로 변화한다. 따라서 고령자의 주요 사회참여활동은 [그림 10-2]와 같이 나타낼 수 있다.

노년기의 주요한 사회참여활동은 외로움과 역할 소외 또는 무위, 무력감을 경감시키는 노후준비활동이라고 할 수 있을 것이다.

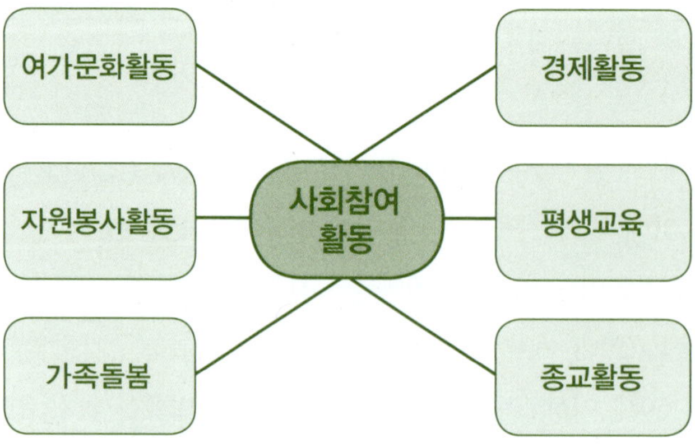

[그림 10-2] 노인의 주요 사회참여활동

(1) 경제활동

우리나라 고령자들은 경제활동을 많이 하고 있다. 2000년 이후 경제활동에 참여하고 있는 노인의 비율이 30%를 초과하는 해가 많았다. 2018년 기준으로는 31.3%에 이르고, 2020년 1월 기준으로도 65세 이상 고령자의 고용률은 29.1%에 이른다(통계청, 2020)

우리나라 고령자들의 경제활동 참여율은 다른 나라의 고령자들에 비하여 높은 편이다. 가령 2018년 기준으로 우리나라의 65~69세 고령자의 경제활동 참여율은 47.6%인데 비하여 OECD 평균은 27.4%에 지나지 않는다. 이는 OECD 회원국 중 아이슬란드 다음으로 높은 수치이다(국회입법조사처, 2019). 역시 2018년 기준으로 70~74세 노인의 경제활동 참여율은 우리나라는 무려 35.3%인데 비하여 OECD 평균은 16.2%에 지나지 않는다. 따라서 우리나라 고령자의 경제활동 수준은 다른 나라에 비하여 높은 편이다.

(2) 여가문화활동

전통적인 개념으로는 여가는 자유로운 시간(free-time) 또는 일하지 않는 시간(non-work time)이다(Fontenelle & Zinkhan, 1993). 여가문화활동의 유형 분류는 학자마다 다르다. 이소-알로하(Iso-Aloha, 1980)는 예술활동, 지적활동, 스포츠, 취미활동, 사교활동, 레크리에이션 활동, 사회단체활동으로 분류하였다. 박재간(1997)은 노인 여가활동 유형을 가정 내에서의 역할, 자녀와의 이야기 등의 가족중심형과 가정 밖에서 취미, 오락, 학습, 단체활동 등을 통한 활동과 자녀방문 등 가족 외 활동중심형으로 나누었고, 김태현(2007)은 단독충실형(서예, 음악 감상 등 혼자 하는 취미활동), 가족충실형(정원손질, 가옥의 미화작업 등), 우인교류형(친구와의 회식, 대화 등), 독서형(독서, 신문스크랩, 새로운 문헌수집 등), 그리고 사회참여형(동창회, 향우회, 친목회 등)으로 구분하였다.

여가의 긍정적 기능으로는 다음과 같이 여러 가지가 있다(오상훈 외, 2006: 25-32). 우선, 정신적·육체적 피로를 풀고 생명력을 순화시켜 재생산을 위한 에너지를 보충하면서 다시 일하는 힘을 회복시키는 생리적 기능이 있다. 나아가 스트레스, 고독, 정서불안, 욕구불만, 좌절감 등을 해소하고, 아울러 성취감, 욕구, 충족, 쾌락 및 심적 안정을 획득할 수 있는 심리적 기능이 있다. 그 외 자아실현의 기능, 사회적 기능, 교육적 기능, 문화적 기능, 경제적 기능, 기분전환 기능 등을 들 수 있다.

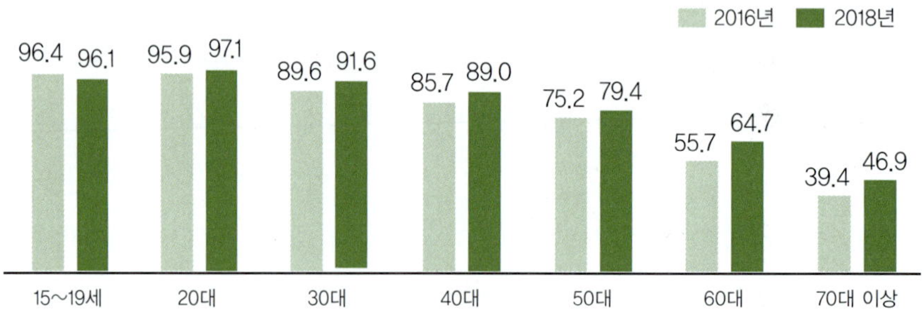

출처: 문화체육관광부(2019). 2018 문화향수실태조사 결과.

[그림 10-3] 연령별 문화예술행사 관람률

그런데 우리나라 사람들은 나이가 들수록 더 여가문화활동이 줄어드는 현상을 보여준다. 문화체육관광부(2019)의 2018년 문화향수실태조사 결과 발표에 따르면 연간 문화예술행사 관람률은 50대 79.4%, 60대 64.7%, 70세 이상은 46.9%이었다(문화체육관광부, 2019). 문화예술 직접 참여율은 전체적으로 아주 낮았고, 나이가 들수록 더 낮았다. 즉, 15~19세 18.1%, 20대 14.1%였지만, 30대 8.6%, 40대 7.7%, 50대 6.6%, 60대 7.5%, 70세 이상 5.0%에 지나지 않는다(문화체육관광부, 2019). 또한 성별로는 남성의 관람횟수가 5.5회, 여성은 5.8회로 여성의 관람횟수가 0.3회 많은 것으로 조사되었다(문화체육관광부, 2019).

2017년 노인실태조사에 의하면 여가문화활동 참여율과 주된 활동 조사에서 성별에 따른 여가문화활동에서 차이가 있었다. 남성노인은 취미·오락활동 55.0%, 휴식활동이 46.1%였고, 여성노인의 경우엔 사회활동 56.2%, 취미·오락활동 47.1%로 차이가 있었다. 문화예술활동 참여율은 여성노인이 10.1%로 남성노인의 6.5%에 비하여 높은 분포를 보였으며, 스포츠활동은 남성노인(18.0%)이 여성노인(15.5%)에 비하여 높은 것으로 나타났다(정경희 외, 2017).

(3) 자원봉사활동

노인이 자원봉사활동에 참여할 필요가 있는 이유는 노년기에 직면하게 되는 외로움이나 역할 소외 같은 다양한 문제를 예방함과 함께 자기 유용성과 사기진작, 그리고 노후생활에 대한 적응력 제고에 따른 삶의 만족을 높인다는 것이다. 자원봉사활동이 노인의 생활만족도를 높인다는 것은 명백하다(이금룡, 2017; 박창제, 2015; 이필호, 조용하, 2012). 나아가 노인의 자원봉사는 지역사회 발전에 공헌함으로써 생산적이고 건강한 노후생활을 영위할 기회를 제공하기 때문이다.

우리나라 고령자의 자원봉사활동 비율은 아주 낮은 편이다. 실제로 50대 이상은 시간량을 고려하지 않고도 1년에 한 번이라도 자원봉사에 참여한 비율이 5%를 넘지 않는다(〈표 10-3〉 참조). 60대는 4.03%, 70대 이상은 1.87%일 성노로 자원봉사활동 참여율이 아주 낮다.

〈표 10-3〉 연령대별 자원봉사활동 참여율 (2019년도)

구분	40대	50대	60대	70대 이상
인구수	8,383,230	8,667,377	6,310,651	5,481,299
봉사활동 인구	522,859	417,506	254,218	102,914
비율(%)	6.24	4.82	4.03	1.87

출처: 1365 자원봉사포털(2020). https://www.1365.go.kr/vols

2017년 노인실태조사에서도 노인이 자원봉사활동 참여율이 낮다는 것이 확인되었다(정경희 외, 2017: 533-543). 현재 자원봉사활동을 하고 있다는 비율이 3.9%에 지나지 않고, 현재는 하고 있지 않으나 자원봉사 경험이 있는 비율도 11.5%에 불과하다. 평생 자원봉사활동을 경험한 적이 없다는 비율도 84.7%

나 된다. 자원봉사활동 참여율을 연령별로 보면 65~69세 5.5%, 70~74세 4.9%, 75~79세 2.8%, 80~84세 1.4%, 85세 이상 1.4%로 연령이 많아질수록 참여율이 크게 낮아진다.

(4) 평생교육

「평생교육법」의 정의에 따르면 "평생교육이란 학교의 정규교육과정을 제외한 학력보완교육, 성인 문자해득교육, 직업능력 향상교육, 인문교양교육, 문화예술교육, 시민참여교육 등을 포함하는 모든 형태의 조직적인 교육활동"을 말한다(법제처, 2020). 노인교육은 일반적으로 이러한 평생교육의 범위 안에서 이루어진다. 따라서 노인교육은 평생교육과 교환해서 쓰는 경우가 많다.

노인교육의 필요성은 다음과 같이 요약될 수 있다(기영화, 2004: 27-29).

첫째, 노인교육은 노인들에게 학습의 주체로서 성장 기회를 제공한다. 노년기는 사회에 참여할 수 있고, 자기주장을 내세우고 권리 요구를 할 수 있는 역량을 키우는 교육, 다양한 사회 변화와 환경 변화에 대한 적응 능력을 향상시키는 교육, 늘어난 노년기를 보다 보람 있고 건강하게, 행복하게 보낼 수 있는 교육이 필요하다. 노인교육은 이러한 필요를 충족시키는 역할을 할 수 있다.

둘째, 노인교육은 젊은 세대가 노후를 설계하고 노인에 대한 이해를 증진시키도록 한다. 계속적인 평균수명의 증가로 노인기의 연장은 노후를 새로운 인생의 과정으로 설계하여야 할 필요성이 크다. 젊은 세대들은 앞으로 다가올 노인기에 효율적으로 적응하도록 준비하기 위해서 그 이전부터 자신의 노후를 설계하고 준비해야 한다.

셋째, 노인교육은 고령화 사회에서 노인의 역할을 새롭게 모색한다. 노인들이 일생을 통해 축적한 귀중한 경험과 지식, 기술이 버려지지 않고 사회에 다시 환원되어 부가적인 가치를 발휘하도록 해야 한다. 따라서 노인들이 갖고 있는 이러한 재능을 사회에 기여할 수 있도록 돕는 노인교육이 필요하다.

2017년 노인실태조사에 따르면 우리나라의 평생교육 참여율은 낮은 편이다(정경희 외, 2017: 527-532). 전체 노인의 12.9%가 평생교육에 참여하고 있을 정도로 참여율이 낮고, 평생교육 참여자 중 참여 빈도는 주 2~3회가 49.3%로 가장 높고, 주 1회가 34.7%, 주 4회 이상이 11.8%이다.

〈표 10-4〉 노인(65세 이상)의 평생교육 프로그램 참여율 및 교육 참여 빈도

구분		교육 참여 빈도							
	평생교육 참여율	주 4회 이상	주 2~3회	주 1회	2주 1회	월 1회	월 1회 미만	계(%)
전체	12.9	11.8	49.3	34.7	2.0	1.1	1.1	100.0
연령								
65~69세	12.6	14.9	48.3	32.9	1.2	1.2	1.4	100.0
70~74세	13.6	9.9	51.9	33.9	2.6	0.9	0.9	100.0
75~79세	14.1	11.3	49.8	35.2	2.0	0.7	1.0	100.0
80~84세	12.7	10.7	47.0	39.3	2.4	0.0	0.6	100.0
85세 이상	8.8	8.8	47.1	35.3	2.9	5.9	0.0	100.0

출처: 정경희 외(2017). 2017년 노인실태조사.

(5) 종교활동

종교(religious affiliation)는 공동체와 지지체계 제공에 중요한 역할을 한다(McInnis-Dittrich, 2020: 263). 종교활동이 우울과 삶의 만족도에 영향을 미친다는 것은 많이 알려진 사실이다. 종교활동에 규칙적으로 참여하는 노인들은 성별, 인종과 관계없이 신체적 건강과 정신적 건강이 더 좋다는 것으로 확인되었다(Nelson-Becker et al., 2016; Noronha, 2015; 염지혜, 2016; Kang & Kim, 2011; 강성봉, 조성숙, 2013; 김철진, 2011; 이영숙, 2009).

종교가 정신건강에 끼치는 긍정적인 요소들은 많다(McInnis-Dittrich, 2020: 264). 노인이 예배와 신앙공동체의 일원이 되면 사회적인 지지체계를 개발하고 유지할 기회를 얻게 된다. 신앙이 같은 타인들과 유대감을 갖고 규칙적으로 접촉하

는 노인은 사회적 고립감에서 벗어날 수 있다. 기도와 묵상 같은 개인적 종교 행위는 병, 은퇴, 사별 같은 스트레스 요인의 영향을 완화시킨다(Nelson-Becker et al., 2016). 즉, 노인의 종교 행위와 신앙생활은 힘들고 부정적인 생활사를 대처하는 강력한 수단이며, 큰 어려움에 직면한 노인들에 큰 위로와 용기를 주는 원천이 된다는 것이다(McInnis-Dittrich, 2020).

〈표 10-5〉 연령대별 유형과 종교활동 참여 비율 (2017년)

구 분	종교없음	불교	개신교	천주교	유교	원불교	기타	계
전체	38.8	26.9	23.3	9.1	0.8	0.2	0.8	100.0
연령								
65~69세	38.1	28.5	22.7	8.7	0.6	0.2	1.0	100.0
70~74세	38.2	27.6	23.6	8.9	0.6	0.2	0.7	100.0
75~79세	39.5	28.1	22.5	8.2	0.8	0.2	0.7	100.0
80~84세	40.3	23.3	22.6	11.4	1.5	0.2	0.7	100.0

출처: 정경희 외(2017). 2017년 노인실태조사.

2017년 노인실태조사에 따르면 우리나라 노인의 종교활동 비율은 낮은 편이다(정경희 외, 2017: 562-565). 65세 이상 노인의 종교활동 참여율은 약 61.2%이다. 종교가 없는 노인인구는 약 38.8%이다. 고령자가 나이가 들어갈수록 종교가 없다는 비율이 미세하게 증가하였다. 가장 많이 믿는 종교는 불교가 26.9%이고, 개신교 23.3%, 천주교 9.1%, 유교, 원불교는 1%에도 이르지 못하는 것으로 나타났다. 연령대별 믿는 종교 유형은 거의 차이가 없지만 나이가 들수록 천주교와 유교를 믿는 비율이 약간 올라가는 것으로 나타났다.

(6) 가족돌봄

노인 가족원에게 만년의 삶이란 그저 정적이고 고여 있는 시간이 아니다. 사별, 은퇴, 재혼, 자녀의 출가 같은 전환기적 사건들이 삶의 과정에 발생하고 끼어든다

(Hillier & Barrow, 2011). 노인의 삶은 이러한 사건들의 영향을 받는다. 특히 사별이나 자녀의 출가는 노인을 고독하게 만든다. 노인이 손자녀를 돌보면 이러한 고독을 줄여줄 수 있을 것이다.

뉴가튼과 와인스테인(Neugarten & Weinstein, 1965)에 따르면, 조부모는 손자녀를 통해 새로이 젊어지는 기분을 느끼고, 생의 영속감을 느낄 수 있으며, 새로운 양육의 기회를 통해 자신들이 부모였을 때 자녀들에게 잘하지 못했던 부모 역할을 조부모–손자녀 관계를 통해 새로이 수정할 수 있고, 이를 통해 기쁨과 만족감을 느낄 수 있다고 한다(최영, 차승연, 2013에서 재인용). 즉, 손자녀를 돌보는 조부모의 경우 손자녀 돌봄이라는 새로운 역할을 부여받음으로써 가족관계를 원만히 유지하고, 가족 내 소속감을 확인할 수 있으며, 이로 인해 자존감 향상을 가져올 수 있어 손자녀 돌봄이 이들의 삶에 긍정적인 영향을 미칠 수 있는 것으로 보고되고 있다(Minkler & Roh, 1993; Waldrop & Weber, 2001; 최영, 차승연 2013).

반면에, 사회역할이론에 따르면, 가족구성원들은 생애주기에 따라 사회·문화적으로 기대되는 역할과 행동을 부여받게 되는데, 그 역할 변화가 적절하지 못한 시기에 발생할 경우에는 사회·문화적으로 예기치 못한 사건이므로 본인이나 가족구성원 모두가 극심한 스트레스를 경험하게 된다고 한다(Burton, 1996, 최영, 차승연, 2013에서 재인용). 이러한 관점에서 손자녀 돌봄의 역할은 스트레스 요인으로 작용하여 조부모의 삶의 만족을 감소시키는 요인으로 작용할 수 있다(최영, 차승연 2013).

우리나라는 전통적으로 조부모, 부모, 그리고 손자녀가 함께 거주하면서 조부모가 손자녀 양육에 참여해 왔다. 해가 갈수록 독거노인 또는 노인가구의 비율이 증가하면서 3세대의 동거 비율은 감소하고 있지만, 아직도 많은 부부들은 자녀를 돌보는 데 있어서 본인들의 부모에게 의존하고 있다(김혜진, 2016).

2017년 기준으로 조손가족이 11만 2,578가구이다(여성가족부, 2019). 또한 '2018년 보육실태조사'에 따르면 개인 양육지원 제공자의 83.6%는 조부모였다. 영유아를 낮시간 동안 가장 많이 돌보는 사람은 조부모가 5.5%로 외조부모 비율 3.3%보다 다소 높은 것으로 나타났다. 아이의 모가 취업한 경우, 조부모 4.3%, 외조부모 7.2%가 영유아를 돌보는 것으로 나타났다(이정원 외, 2018).

2017년 노인실태조사에 따르면, 지난 1년간 직접 돌봐준 10세 미만의 손자녀가 있다고 응답한 비율은 전체의 4.4%였으며, 평균 1.5명의 손자녀를 돌보는 것으로 나타났고, 연령이 적을수록 손자녀 돌봄 비율이 높아, 65~69세 연령군은 7.5%, 80~84세 연령군은 1.3%였다(정경희 외, 2017).

(7) 사회적 관계(대인관계)

노년기 사회적 관계가 신체적 노화, 은퇴 후 사회적 역할의 변화와 박탈 등으로 인한 심리·정서적인 우울감을 완화시키기 때문에(장수지, 2010; 강소랑, 문상호, 2012) 노년기의 사회적 관계는 다른 요인에 비해 노후생활에 중요한 역할을 하게 된다.

사회적 관계는 사회적 유대관계와 유의미한 사회적 접촉 등과 같은 의미로 해석되고 있다. 그러나 사람마다 사회적 접촉의 정도와 활동 영역에 차이가 있기 때문에 사회적 관계에 관하여 통일된 정의를 하기는 어렵다. 특히 건강 등의 개인차가 큰 노인에게는 더욱 어렵다.

통계청의 사회조사 자료는 사회적 관계에 대한 주요한 정보를 제공한다(통계청, 2019a). 2019년 기준으로 '몸이 아파 집안일을 부탁할 경우'에 도움을 받을 수 있다고 응답한 비중은 평균 76.8%이고, '갑자기 큰돈을 빌려야 할 경우'는 50.8%, '낙심하거나 우울해서 이야기 상대가 필요할 경우'는 82.4%가 도움을 받을 수 있다고 응답하였다. 전반적으로 나이가 들수록 사회적 관계망의 작동 가능성과 규모는 줄어드는 경향을 보였다.

3. 노후준비 관련 정책 검토

우리나라에서 노후 준비를 지원하는 주요 정책들과 지향성을 살펴보도록 하자. 이러한 정책을 검토하면, 현재와 가까운 미래에 활용할 수 있는 노후준비 관련 정책의 발전 방향을 파악하고 노후준비 지원정책을 수립하기 위한 기본적인 방향성을 논의할 수 있을 것이다.

우리나라 정부의 노후준비서비스 관련 주요 연혁은 다음과 같다.

1) 노후준비지원서비스

〈표 10-6〉 정부의 노후준비서비스 관련 주요 연혁

구분	내용
2010.10.	제2차 저출산·고령사회기본계획(제2차 새로마지플랜)에 '노후설계' 반영
2012. 5.	「저출산·고령사회기본법」 제15조의2에 '노후설계' 신설
2012.10.	제2차 저출산고령사회기본계획(제2차 새로마지플랜) 보완계획에 '노후설계' 구체화
2013. 5.	노후설계지원에 관한 법률 국회 제출
2015. 6.	노후준비 지원법 제정
2015.12.	노후준비 지원법 공표

출처: 국민연금공단 내부자료. 정경희 외(2016)에서 재인용.

국민의 건강하고 안정된 노후생활을 위하여 노후준비 지원에 관한 사항을 정함을 목적으로 「노후준비지원법」이 2015년에 제정되었다. 「노후준비지원법」에 따르면(법제처, 2020), '노후준비'란 노년기에 발생할 수 있는 빈곤·질병·무위·고독 등에 대하여 사전에 대처하는 것으로 규정하고, '노후준비서비스'란 재무·건강·여가·대인관계 등 분야별로 적절한 노후준비를 위하여 제공하는 진단, 상담, 교육, 관계기관 연계 및 사후관리 등을 말한다고 규정하고 있다.

2015년에 「노후준비지원법」이 제정·시행됨으로써 국민들의 노후준비를 위한 공적 지원의 토대가 마련되었다고 볼 수 있다. 저출산·고령사회기본계획은 3차례[1차(2006~2010), 2차(2011~2015), 3차(2016~2020)] 수립된 바 있다. 2차와 3차의 저출산·고령사회기본계획에서 지역노후준비지원센터를 중심으로 재무는 한국주택금융공사, 한국농어촌공사, 건강은 보건소, 건강보험공단, 건강관리협회, 여가는 평생교육원, 사회복지기관, 지자체 자원봉사센터를 통해 연계하는 방안을 제시하고 있다.

특히 제2차 저출산·고령사회기본계획(제2차 새로마지플랜)에서 '노후설계'를 구체화하였다. 제2차 기본계획의 노년기 생애대비 노후생활 설계강화의 주요 내용은 [그림 10-4]와 같다(대한민국정부, 2011: 149-152).

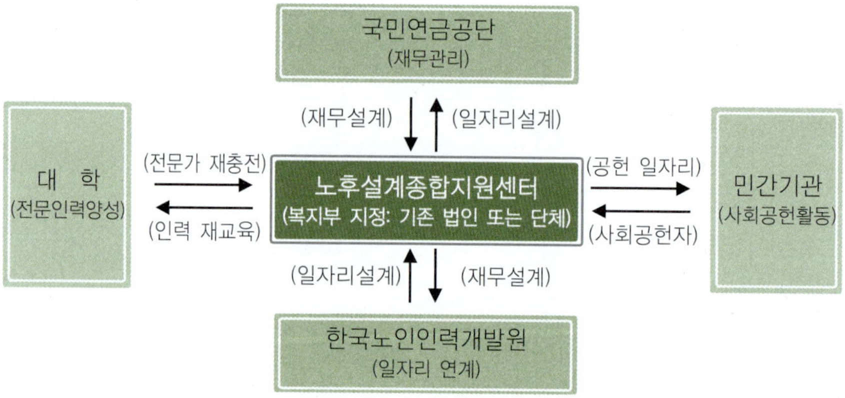

출처: 대한민국정부(2011). 제2차 저출산·고령사회기본계획. p. 151.

[그림 10-4] 노후설계 민·관 네트워크

위와 같이 「노후준비지원법」이 마련되었으나 아직까지 법적 토대가 마련되었을 뿐 관련 인프라가 턱없이 부족하다. 이 법을 근거로 국민연금공단에서는 국민연금 가입자 및 가입하였던 자, 수급자를 대상으로 상담과 노후설계 교육, '내연금' 사이트를 중심으로 한 노후설계서비스를 제공해 왔다.

〈표 10-7〉 국민연금공단 노후준비서비스 관련 주요 연혁

구분	내용
2008. 4.	가입자 및 수급자 등 대상 노후준비서비스 시행
2009. 5.	「국민연금법」 개정으로 서비스 법적 근거 마련
2009.12.	노후준비 전문사이트 '내연금' 구축 및 운영
2011. 4.	전국 141개 행복노후설계센터 설치[1)]
2012. 4.	노후준비 종합진단서비스 실시
2015. 6.	「노후준비지원법」 제정
2015.12.	「노후준비지원법」 공표
2017.12.	전국 107개 노후준비지역센터 소재

출처: 국민연금공단 내부자료.
주: 1) 현재는 '지역노후준비지원센터'로 명명되며, 107개(2019년 말 기준) 센터 소재

국민연금공단에서 제공하는 노후준비서비스의 개념적 정의에 따르면, 국민의 체계적 노후준비와 건강한 노후생활을 위해 노후생활 4대 영역인 재무, 건강, 여가, 대인관계에 대해 종합적인 서비스를 제공하는 것을 말한다.

단기적으로는 국민연금공단이 안정적으로 노후준비지원서비스를 내실화하여야 하겠지만 그것으로는 충분하지 못하다(박창제, 2017). 근본적으로는 국민연금가입자와 관계없이 전 국민을 대상으로 노후준비를 진단하고 상담과 정보를 제공하여야 하며 사후관리를 지원하는 포괄적인 공적 지원서비스대책이 마련되어야 할 것이다. 지방자치단체가 현재 노인복지의 많은 부분에 대하여 실질적인 책임을 맡고 있고 노후준비 부족은 지자체의 부담을 증가시킬 가능성이 크다는 점을 감안하여 노후준비지원서비스를 주도적으로 제공하는 방안도 고려할 필요가 있다.

서비스 내용

국민연금공단에서는 「노후준비지원법」에 따라 국민 모두가 체계적으로 노후를 준비할 수 있도록 재무, 건강, 여가, 대인관계 영역에 대한 진단, 상담, 교육, 관계기관 연계, 사후관리 서비스 등을 제공하고 있습니다.

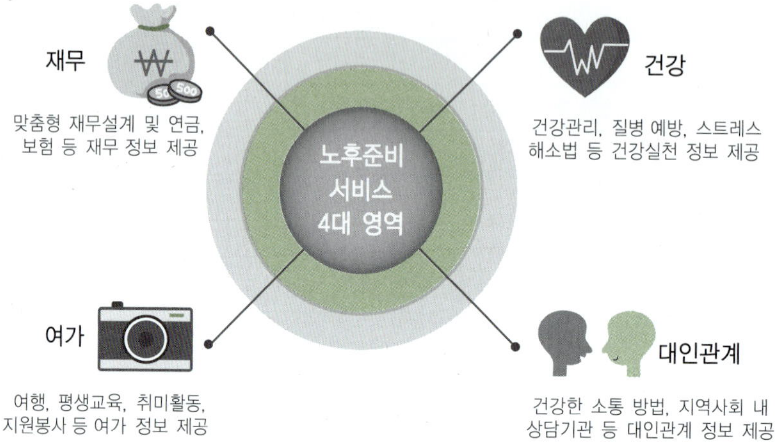

출처: 국민연금관리공단(2020). 노후준비서비스 소개.

[그림 10-5] 노후준비서비스 4대 영역과 내용

2) 50플러스 사회활동 지원

우리나라의 법률상 정년은 60세로 되어 있다. 그러나 우리나라 사람들이 가장 오래된 일자리에서 그만두는 연령은 2019년 5월 기준으로 남성은 평균 51.4세, 여성은 평균 47.6세이고 전체 평균은 49.4세이다(통계청, 2019c). 근래 기대수명이 빠르게 늘어나고 있지만 가장 오래된 일자리에서 그만두는 평균 연령은 최근 10년 동안 약 49세로 놀라울 만큼 거의 변화가 없었다.

우리나라 50대 이후 사람들의 경제활동 이외의 사회활동도 낮은 편이다. 연간 문화예술 관람율은 50대 79.4%, 60대 64.7%, 70세 이상은 46.9%이었고, 문화예술 직접 참여율은 50대 6.6%, 60대 7.5%, 70세 이상 5.0%에 지나지 않는다(문화체육관광부, 2019). 2019년 동안 50대 이상의 자원봉사활동은 1년에 한 번이라도 참여한 비율이 7%를 넘지 않는다(1365 자원봉사포털, 2020). 우리나라 고령자의 평생교육 참여율과 종교활동도 아주 낮은 편이다(정경희 외, 2017).

우리나라 고령자들은 가족 중심의 유교적 가치관이 몸에 배어 있어서 경제활동 이외의 사회활동이 활발하지 않은 문화가 있다고 평가된다. 이로 인하여 노후를 보다 집중적으로 준비해야 할 시기에 근로시간을 여가시간으로 어떻게 바꿔야 할지에 대한 고민과 준비보다는 근로기간 연장을 위한 노력에 훨씬 더 집중하고 있다(강은나 외, 2015). 이로 인하여 노년기에 접어들고 있거나 접어든 50세 이상의 장·노년층이 적절한 노후준비나 노후설계를 하지 못하고 있다는 사실이 확인되고 있다.

이렇게 중·고령자들의 노후준비와 노후생활보장이 사회적 화두로 등장함에 따라 서울시, 부산시, 울산시는 장·노년기의 생애재설계를 위한 재단이나 센터 등을 설립하고 관련 포털을 운영하고 있다. 즉 50세 이후의 삶을 지원하는 50플러스재단을 운영하고 있다.

서울시는 2016년 4월 '50+ 재단'을 설립하고 서울시 '50+ 포털'을 설치하였으며 서울시 50+ 세대를 위한 지원정책을 추진하고 있다. 이를 통해, 50+ 세대가 지금까지 살아온 50년 이후 맞게 되는, 또 한번의 50년을 위해 삶의 점검을 돕고, 공부하고, 친구를 만나고, 새로운 노년의 상과 문화를 만들어 가고, 나아가 오랜 기간 쌓아온 50+의 귀한 경험을 통해 사회공헌과 더불어 새로운 일을 도모할 수 있도록 하는 것이 목표이다. 추진체계는 50플러스재단–50플러스캠퍼스–50플러스센터로 50세 이상 서울시민이 시간을 체계적으로 준비할 수 있도록 돕는 촘촘한 3단계 지원체계로 되어 있다. 2020년 현재 50플러스재단에 6개의 캠퍼스, 10개의 센터가 운영되고 있다.

부산시도 '장년층 생애재설계 지원 조례'를 제정하고 장노년일자리지원센터를 설치했다(50+ 부산 포털, 2020). 2017년 7월 21일부터는 서울 50+ 포털을 모방하여 '50+ 부산 포털'을 설치하였고 이를 통해 일자리, 사회공헌활동, 교육, 문화 등 다양한 분야의 사업을 시행하고 있다. 조직은 센터장 아래 일자리개발팀, 인력양성팀, 장년지원팀을 구성하고 있다(50+ 부산 포털, 2020). 일자리개발팀에서는 정부

지원 노인사회활동사업, 민간 분야 장노년 일자리지원사업, 시니어인턴사업, 장노년일자리 종합안내 콜센터 운영을 하고 있다. 인력양성팀에서는 취업준비 및 직종교육, 컴퓨터 활용교육, 노인일자리 및 사회활동지원사업 위탁교육, 장노년일자리 저널을 담당하고 있다. 장년지원팀은 제2인생설계사업, 제3섹터 창업지원, 사회공헌활동 지원, 평생교육, 통합 DB 구축 및 운영관리를 맡고 있다.

울산시는 2016년 3월 울산시 내일설계지원센터를 수립하여 운영하고 있다. 내일설계지원센터는 서울시의 50+ 포털, 부산시의 50+ 부산 포털과 유사한 장년층 생애재설계 정책을 실시하고 있다. 조직은 센터장 아래 내일일자리팀, 경력개발팀, 내일설계지원팀 등 3개팀을 구성하고 있다.

위에서 확인하였듯이 주요 광역시들이 50세 이상 장노년층을 위한 노후설계와 준비를 지원하기 위한 50플러스재단을 설립하여 운영하고 있다.

그러나 이들 기관이 행하는 주요 노후설계와 지원 내용이 일자리, 소득과 관련된 일이다. 사회공헌활동, 교육, 문화 등 다양한 분야의 사업을 시행하고 있다고는 하지만, 질과 양에서 크게 미흡한 실정이다.

생각해보기

1. 노인의 외로움을 일으키는 문제들은 무엇이 있는지 생각해 보고, 사회복지사가 노인의 외로움에 어떻게 개입해야 하는지 생각해 보자.

2. 노후준비의 유형에는 어떠한 것들이 있는지 살펴보고, 그중에서 우리나라 노인이 가장 부족한 노후준비 유형은 무엇인지 생각해 보자.

3. 우리나라 노인들이 왜 자원봉사활동, 여가문화활동을 많이 하지 않는지 생각해 보고, 자원봉사활동이나 여가문화활동을 활성화하기 위한 사회복지적 개입에는 어떤 것이 있는지 생각해 보자.

참고 문헌

강성봉, 조성숙(2013). 노인의 종교활동과 신앙태도가 우울 및 자아 통합감에 미치는 영향. 한국콘텐츠학회논문지, 13: 325-346.

강소랑 문상호(2012). "가족관계 사회자본이 중·고령자 삶의 질에 미치는 영향". 한국행정학보, 46(3): 271-298.

강은나, 백혜연, 김연선, 오인근, 배혜원(2017). 노인일자리정책효과 분석연구, 한국노인인력개발원.

국민연금공단(2019). 2018 국민연금 생생통계. 서울: 국민연금공단.

국민연금공단(2020). 노후준비서비스 소개. https://csa.nps.or.kr/intro/ intro01.do

국회입법조사처(2019). OECD 통계에서 나타난 한국 노인의 삶과 시사점. 국제통계동향과 분석.

기영화(2004). 평생교육방법론. 서울: 학지사.

김철진(2011). 종교생활의 효과가 노인생활만족도에 미치는 영향. 한국자치행정학보. 25(1): 281-301.

김태현(2007). 노년학. 서울: 교문사.

김혜진(2016). 손자녀 돌봄과 중·고령자의 주관적 노후인식에 관한 연구: 여성과 남성 비교를 중심으로. 노인복지연구, 71(2): 299-320.

대한민국정부(2011). 2011-2015 제2차 저출산, 고령사회기본계획(새로마치 플랜 2015).

대한민국정부(2016). 2016-2020 제3차 저출산, 고령사회기본계획(브릿지 플랜 2020).

문화체육관광부(2019). 2018 문화향수실태조사 결과.

박재간(1997). 노년기 여가생활의 실태와 정책과제. 노인복지정책연구, 2(2), 7-51.

박창제(2008). 중·고령자의 경제적 노후준비와 결정요인. 한국사회복지학, 60(3): 275-297.

박창제(2017). 고령자의 재무적 노후준비 경향과 영향요인에 관한 연구: 1998년, 2002년, 2009년, 2015년 비교. 사회복지정책, 44(3), 163-188.

박창제(2015). 고령자의 주요 사회활동참여활동 유형과 생활만족도의 관계. 사회보장연구, 31(2), 157-183.

법제처(2020). 각종 법률. http://www.law.go.kr

염지혜(2016). 한국노인의 삶의 만족도에 대한 종교의 영향: 우울의 매개효과를 중심으로. 사회사상과 문화, 19(3): 285-318.

오상훈, 임화순, 고미영(2006). 현대여가론. 서울: 백산출판사.

이금룡(2017). 한국 노인자원봉사 활성화를 위한 정책 방안. 한국노년학연구, 26: 37-45.

이영숙(2010). 노인들의 종교 활동 및 신앙성숙도가 성공적 노화에 미치는 영향. 노인의료복지연구, 1(1): 61-77.

이정원, 이정림, 도남희, 최효미, 이재희, 이윤진, 윤지연, 염혜경(2018). 2018년 전국보육실태조사–가구조사 보고. 보건복지부.

임병우, 김은주, 임중철, 주경희(2017). 노인복지론. 서울: 공동체.

장수지(2010). "노년기 사회적 관계망의 구조적, 기능적 측면과 주관적 삶의 질의 관계". 사회과학연구, 26(1): 75–100.

정경희, 강은나, 이윤경, 황남희, 양찬미(2016). 노인복지정책 진단과 발전전략 모색. 한국보건사회연구원.

정경희, 오영희, 이윤경, 오미애, 강은나, 김경래, 황남희, 김세진, 이선희, 이석구, 홍송이(2017). 2017년도 노인실태조사. 한국보건사회연구원.

최영, 차승연(2013). 손자녀 돌봄 조부모의 생활만족도에 영향을 미치는 요인. 사회복지정책, 40(3): 183–206.

통계청(2016). 2016년 사회조사 결과(가족·교육·보건·안전·환경), 보도자료 2016. 11. 15.

통계청(2018). 2018 고령자통계.

통계청(2019a). 2019 고령자 통계.

통계청(2019b). 2019년 사회조사 결과.

통계청(2020). 2020 고령자 통계.

1365 자원봉사포털(2020). https://www.1365.go.kr/vols

Brown, S. L., R. M. Nesse, A. D. Vinokur, and D. M. Smith (2003). Providing social support may be more beneficial than receiving it: Results from a prospective study of mortality. Psychological Science 14: 320-327.

Diener, E. & Biswas-Diener, R. (2017). Happiness: unlocking the mysteries of psychological wealth. Hongkong: Blackwell Publishing.

Fontenelle, S. M., & Zinkhan, G. M. (1993). Gender differences in the perception of leisure: a conceptual model. *Advances in Consumer Research, 20*, 534-540.

Hillier, S. M., & Barrow, G. M. (2011). Aging, the Individual, and Society. Belmont: Wadsworth.

Iso-Ahola, S. E. (1980). *The Social Psychology of Leisure and Recreation.* W. C. Brown Company Publishers.

Kang, Sun Kyung, & Hun Jin, Kim (2011). "A Study of Impact of Social Activities and Religion/Spirituality on Depression and Life Satisfaction among the Korean Elderly." Korean Journal of Population Studies 34(2): 163-190.

McInnis-Dittrich, K. (2020). *Social Work with Older Adults: A Biopsychosocial Approach to Assessment and Intervention* (5th Edition). Boston: A pearson Education Company.

Minkler, M. & Roe, K. M. (1993). *Grandmothers as Caregivers: Raising Children of the Crack Cocaine Epidemic.* Newbury Park. CA: Sage Publication.

Nelson-Becker, H., Canda, E., & Nakashima, M. (2016). Spirituality in professional practice with older adults. In D Kaplan & Berkman (Eds). *Handbook of social work in health and aging*(2nd ed., 99. 73-84). New York, NY: Oxford University Press.

Neugarten, B., & Weinstein, D. A. (1965). The changing meaning of age. *Psychology Today, 21*(5): 29-33

Noronha, K. J. (2015). "Impact of religion and spirituality on older adulthood". *Journal of Religion, Spirituality & Aging, 27*(1). pp 16-33.

Waldrop, D.P. & Weber, J. A. (2001). From grandparent to caregiver: the stress and satisfaction of raising grandchildren. *Families in Society, 82*(5): 461-472.

Wikipedia (2020). *Loneliness.* https://en.wikipedia.org/wiki/Loneliness

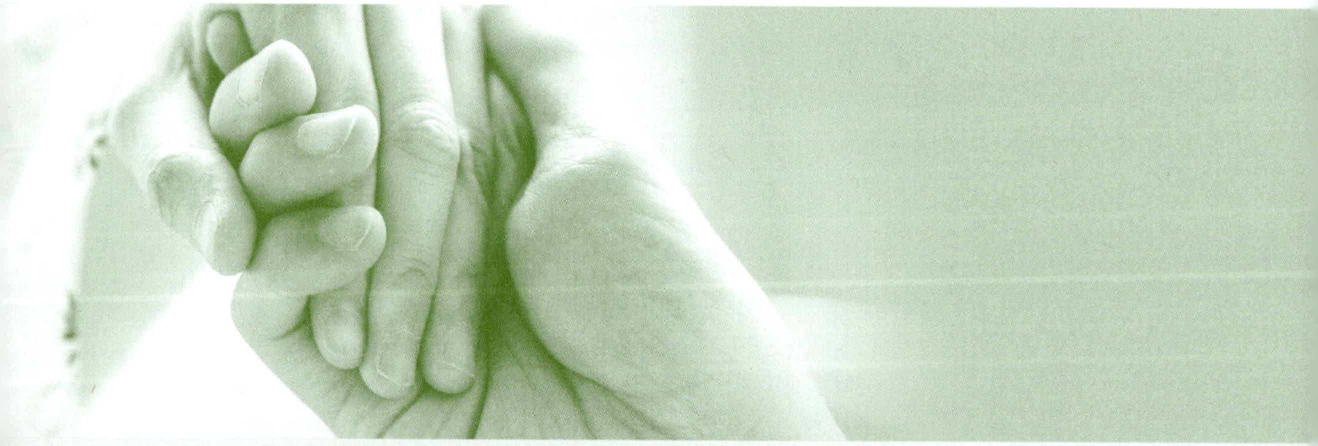

C·H·A·P·T·E·R 11

노인과 가족

요약

이 장에서는 노인과 가족에 대하여 살펴본다. 노인가족은 독거노인 및 노인부부 등 노인 단독가구가 크게 증가하고 있으며, 가족의 구조와 기능, 가족관계도 변화하고 있다. 노년기에는 부부관계의 중요성이 증가하지만 이혼도 증가 추세이며, 성인자녀와의 관계는 독립적이고 호혜적인 관계로 변화하고 있다. 손자녀관계는 소원해지고 있으나 손자녀 돌봄 및 조손가정은 증가 추세이므로 이에 대한 지원이 필요하다. 독거노인이 크게 증가하고 있으나 저소득층 독거노인에만 초점을 맞추기보다는 다양한 독거노인의 공통된 욕구와 차별적 욕구를 파악하여 대응해야 한다. 가족형태의 축소와 돌봄기능 약화에 따라 가족이 노인을 돌보는 경우는 감소하고 있다. 가족돌봄자 중 배우자의 비율이 급격히 증가하고 있으며, 남성 가족돌봄자도 증가 추세이나 여전히 여성의 노인돌봄 역할이 지배적이다. 노인을 돌보는 주 돌봄자가 경험하는 돌봄 부담은 사회활동 제한, 심리적 부담, 경제적 부담, 건강상의 부담, 가족관계의 부정적 변화 등이다. 현재의 노인돌봄 지원은 경제적 지원과 시간 지원이 미비하고 서비스 지원은 치매 및 중증 노인과 저소득 독거노인에 집중된다. 노인돌봄 가족을 지원하기 위해 유급 가족휴직제도 수립, 돌봄 수당 및 크레딧 제공, 돌봄자 대상 지원정책 수립 및 법적 근거 마련, 체계적인 가족돌봄자 교육 프로그램 개발과 확산, 고령 가족돌봄자 지원이 필요하다.

1. 노인가족과 가족관계

1) 노인가족의 변화

우리나라는 급속한 경제 발전과 현대화 과정을 거치면서 가족의 변화도 급속하게 진행되었다. 출산율 하락으로 가족 규모가 전반적으로 축소되었고, 3세대로 이루어진 가족이 급속히 감소하고 있으며, 고령화와 혼인율 감소로 1인 가구가 증가하고 있다.

이러한 변화 경향은 노인이 포함된 노인가족에서도 뚜렷이 나타난다. 2023년 65세 이상 고령자 가구는 549만 1천 가구로 전체 가구의 25.1%이며, 고령자 가구 중 1인 가구(독거노인)가 36.3%로 가장 많고, 노인부부가구가(35.3%)였다. 반면 부부+미혼자녀는 9.2%, 부(모)+미혼자녀는 5.5%였다. 즉, 가족구성원이 모두 노인인 가구가 71.8%가 노인가족의 대부분을 차지하는 반면, 자녀 동거비율은 14.7%에 불과하다(통계청, 2023)(〈표 11-1〉 참조). 자녀동거 희망율도 2008년 32.5%에서 2022년에는 22.6%로 감소하여 앞으로 자녀와 동거하지 않는 노인 단독가구는 더욱 증가할 것으로 보인다(통계청, 2023).

〈표 11-1〉 노인가족 형태의 변화

(단위: 천 가구, %)

연도	총 가구	노인 가구	비중	노인가구 유형 및 구성비									
				부부	구성비	부부+미혼자녀	구성비	부부+미혼자녀	구성비	1인 가구	구성비	기타	구성비
2010	17,495	2,923	16.7	985	33.7	286	9.8	149	5.1	991	33.9	512	17.5
2020	20,731	4,640	22.4	1,610	34.7	443	9.6	259	5.6	1,618	34.9	710	15.3
2023	21,834	5,491	25.1	1,936	35.3	505	9.2	305	5.5	1,993	36.3	752	13.7

출처: 통계청(2023). 2023 고령자 통계.

이러한 변화는 비단 우리 사회에서만 나타나는 것은 아니며, 산업화된 현대사회에서 보편적으로 나타나는 현상이다. 현대사회의 가족의 변화가 노인에게 미친 영향을 살펴보면 다음과 같다.

① 노인의 지위와 역할 약화

가족형태가 확대가족에서 핵가족으로 변화함에 따라 가족 내에서 노인의 지위와 역할도 약화되었다. 전통사회의 확대가족 내에서 노인의 위치는 공경과 존대의 대상이었으나 현대사회의 핵가족에서 노인의 역할은 주변화되고, 권한과 지위도 낮아졌다.

② 가족관계의 민주화

전통사회에서 가부장적이고 수직적이던 가족관계는 평등한 부부관계와 민주적 부모-자녀 관계로 변화하는 경향을 보인다. 이에 따라 부모-성인자녀의 관계는 의무적, 희생적 효 개념이 사라지고 부모와 성인자녀가 서로 도움을 주고받는 상호호혜적 관계로 변화하였다(김수영 외, 2017).

③ 노인부양의 사회화

전통사회에서 가족의 역할이었던 양육과 돌봄, 교육 등이 사회화되면서 노인에 대한 부양과 돌봄도 사회화되어 연금과 장기요양서비스 등 사회복지제도의 영역이 되었다. 부모의 노후를 가족이 책임져야 한다고 생각하는 비율은 점점 감소하고, 가족과 정부, 사회가 함께 책임져야 한다는 인식이 지배적이다(통계청, 2019).

④ 노년기의 연장과 돌봄기간 증가

평균 자녀 수는 줄어드는 반면 평균수명은 연장되어 노인 단독으로 지내야 하는 기간이 늘어나고, 돌봄을 필요로 하는 후기 노년기가 연장되어 병약한 노인에 대한 돌봄기간이 증가하였다.

⑤ 가족형태의 다양화

노년기 이혼과 재혼이 증가 추세에 있고, 합의에 의한 별거인 '졸혼' 등 이전과는 다른 노년기 가족형태가 출현하고 있다. 또한 자녀세대의 이혼 및 비혼 독신 증가, 젊은 세대의 주거문제 및 취업난 등으로 부모세대와의 재동거, 조손가족도 증가하는 추세이다. 현 세대의 비혼 및 무자녀 경향이 지속될 경우 앞으로 독신 및 무자녀 노인도 크게 증가할 것으로 예상된다(김수영 외, 2017). 노년기 가족의 형태가 다양해짐에 따라 앞으로 노인가족의 변화에 맞는 사회복지제도의 안전망이 확충되어야 한다.

2) 노년기 가족관계

노년기는 신체적, 심리사회적 독립성이 감소하고 사회적 관계망이 위축되어 가족에 대한 의존도가 커지는 시기이다. 사회적 지위와 역할이 감소되고 심리적으로 소외감과 고독을 느끼기 쉬운 노인에게 가족은 경제적, 심리적, 일상생활 차원에서 일차적으로 중요한 집단이다. 따라서 노년기의 원만한 가족관계는 노인의 삶의 질과 행복한 노후생활을 결정하는 중요한 변수이다(유성호 외, 2015). 여기서는 노년기 부부관계, 노인–성인자녀 관계, 노인–손자녀 관계, 형제자매 관계를 살펴본다.

(1) 노년기 부부관계

노년기는 사회적 역할에서 물러나고 자녀들이 집을 떠나 노부부가 남게 되는 시기이다. 평균수명이 연장됨에 따라 노년기가 길어지고 가정 내에서 부부가 함께 지내는 시간도 증가함에 따라 노년기의 부부관계는 가장 중요한 가족관계라고 할 수 있다. 노년기의 배우자는 인생의 동반자일 뿐 아니라 건강이 좋지 못할 때 보살핌을 제공하는 일차적인 돌봄자이다. 실제로 노인의 결혼만족도는 생활만족도, 행복, 건강과 수명에도 영향을 미치는 것으로 나타난다(Connidis, 1989; Gilford, 1986, 유성호 외, 2015에서 재인용).

결혼만족도는 일반적으로 신혼 초기에 가장 높게 나타났다가, 자녀 출산과 양육기에 감소하고, 자녀가 성장하여 독립하는 시기에는 다시 높아지는 U자형 곡선을 나타내는 것으로 보고된다. 우리나라 노인의 60.8%가 배우자와의 관계에 만족하는 것으로 나타났는데, 성별로 보면 남자는 68.3%, 여자는 50.6%가 만족하여 부인보다 남편의 만족도가 더 높았다(통계청, 2019). 노년기 부부관계 만족도에서 나타나는 성별 차이는 노년기 부부관계에 남성 중심성이 여전히 존재함을 보여준다.

노년기에는 부부가 함께하는 시간이 증가하여 긴장과 갈등이 위험요인으로 작용한다. 특히 이전 시기까지 누적되어 온 부부갈등이 자녀의 독립을 계기로 표면화되어 노년기 이혼이 증가 추세이다. 전체 이혼 건수에서 65세 이상 남녀가 차지하는 비중은 남녀 각각 11.0%, 6.4%이며 지속적으로 증가하고 있다(통계청, 2023).

노년기에 이혼을 생각하는 이유

한국가정법률상담소의 이혼 상담자 중 60대 이상의 비율을 보면, 여성은 1999년 3.5%에서 2019년에는 25.3%로 20년 만에 7.2배 증가했고, 남성은 4.8%에서 43.5%로 9.1배 늘어났다. 60대 이상 연령층의 이혼 사유는 성별과 연령별로 차이를 보인다. 「민법」 제840조에서 규정하는 총 6종의 이혼 사유 중 남녀 모든 연령층에서 '장기 별거'와 '성격 차이'가 가장 많았다. 다음 순위로 여성은 △60대는 남편의 폭력, 남편의 가출 △70대는 남편의 외도, 남편의 폭력 △80대는 남편의 가출, 남편의 폭력을 꼽았다. 남성은 △60대는 아내의 가출, 아내의 폭력 △70대는 아내의 가출, 아내의 외도 △80대는 아내의 외도, 아내의 가출을 꼽았다(한국가정법률상담소, 2020).

한편 전체 재혼 건수는 감소 추세이나, 2022년 65세 이상 남녀의 재혼은 각각 4.3%, 8.5% 증가하였으며, 남녀 모두 이혼 후 재혼이 사별 후 재혼보다 많았다(통계청, 2023).

전체 노인가족 중 노인부부 가구의 비중이 점차 증가하고 있는 추세이고 노인의 이혼과 재혼이 증가세라는 점을 볼 때 노년기 부부관계 문제는 중요한 과제가 아닐 수 없다. 노년기 부부관계 적응을 위한 구체적인 내용은 다음과 같다(홍숙자, 2010).

- 건강의 쇠퇴나 수입감소 등 부부가 처한 부정적 현실에 대해 이해하고 수용하기
- 가사 등 역할을 어떻게 협력하고 분담할 것인지 함께 의논하고 결정하여 재조정하기
- 정서적, 심리적으로 친밀한 관계가 되도록 부부관계를 재정비하기
- 부부 간 대화와 상호작용 활성화하기
- 부부가 함께 참여하고 즐기는 공동의 활동과 더불어 각자의 독립된 활동 영역 개발하기
- 노화로 인한 생리적 변화를 이해하고 수용함으로써 만족스러운 성적 적응하기

(2) 노인-성인자녀 관계

부모가 자녀에게 일방적으로 도움을 제공하는 자녀 양육기와 달리 노년기에는 성인자녀와 부모가 서로에게 도움을 제공하는 상호호혜적 관계로 변화한다. 성인자녀는 부모에게 경제적 지원, 심리적 지원, 신체적 돌봄 등을 제공하고 노부모는 성인자녀에게 손자녀 양육, 집안일 도움, 정서적 지지 등을 제공하며 경제적 여유가 있는 경우 경제적 도움도 제공할 수 있다.

우리나라의 노인들은 부모-자녀 관계의 독립성과 자율성을 추구하는 서구와 달리 자녀에 대한 의존성이 상대적으로 크고, 자녀와의 관계가 노년기 삶의 만족도나 심리적 안녕에 큰 영향을 미친다. 그러나 사회 변화에 따라 노인과 자녀세대 간의 관계도 각자의 독립적 생활을 추구하는 쪽으로 변화하여 자녀와 동거하는 노인가구는 전체 노인가구 중 15% 미만이다. 최근 단거리('국이 식지 않는 거리')

에 살면서 부모와 성인자녀가 도움을 주고받는 수정확대가족도 점차 늘어나서 성인자녀와 노부모의 왕래는 증가 추세에 있다. 자녀와의 관계는 자녀와 동거하는 노인보다 자녀와 동거하지 않는 노인이 더 만족스럽게 나타나는데, 이것은 노부모와 자녀가 동거하지 않을 경우 갈등을 겪을 가능성이 감소함을 의미한다. 자녀와 갈등이 있는 경우 그 원인은 동거 여부를 둘러싼 갈등, 자녀의 경제적 도움 요구, 돌봄 문제, 자녀의 장래 문제, 노인의 생활비 보조 등의 순으로 나타났다. 자녀의 의존과 관련한 요인이 약 1/3, 노인의 의존과 관련한 요인이 약 1/3을 차지한다(이윤경 외, 2020).

노인과 성인자녀 간의 관계에서 노인이 일방적으로 도움을 받기만 하는 것은 아니며, 상호호혜적인 지원관계, 노부모가 일방적으로 자녀에게 지원을 제공하는 관계, 자녀가 노부모에게 일방적인 지원을 제공하는 관계, 어떤 지원도 주고받지 않는 고립형 관계에 이르기까지 다양하다. 이 중 가장 바람직한 형태는 노부모와 성인자녀가 쌍방적인 기여를 하는 상호호혜적인 지원관계이다. 노인이 자녀에게서 일방적으로 지원을 받기만 하는 것이 아니라 적절한 역할과 기여를 통해 호혜적이고 균형 잡힌 관계를 유지할 때 만족스러운 삶을 유지할 수 있다(김수영 외, 2017).

(3) 노인-손자녀 관계

현대사회에서는 핵가족의 일반화로 자녀세대와 별거하는 노인이 대다수이고 세대 간의 문화적, 정서적 격차가 워낙 크기 때문에 노인-손자녀 관계는 미약한 것으로 인식된다.

그러나 맞벌이 부부 증가와 이혼 등 결혼 해체로 조부모에 의한 손자녀 양육이 증가함에 따라 조부모의 역할과 중요성은 다시 커지고 있다. 조부모의 손자녀 양육은 가족위기 시 부모가 자녀에게 제공해 주지 못하는 유대감을 대신해 주고 가족 해체 등 부정적인 변화로 인한 충격을 완화해 줄 수 있다(한경혜 외, 2019). 특히 사회적 보육체계가 제한적이고 전통적으로 혈연관계를 중시하는 문화적 특성에 따라 조부모들도 자연스럽게 손자녀 양육의 책임감을 갖게 되고, 자녀 역시 양육 대체자원으로서 조부모를 선호한다(김은정, 2015). 그 결과 맞벌이 가구에서 자녀 양육은 대부분 조부모 등 혈연관계에 의해 지원되고 있으며, 특히 주 양육자에게 긴급한 일이 생겼을 때 자녀에 대한 주된 돌봄은 조부모의 도움을 받는 비율이 가장 많다(여성가족부, 2015).

조부모는 손자녀에게 양육자로서의 역할뿐 아니라 경제적 후원자, 문화와 가치의 전승자, 심리적 지지자, 훈육자로서의 역할 등 다양한 역할을 수행하며 세대 간 연속감과 안정감을 제공하여 손자녀의 정체감 발달을 도울 수 있다. 조부모에게 손자녀는 삶의 영속성의 상징이자 즐거움과 다양한 삶의 변화를 제공해줄 수 있다. 손자녀 출산 후 손자녀를 매개로 노인과 성인자녀 관계가 긍정적으로 변화하기도 하고, 손자녀 양육 방법이나 교육관의 차이 등으로 갈등이 일어나기도 한다(한경혜 외, 2019).

한편, 노인의 입장에서 노년기에 손자녀에 대한 돌봄 책임을 감당해야 하는 경우 여러 가지 어려움을 경험할 수 있다. 우리나라에서 지난 1년간 10세 미만의 손자녀를 돌본 적이 있는 노인들의 경우 주당 평균 50.6시간의 상당한 시간을 손자녀 돌봄에 쓰고 있었다(한경혜, 2019). 특히 손자녀를 돌보는 여성노인의 약 1/3이 하루 평균 약 7~8시간 이상 손자녀를 돌보는 것으로 나타났다(최인희 외, 2012).

조부모와 손자녀만으로만 이루어진 조손가정은 노인의 손자녀 양육의 어려움을 대표적으로 보여준다. 2020년 인구주택 총조사에 의하면 전체 조손가구는 11만3,297가구이며 이중 조부모와 미성년 손자녀 가구수는 5만2,951가구이다. 조손가정의 가구당 평균소득은 전체 가구 평균소득의 45%에 불과하여 빈곤 위험이 높고 돌봄과 교육, 보호의 기능이 취약하다는 문제를 가지고 있다(보건복지부, 2017). 특히 조손가정의 노인들은 예기치 않은 시기에 자녀의 이혼 등 부정적인 사건에 의해 손자녀를 맡게 되는 경우가 많으며, 경제적 어려움, 건강문제, 손자녀 교육, 정부 지원의 부족과 주변 관계와의 단절 및 소외, 손자녀와의 의사소통

부족에 따른 심리적 고통 등을 겪는 것으로 나타났다(김수영 외, 2017).

현재 조손가정에 대해 기초생활보장 등 생계 지원, 노인·아동 돌봄 서비스, 취약위기가구 지원(자녀학습 및 생활도움 등 지원, 저소득 조손가정의 양육비 및 교육비 지원) 등의 지원제도가 있으나 지원체계가 복잡하고 사각지대가 많다는 문제를 가지고 있다. 앞으로 노인의 조부모 역할을 지원하기 위한 의료서비스 제공, 보육 지원 및 방과 후 교육이나 공부방 등을 통한 교육 지원, 조부모 위탁제도의 활성화 등이 시급하다.

(4) 노년기 형제자매 관계

형제자매는 비슷한 시기에 태어나 같은 가족 안에서 자라면서 가족과 사회적 경험을 공유하는 동년배집단으로서, 노년기에 서로를 이해하고 지지할 수 있는 중요한 가족관계이다(Connidis, 1994, 김수영 외, 2017에서 재인용). 특히 독신 노인에게 일차적 관계를 맺는 중요한 가족관계가 될 수 있다.

우리나라의 경우 형제자매를 포함한 친인척과의 교류는 자녀에 비해 낮은 편이다. 왕래 빈도는 남성이 조금 높지만 연락 빈도는 여성노인이 훨씬 높고, 연령이 높을수록 교류가 줄어들었다. 소득과 교육수준이 낮은 노인, 독거노인이 교류가 더 적은 것으로 나타났다(이윤경 외, 2020).

인구 고령화와 저출산은 노년기 형제자매 관계에도 영향을 미칠 것이다. 현재의 비혼과 저출산 경향을 고려할 때, 앞으로 독신노인이 늘어나고 노년기에 돌봄과 지지를 제공할 가족자원은 점차 감소할 가능성이 크다. 이에 따라 형제자매 관계는 노년기의 지지자원으로서 점점 중요해질 것이고, 평균수명이 증가하여 형제자매가 함께 지내는 노년기 시간이 늘어날수록 유대관계가 강화될 가능성이 크다.

3) 독거노인

자녀와 동거하는 노인이 감소함에 따라 노인 1인 가구인 독거노인의 수는 증가 추세를 보인다. 통계청 조사에 의하면 전체 노인가구 중 독거노인 가구 비율은 2000년대 이후 급속히 증가하여 2023년 현재 전체 노인가구 중 가장 많은 36.3%를 차지한다(통계청, 2023). 앞으로 이혼과 비혼이 증가함에 따라 독거노인 가구 수는 2045년에는 40% 이상으로 증가할 것으로 예상된다.

일반적으로 독거노인은 자녀와 동거하거나 노인부부가 함께 사는 경우보다 건강이 좋지 않고 빈곤하며, 주거 상황도 열악한 편이다. 또한 사회관계망이 없고 우울 증상과 자살 생각 빈도 등도 더 높아서 상대적으로 취약한 것으로 나타난다(보건복지부, 2018).

그러나 모든 독거노인이 취약한 것은 아니며 고학력화와 단독생활에 대한 선호 등 노인의 욕구에 의한 선택이 2/3 이상을 차지한다. 저연령의 비저소득층 노인의 경우 상대적으로 생활상의 어려움이 적은 것으로 나타나지만, 독거노인 중 85세 이상 고령노인과 저소득층 노인의 경우 80% 정도가 생활상의 어려움을 경험하고 있는 것으로 나타났다. 독거노인의 어려운 점은 아플 때 간호할 사람이 없는 것과 경제적 불안감, 일상생활 문제 처리, 심리적 불안감과 외로움 순으로 나타났다(이윤경 외, 2020).

따라서 독거노인에 대한 대응은 보호가 필요한 취약한 저소득층 노인에만 초점을 맞추기보다는 공통된 욕구와 차별적 욕구를 파악하여 대응할 필요가 있다. 저소득·고령노인에 대해서는 경제적 지원과 돌봄을, 단독생활을 선호하는 비저소득층, 초기 노인에 대해서는 일자리와 여가 및 문화 등 다양한 복지서비스를 제공할 필요가 있다.

정부에서는 독거노인 유형별로 맞춤서비스를 제공하고 다양한 프로그램을 실행하고 있다. 2020년부터 정부에서 실행중인 노인맞춤돌봄서비스의 프로그램은 〈표 11-2〉와 같다.

〈표 11-2〉 노인맞춤돌봄서비스 프로그램

구분	대분류	중분류	소분류
직접 서비스 (방문 · 통원 등) ※ 4개 분야	안전지원	▶ 방문 안전지원	– 안전 · 안부확인 – 정보 제공(사회 · 재난안전, 보건 · 복지 정보 제공) – 생활안전점검 (안전관리 점검, 위생관리 점검) – 말벗(정서지원)
		▶ 전화 안전지원	– 안전 · 안부 확인 – 정보제공(사회 · 재난안전, 보건 · 복지 정보 제공) – 말벗(정서 지원)
		▶ ICT 안전지원	– ICT 관리 · 교육 – ICT 안전 · 안부 확인
	사회참여	▶ 사회관계 향상 프로그램	– 여가활동 – 평생교육활동 – 문화활동
		▶ 자조모임	– 자조모임
	생활교육	▶ 신체건강분야	– 영양교육 – 보건교육 – 건강교육
		▶ 정신건강분야	– 우울 예방 프로그램 – 인지 활동 프로그램
	일상생활 지원	▶ 이동활동 지원	– 외출동행 지원
		▶ 가사 지원	– 식사관리 – 청소관리
연계서비스 ▶ 주거개선연계 ▶ 건강지원연계 ▶ 기타서비스		▶ 생활지원연계	– 생활용품 지원 – 식료품 지원 – 후원금 지원
		– 주거위생 개선 지원 – 주거환경 개선 지원	
		– 의료연계 지원 – 건강보조 지원	
		– 기타 일상생활에 필요한 서비스 연계	
특화서비스		– 개별 맞춤형 사례관리 – 집단활동 – 우울증 진단 및 투약 지원	

출처: 보건복지부(2024). 2024 노인보건복지 사업안내(I)

2. 노인과 가족돌봄

1) 가족과 노인돌봄

(1) 가족의 노인돌봄 현황

2006년에 가족을 직접 돌본 50세 이상 중고령자의 비율은 35.3%였던 반면, 2016년에는 28.4%로 감소하였다. 이것은 노인을 집에서 돌보는 경향이 점차 감소하고 있음을 보여준다. 노인을 돌보는 50세 이상 중고령자의 연령집단 분포를 보면, 50대가 18.2%, 60대가 23.2%, 70대가 24.2%, 80대 이상이 34.3%이다. 이처럼 고령자 비율이 매우 높게 나타나는 것은 배우자 돌봄 비중이 높음을 의미한다. 성별로 보면 63.6%가 여성, 36.4%는 남성인 것으로 나타났다([그림 11-1] 참조)(한경혜, 2019). 가족돌봄자가 중고령자인 경우 배우자가 많기 때문에 남성 돌봄자의 비율이 상당히 높게 나타난다.

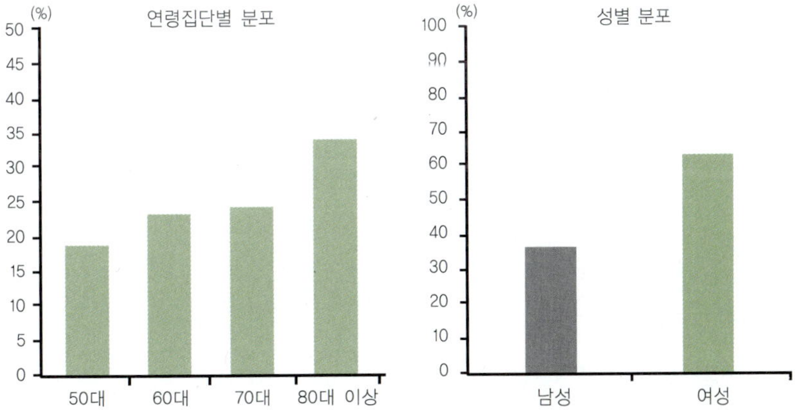

출처: 한경혜(2019). 노인의 가족 지원 및 돌봄의 양상.

[그림 11-1] 가족을 돌보는 50대 이상 중고령자의 연령 및 성별 분포

돌봄자 자신이 고령인 경우, 본인의 건강상태도 좋지 않고 이용 가능한 공적 돌봄지원서비스에 대한 인지도 및 이용 경험 역시 다른 연령대에 비해 낮기 때문에 높은 수준의 돌봄 부담을 경험할 수 있다. 또한 남성이 주된 돌봄자가 될 경우, 돌봄자 역할 수행 경험이 적기 때문에 돌봄 부담을 상대적으로 더 크게 느낄 수 있다.

가족돌봄자 중 배우자가 증가하면서 남성의 비율이 늘어나고 있기는 하지만, 여전히 노인에 대한 가족돌봄은 주로 여성의 역할이다. 노인을 돌보는 주 돌봄자 중 여성 비율은 여성배우자, 딸, 며느리 등이 81.0%에 달한다. 노인 배우자간의 돌봄 제공에 있어서도 정서적, 도구적, 신체적 돌봄 등 모든 부분에서 여성이 더 많은 돌봄을 제공하고, 남성은 더 많은 돌봄을 받는 것으로 나타났다(이윤경 외, 2020). 이것은 우리나라에서 가족 내 노인돌봄 부담이 여전히 여성의 역할로 편중되어 있음을 보여준다.

노인이 장기요양 인정을 받았음에도 불구하고 가족이 직접 돌보는 경우는 전체 장기요양 인정자의 22.5%이다(보건복지부, 2022). 장기요양 인정 노인을 가족이 직접 돌보는 경우 장기요양서비스 이용자들보다 월소득 100만 원 이하의 저소득층 비율이 높고, 저학력층 비율도 높았다(한은정, 2016). 저소득층의 경우 장기요양보험제도의 자부담 비용 때문에 장기요양서비스 이용이 어렵다는 것을 알 수 있다. 또한 가족돌봄자가 여성이고 연령대가 높을수록 가족의 돌봄 지원정책에 대한 인지도 및 이용 경험이 낮게 나타났다(보건복지부, 2022). 따라서 노인을 돌보는 가족 중 저소득층, 여성노인, 연령이 높은 집단의 서비스 이용을 활성화시키기 위한 지원정책이 마련되어야 할 것이다.

(2) 가족의 노인돌봄 부담

가족형태의 축소와 가족의 돌봄기능 약화에 따라 집에서 노인을 돌보는 경우는 점차 감소하고 있다. 그러나 집에서 함께 살면서 가족이 노인을 직접 돌보는 경우뿐만 아니라 따로 살면서 노인을 돌보고, 병원이나 시설에 입소한 노인을 돌보는 경우도 가족에게 여러 가지 부담을 초래한다. 돌봄 부담의 구체적 내용을 살펴보면 다음과 같다(권중돈, 2019).

① 사회활동 제한

노인을 돌보기 위해서는 지속적으로 노인을 관찰하고 함께 있어야 한다. 특히 치매노인 등 인지적 문제를 가진 노인의 경우 노인과 거의 하루 종일 함께 생활하게 된다. 이때 가족돌봄자는 사회관계에 제한을 받게 되어 지인이나 친척, 이웃 등을 만날 수 없고, 외출이 어려워진다. 또한 노인을 하루 종일 돌보다 보면 개인적인 시간이나 자유를 갖기 어렵다. 노인이 행동상의 문제를 가진 경우 주위 사람들의 시선을 염려하거나 피해를 끼칠까 두려워하여 더욱 외부인과의 접촉을 꺼리게 된다.

② 심리적 부담

노인을 돌보는 동안 주 돌봄자는 우울과 불안감, 좌절감 등 부정적인 정서를 경험한다. 부정적인 정서는 돌봄을 분담할 사람이 없이 혼자서 오랫동안 돌봄을 지속하는 경우 더욱 심각해진다. 심리적인 부담이 해소되지 않고 우울감과 좌절감이 지속될 경우 돌봄 포기 및 극단적인 선택에 대한 충동이 생길 가능성도 있다.

③ 경제적 부담

노인돌봄은 치료와 간병 비용 등으로 추가적인 경제적 부담이 가중되고, 주 돌봄자가 경제활동에 참여할 수 없기 때문에 소득이 감소하여 경제적 어려움이 커진다. 주 돌봄자가 경제활동을 계속하는 경우 돌봄과 경제활동을 병행하는 과정에서 역할 갈등과 긴장, 노동시간 단축, 잦은 결근과 조퇴, 업무 방해 등을 경험하며, 경제활동 중단으로 연결될 가능성이 크다.

④ 신체적 부담

유아나 아동과 달리 성인인 노인에 대한 돌봄은 심각한 신체적 부담을 동반하여 요통, 심장질환, 고혈압, 관절염, 소화기질환 등의 질병에 걸릴 확률이 높다. 질병에 걸리지 않더라도 신체적 피로, 수면 방해, 스스로의 건강을 돌볼 기회와 시간의 부족을 경험한다. 주 돌봄자 대부분이 여성이고, 배우자의 경우 그 자신이 노인이므로 신체적 부담이 누적되어 질병에 취약해질 위험이 크다.

⑤ 가족관계의 부정적 변화

노인에 대한 돌봄이 오랫동안 지속되면 의존적인 노인에 대해 부정적인 감정이 증가하고, 노인 역시 자존감 저하와 우울 등을 경험하게 되어 노인과 주 돌봄자 간의 관계가 악화될 수 있다. 특히 치매 등으로 과도한 요구와 의존, 이상 행동 등이 계속될 경우 돌봄자는 긴장과 분노, 우울, 원망 등 부정적인 감정이 증가한다. 또한 노인의 돌봄 부담을 둘러싸고 가족관계가 악화될 수도 있다. 다른 가족구성원의 협조나 지원이 없는 경우, 지나친 간섭과 오해, 돌봄방식에 대한 이견 등으로 가족 간 갈등이 증가한다.

간병의 어려움에 대한 설문조사 결과

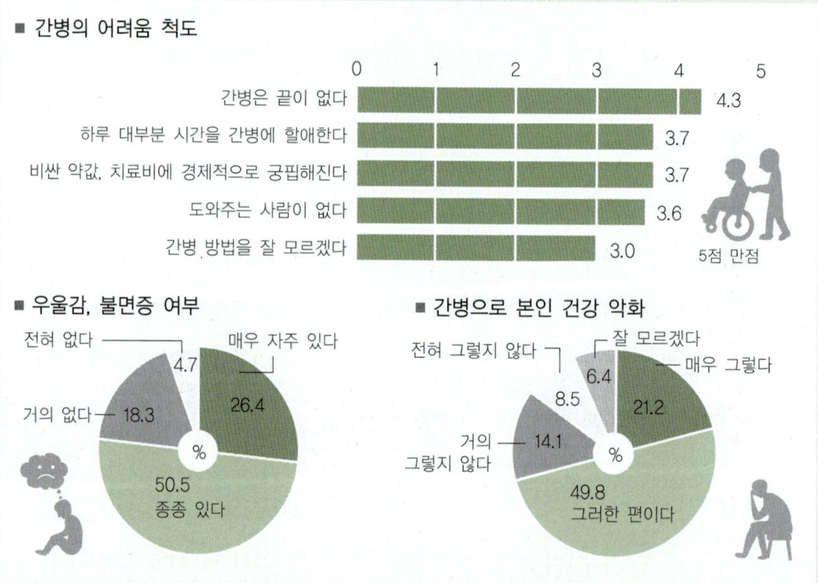

서울신문이 2018년 한국치매협회, 뇌질환환우모임 등과 공동으로 가족 간병인 325명을 대상으로 간병의 어려움에 대해 설문조사를 실시한 결과, 95.7%가 "간병으로 신체와 정신 모두 한계에 몰리고 있다고 느낀 적이 있다"고 답했다. 살인이나 자살 충동을 느낀다고 답한

응답자도 29.2%에 이르렀다. 이들은 '간병으로 인한 정신적·신체적 한계'(60.2%·복수 응답), '경제적 어려움의 심화'(50.6%), '미래에 대한 불안감'(45.8%) 등이 몰려올 때 환자를 죽이거나 같이 죽고 싶다는 생각을 했다고 밝혔다. 간병 가족들을 가장 힘들게 하는 것은 악몽 같은 현실이 언제 끝날지 모른다는 점이었다. 간병 가족의 어려움을 5가지 항목으로 나눠 각각 힘든 정도를 1~5점(낮음→높음)까지 나타내도록 했다. 그 결과 환자 가족들은 '간병은 끝이 없다'(평균 4.3점)를 가장 큰 애로사항으로 꼽았다. 이어 '비싼 약값, 치료비에 경제적으로 궁핍해진다'(3.7점), '하루 대부분의 시간을 간병에 할애한다'(3.7점), '도와주는 사람이 없다'(3.6점), '간병 방법을 잘 모르겠다'(3.0점) 순이었다.

출처: 서울신문(2018. 09. 04.).

2) 노인돌봄 가족 지원

현재 우리나라에서는 노인을 돌보는 가족의 부담을 덜기 위해 노인장기요양보험제도, 노인맞춤돌봄서비스 등이 시행되고 있으며, 가족돌봄자의 일·가정 양립을 지원하는 가족돌봄휴직제도, 가족돌봄자를 대상으로 교육·상담 프로그램 등이 제공되고 있다. 우리나라의 대표적인 사회적 노인돌봄 제도인 노인장기요양보험제도의 인정자 수는 22년 기준 10.5%로, 인구 고령화에 따라 지속적으로 증가하고 있다(통계청, 2023). 인정자 수가 매년 늘어나고 있으나 아직 전체 노인 중 인정자 비율이 장기요양보험을 운영하는 다른 나라[독일(13.7%), 일본(13.0%)]에 비해 낮은 편이다.

노인을 돌보는 가족에 대한 지원을 경제적 지원과 시간 지원, 서비스 지원 등으로 분류하면 〈표 11-3〉과 같다. 현금 지원은 장기요양 인정자 가족 중 시설이나 서비스 이용이 어려운 경우 가족특례요양비가 월 15만 원 지급되며, 요양보호사가 노인의 가족인 경우 월 20만 원 가량이 지급된다. 돌봄기간 동안의 연금 혜택 등 크레딧 지원은 없다. 1년에 90일의 무급 휴가와 치매환자에 한해 최대 6일간 가족휴가지원제도를 운영 중이지만, 무급이기 때문에 휴가를 이용하기가 쉽지 않고, 휴가를 신청해도 그동안 환자를 맡아줄 시설을 찾기 힘들어 이용하기가 쉽지 않다. 가족돌봄 관련 서비스 지원은 장기요양 인정자와 노인맞춤돌봄서비스 지원 대상을 포함하여 전체 노인의 10% 수준에 불과하다

〈표 11-3〉 노인돌봄 가족에 대한 지원

경제적 지원		시간		서비스	
현금(수당)	크레딧	휴직, 휴가	근로시간 단축	재가	시설
장기요양 인정자 중 가족돌봄 선택 시 • 가족특례요양비 월 15만 원 • 가족인 요양보호사 월 20만 원 가량	없음	• 가족간병 휴가 90일 (무급) • 치매환자 가족은 1년에 6일 휴가 지원 (무급)	없음	• 장기요양 인정자는 재가 및 주간보호 (15% 자기 부담) • 노인맞춤돌봄서비스 (주로 저소득 독거노인 대상 16~39시간 서비스)	• 장기요양 인정자는 요양시설 (20% 자기 부담) • 요양병원 이용 시 전액 자기 부담

출처: 보건복지부(2024). 2024년도 노인보건복지사업안내 (I)을 토대로 작성.

현재 우리나라에서 실행되고 있는 아동돌봄과 노인돌봄에 대한 제도적 지원을 비교해 보면 아동의 경우 지원 대상이 전체 아동으로 보편적이고 수당 등 현금 지원과 육아휴직 등 시간 지원이 다양하게 이루어지는 반면, 노인돌봄 지원은 경제적 지원과 시간 지원이 미비하고 서비스 지원은 치매 및 중증노인과 저소득 독거노인에 집중됨을 알 수 있다. 이것은 출산과 양육을 미래의 노동력을 키워내는 사회적 투자로 인식하는 반면, 노인돌봄은 사회 발전에 장애가 되는 부담을 해결하는 차원에서 인식되기 때문이다. 사회구성원의 생애주기 전체에 걸친 돌봄 책임을 통합적으로 지원하기 위해서는 노인돌봄이 돌봄지원정책에 보다 포괄적으로 포함되어야 할 것이다(최희경, 2018).

우리 사회에서는 노인장기요양보험제도 등 사회적인 노인돌봄 제도가 체계화되었으나, 가족은 여전히 노인을 돌보는 데 중요한 역할을 담당하고 있다. 노인이 가능한 오래 지역사회에서 지낼 수 있도록 지원하는 '살던 곳에서 늙어가기(AIP: Aging in Place)' 경향이 보편화되고 있는 상황에서 가족은 노인을 돌보는 데 지속적으로 중요한 역할을 하게 될 가능성이 크다. 그러나 노인을 돌보는 가족돌봄자 자체가 고령화되고, 가족 규모의 축소 및 맞벌이 가구의 증가 등 노인돌봄을 지원할 수 있는 가족자원은 감소하고 있다. 따라서 가족돌봄자를 주요 정책 및 서비스의 대상으로 인식하고, 적극적인 지원체계를 구축해야 할 것이다. 노인을 돌보는 가족에 대한 지원의 개선점은 다음과 같다(최인희, 2014; 최희경, 2011).

- 아동과 성인, 노인의 돌봄에 동등한 지원을 제공하는 유급 가족휴직제도 수립
  - 현행 육아휴직제도의 대상을 만성질환이나 장애를 가진 성인, 돌봄을 필요로 하는 노인까지 확대하여 유급 가족(돌봄)휴직제도로 확대·개편함으로써 휴직 및 근로시간 단축 등을 성인 환자 및 장애인과 노인돌봄에 대해서도 적용함
- 돌봄 수당 및 크레딧 제공
  - 가족의 노인돌봄에 대해 공적 돌봄 서비스 가격에 준하는 수당을 제공하여 가족돌봄자의 생활을 실질적으로 보장하고, 노인 돌봄기간 중 연금 크레딧을 제공함
- 돌봄자 대상 지원정책 수립 및 법적 근거 마련
  - 「노인장기요양보험법」이나 「건강가정기본법」에 가족돌봄자를 위한 지원 및 서비스 제공을 명시
- 체계적인 가족돌봄자 교육 프로그램 개발과 확산
  - 돌봄자 역할 인식과 돌봄 스트레스 관리 방법, 돌봄자의 건강 유지 방법, 노인의 질환별 대처 방법과 간호 방법, 공적 서비스 및 지역사회 자원에 대한 정보 제공 및 자원 연계 등을 포함하며 성별이나 연령 등 가족돌봄자의 특성과 욕구에 맞는 교육 내용 제공(예를 들어 배우자를 대상으로 한 교육 프로그램, 남성 돌봄자를 대상으로 한 프로그램 등)
- 고령 가족돌봄자 지원

  고령 돌봄자나 농어촌 지역 등 프로그램에 대한 접근성이 낮은 집단을 대상으로 찾아가는 서비스를 확대하고, 지역사회 차원에서 가족돌봄자 대상 건강검진, 상담 및 교육 프로그램 확대 실시

생각해보기

1. 노인가족이 당면한 가장 큰 변화와 어려움은 무엇인지 생각해 보자.

2. 독거노인의 욕구에 맞는 지역사회 프로그램을 기획해 보자.

3. 의존적인 노인을 돌보는 가족에게 필요한 지원을 경제적 차원, 시간 차원, 서비스 차원에서 한 가지 이상씩 생각해 보자.

참고 문헌

권중돈(2019). 노인복지론(제7판). 서울: 학지사.

김수영, 모선희, 원영희, 최희경(2017). 노년사회학(제2판). 서울: 학지사.

김은정(2015). 손자녀 돌봄지원 관련 연구 동향과 과제: 2000년 이후 국내학술지 논문을 중심으로. 한국가족복지학, 50, 69-96.

보건복지부(2022). 2022 장기요양 실태조사 결과. 보건복지부.

보건복지부(2024). 2024 노인보건복지 사업안내(I). 보건복지부.

서울신문(2018). [간병살인 154인의 고백] 독박 간병, 살인 충동마저 부르는 악몽. 2018. 09. 04. 7면. http://www.seoul.co.kr/news/newsView.php?id=20180904007002&wlog_tag3

유성호, 김형수, 모선희, 윤경아(2015). 현대노인복지론(제5판). 서울: 학지사.

이윤경, 김세진, 황남희, 임정미, 주보혜, 남궁은하, 이선희, 정경희, 강은나, 김경래(2020). 2020년도 노인실태조사. 한국보건사회연구원

정경희, 오영희, 황남희, 권중돈, 박보미(2014). 노인단독가구의 생활 현황과 정책 과제. 한국보건사회연구원.

정경희, 오영희, 이윤경, 오미애, 강은나, 김경래, 황남희, 김세진, 이선희, 이석구, 홍송이(2017). 2017년도 노인실태조사. 한국보건사회연구원.

최인희(2014). 노년기 가족돌봄의 위기: 한국의 현황과 지원방안. 젠더리뷰. 2014 겨울호. 14-21.

최인희, 김영란, 염지혜(2012). 100세 시대 대비 여성노인의 가족돌봄과 지원방안 연구. 한국여성정책연구원.

최희경(2018). 노인장기요양보험제도와 돌봄 정의. 한국사회정책. 25(3). 103~130.

_____(2011). 노인 돌봄과 노동의 양립을 위한 가족 지원 정책 연구. 한국사회정책, 18(4). 271-298.

통계청(2023). 2023 고령자통계. 통계청.

한국가정법률상담소(2020). 2019년 상담 통계. 한국가정법률상담소.

한경혜(2019). 노인의 가족지원 및 돌봄의 양상. 한국의 사회동향 2019. 69-77.

한경혜, 최혜경, 안정신, 김주현(2019). 노년학. 서울: 신정.

한은정(2016). 노인장기요양보험 인정자 부양실태와 정책과제. 한국장기요양학회 2016 추계학술대회 자료집. 69-81.

홍숙자(2010). 노년학 개론. 서울: 도서출판 하우.

C·H·A·P·T·E·R 12

죽음과 호스피스

요 약

이 장에서는 먼저 죽음의 개념과 의미에 대해 살펴본다. 생의 마지막 과정으로서의 죽음은 임종 과정을 거치며 죽음에 대한 심리적 반응이 존재한다. 노년기에는 죽음의 의미를 이해하고 자아통합을 이루기 위한 노력이 필요하다. 노년기 사별은 다양한 상실로 연결되기 쉬우며, 애도 과정을 통해 상실을 극복하고 남아 있는 생에 적응하면서 자신의 죽음을 준비하여야 한다. 사회복지사는 정서적 지지, 정보 제공, 사별집단, 유족 지지 등을 통해 사별과 애도 과정을 원조한다. 회생 가능성이 없는 상태에서 인위적으로 무의미한 생명 연장을 시도하기보다는 품위와 존엄성을 지키며 자연스럽게 죽음을 맞이하는 존엄사의 중요성이 커지고 있다. 사전연명의료의향서는 임종과 관련된 환자의 자기결정을 보장하는 제도이다. 호스피스완화의료는 증상과 고통을 완화하여 임종환자의 삶의 질을 높이는 데 초점을 두고 환자와 가족이 임종 때까지 존엄하고 편안한 삶을 유지할 수 있도록 돕는 활동이다. 호스피스완화의료팀에서 사회복지사는 다른 전문가들과 함께 활동하며 환자와 가족문제의 해결을 위한 상담과 심리사회적, 법적, 경제적 도움을 제공하는 역할을 한다.

1. 죽음의 개념과 의미

1) 죽음의 개념

모든 생명체는 생명의 종결, 곧 죽음을 맞이한다. 생명체가 살아가는 과정은 죽음을 향해 나가는 과정이라고도 할 수 있다. 죽음(death)은 살아 있는 상태의 종결을 의미하며 죽어가는 과정(dying)이 끝나는 것이다(Kastenbaum, 1996). 세계보건기구(WHO)에서는 죽음을 "소생할 수 없는 삶의 영원한 종말"로 정의하고 있다. 결국 죽음은 생명체가 다시 삶을 회복할 가능성이 없는 상태가 지속되다가 마침내 종결된 상태라고 할 수 있다. 죽음과 유사하게 사용되는 '임종'은 죽음에 다다르는 과정(dying)을 의미한다. 즉, 임종은 생명이 끝나가는 혹은 소멸되어 가는 과정으로서, 다시 생명을 회복할 가능성이 없이 죽음이 임박한 상태를 의미한다.

죽음의 기준은 다양하며 생물학적 죽음, 의학적 죽음, 법적 죽음, 사회적 죽음 등이 있다. 생물학적 죽음이란 생명체의 존속을 위한 연속적인 화학적 변화의 중단으로 생물체가 활동을 멈춘 상태, 즉, 물질과 에너지에 대한 통제력이 상실된 상태를 의미한다. 심박동과 호흡의 정지, 뇌기능 상태 정지 등은 의학적 죽음으로 볼 수 있다. 법적 죽음은 의사가 죽음을 판정한 후 이를 기초로 죽음을 법적으로 인정한 경우를 말하며, 사회적 죽음이란 신체적 생명은 유지되고 있지만 인간으로서의 기능을 전혀 할 수 없는 상태를 말한다(노유자, 2000).

일반적으로 죽음에 대한 판단은 의학적 기준을 따르지만, 의학적 죽음의 판정기준 또한 명확하지 않다. 의학적 죽음의 판정기준으로 가장 널리 인정되고 있는 것은 심폐기능 중지와 '뇌사'이다. 심폐기능 중지는 호흡이 없고 심장박동이 중지된 상태를 말하는데 과거에는 이것이 사망판정의 기준이 되었다. 그러나 심폐소생술의 발달로 심폐기능 중지가 죽음의 기준으로 모호한 경우가 많다. 뇌사는 뇌기능의 영구적인 정지를 인간 죽음의 최종 판단기준으로 보는 것으로, '뇌가 완전히 파괴되어 다른 모든 장기의 기능적 중지가 절박하고 불가피한 상태'를 의미한다. 우리나라에서는 2000년부터 장기 등 이식에 관한 법률이 시행됨에 따라 뇌사를 공식적으로 인정하여 인체의 기관들이 살아 있는 동안 이식될 수 있게 하였다(조계화 외, 2006). 체세포 기능은 유지되지만 정상인으로서 기능을 전혀 할 수 없는 식물인간 상태는 뇌사는 아니지만, 의식이나 신체 움직임이 없기 때문에 살아 있다고 판단하기에 어려움이 있다.

2) 죽음의 반응과 과정

(1) 죽음에 대한 심리적 반응단계

정신의학자이자 호스피스 운동의 선구자인 큐블러로스(Kubler-Ross)는 불치병 말기환자 500명을 인터뷰하여 죽음의 심리적 반응단계에 대한 이론을 제시하였다. 대다수의 환자들은 임종 과정에서 부정과 분노, 타협, 우울, 수용이라는 5단계의 정서적 반응을 거치는 것으로 나타났다. 이러한 단계는 개인에 따라 반드시 같은 순서로 나타나는 것은 아니며 단계를 건너뛰거나 중복되기도 한다. 큐블러로스가 제시한 죽음에 대한 심리적 반응의 내용은 다음과 같다.

① 부정(denial)

자신의 죽음을 알게 된 사람은 갑작스러운 충격을 감당하기 어려워 그 사실을 부정하려고 한다. 진단이나 검사 결과를 믿지 않고 다른 병원이나 전문가를 찾아가기도 한다. 죽음에 대한 부정은 갑작스러운 죽음의 충격에서 자신을 보호하고자 하는 방어기제이다.

② 분노(anger)

죽음을 부정할 수 없게 되면 왜 하필 자신에게 이런 일이 일어났는가에 대한 분노와 유감의 감정을 경험한다. 분노의 대상은 자기 자신, 의사, 가족, 주위 사람, 신 등이 될 수 있다. 죽음의 불공평성에 대한 분노는 죽음을 잘 대비하거나 신앙심이 깊은 사람에게 나타나지 않는 경우도 많다.

③ 타협(bargaining)

자신의 죽음이 연기되거나 지연될 수 있도록 비현실적이고 불가능한 타협을 시도한다. 착한 행동이나 특별한 헌신을 통해 이에 대한 보상으로 죽음을 연기해 보려 한다. 이 시기는 타인과의 의사소통이 개방적이고 협조적인 시기이며 신변문제나 미해결 문제를 정리할 수 있다.

④ 우울(depression)

모든 시도가 실패로 돌아가고 병세가 악화되면서 자신의 죽음을 확신하게 되어 체념과 우울에 빠진다. 극도의 상실감과 슬픔을 경험하며 타인과의 만남을 거부하기도 한다. 우울단계의 사람은 죽음과 이별의 슬픔을 표현할 수 있어야 한다.

⑤ 수용(acceptance)

마지막으로 불가피한 자신의 죽음을 받아들이고 평온한 상태가 된다. 극도로 쇠약해진 상태에서 혼자 있기 원하며 다른 사람과의 관계를 종결함으로써 죽음을 준비한다.

큐블러로스가 제시한 죽음의 심리적 반응에 대한 이론은 죽음을 맞는 사람들의 심리를 이해하는 데 큰 도움을 준다. 그러나 이러한 반응이 모든 사람에게 명확히 나타나는 것은 아니며, 5단계를 모두 거치는 것도 아니다. 죽음은 하나의 사건이 아니라 다양한 환경에서 경험하는 일련의 과정이다. 죽음에 대한 반응은 병의 종류, 성격, 문화와 생활환경 등 개인의 특성에 따라 다르게 나타난다. 따라서 죽음을 앞둔 사람이 나타내는 다양한 정서적 반응을 잘 이해하고 따뜻하고 지지적인 관심을 표현하는 것이 중요하다.

(2) 임종의 과정

패티슨(Pattison)은 죽음에 이르는 과정이 인간의 능동적 대처 과정이며 이 과정에서 절망과 희망이 교차하며 삶과 죽음의 간격이 존재한다고 하였다. 그에 따르면 임종의 과정은 3단계로 구성되는데, 죽음의 원인에 따라 다양한 형태의 국면을 보이며 과정에 머무르는 시간도 다르다고 하였다. 첫 번째 급성 위기단계에서는 임박한 죽음을 인식하고 강한 두려움과 불안을 느낀다. 두 번째 만성적 삶-임종단계에서는 죽음의 두려움에 직접적으로 직면하기 시작한다. 죽음과 삶에 대한 불확실하고 대비되는 감정들이 복잡하게 교차하지만 결국은 현실의 죽음을 인정하는 쪽으로 나아간다. 세 번째 말기단계는 가장 짧은 단계이며, 사망 시점에 이르면 갈등과 혼란, 위축의 상황을 지나 수용과 통합을 보이게 된다([그림 12-1] 참조).

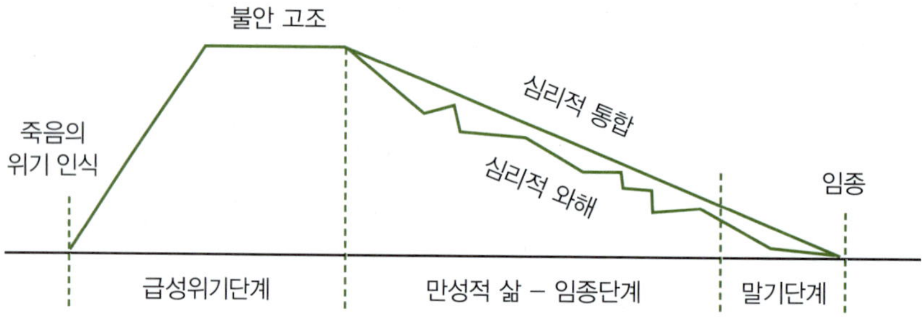

출처: Pattison, E. M.(1977). The Experiencing of Dying. New Jersey: Prentice Hall Inc.

[그림 12-1] 임종의 과정

임종의 과정은 사람에 따라 단계의 시간과 순서가 다를 수 있다. 갑작스러운 죽음의 경우 임종의 과정을 겪지 못할 수도 있고, 오랜 기간 동안 임종의 과정을 반복적으로 겪는 경우도 있다.

3) 노년기와 죽음의 의미

에릭슨(Erikson)과 펙(Peck), 레빈슨(Levinson) 등 발달심리학자들은 공통적으로 인간의 마지막 생애단계인 노년기에 이루어야 할 발달과업으로 죽음에 대한 수용과 적응, 자신의 죽음에 대한 준비 등을 제시하였다. 또한 노년기의 심리적 불안은 죽음과 관련이 있으며, 죽음에 대한 대처방식은 노인의 심리적 안녕과 적응에 매우 중요하다(Neimeyer, 1995).

노인들은 긴 생애 과정을 거치면서 가족, 친지, 친구의 상실을 경험하고, 질병이나 노쇠로 오랫동안 죽음을 생각해 오면서 자연스럽게 죽음을 접하고, 자신의 죽음을 생각해 보며 죽음에 대한 '사회화' 과정을 거친다. 일반적으로 노인은 죽음에 대해 더 많이 이야기하며 젊은 사람보다 덜 두려워하며 죽음을 인생의 자연스러운 과정으로 받아들이고 순응하는 경향이 강하다(Thorson, 2000). 우리나라 노인의 죽음에 대한 태도를 보면, 대부분의 노인이 죽음에 대하여 생각해 본 적이 있다고 하였으며 죽음에 대해 편안함, 평화로움, 당연함, 담담함 등의 감정을 느끼는 것으로 나타났다. 이것은 우리나라 노인들의 죽음에 대한 태도가 대체로 긍정적이고 수용적임을 보여준다(이지영, 이기숙, 2004).

어떤 죽음을 원하는가 혹은 무엇을 '좋은 죽음'으로 볼 것인가에 대한 태도도 다양하게 나타난다. 미국의 말기 돌봄 의학 연구소(The Institute of Medicine Committee on Care at End of Life)는 좋은 죽음이란 본인과 가족 및 돌봄 제공자가 고통에서 자유로울 것, 본인과 가족의 희망과 일치할 것, 의학적·문화적·윤리적 기준과 합리적으로 일치할 것 등으로 정의하였다. 또 다른 연구에서 언급된 선호하는 죽음에는 '고통 없음', '삶에 대한 통제권과 독립성 유지', '가족과의 원만한 관계' 등이 제시되었다(Wilkinson & Lynn, 2001).

우리나라의 노인들은 '좋은 죽음'을 '복이 있는 죽음'으로 인식하였는데, 이는 부모를 앞선 자녀가 없는 죽음, 자녀가 임종을 지켜 주는 죽음, 자식에게 부담 주지 않는 죽음, 부모 노릇 다하고 맞는 죽음, 고통 없는 죽음, 천수를 다한 죽음, 준비된 죽음 등을 의미하였다(김미혜 외, 2004). 우리나라의 노인에게 좋은 죽음은 자녀와 관련되는 부분이 많다는 특성을 보여준다.

노인은 죽음의 의미를 직시함으로써 삶의 마지막 단계를 적절히 준비하고 죽음과 관련하여 닥쳐올 여러 가지 변화에 적극적이고 적응적으로 대처할 수 있다. 따라서 노년기에는 다양한 상실을 경험하면서 인생을 정리하고 회고할 수 있는 기회를 가지고 점차적으로 죽음에 대한 준비를 해나갈 필요가 있다. 사회복지사는 노인이 스스로 죽음에 대해 올바른 지식과 태도를 가지고 다양한 정보를 제공받으며, 인간으로서의 존엄성과 선택권을 존중받을 수 있도록 원조해야 한다. 또한 노년기의 주요 발달과업인 자아통합을 이루고 노인의 죽음 불안과 두려움을 감소시키기 위해서는 죽음에 대한 관점과 준비를 내용으로 하는 교육과 실천이 필요하다. 노인 대상 죽음 준비교육의 주제와 내용에 대한 예시는 〈표 12-1〉과 같다.

〈표 12-1〉 노인 대상 죽음 준비교육의 주제와 내용

회기	프로그램	주제	진행 내용
1회	오리엔테이션 및 특강	마음 열기, 죽음준비의 필요성	– 교육 일정표 설명 – 자기소개 – 프로그램 목적 강의
2회	자서전 쓰기(I)	나는 누구인가?	– 꽃그림 그리기 – 의견 나눔을 통한 자기 성찰
3회	나눔 특별 프로그램	어르신 봉사활동	– 야외에서 봉사활동 전개 – 특별 프로그램
4회	자서전 쓰기(II)	나의 인생 그래프	– 나의 인생 그래프 그려보기 – 지난 삶에 대한 회고
5회	연극 관람	웰다잉 연극단 초청 공연	– 연극 관람을 통해 죽음에 대한 이해 확대
6회	자서전 쓰기(III)	나의 사랑 나의 가족	– 현재 가족, 과거 가족 소개 – 사진 자서전 꾸미기
7회	강의 수업(I)	죽음의 이해	– 죽음의 의미에 대한 교육 – 죽음에 이르는 심리 과정 이해 – 의견 나눔

회기	프로그램	주제	진행 내용
8회	1박 2일 캠프(Ⅰ)	버킷 리스트 및 나의 사망기 작성	– 죽기 전에 꼭 하고 싶은 일 작성 – 객관적인 나의 사망기 작성
9회	1박 2일 캠프(Ⅱ)	영상편지 촬영, 묘비명 쓰기 등	– 가족에 대한 영상편지 확인 – 신체 캐스트(석고주먹 만들기)
10회	강의 수업(Ⅱ)	존엄한 죽음을 위한 준비	– 존엄한 죽음에 대한 이해 – 의견 나눔
11회	강의 수업(Ⅲ)	유언과 상속	– 변호사 법률 특강 실시 – 의견 나눔
12회	장수사진 촬영	영정사진 촬영	– 야외에서 장수사진 촬영
13회	강의 수업(Ⅳ)	장기기증과 호스피스	– 장기기증에 대한 이해 – 호스피스에 대한 이해
14회	현장 견학	장사 및 장묘시설	– 화장장 등 장묘시설 견학 – 의견 나눔
15회	유언장 작성	유언장 작성	– 유언장 작성과 발표 – 의견 나눔
16회	건강증진 특별 프로그램	건강관리	– 야외활동을 통한 건강 증진 – 게임을 통한 집중력 향상
17회	가족잔치 특별 프로그램 (수료식과 병행)	가족들과의 화해	– 가족초청 행사 진행 – 자서전 및 유언장 낭독 – 가족과 함께 다과 나눔

출처: 송양민, 유경(2011). pp. 123-124.

2. 사별과 애도

1) 노년기와 사별

사별이란 죽음으로 인하여 자신이 사랑하는 사람과 이별하는 것이다. 노년기의 사별은 배우자를 비롯하여 가까운 친지, 친구와 동료, 드물게는 자녀나 손자녀 등 다양한 관계에서 일어날 수 있다. 노인에게 사별 이후의 삶은 애도의 과정을 거쳐 죽음을 받아들이고 적응하며 살아가는 것이라고 할 수 있다(이혜경, 권주현, 2015; 장희선, 김윤정, 2011).

배우자와의 사별은 노인에게 복합적인 상실을 의미하는 가장 심각한 생애사건이다. 노년기 배우자의 상실은 경제적 자원의 상실, 정서적 지지체계의 상실, 일상적 동반자의 상실을 동시에 의미한다. 노년기 배우자와의 사별은 이른바 '폭포효과'로 불릴 정도로 혼자 남겨진 노인의 삶에 여러 가지 부정적 변화(예를 들면, 만성질환의 발병이나 악화, 장애, 고립, 원하지 않는 시설 입소 등)를 초래한다(O'Bryant & Hansson, 1995). 특히 복합적인 상실에 대해 적절하게 대처하지 못하면 사별노인에게 우울증이나 부적응이 유발되고, 우울증과 부적응을 극복하지 못할 경우 사망률이나 자살률이 높아질 위험이 크다(임연옥 외, 2010).

배우자 사별 후의 적응은 성별로 다르게 나타난다. 여성노인은 남성보다 다양하고 광범위한 관계망을 가지고 있으며 배우자 사별을 불가피한 생애사건의 하나로 받아들이는 경향이 있다. 여성노인은 사별 후 자녀나 친지, 친구와의 유대 강화 등을 통해 아내와 사별한 남성노인보다 상대적으로 잘 적응해 나간다(장희선, 김윤정, 2011; 최미혜, 2014; Bennett, 1997). 유산이 남아 있지 않은 경우, 경제적 의존성이 높았던 여성은 그렇지 않은 여성보다 더 큰 어려움을 겪는 것으로 알려졌다. 남성은 배우자 사별 후 정서적 회복이 느리고 외로움을 느끼는 정도가 더 크며, 가족이나 친구와의 정서적 유대가 여성보다 약하고 집안일에도 익숙하지 않아서 배우자 상실이 복합적 상실로 연결될 가능성이 크다(김서현, 2018; 임연옥 외, 2010; Lund et al., 2004). 남성은 배우자 사별 후 재혼의 필요성을 더욱 크게 느끼며, 남성노인의 재혼 비율은 여성의 5배에 달하는 것으로 나타난다(Hansson et al., 1993).

사별이 노년기에 미치는 영향은 대체로 부정적인 것이 많지만, 사별 시기를 2년 이상 장기적으로 잡고 조사했을 경우 부정적인 효과는 상당히 감소하는 것으로 나타났다. 사별 이후의 노인은 슬픔과 우울, 스트레스에도 불구하고 회복성(resilience)과 적응을 보여주며, 그 결과 새로운 자아정체감의 형성, 자기효능감과 독립성 증가, 인격적 성장 등을 이루는 것으로 나타났다(장수지, 2013).

사별의 부정적인 효과를 완충시키고 적응과 성장을 촉진하는 중요한 요인은 가족과 친구, 이웃의 사회적 지지, 그리고 개인의 긍정적 대처방식과 가치관, 종교 등이었다(이혜경, 권주현, 2015). 배우자를 비롯하여 가까운 가족의 사별을 경험한 모든 노인들에게 극복하기 가장 어려운 문제는 외로움이었다(Worden, 2002).

2) 애도

인간은 사랑하는 사람과의 사별 후 다양한 정서적 반응을 보이는데, 사회문화적, 종교적 관습에 따라 상실의 슬픔을 표현하는 것을 애도(mourning)라고 한다. 애도는 상실한 사람을 자신의 마음으로부터 떠나보내고 슬픔을 이겨내며 상실한 사람 없이 살아가도록 적응하는 과정이다.

(1) 애도의 과정과 특성

볼비(Bowlby, 1980, 신명희 외, 2017에서 재인용)에 의하면 배우자나 자녀, 부모 등 깊은 애착을 형성했던 사람을 상실한 후 나타나는 애도의 과정은 4단계를 거친다고 한다. 애도 과정은 단계라기보다는 일련의 과제라고 할 수 있으며 개인에 따라 과정을 경험하는 정도와 방식은 다르다.

① 무감각(numbness)

사망 소식을 접하면 당황, 혼돈, 멍한 상태, 혹은 사망 사실에 대한 부정 등을 경험한다. 초기의 어리둥절한 반응은 갑작스러운 죽음인 경우 며칠간 지속될 수 있다.

② 그리움(yearning)

고인을 그리워하고 고인과의 추억을 떠올린다. 고인에 대한 그리움은 최소 6개월에서 최대 2년까지 지속되며, 때로 고인이 옆에 있는 것처럼 느끼기도 한다. 기념일이나 생일에 잊었던 기억과 그리움이 되살아나지만, 시간이 지남에 따라 이러한 경험은 감소한다.

③ 혼란과 절망(disorganization and despair)

죽은 사람이 다시 돌아올 수 없다는 사실을 깨닫고 죽음을 수용하지만, 절망과 우울, 무력감을 느끼며 극도의 피로를 경험한다.

④ 회복(reorganization)

어느 정도 시간이 흐른 후 고인에 대한 생각을 하면 슬퍼지기도 하지만 고인에 대한 생각에만 사로잡히지는 않으며 고인의 유품을 정리하고 평온한 감정으로 고인을 회고할 수 있다. 회복은 사별 후 1년 정도 지나면 나타나며, 회복을 통해 본인의 일상생활로 돌아오고 새로운 관계를 맺게 된다.

사별에 따른 충격적 스트레스 증상은 일반적으로 시간이 지남에 따라 차츰 감소하고 대부분의 경우 충격을 극복하며 이전의 생활로 돌아간다. 사별 후 애도 과정에서 일반적으로 나타나는 특성은 다음과 같다.

• 심리적 혼란

사별을 당한 사람들이 경험하는 심리적 상태는 충격, 부인, 슬픔, 분노, 죄책감, 혼란, 우울 등 다양하며 무엇을 어떻게 해야 할지 혼란스러운 상태가 계속되기도 한다. 이러한 상실의 고통은 너무나 커서 즉각적으로 감지되지 않을 수도 있고 여러 가지 감정상태를 순식간에 오가는 감정적 격변상태를 겪을 수도 있다.

• 신체적 애도 반응

사별을 당한 사람들은 신체적 반응을 통해 애도 반응을 나타내기도 한다. 불면증이나 과도한 수면 등 수면형태에 변화가 오고 악몽이나 죽은 사람의 꿈을 꾸는 경우도 많다. 호흡곤란, 극심한 피로감, 현기증, 가슴 두근거림, 메스꺼움, 진땀, 신경과민 등을 경험하기도 한다. 어떤 경우 고인이 죽기 전에 겪었던 신체적 증상을 그대로 경험하기도 하고 실제로 그 병에 걸리기도 한다. 이는 슬픔을 밖으로 표현하기보다는 신체적 증상으로 나타나기 쉬운 노인에게서 많이 볼 수 있는 증상이다.

• 사회적 관계의 변화

사별을 겪은 사람들은 빈번한 울음, 사람들과의 상호작용 회피, 타인에 대한 지나친 의존이나 적대감, 안절부절못함, 과민함, 사회적 관계나 활동에 대한 흥미 상실 등을 나타낸다. 사별을 경험한 사람이 정서적 안정을 되찾고 자신의 삶으로 돌아오기까지는 시간이 걸리기 때문에 다른 곳으로 거주지를 옮기는 등 급격한 변화는 사별 이후 최소한 1년간은 시도하지 않는 것이 바람직하다.

(2) 애도의 극복과 적응

애도 과정은 죽음의 형태와 원인, 살아남은 자의 특성이나 환경에 따라 다르지만 평균 6개월에서 2년 정도의 시간이 걸리는 것으로 알려져 있다. 그러나 애도의 기간보다 중요한 것은 애도의 방법과 과정이다. 예를 들면 연령이 많아서 사망하거나 예상된 죽음은 애도 반응의 기간이 짧고 강도도 약하지만 자녀의 죽음, 사고와 같이 예상하지 못한 죽음, 자살 등 받아들이기 어려운 죽음의 경우 힘겨운 애도 과정을 거친다.

사별로 인한 슬픔과 비애가 연장되어 자기 파괴적 행동이나 일상생활 부적응과 역기능적 행동을 유발하는 경우 이를 비정상적 애도라고 한다. 비정상적 애도에는 만성적 애도, 유예된 애도, 애도의 결여 등이 있다. 만성적 애도는 사별 이후 시간이 많이 흐른 후에도 정서적 고통이 감소되지 않는 것이고, 유예된 애도는 사별 직후에는 정서적 고통의 수준이 낮지만 시간이 흐르면서 그 고통이 더 강해지는 것이다. 애도의 결여는 사별 직후뿐 아니라 시간이 흐른 뒤에도 정서적 고통을 경험하지 않는 것으로, 애도의 감정을 제대로 표현하지 못하여 어려움을 겪는 것이다(Worden, 2002).

정상적인 애도가 비정상적인 애도로 변하는 조건은 죽음 자체가 받아들여지기 어려운 경우와 사별을 당한 사람이 사회적 지지망을 갖지 못한 경우이다. 타인에게 슬픔을 표현하지 못하거나 무관심 속에서 애도의 시간을 보낼 경우 길고 힘겨운 애도 과정을 경험할 가능성이 크다(Hooyman, et al., 2017). 따라서 애도 과정에서 다양한 상담과 서비스, 프로그램 등을 통해 사별 후 애도와 관련된 과업을 수행할 수 있도록 도와야 한다.

3) 사별과 애도에 대한 사회복지 개입

(1) 정서적 지지

사별과 애도 과정에서 사회복지사의 역할 중 가장 중요한 것은 정서적 지지를 제공하는 것이다. 정서적 지지에서는 사별이나 애도와 관련된 여러 가지 감정을 표현하도록 돕는 것이 중요하다. 정서적으로 어려운 상태에서는 효과적 의사소통을 통해 안정된 분위기에서 유족들이 서로 위로하고 각자의 애도 과정을 도울 수 있도록 한다.

(2) 정보 제공

① 애도에 대한 정보

사별을 당한 사람들은 애도 과정에 대한 정보와 애도 과정에서 어떤 일이 일어나는지, 그리고 이러한 감정들을 어떻게 극복하고 대처할 수 있는가에 대한 정보를 필요로 한다. 사회복지사는 사별 후 애도가 정상적인 과정이며 충분한 시간 동안의 적응을 필요로 한다는 점을 알리고 교육함으로써 애도 과정을 극복하도록 도와야 한다.

② 장례 및 매장, 유언, 서비스에 대한 정보

사회복지사는 장례 절차와 매장, 유언 집행 등에 대해 정보를 제공하고 결정을 돕는 역할을 한다. 특히 평소에 이에 대한 결정이나 준비가 없는 경우 충격과 당황 속에 있는 유족들에게 필요한 정보를 제공하여 적절한 결정을 할 수 있도록 돕는다. 사별 후에는 상담이나 치료, 지지집단 등 서비스를 안내하고 연계한다(McInnis-Dittrich, 2020).

(3) 사별집단

사별을 당한 사람들은 혼자 사별에 적응하는 시간을 가져야 하며, 이후 집단 활동에 참여할 의사가 있는 경우 집단을 통해 애도 과정을 도울 수 있다. 지지집단은 사별 후 애도 중에 있는 사람들로 구성되며, 전문 상담이나 치료를 중심으로 하는 치료집단과 사별한 사람들끼리 진행하는 자조집단 방식으로 진행할 수 있다. 사별한 배우자가 없는 상태에 적응하고 자립적으로 살아가도록 돕는 기술 훈련 집단도 유용하다(Lund et al., 2004). 사별집단에서는 사별의 감정을 나누고 서로 위로하며, 어려움에 대한 대처 방법을 배우고 새로운 사회적 관계를 발전시킬 수 있다.

(4) 유족 지지

고인의 죽음 이후 유족들은 각자의 슬픔에 대처해야 할 뿐만 아니라 가족끼리 새로운 갈등이나 문제가 발생할 수 있기 때문에 유족 전체가 개입 대상이 될 수도 있다. 이러한 경우 사후의 가족관계를 새롭게 정립하고 가족문제를 해결하기 위해 유족 전체를 대상으로 하는 개입이 필요하다. 사별 후 유족에 대한 사회복지사의 원조는 고인과 관련된 감정 표현을 통해 정서적 부담에서 벗어나도록 돕기, 가족원 각자의 새로운 책임을 이해하도록 돕기, 필요한 경우 외부의 원조와 자원을 연계하기 등이다.

3. 존엄사와 호스피스완화의료

1) 존엄사와 사전연명의료의향서

(1) 존엄사

의학 발전으로 죽음의 과정이 의학화(medicalize)되었다. 우리나라에서 76%의 사망자가 병원 등 의료기관에서 생을 마감한다. 특히 사망 전 1년간 월평균 의료비는 157만 원, 사망 전 한달간 의료비는 평균 403만 원으로, 중환자실 이용과 인공호흡기 및 심폐소생술 등이 사망 시기에 집중된다(보건복지부, 2019). 사망자의 상당수가 의학적으로 소생할 가능성이 거의 없는 상태에서 생명연장을 위해 다양한 시술과 처치를 받으며 사망함을 알 수 있다.

한편, 품위와 존엄성을 지키며 자연스럽게 죽음을 맞이하는 '존엄사'의 중요성이 점점 강조되고 있다. 존엄사는 회복이 불가능한 상태에서 인위적으로 생명을 연장하는 치료를 중단함을 의미하는 것으로, 약물 주입 등을 통해 의도적으로 생명을 단축시키는 적극적 의미의 안락사와는 다르다(보건복지부, 2019).

우리나라에서는 개인의 존엄성과 자율성, 임종기 치료에 대한 환자의 결정권을 보장하기 위하여 2018년부터 「호스피스·완화의료 및 임종과정에 있는 환자의 연명의료결정에 관한 법률(약칭: 연명의료결정법)」에 따라 연명의료결정제도가 시행되고 있다.

김할머니 사건

2008년 76세의 김 할머니는 폐암 발병 여부를 확인하기 위한 검사를 진행하던 중 갑작스럽게 의식을 잃고 '식물인간상태'에서 인공호흡기 등 생명연장장치에 의존해 중환자실에 누워 지내게 되었다. 김 할머니의 가족들은 평소 할머니의 뜻에 따라 인공호흡기를 제거해 달라고 요청했지만 병원에서는 이를 받아들이지 않았고, 결국 병원을 상대로 소송을 진행하였다. 그 결과 대법원은 환자가 회복 불가능한 사망단계에 진입하였고, 연명치료 중단에 대한 환자의 의사를 추정할 수 있다면 연명치료를 중단할 수 있다고 판결했다. 김 할머니 사건 이후 무의미한 연명의료에 관한 사회적 공감대가 확산되면서, 2016년 2월 「호스피스·완화의료 및 임종과정에 있는 환자의 연명의료결정에 관한 법률」이 제정되었고, 이 법에 따라 연명의료결정제도가 2018년 2월 4일부터 시행되었다. 의사가 의학적으로 무의미한 연명의료를 받고 있다고 판단한 경우 환자의 의향을 존중하여 연명의료를 시행하지 않거나 중단할 수 있는 제도적 장치가 마련된 것이다.

출처: 국립연명의료관리기관 홈페이지(https://www.lst.go.kr/main/main.do).

(2) 사전연명의료의향서

우리나라에서는 「호스피스·완화의료 및 임종과정에 있는 환자의 연명의료결정에 관한 법률」 제12조에 따라 19세 이상인 사람이 자신의 연명의료(치료 효과 없이 임종 과정의 기간만을 연장하는 의학적 시술인 심폐소생술, 혈액 투석, 항암제 투여, 인공호흡기 착용 등) 중단 등 결정에 대한 의사를 사전연명의료의향서로 작성할 수 있다.

사전연명의료의향서를 작성하고자 하는 사람은 보건복지부장관이 지정한 사전연명의료의향서 등록기관을 통하여 직접 작성해야 하며, 작성·등록 후에도 언제든지 변경하거나 철회할 수 있다. 사전연명의료의향서에 기록된 연명의료 중단 등 결정에 대한 작성자의 의사는 나중에 작성자를 진료하게 될 담당의사와 해당 분야의 전문의 1명이 모두 작성자를 임종 과정에 있는 환자라고 판단한 경우에만 이행될 수 있다. 연명의료 중단 등 결정의 전체적인 절차는 [그림 12-2]와 같다.

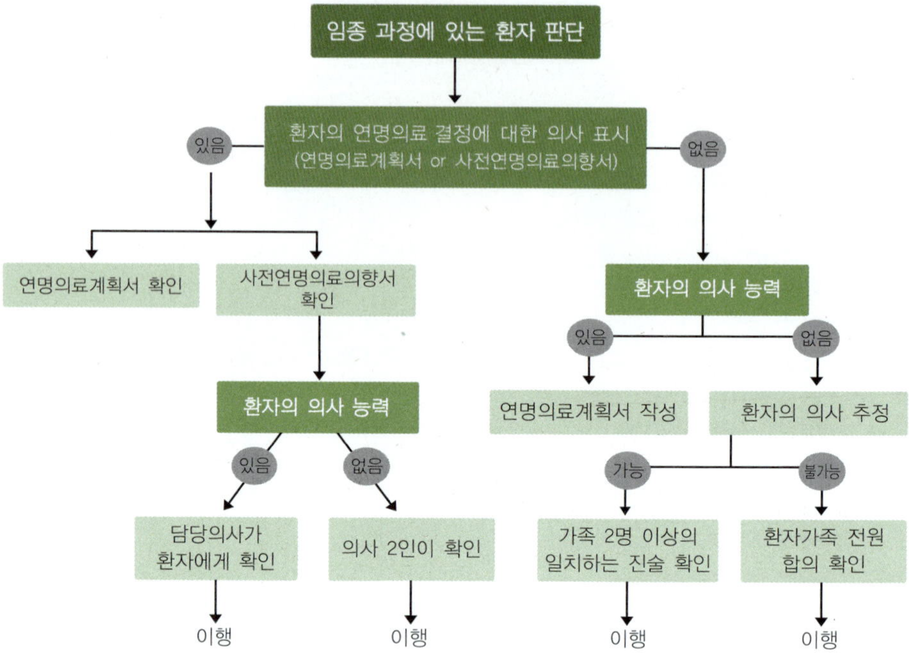

출처: 국립연명의료관리기관 홈페이지 사전연명의료의향서 홍보자료(https://www.lst.go.kr/comm/cardDetail.do?bno=1350).

[그림 12-2] 연명의료 중단 결정의 전체적인 절차

동영상으로 보는 사전연명의료의향서

https://www.lst.go.kr/addt/video.do

사전연명의료의향서

※ 색상이 어두운 부분은 작성하지 않으며, [ ]에는 해당되는 곳에 √표시를 합니다.

등록번호		※ 등록번호는 등록기관에서 부여합니다.
작성자	성 명	주민등록번호
	주 소	
	전화번호	
호스피스 이용	[ ] 이용 의향이 있음	[ ] 이용 의향이 없음
사전연명의료 의향서 등록기관의 설명사항 확인	설명 사항	[ ] 연명의료의 시행방법 및 연명의료중단등결정에 대한 사항 [ ] 호스피스의 선택 및 이용에 관한 사항 [ ] 사전연명의료의향서의 효력 및 효력 상실에 관한 사항 [ ] 사전연명의료의향서의 작성·등록·보관 및 통보에 관한 사항 [ ] 사전연명의료의향서의 변경·철회 및 그에 따른 조치에 관한 사항 [ ] 등록기관의 폐업·휴업 및 지정 취소에 따른 기록의 이관에 관한 사항
	확인	위의 사항을 설명 받고 이해했음을 확인합니다. 년 월 일 성명 (서명 또는 인)
환자 사망 전 열람허용 여부	[ ] 열람 가능 [ ] 열람 거부	[ ] 그 밖의 의견
사전연명의료 의향서 등록기관 및 상담자	기관 명칭	소재지
	상담자 성명	전화번호

본인은 「호스피스·완화의료 및 임종과정에 있는 환자의 연명의료결정에 관한 법률」 제12조 및 같은 법 시행규칙 제8조에 따라 위와 같은 내용을 직접 작성했으며, 임종과정에 있다는 의학적 판단을 받은 경우 연명의료를 시행하지 않거나 중단하는 것에 동의합니다.

작성일 년 월 일

작성자 (서명 또는 인)

등록일 년 월 일

등록자 (서명 또는 인)

[그림 12-3] 사전연명의료의향서 양식

2) 호스피스완화의료

(1) 호스피스완화의료의 개념과 내용

호스피스완화의료(hospice palliative care)는 환자의 생명을 인위적으로 연장하기 위해 치료 행위를 제공하는 것이 아니라 증상과 고통을 완화하여 임종환자의 삶의 질을 높이는 데 초점을 두고 환자와 가족이 임종 때까지 존엄하고 편안한 삶을 유지할 수 있도록 돕는 활동이다(노유자, 2000). 따라서 호스피스완화의료의 실천은 의료 영역뿐 아니라 사회복지와 상담, 영성 등 다차원적인 지식과 기술을 필요로 하며 임상적 기술과 사회적 지원이 결합되어야 한다. 호스피스완화의료 실천에는 다음과 같은 내용이 포함된다.

① 통증과 증상 완화

호스피스완화의료에서 가장 중요한 부분은 환자의 고통과 병으로 인한 증상을 완화시키는 것이다. 통증 완화는 전문의료인이 환자의 신체적 고통과 불편을 최소화하기 위해 진통제 투여와 각종 요법 등을 통해 실행한다.

② 정서적 지원과 정보 제공

환자의 임종과 사별 과정에서 겪어야 하는 정서적 문제에 대처할 수 있도록 상담과 정서적 지원을 제공한다. 또한 임종을 준비할 수 있도록 장례와 매장, 유언, 장기 및 사체 기증 등과 관련된 정보를 제공한다.

③ 사별 후 서비스

죽음 후 사별을 당한 가족에게 사별 후 서비스를 제공한다. 상담과 안부 연락, 각종 요법, 지지집단 등의 방식으로 사별가족을 지원한다.

우리나라에서는 1965년 강릉에서 가정 호스피스로 시작한 '갈바리 의원'이 최초의 호스피스 기관이며, 이후 1988년 강남성모병원이 국내 최초로 14병상의 호스피스 병동을 설립하였고 이후 여러 종합병원에서 호스피스 서비스를 제공하기 시작하였다. 2018년부터는 「호스피스·완화의료 및 임종과정에 있는 환자의 연명의료결정에 관한 법률」이 시행되어 호스피스완화의료가 제도화되었다. 연명의료결정법에 의하면 말기암을 비롯하여 회복 가능성이 없는 질병상태이고 증상이 악화되어 담당의사와 해당 분야 전문의 등 총 2명이 수개월 내 사망을 예상하는 경우, 환자가 자신의 뜻을 문서로 남겼거나 가족 2명 이상이 평소 환자의 뜻이라고 진술하면 연명치료를 중단하고 호스피스완화의료 서비스를 받을 수 있다(국가법령정보센터, 2018).

법의 시행에 따라 병원 입원 중심이었던 호스피스완화의료 서비스가 확장되어 전문기관이나 가정에서 돌봄 서비스를 받을 수 있게 되었다. 호스피스완화의료 서비스에는 국민건강보험이 적용되며, 암환자의 본인부담금은 5%이다. 정부는 앞으로 호스피스완화의료 서비스를 더욱 확충하고 호스피스완화의료 관련 상담에도 건강보험 정규수가를 도입할 예정이다(보건복지부, 2019). 현재 우리나라에서 이용할 수 있는 호스피스완화의료 서비스의 유형은 다음과 같다.

- 입원형: 병원 내 호스피스 전문병동에 입원한 말기환사를 대상으로 전문팀이 서비스 제공
- 가정형: 호스피스 전문팀이 환자의 가정을 방문하여 서비스 제공
- 자문형: 호스피스 전문팀이 일반병동, 외래, 응급실에 있는 환자를 대상으로 서비스 제공

호스피스완화의료 서비스 정보

호스피스 서비스와 연명의료 결정을 필요로 하는 환자와 가족들은 중앙호스피스센터 홈페이지(www.hospice.go.kr) 및 콜센터(국가암정보센터 1577-8899, 국립연명의료관리기관 1855-0075)로 전화하여 필요한 정보와 상담 서비스를 받을 수 있다.

(2) 호스피스완화의료팀과 사회복지사의 역할

말기환자와 가족에 대한 총체적 개입이 강조되는 호스피스완화의료는 전문의료인뿐 아니라 다양한 분야의 전문가와 비전문가를 포함하는 팀으로 운영된다. 호스피스팀은 의사, 간호사, 사회복지사 등을 필수인력으로 하여 약사, 영양사, 성직자, 임상심리사, 물리치료사, 요양보호사, 환자의 가족과 전문가 등이 포함될 수 있다. 호스피스완화의료에서 팀 활동을 통한 협력은 전인적 돌봄을 지향하는 호스피스 철학의 기초이며, 호스피스 서비스를 증진, 발전시키는 핵심적인 요인이다(Parker Oliver et al., 2009). 호스피스팀에서 다양한 전문가들은 각자 고유한 역할을 수행하는 동시에 호스피스완화의료의 가치를 공통적으로 추구하며 협력한다.

사회복지사는 호스피스팀 구성원으로서 사회복지실천 활동을 통해 호스피스완화의료의 철학과 가치를 실현한다. 호스피스팀에서 사회복지사의 역할은 환자와 가족문제의 해결을 위한 상담과 심리사회적, 법적, 경제적 도움 제공, 환자와 가족의 돌봄 지원, 의료팀과의 협조, 팀 모임 참석, 유가족에 대한 사별 후 추후 지지, 상담 의뢰, 지역사회 자원 연계, 장례준비 지원, 팀원과의 의사소통, 기록 및 기록보관, 자원봉사자 모집 및 관리 등이다(국립암센터, 한국호스피스완화의료학회, 2011).

생 각 해 보 기

1. 사별과 애도 과정에 있는 노인에게 필요한 사회복지 개입이 무엇인지 생각해 보자.

2. 노인이 존엄한 죽음을 준비하도록 돕기 위한 사회복지사의 실천활동은 무엇인지 생각해 보자.

3. 우리나라에서 호스피스완화의료가 정착되기 위하여 무엇이 필요한지 생각해 보자.

참고 문헌

국가법령정보센터(2018). 법률 제15912호. 호스피스·완화의료 및 임종과정에 있는 환자의 연명의료결정에 관한 법률. 국가법령정보센터.

국립암센터, 한국호스피스완화의료학회(2011). **암환자 완화의료 전문인력 직무능력**. 서울: 국립암센터.

김서현(2018). 남성 노인의 사별 경험에 관한 내러티브 탐구. **한국노년학**, 38(1), 103–123.

김수영, 모선희, 원영희, 최희경(2017). **노년사회학**(제2판). 서울: 학지사.

노유자(2000). 죽음, 임종, 호스피스, 한국노년학회 편. 노년학의 이해.(pp.314–334). 서울: 대영문화사.

보건복지부(2019). **호스피스·연명의료 종합계획**(2019~2023). 서울: 보건복지부.

송양민, 유경(2011). 죽음준비교육이 노인의 죽음불안과 생활만족도, 심리적 안녕감에 미치는 효과 연구. **노인복지연구**, 54, 111–134.

신명희, 서은희, 송수지, 김은경, 원영실, 노원경, 김정민, 강소연, 임호용(2017). **발달심리학**(제2판). 서울: 학지사.

이윤경, 김세진, 황남희, 임정미, 주보혜, 남궁은하, 이선희, 정경희, 강은나, 김경래(2020). **2020년도 노인실태조사**. 서울: 보건복지부, 한국보건사회연구원.

이지영, 이가옥(2004). 노인의 죽음에 대한 인식. **한국노년학**, 24(2), 193–215.

이혜경, 권주현(2015). 사별한 독거노인의 애도수준이 자 살생각에 미치는 영향 연구: 사회적 지지의 조절효과를 중심으로. **노인복지연구**, 69, 193–213.

임연옥, 박재연, 윤현숙(2010). 배우자 사별 노인이 지각한 사회적 지지의 변화와 그 예측요인. **노인복지연구**, 50, 123–14.

장수지(2013). 노년기 배우자 사별 후 적응과정에서의 개인적 성장. **한국사회복지학**, 65(4), 165–193.

장희선, 김윤정(2011). 농촌여성노인의 배우자 사별 적응 과정. **한국노년학**, 31(4), 939–967.

조계화, 이윤주, 이현자(2006). **죽음학 서설**. 서울: 학지사.

최미혜(2014). 노년기에 사별을 경험한 여성노인의 삶의 경험에 관한 현상학적 연구. **노인복지연구**, 66, 111–139.

Bennett, K. M. (1997). A longitudinal study of well-being in widowed women. *International Journal of Psychiatry, 12*, 61-66.

Despelder, L. A., & Strickland, A. L. (1992). *The Last Dance: Encountering Death and Dying* (3rd ed.). Mountain View. CA: Mayfield.

Freeman, S., & Ward, J. (1998). Death and bereavement: What counselors should know. *Journal of Mental Health Counseling, 20*(3), 216-226.

Hansson, R. O., Remondet, J. H., & Galusha, M. (1993). Old age widowhood. In M. S. Strobe et al. (Eds.), *Handbook of Bereavement.* NY: Cambridge University Press.

Hooyman, N. R., Kawamoto, K. Y., Kiyak, H. A. (2017). *Social Gerontology: A Multidisciplinary Perspective* (10th ed.). Boston: Pearson.

Kastenbaum, R. (1996). Death and dying. in E. Birren et al. (eds.), *Encyclopedia of Gerontology,* vol.1 (pp.361-372). New York: Academic Press.

Lund, D., Caserta,M., de Vries, B., &Wright, S. (2004). Restoration after bereavement. *Generations Review,* 14 , 9-15.

McInnis-Dittrich, K. (2020). *Social Work with Older Adults: A Biopsychosocial Approach to Assessment and Intervention* (5th Edition). Boston: A pearson Education Company.

Neimeyer, R. A. (1995). Death anxiety, in H. Wass & R. A. Neimeyer(eds.) *Dying: Facing the Facts*(3rd. ed.)(pp.49-88). Washington, DC: Taylor & Francis.

O' Bryant, S. L., & Hansson, R. O. (1995). Widowhood. In R. Blieszner & V. H. Bedford (Eds.), *Handbook of Aging and the Family.* Westport, CT: Greenwood Press.

Parker Oliver, D., Wittenberg-Lyles, E. Washington, K. T. & Sehrawat, S. (2009). Social work role in hospice pain management: a national survey. *Journal of Social Work in End-of-Life & Palliative Care, 5*, 61-74.

Thorson, J. A. (2000). *Aging in a Changing Society*(2nd ed.) Philadelpia: Brunner/Mazel.

Wilkinson, A. M., & Lynn, J. (2001). The end of life. in R. H. Binstock & L. K. George (Eds.), *Handbook of Aging and the Social Sciences* (5th ed.). San Diego: Academic Press.

Worden, J. W. (2002). *Grief Counseling and Grief Therapy: A Handbook for the Mental Health Practitioner.* NY: Springer Publishing.

국립연명의료관리기관 홈페이지 https://www.lst.go.kr/main/main.do

C·H·A·P·T·E·R 13

고령친화산업

요 약

이 장에서는 고령친화산업에 대하여 살펴보기로 한다. 우리나라는 2000년에 노인 비율이 7%를 넘어서는 고령화 사회에 진입하면서 노인 관련 산업의 성장과 전망에 대한 정책적 관심이 더욱 커졌다. 고령친화산업의 제품에 대한 공급 주체는 국가나 지방자치단체가 아닌 민간이다. 고령친화산업의 생산자는 이윤을 최대화하기 위하여 재화나 서비스를 공급한다. 고령친화산업의 등장배경은 노인인구의 증가, 경제력 있는 노인 증가, 노인부양의식의 약화, 복지재정 한계 등을 들 수 있다. 고령친화산업의 공식적인 분류체계는 존재하지 않기 때문에 다양한 분류 형식이 존재한다. 「고령친화산업진흥법」에서는 여덟 가지(기타 포함)로 분류하였다. 노인인구의 증가에 따라 고령친화산업이나 고령친화용품이 다른 산업이나 용품에 비하여 빠르게 성장하고 있음이 확인되고 있다. 또한 중소기업 위주로 구성된 고령친화용품 업체들은 다품종 소량생산을 하고 있는 것으로 추정되고 있다. 앞으로도 고령친화산업 제품과 서비스의 생산이 성장할 것이고, 노인복지에도 크게 기여할 것으로 기대된다. 하지만 과제도 적지 않다. 현세대 고령자들의 재무적 노후준비 수준이 아주 낮고, 소득 불평등도 심하다. 그리고 소득보다는 부동산의 보유량이 많다는 것도 고령친화산업 활성화에 제한적으로 작용할 수도 있다.

1. 고령친화산업의 정의

근래에 들어 고령화가 빠르게 진행되면서 노인과 관련된 산업이 주목받게 되었다. 우리나라는 2000년에 노인 비율이 7%를 넘어서는 고령화 사회(aging society)에 진입하면서 노인 관련 산업의 성장과 전망에 대한 정책적 관심이 더욱 커졌다. 고령화 진행이 우리보다 선행하고 있는 일본에서는 고령자를 위한 상품, 즉 재화나 서비스 시장이나 산업을 주로 실버비지니스(シルバービジネス), 실버서비스(シルバーサービス)로 통칭하여 사용하고 있다. 실버산업이라는 용어도 사용되었다. 실버라는 접두사는 노인이 되면 머리카락의 색상이 은색으로 변화하는 것을 비유한 것이다. 우리나라의 노인과 관련된 사회서비스와 정책은 일본의 영향을 많이 받아온 것이 사실이다. 1980년 중반부터 실버산업이라는 용어가 널리 사용되게 된 것은 이와 관련이 있다.

그러나 실버라는 용어가 일본식 영어로 국제적인 통용이 어렵고, 황혼을 연상시키는 부정적인 이미지를 준다는 점을 인식하여 2005년 2월 '고령화 및 미래사회위원회'에서 '고령친화산업'이라는 용어를 공식적으로 사용하기 시작하였다. 2006년에는 「고령친화산업진흥법」이 제정되었다. 「고령친화산업진흥법」이 제정된 이후부터는 실버산업보다는 고령친화산업이라는 용어가 노인 관련 산업에 대한 표준 용어로 사용되고 있다. 「고령친화산업진흥법」에서는 '고령친화산업'을 고령친화제품 등을 연구·개발·제조·건축·제공·유통 또는 판매하는 업을 말한다고 정의하고 있다.

영어권에서는 다음과 같은 용어를 사용하고 있다. elderly market, older market, old market, old age market, mature market, maturity market, senior market, senior citizen market, retiree market, aging market, silver market 등이 있다(최성재, 장인협, 2010). 번역하자면 노인시장, 노인을 위한 시장, 노인친화시장, 은퇴자시장, 노년기시장 등이 될 것이다.

고령친화산업이 처음에 실버산업으로 소개되어서 그런지 아직도 많은 정책 당국자들이나 학자들이 실버산업이라는 용어를 사용하고 있다. 그러나 실버산업이라는 명칭은 은광산업과 혼동된 의미를 지니며, 우리나라를 비롯하여 다른 나라에서도 표준 용어로 사용되지는 않는다. 따라서 실버산업보다는 고령친화산업이라는 용어를 사용하는 것이 더 적절할 것이다.

고령친화산업의 제품에 대한 공급 주체는 국가나 지방자치단체가 아닌 민간이다. 따라서 고령친화산업의 생산자는 이윤을 최대화하기 위하여 재화나 서비스를 공급하고, 소비자는 자신의 효용을 최대화하기 위하여 재화나 서비스를 수요하는 시장 경제의 원리에 따른다. 고령친화산업의 재화나 서비스가 사회재(social goods)적인 특성을 지니고 있는 경우가 많이 있으나 대부분 상품의 공급은 영리를 추구하는 방식에 따른다.

2. 고령친화산업의 등장배경

1) 노인인구의 증가

우리나라 노인인구는 어느 나라보다 빠르게 증가하고 있다. 2000년 고령화 사회(노인 비율 7.0% 이상)에 진입한 이후 2017년에 고령 사회(노인 비율 14% 이상)에 이미 진입하였고, 2025년엔 초고령 사회(노인 비율 20% 이상)에 진입할 것으로 예상된다.

이렇게 노인인구가 증가하면 신체적, 정신적으로 허약한 인구가 늘어난다. 노인은 고혈압, 당뇨, 치매 등 만성질환을 보유할 가능성도 크다. 이로 인하여 독립적으로 생활할 수 없어서 타인의 도움을 받고 살아야 하는 인구가 늘어난다. 또한 노후준비가 부족한 상태에서 은퇴하였거나 경제활동을 할 수 없어서 경제적 어려움을 겪는 인구의 비율도 커진다.

따라서 노인인구의 증가는 노후 재무관리, 여가, 문화, 정보, 관광, 노인의료, 노인주거 등 노인 관련 고령친화산업의 필요성을 증가시킨다.

2) 경제력 있는 노인 증가

우리나라 노인의 상대적 빈곤율은 약 44%로 아주 높은 편이다(통계청, 2020). 이는 우리나라 노인이 절대적 빈곤이 심하기보다는 소득 불평등으로 인하여 상대적 빈곤이 크다는 것을 의미한다.

우리나라 노인들은 다른 OECD 국가들의 노인과 달리 부동산을 많이 소유하고 있다. 인구의 약 24%에 해당하는 베이비부머 세대가 은퇴하면서 노인세대에 진입하고 있다. 베이비부머 세대는 토지 42.0%, 건물 58.0%를 보유하고 있고, 주식도 20.0% 정도를 소유하고 있을 정도로 상당한 경제력을 보유하고 있는 것으로 평가되고 있다(김기향, 2017). 경제활동을 하는 비율도 다른 OECD 국가들에 비하여 아주 높은 편이다. 가령, 2019년에 우리나라 65세 이상 노인의 고용률은 무려 32.9%나 되는 데 비하여 OECD 평균 노인고용률은 14.9%에 지나지 않는다. 따라서 경제력이 있는 우리나라 노인의 수는 많은 편이다.

또한 1988년 전국민 연금이 도입된 이후 30년이 초과하면서 연금수령자들도 크게 늘어나고 있다. 2018년 말 현재 국민연금수급자 수는 479만 4,000명이고, 공무원연금수급자 50만 6,000명, 사학연금수급자 7만 6,000명 수준이고, 기초연금수급자도 512만 5,000명이다(국민연금공단, 2019).

2018년 말 기준 국민연금 노령연금 월평균 급여액은 50만 9,000원이지만, 100만 원 이상 수령자가 늘고 있다. 2017년 기준으로 공무원연금 월평균 급여액은 약 250만 원이고, 월평균 300만 원 이상 수령하는 비율이 약 25%에 이른다(연합뉴스, 2019). 이처럼 경제력 있는 노인의 증가는 고령친화상품에 대한 수요와 구매력을 증가시킴으로써 고령친화산업을 활성화시킬 수 있다.

3) 노인부양의식의 약화

산업화·도시화에 이은 정보화를 거치면서 우리나라는 가족과 떠나서 사는 인구가 크게 증가하였다. 이로 인하여 대가족이 해체되고 핵가족화를 거쳐 1인 가구 또는 단독 가구의 비중이 빠르게 늘어나고 있다. 저출산·고령화는 이러한 현상을 더욱 심화시키고 있다. 서구식 교육과 문화의 도입은 가치관의 서구화와 가족의 부양관에 대한 태도를 변화시키면서 노인부양의식을 약화시키는 요인이 되고 있다. 나아가 전통적으로 가족돌봄의 책임을 맡았던 여성의 사회적 진출 확대, 노인의 독립적인 생활에 대한 욕구 증가도 노인부양의식을 약화시키는 요인이다. 이로 인하여 사회적 노인돌봄의 요구가 증가하면서 관련 고령친화산업의 필요성이 높아지고 있다.

4) 복지재정 한계

1970년대 서구 경제의 침체는 복지국가의 위기를 초래하였다. 경기침체 속 물가상승이라는 스태그플레이션(stagflation)이 일어나자 고용감소로 인한 복지지출 확대, 조세수입 감소, 재정적자 확대, 투자감소, 경기침체, 실업 증가, 복지지출 증가라는 악순환에 직면하였다. 이러한 악순환은 복지재정의 하방 경직성에 크게 기여한다는 견해가 많았다.

〈표 13-1〉 연도별 노인복지 예산 현황

(단위: 조 원, %)

구분	2011년	2012년	2013년	2014년	2015년	2018년	CAGR ('11~'18)
정부 총재정	309.1	325.4	342.0	355.8	375.4	428.8	–
(증가율)	5.5	5.3	5.1	4.0	5.5	7.1	3.97
복지부 재정	33.6	36.7	41.1	46.9	54.6	63.2	–
(증가율)	8.2	9.3	8.2	14.1	14.0	9.5	6.69
노인복지 재정 (기초연금 포함)	3.7	3.9	4.3	6.4	8.8	11.0	–
(증가율)	6.1	4.9	9.8	48.8	38.2	15.8	9.48
노인인구(천 명)	5,515	5,767	5,767	6,277	6,541	7,381	3.6
복지부 1인당 노인복지 예산(원)	670,898	676,261	713,930	1,019,595	1,345,360	1,490,313	7.48

출처: 국가재정운용계획 보건복지 분과위원회(2018). 2018~2022 국가재정운용계획.

이러한 복지재정의 한계를 극복하기 위하여 복지다원주의(pluralism)가 등장하였다. 즉, 복지공급 주체가 국가 외에 시장, 가족, 친구, 공동체, 자원조직 등도 복지서비스 공급 과정에 참여함으로써 사회 전체적으로 복지의 총량을 극대화할 수 있다는 것이다. 복지다원주의는 이념적으로 복지국가에 대한 신자유주의적 관점과 일맥상통한다(이광석 외, 2018).

특히 노인인구의 증가로 노인복지 예산이 크게 늘어나면서 시장을 통한 노인복지 문제를 해결하려는 동기가 커지고 있다. 실제 우리나라 노인복지 예산의 증가율은 다른 부문의 예상 증가율보다 훨씬 높다(〈표 13-1〉 참조). 2011년에서 2018년까지 살펴보면 기초연금급여 강화 등으로 2014년, 2015년 노인복지 증가율은 48.8%, 38.2%로 급격하게 증가하였고, 2018년에도 15.8%로 가장 높다. 7년간 연평균 증가율로 정부 총재정은 3.97%, 복지부 재정은 6.69%, 노인복지 재정은 9.48%으로 최근 다른 예산보다 크게 증가하는 경향을 보였다. 노인복지 예산을 노인 1인당 평균 예산으로 계산해 보면, 2011년 67만 원에서 2014년에는 100만 원을 넘게 되고, 2018년에는 149만 원으로 증가하였다.

3. 고령친화산업의 유형

2006년 12월에는 「고령친화산업진흥법」이 제정되면서, 이 법에서 고령친화제품을 다음과 같이 여덟 가지로 분류하였다.

〈표 13-2〉 고령친화산업 유형과 범위

구분	내용
1	노인이 주로 사용하거나 착용하는 용구·용품 또는 의료기기
2	노인이 주로 거주 또는 이용하는 주택 그 밖의 시설
3	노인요양 서비스
4	노인을 위한 금융·자산관리 서비스
5	노인을 위한 정보기기 및 서비스
6	노인을 위한 여가·관광·문화 또는 건강지원 서비스
7	노인에게 적합한 농업용품 또는 영농지원 서비스
8	그 밖에 노인을 대상으로 개발되는 제품 또는 서비스로서 대통령령이 정하는 것

출처: 고령친화산업진흥법, 법률 제15872호(2018. 2018. 12. 11, 일부개정).

현재까지 우리나라에는 고령친화산업의 공식적인 분류체계는 존재하지 않는다. 다만 저출산고령사회위원회(2006)에서 14개 부문 34개 전략 품목으로 분류된 이후 연구자나 기관별로 상이하게 분류하여 왔다. 이에 따라 고령친화산업의 현황과 실태 조사가 이루어지고는 있으나 공식적인 분류체계가 없어 정확한 산업체의 현황, 수출입 통계, 시장 규모, 수요자 등을 파악하는 데는 어려움이 있다(김경래 외, 2018).

지금까지 발표된 주요 연구의 고령친화산업 유형 분류방식은 다음과 같이 정리해 볼 수 있다(〈표 13-3〉 참조). 저출산고령사회위원회(2006)는 14개 부문으로 분류하였고, 장현숙 등(2008)은 10개 부분, 김기형과 문명국 등(2014)은 11개 부문으로 구분하였다.

고령친환산업의 품목을 보다 잘 이해하기 위하여 「고령친화산업진흥법」의 7개 분야와 시행령에 제시된 3개 분야를 합하여 10개 분야로 나누어서 볼 수도 있다(이근홍, 2020: 227-228)(〈표 13-4〉 참조). 이러한 분류방식도 논란이 있을 수 있지만 고령친화산업 유형에 해당하는 다양한 품목을 제시할 수 있어서 유용한 측면이 있다. 이러한 분류방식에 따른 해당 품목은 다음과 같다.

〈표 13-3〉 고령친화제품의 분류

저출산고령사회위원회(2006)	장현숙 외(2008)	김기항, 문명국 외(2014)
14개 부문 34개 전략 품목	10개 부문	11개 부문
요양	요양	요양
기기	용품	
정보	정보	정보
여가	여가	여가
금융	금융	금융
주택	주거	주거
한방		
농업		
교통	교통	운송
식품	식품	급식 서비스
의약품		건강관리 서비스
장묘	장묘	
의류		
교육	교육	교육
		미용
		일자리

〈표 13-4〉 고령친화산업의 유형과 전략 품목

유형	전략 품목
기기산업	보행보조기, 보청기, 심전계, 혈압측정기, 휠체어, 전동휠체어, 치매팔찌, 욕창방지용 에어매트, 이동식 변기, 이동욕조, 목욕의자, 전동형 침대, 한방의료기, 스쿠터
주거산업	양로시설, 노인공동생활가정, 노인복지주택, 주택개보수, 고령친화마을, 노인주택, 은퇴촌
요양산업	노인요양시설, 노인요양공동생활가정, 노인요양병원, 재가보호시설, 방문요양, 방문간호, 복지용구 대여
금융산업	자산관리 서비스, 역모기지연금, 개인연금, 퇴직연금, 주택연금, 신탁관리
정보산업	U케어, 정보통신보조기기, 디지털 콘텐츠, 전화확인 서비스, 사물인터넷
여가·문화산업	고령친화휴양단지, 보건관광, 한방요양관광, 교양오락용품, 고령친화스포츠, 스포츠나 여가문화 관람, 여가취미 프로그램
농업	원예치료농업, 관광농업, 귀농교육, 은퇴농장, 고령친화 농업테마타운
의약품산업	순환계용 약품, 중신경계용약, 감각기관용약, 호흡기관용약, 대사성의약품, 치매나 우울 약품, 전립선치료제, 기타 노인성 질환 관련 약품
교통산업	저상버스, 고령친화 자동차, 자율자동차, 노인존 등 고령자 친화형 도로
식품산업	건강기능 식품, 노인친화 식품, 항노화기능성 식품

출처: 이견직 외(2006), 이근홍(2020)을 참고하여 재구성.

기기산업에는 보행보조기, 보청기, 심전계, 혈압측정기, 휠체어, 전동휠체어, 치매팔찌, 욕창방지용 에어매트, 이동식 변기, 이동욕조, 목욕의자, 전동형 침대, 한방의료기, 스쿠터 등이 포함된다. 주거산업에는 양로시설, 노인공동생활가정, 노인복지주택, 주택개보수, 고령친화마을, 노인주택, 은퇴촌 등이 포함된다. 요양산업에는 노인요양시설, 노인요양공동생활가정, 노인요양병원, 재가보호시설, 방문요양, 방문간호, 복지용구 대여 등이 포함될 수 있다.

금융산업에는 자산관리 서비스, 역모기지연금, 개인연금, 퇴직연금, 주택연금, 신탁관리 등 노인의 다양한 재무 관련 서비스들이 포함된다. 정보산업에는 U케어, 정보통신보조기기, 디지털 콘텐츠, 전화확인 서비스, 사물인터넷 등이 포함된다. 여가·문화산업에는 고령친화휴양단지, 보건관광, 한방요양관광, 교양오락용품, 고령친화스포츠, 스포츠나 여가문화 관람, 여가취미 프로그램 등이 포함될 수 있다. 농업에는 원예치료농업, 관광농업, 귀농교육, 은퇴농장, 고령친화 농업테마타운 등이 있다.

의약품산업에는 순환계용 약품, 중신경계용약, 감각기관용약, 호흡기관용약, 대사성의약품, 치매나 우울 약품, 전립선치료제, 기타 노인성 질환 관련 약품 등이 있다. 교통산업에는 저상버스, 고령친화 자동차, 자율자동차, 노인존 등 고령자친화형 도로 등이 있다. 식품산업에는 건강기능 식품, 노인친화 식품, 항노화기능성 식품 등이 있다.

고령친화산업지원센터

정부는 이러한 인구 고령화에 능동적으로 대응하고 노인의 삶의 질 향상과 국민 경세의 긴전한 발전을 위해 「저출산·고령사회기본법」, 「고령친화산업진흥법」 등을 마련하였으며, 고령친화산업을 지원·육성하고자 2008년 국내 최초로 한국보건산업진흥원을 고령친화산업지원센터로 지정하여 운영하고 있다.
고령친화산업지원센터의 업무 범위(「고령친화산업진흥법」 제9소)는 다음과 같다.

- 고령친화산업의 발전을 위한 제도의 조사·연구
- 고령친화산업의 발전에 필요한 기술 및 표준화 연구
- 고령친화산업의 활성화를 위한 지원시설의 설치 등 기반조성에 관한 사업
- 고령친화산업과 관련된 전문인력의 양성 및 지원에 관한 사업
- 고령친화산업의 창업 및 경영 지원, 정보의 수집·공유·활용에 관한 사업
- 고령친화산업 발전을 위한 유통 활성화와 국제협력 및 해외진출 지원
- 고령친화사업자에 대한 지원
- 그 밖에 고령친화산업의 발전에 필요한 사업

출처: 고령친화산업지원센터(https://www.khidi.or.kr/esenior).

4. 고령친화산업 현황

고령친화산업의 현황을 정확하게 파악하는 것은 어렵다. 왜냐하면 고령친화제품의 범위와 유형을 명확하게 설정하는 것이 어렵고, 한국표준산업분류(KSIC)[3]에도 없기 때문이다. 산업 분류의 적용원칙은 다음과 같다. ① 생산단위는 산출물뿐만 아니라 투입물과 생산공정 등을 함께 고려하여 그들의 활동을 가장 정확하게 설명된 항목에 분류해야 하고, ② 복합적인 활동단위는 우선적으로 최상급 분류단계(대분류)를 정확히 결정하고, 순차적으로 중·소·세·세세분류 단계 항목을 결정하여야 하며, ③ 산업활동이 결합되어 있는 경우에는 그 활동단위의 주된 활동에 따라서 분류하여야 한다는 등 열한 가지 기준에 부합해야 한다. 고령친화제품은 고령자들에게 보다 유용하게 쓰일 뿐이지 고령자에게만 특별히 사용되는 제품은 아니기 때문에 특별히 구분되는 산업으로 분류하는 것은 어렵다.

1) 고령친화산업 시장 규모와 전망

보건산업진흥원은 2014년에 고령친화산업 실태조사 및 산업분석을 하였다. 총 8개 범주로 '고령친화 의약품산업', '고령친화 의료기기산업', '고령친화 식품산업', '고령친화 화장품산업', '고령친화 용품산업', '고령친화 요양산업', '고령친화 주거산업', '고령친화 여가산업'에 대한 시장 규모와 전망을 제시하였다(이중근 외, 2014). 이를 보면 고령친화산업의 규모가 크고 성장하는 산업인지 확인할 수 있다.

이 보고서에 따르면 2012년 고령친화산업 시장 규모는 27조 3,809억 원이었으

---

3) 이러한 한국표준산업분류방식에 따르면, 21개의 산업으로 대분류된다. 즉, △농업, 임업 및 어업 △광업 △제조업 △전기, 가스, 증기 및 공기조절 공급업 △수도, 하수 및 폐기물 처리, 원료 재생업 △건설업 △도매 및 소매업 △운수 및 창고업 △숙박 및 음식점업 △정보통신업 △금융 및 보험업 △부동산업 △전문, 과학 및 기술서비스업 △사업시설 관리, 사업 지원 및 임대 서비스업 △공공행정, 국방 및 사회보장 행정 △교육 서비스 △ 보건업 및 사회복지 서비스업 △예술, 스포츠 및 여가 관련 서비스업 △협회 및 단체, 수리 및 기타 개인 서비스업 △가구 내 고용활동, 자가소비생산활동 △국제 및 외국기관 등이다.

며, 연평균 증가율(CAGR: '12년~'20년)은 13.01%로 추정되었다(〈표 13-5〉 참조). 이 중 의약품은 3조 7,791억 원, 의료기기 1조 2,438억 원, 식품 6조 4,016억 원, 화장품 6,945억 원, 고령친화용품 1조 6,689억 원, 요양 2조 9,349억 원, 주거 1조 3,546억 원, 여가 9조 3,034억 원으로 나타났다.

또한 해당 산업에서 고령친화산업이 차지는 비중은 제품의 성질에 따라 산업별로 큰 차이를 보였다. 즉, 의약품은 27.92%, 의료기기는 32.08%, 식품 14.70%, 화장품 9.75%, 고령친화용품 100.00%, 요양 93.90%, 주거 1.47%, 여가 6.22%를 차지하였다. 고령친화용품, 요양, 의약품, 의료기기는 고령친화산업의 비중이 높다는 것을 알 수 있다.

〈표 13-5〉 고령친화산업별 시장 규모 및 전망

(단위: 억 원, %)

구분		2012년	2020년	CAGR ('12~'20)	구분		2012년	2020년	CAGR ('12~'20)
의약품	고령친화	37,791	97,937	12.64	용품	고령친화	16,689	22,907	4.04
	비중	27.92	48.31	–		비중	100.00	100.00	–
	모태산업	135,354	202,713	5.18		모태산업	16,689	22,907	4.04
의료기기	고령친화	12,438	32,479	12.75	요양	고령친화	29,349	100,316	16.61
	비중	32.08	34.26	–		비중	93.90	93.96	–
	모태산업	38,774	94,793	11.82		모태산업	31,256	106,769	16.60
식품	고령친화	64,016	176,343	13.50	주거	고령친화	13,546	14,301	0.68
	비중	14.70	19.64	–		비중	1.47	2.33	–
	모태산업	435,561	897,752	9.46		모태산업	918,512	613,441	–4.92
화장품	고령친화	6,945	21,690	15.30	여가	고령친화	93,034	262,331	13.84
	비중	9.75	12.49	–		비중	6.22	8.86	–
	모태산업	71,227	174,133	11.82		모태산업	1,495,176	2,960,325	8.91
전체	고령친화	273,809	728,305	13.01					
	비중	8.71	14.36	–					
	모태산업	3,142,548	5,072,833	6.17					

출처: 이중근 외(2014). 고령친화산업 실태조사 및 산업분석.

그리고 2012년에서 2020년까지 연평균 증가율을 보면 고령친화산업의 연평균 증가율이 13.01%로 나타났다. 그에 비하여 해당 산업의 증가율은 6.17%로 고령친화산업의 증가율에 절반도 되지 않았다. 연평균 증가율이 높은 순서대로 고령친화산업을 나열하면 요양산업이 16.6%로 가장 높고, 화장품 15.30%, 여가 13.84%, 식품 13.50%, 의료기기 12.75%, 의약품 12.64%로 예측되었다.

최근 보건산업진흥원에서는 고령친화산업현황 보고서(박선오 외, 2019)를 발표하였다. 보건산업진흥원은 2014년 통합 명부 구축 후 중복업체, 정보확인 불가능 업체를 확인하여 총 3,178개 사업체로 1차 추출한 후, 이 명부에 대해 사전 전화확인 조사를 실시, 폐업상태인 업체와 고령친화용품 미취급 업체 총 1,778개 사업체를 제외한 총 1,400개 사업체를 최종 모집단으로 확정하였다(박선오 외, 2019). 총 표본 1,400개 업체에 대한 조사 결과, 1,071개 업체에 대한 조사가 성공됨에 따라 데이터 중 항목 무응답은 비대체법(ratio imputation)을 적용하여 대체하였으며, 범주형 항목 무응답은 최빈값 대체를 적용하였다.

2) 고령친화용품의 일반 현황

고령친화용품 업체 유형은 제조업이 77.9%로 가장 많은 비중을 차지했고, 다음으로 판매업(58.8%), 유통업(58.4%), 수출업(34.0%), 수입업(18.6%) 순으로 조사되었다. 업체 소재지를 보면 경기도 37.5%, 서울 28.4%, 인천 3.5%로 조사업체의 2/3 정도가 수도권에 위치하는 것으로 조사되었다. 조직형태는 회사법인이 86.9%로 대부분을 차지했고, 개인사업체는 13.1% 수준이었다. 고령친화용품 업체의 85.1%는 중소기업이었으며, 벤처기업은 7.7% 수준이었다.

조사된 1,400개 업체의 전체 종사자 수는 5만 4,164명(2018년 기준)이며, 업체당 평균 종사자 수는 39명, 종사자 수 10명 미만 업체 비중은 41.7% 수준으로 나타났다. 조사된 1,400개 업체 고령친화용품 분야 종사자 수는 2만 7,711명(2018년 기준)으로 전체 종사자 수의 51.2%, 업체당 평균 종사자 수는 20명, 종사자 수 10명 미만 업체 비중은 65.0% 수준으로 규모가 아주 작음을 알 수 있다.

3) 고령친화용품의 재무 현황

조사된 1,400개 업체의 자본금 총액은 2조 2,195억 원(2018년 기준)이며, 평균 15.92억 원으로 조사되었다. 따라서 고려친화용품 기업의 자본금이 아주 영세하다는 것을 알 수 있다.

조사된 1,400개 업체의 고령친화용품 분야 매출액은 총 약 6조 2,870억 원(2018년 기준), 전체 매출액의 37.5% 수준이었으며, 2016년(약 5조 975억 원) 대비 23.3% 증가한 것으로 나타났다. 업체당 평균 매출액은 약 44.91억 원이었다. 아직 매출액이 많지는 않지만 연간 매출 증가율이 높다는 것을 보면 성장 잠재력이 높다는 것을 알 수 있다.

고령친화용품 세부 품목 중 가장 큰 비중을 차지한 것은 '개인건강의료용품(전체 고령친화용품 분야 매출액의 58.0%)'이었으며, 다음으로 '일상생활용품(24.5%)', '주기설비용품(9.4%)', '정보통신기기(7.7%)', '여가용품(0.5%)'의 순으로 나타났다(〈표 13-6〉 참조).

총금액은 약 6조 2,900억 원 정도이다. 개인건강의료용품이 약 3조 6,400억 원으로 가장 많고, 일상생활용품이 1조 5,400억 원, 주거설비용품이 5,900억 원, 정보통신기기가 4,800억 원, 여가용품이 300억 원 순으로 나타났다.

〈표 13-6〉 고령친화용품 분야 품목별 매출액 현황

(단위: 백만 원, %)

구분		합계	비중
전체		6,287,041	100.0
개인건강의료용품	건강측정용품	1,119,736	17.8
	호흡기치료용품	324,293	5.2
	욕창예방용품	180,779	2.9
	온열한냉용품	294,778	4.7
	안마기	287,312	4.6
	자극기	1,076,080	17.1

구분		합계	비중
개인건강의료용품	한방용품	70,511	1.1
	신발의류	76,876	1.2
	운동훈련용품	213,309	3.4
	소계	3,643,674	58.0
일상생활용품	이동기기	891,930	14.2
	목욕용품	337,270	5.4
	배변용품	202,765	3.2
	식사용품	106,177	1.7
	소계	1,538,142	24.5
주거설비용품	침구용품	236,558	3.8
	의자용가구	19,363	0.3
	안전손잡이	13,777	0.2
	주택용 건축 부품	61,049	1.0
	건축물용 안전장치	257,898	4.1
	기타 주거설비용품	3,006	0.0
	소계	591,650	9.4
정보통신기기	시각용품	184,174	2.9
	청각용품	174,831	2.8
	발성용품	10,594	0.2
	그리기/글쓰기 용품	17,436	0.3
	전화기 통화용	66,069	1.1
	신호 표시기	30,070	0.5
	소계	483,173	7.7
여가용품	장난감	1,457	0.0
	게임	2,984	0.0
	운동용구	25,960	0.4
	소계	30,401	0.5

출처: 박선오 외(2019). 2019년도 고령친화산업 육성 사업.

세부적으로 보면 건강측정용품의 금액이 17.8%로 가장 많고 자극기 17.1%, 이동기기 14.2%, 목욕용품 5.4%, 온열한냉용품 4.7%, 안마기 4.6%로 개인건강의료용품이나 일상생활용품에 포함된 품목들이 고령친화용품의 큰 비중을 차지하고 있다는 것을 알 수 있다.

5. 고령친화산업 제품 · 서비스 요구 현황

박선오 등(2019)은 고령친화산업에 대한 수요자(고령자)의 소비 특성과 관련된 심층적 인식과 욕구를 파악하고자 전국 17개 시도의 만 60세 이상 노인과 돌봄자 1,052명을 대상으로 조사하였다.

우선, 고령친화산업 제품·서비스 관심도를 '매우 관심이 많다', '약간 관심이 있다', '전혀 관심이 없다'라는 3점 척도로 조사한 결과를 살펴보면 다음과 같다([그림 13-1]). 관심도 순위를 보면 의약품, 의료기기, 고령친화 식품, 건강기능 식품, 화장품, 개인 건강·의료용품 등의 비율이 높다. 그 외 예방지원 서비스, 건강리스크 서비스, 장수리스크 서비스, 재무리스크 서비스, 고령자주택 공급 서비스, 시설요양 서비스, 재가요양 서비스 등의 순서로 관심이 높다. 전반적으로 의료 관련 제품이나 서비스, 요양 및 주거 서비스에 대한 관심이 높다. 특징적인 것은 재무적 서비스에 대한 관심도 높다는 것을 알 수 있다.

출처: 박선오 외(2019). 2019년도 고령친화산업 육성 사업.

[그림 13-1] 고령친화산업 제품·서비스 관심도 (단위: %, n=1,052)

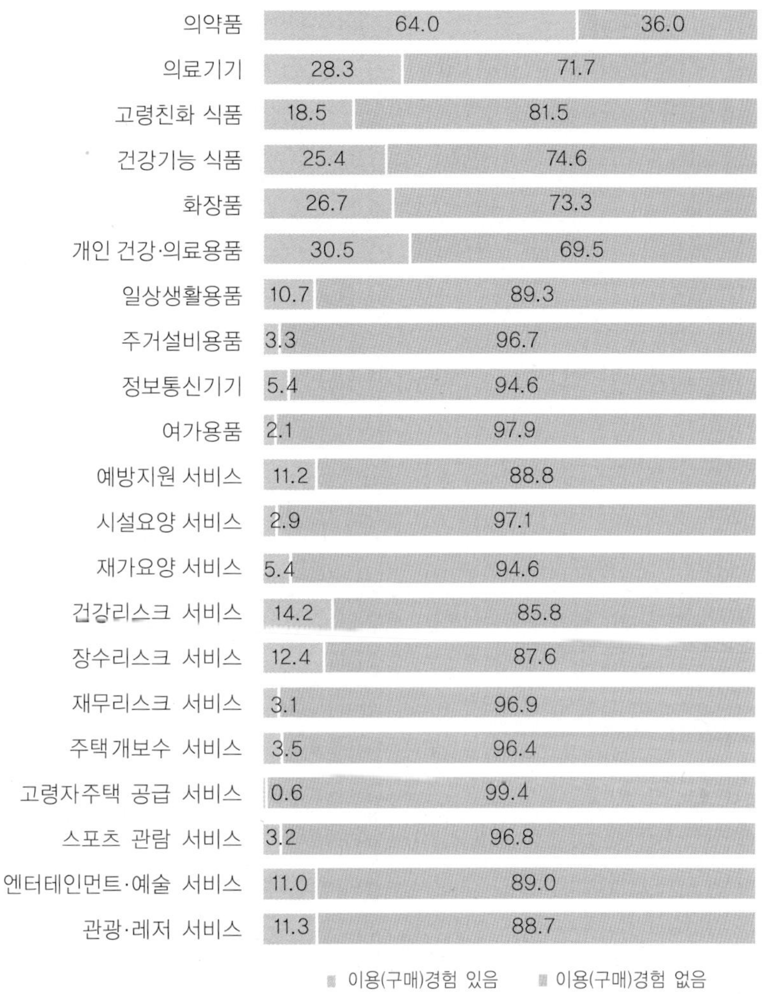

출처: 박선오 외(2019). 2019년도 고령친화산업 육성 사업.

[그림 13-2] 고령친화산업 제품·서비스 이용(구매) 경험 (단위: %, n=1,052)

고령친화산업 제품 및 서비스 이용이나 구매 경험에서도 의료 관련 제품 및 서비스의 비율이 아주 높다. 의약품 구입은 64%, 의료기기 구입 28.3%, 개인 건강·의료용품 구입 30.5%, 건강리스크 서비스 구입 14.2%, 예방지원 서비스 구입 11.2%로 나타났다. 그다음으로는 화장품 구입 26.7%, 건강기능 식품 구입 25.4%,

고령친화 식품 구입 18.5% 등으로 나타났다. 엔터테인먼트·예술 서비스 구입(이용) 11.0%, 관광·레저 서비스 구입(이용) 11.3%를 보였다. 재무리스크 서비스 등 일부 품목들은 관심도에 비하여 실제 이용이 적었는데 이는 이용 접근성에 장애가 있거나 적절한 상품이 없는 데 원인이 있을 가능성이 많다. 이는 관련된 적절한 제품이나 서비스가 개발·판매되면 수요와 구매가 늘어날 것으로 기대된다.

6. 고령친화산업의 전망과 과제

우리 사회는 2017년에 노인인구 비중이 14%에 도달함으로써 이미 고령 사회에 진입하였으며, 2025년 20.3%, 2067년 46.5%가 될 것으로 예상되면서 이에 따른 노인복지에 대한 정책적 변화 요구가 커지고 있다.

2020년 고령자 가구(가구주 연령이 65세 이상)는 464만 2,000가구로 전체 가구의 22.8%를 차지하며, 이는 계속 증가하여 2040년에는 44.2%가 될 전망이다(통계청, 2020). 아울러 노인가구 중 노인 독거가구는 같은 기간 약 159만 가구(34.2%)에서 362만 가구(36.2%)로 20년 동안 약 2.28배로 증가할 것으로 추정된다.

노인인구의 증가와 노인가구의 증가는 신체적 기능 저하 또는 일시적 건강 악화 시 일상생활 유지에 곤란을 겪고 일상적 위험에 노출될 우려가 큰 가구가 늘어난다는 것을 의미한다. 또한 이전 세대에 비하여 높은 교육수준을 갖고 있고, 고도의 경제 성장기에 활발한 경제활동을 한 베이비부머 세대가 2000년부터 65세 이상 노년기에 진입하고 있다. 이들은 공적연금, 부동산, 주식 등 자산과 소득이 많은 인구 비중이 높다. 즉, 이들은 구매력이 높아서 좋은 고령친화산업 제품에 대한 수요를 증가시킬 것으로 보인다.

수명이 길어지면서 건강하고 활기찬 노후에 대한 관심이 높아지고 적극적 사회활동에 참여하고자 하는 고령자들이 늘고 있다. 이로 인하여 고령자를 위한 스포츠, 여가문화, 경제활동, 주택 등과 관련된 산업이 크게 성장할 것으로 기대된다.

서울시, 부산시, 울산시 등은 50+ 재단을 설립하여 운영하고 있고, 타 지역도

이러한 기관 설립을 추진하고 있다. 고령친화도시도 서울을 비롯하여 20개 도시가 참여하고 있다. 이러한 지방정부의 정책적 기반은 고령친화산업의 활성화에 기여할 것이다.

「고령친화산업진흥법」이 설립된 이후 고령친화산업에 참여하는 기업이 크게 늘고 있고, 제품이나 서비스의 다양화, 고령 사회 대응 고부가가치산업이 크게 성장하고 있다. 앞으로도 고령친화산업 제품과 서비스의 성장률은 다른 산업보다 높다는 것은 명백한 사실이다.

정부는 앞으로도 정책적 지원을 강화할 예정이다. 고령친화산업 지원체계를 강화하고, 고령친화표준화 활성화, 고령친화산업 육성 거버넌스 확립, 고령친화산업 정보 생산, 국제표준화 활동 강화, 고령친화서비스 표준 강화 등의 노력을 하고 있다(김기향, 2017).

하지만 과제도 적지 않다. 현세대 고령자들이 재무적 노후준비 수준이 아주 낮고, 소득 불평등이 심하다. 그리고 소득보다는 부동산의 보유량이 많다는 것도 고령친화산업 활성화에 제한적으로 작용할 수도 있다. 우리나라는 문화적으로 가족주의적 가치관이 높아서 자신들을 위한 소비보다는 자녀에게 보유자산을 상속하려는 성향도 고령친화산업에 부정적으로 작용할 가능성이 있다. 또한 범정부적 고령친화산업 지원체계가 부족하고, 고령친화산업의 특성상 정보 및 전달체계가 명확하지 않다. 이러한 요소들은 고령친화산업 활성화에 제약요소로 작용할 것이다.

생 각 해 보 기

1. 고령친화산업을 사회복지 차원에서 접근할 필요가 있는지 생각해 보자.

2. 고령친화산업과 일반산업은 어떤 차이가 있는지 생각해 보자.

3. 신자유주의, 민영화, 시장화와 정부의 고령친화산업 활성화정책의 관계를 생각해 보자.

참고 문헌

국가재정운용계획 보건복지 분과위원회(2018). 2018-2022 국가재정운용계획.

국민연금공단(2019). 2018 국민연금 생생통계.

김경래, 이윤경, 황남희, 서지영, 배혜원(2018). 고령친화산업 내실화를 통한 노인가구 대상 일상생활 편의 증진방안 연구- 고령친화용구·용품 중심으로. 한국보건사회연구원.

김기향(2017). 고령친화산업 현황 및 정책방향. 고령친화산업지원센터 중장기전략 정책세미나.

박선오, 김우선, 박인숙, 이경신, 김민석, 이강연, 김도현(2019). 2019년도 고령친화산업 육성사업. 한국보건산업진흥원.

연합뉴스(2019). 국민연금 '월 200만 원 이상' 수령자… 작년 1월 1명 → 올 4월 35명. 2019. 06. 15.

이견직 외(2006). 고령친화산업의 활성화 전략(II). 저출산고령사회위원회.

이광석, 김순양, 박순우(2018). 사회복지정책론. 대영문화사.

이근홍(2020). 노인복지론. 서울: 지식공동체.

이중근, 김기향, 민경민, 서건석, 박종숙, 윤주영, 문명국, 양형근, 이경신, 홍은정(2014). 고령친화산업 실태조사 및 산업분석. 한국보건산업진흥원.

최성재, 장인협(2010). 고령사회의 노인복지학. 서울대학교 출판문화원.

통계청(2020). 2020 고령자 통계.

찾아보기

번호

로마자

저/ 자/ 소/ 개/

■ 박창제

- 서울대학교 보건학 석사(MPH)
- 부산대학교 사회복지학 박사
- 현재 경북대학교 사회복지학부 교수
- 관심 분야 : 노후준비, 재무적 학대, 평가
- E-Mail : cjpark@knu.ac.kr

■ 최희경

- University of North Carolina (at Chapel Hill) 사회복지학 석사(MSW)
- 부산대학교 사회복지학 박사
- 현재 신라대학교 상담심리복지학과 교수
- 관심 분야 : 노인돌봄, 노인인권, 여성노인
- E-Mail : hkyung@silla.ac.kr

제2판

노인복지론

초 판 1쇄 인쇄 2021년 2월 24일
제2판 1쇄 발행 2024년 7월 26일

지 은 이 | 박창제·최희경
펴 낸 이 | 김기섭
편 집 인 | 이윤희·이현남
펴 낸 곳 | 창지사 www.changjisa.com
08589 서울시 금천구 가산디지털 1로 83 파트너스타워 1차 9층
전화 (02)719-2211~3
팩스 (02)701-9386
등 록 | 1977년 4월 28일 · 제1-421호

ISBN 978-89-426-1898-9 (93330)

값 23,000원